D1747444

Die geheimnisvolle
Sexualität der Pflanzen

ROB KESSELER und MADELINE HARLEY

Die geheimnisvolle Sexualität der Pflanzen

Von
Blüten
und
Pollen

Aus dem Englischen von
Dagmar Mallett

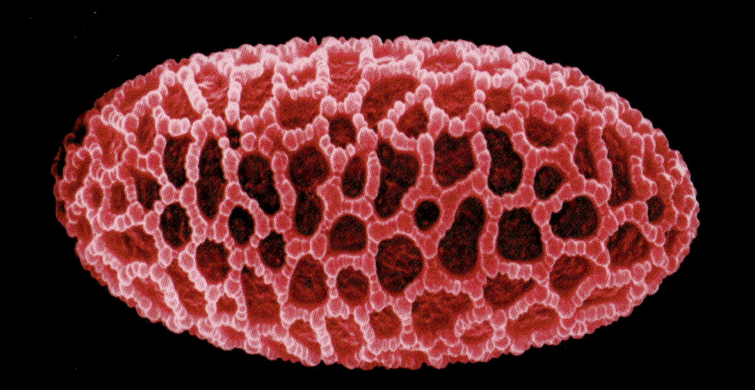

KNESEBECK

Gynoeceum – Gesamtheit der weiblichen Fortpflanzungsorgane der Blüte
haploid – einkernig
hermaphroditisch – zwittrig
Infloreszenz – Blütenstand
Inkompatibilität – Befruchtungsunfähigkeit
Integument – Hülle um die Samenanlage
Intine – innere Zellwand der Pollenkörner
Karpell – Fruchtblatt
Meiose – Reifeteilung
Mikropyle – Öffnung (am oberen Rand der Samenanlage)

Stylus – Griffel
Styluskanal – Griffelkanal
Tetrade – Gruppe von vier Pollenkörnern oder Sporen
Theke – Fach (der Anthere)
triploid – dreikernig
vegetative Zelle – Pollenschlauchzelle
Viscidium – Klebscheibe
zygomorph – nur eine Symmetrieachse aufweisend
Zygote – befruchtete Eizelle
Zytoplasma – Zellinhalt ohne Zellkern

SEITE 1 *Becium grandiflorum* var. *urundinense*, ein Verwandter des Basilikums (Lamiaceae) – Pollenkorn mit sechs Aperturen (Keimöffnungen) in Polaransicht [REM x 1600]

SEITE 2 *Nerine bowdenii* (Amaryllidaceae) – Infloreszenz (Blütenstand)

SEITE 3 *Nerine bowdenii* (Amaryllidaceae) – Pollenkorn [REM x 1000]

RECHTE SEITE *Lamium orvala* (Lamiaceae) – Blüte im Profil, ein Beispiel für Zygomorphie (Blüte mit nur einer Symmetrieachse)

Pollen in Kunst und Wissenschaft	15
Keine Blüten – kein Pollen, kein Pollen – keine Blüten	19
Abbildung des Unsichtbaren	147
Pollen – ganz groß	179
Nachwort	257
ANHANG	259
GLOSSAR	260
BIBLIOGRAFIE	262
VERZEICHNIS DER ABGEBILDETEN PFLANZEN	263

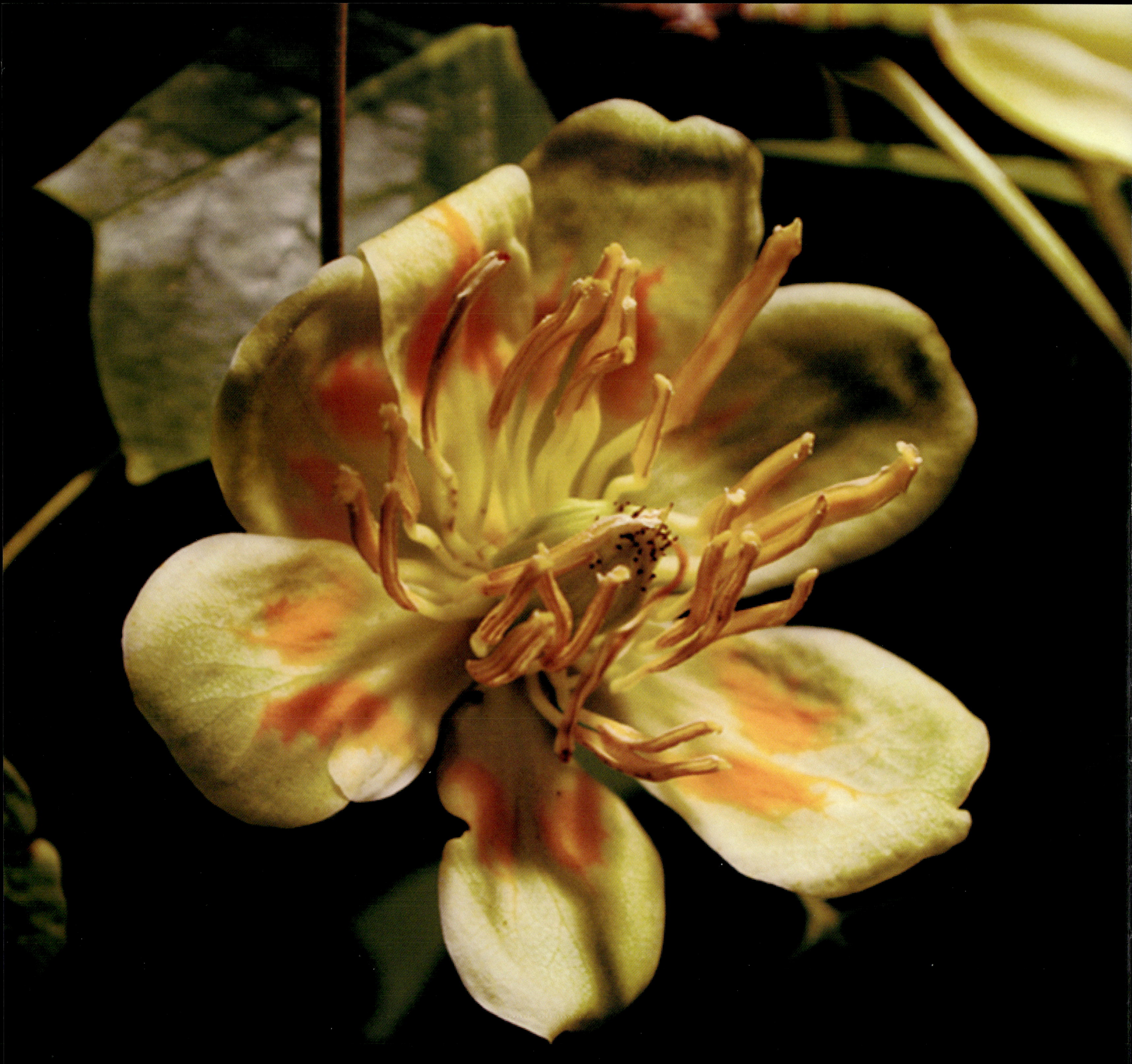

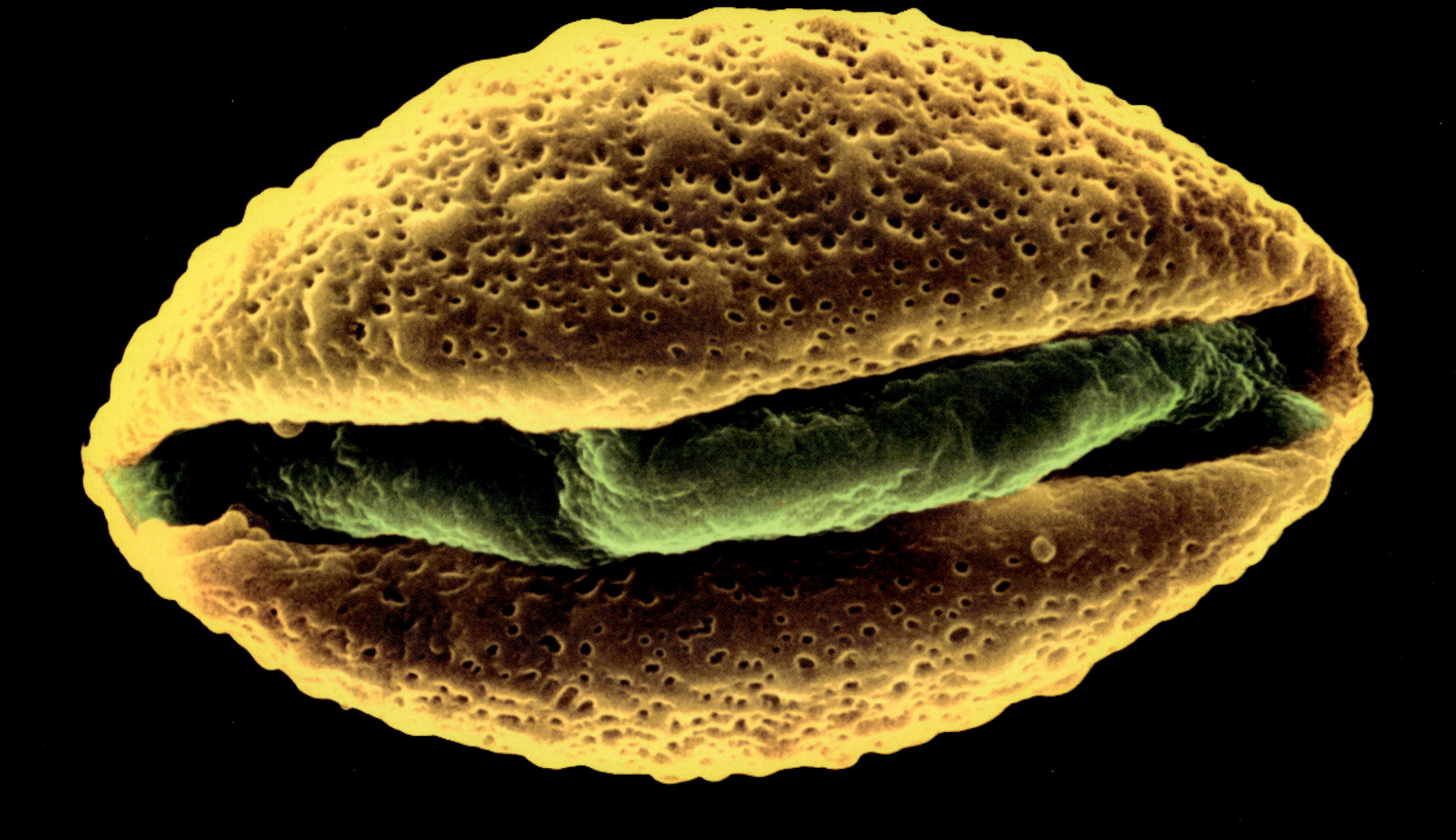

Liriodendron tulipifera – Tulpenbaum (Magnoliaceae) –
Pollenkorn, natürlicher Zustand – dehydriert [REM x 1500]

LINKE SEITE *Liriodendron tulipifera* – Tulpenbaum (Magnoliaceae) – geöffnete Blüte mit ausgereiften Stamina (Staubblättern) – der Pollen ist größtenteils bereits aus den Antheren (Staubbeuteln) freigesetzt worden. Dauntsey Park, Wiltshire

Wir widmen dieses Buch Nehemiah Grew (1641–1712), dessen bemerkenswerte und profunde Beobachtungen über Pollenkörner, »Partikeln von unerschöpflichem Verdienste«, uns eine Quelle des Staunens und der Freude gewesen sind.

»Die Partikel dieser Pulver, ob sie auch denen des Mehls oder anderem Staube gleichen, scheinen nicht leicht regelmäßige Gestalt anzunehmen; bei genauer Beobachtung indes, insbesondere unter Zuhilfenahme eines indifferenten Glases, erweist es sich, dass es sich um eine Zusammenballung, und zwar gewöhnlich von Kugeln oder Kügelchen, handelt; zuweilen auch von Partikeln anderer, aber stets regelmäßiger Gestalt.« … »Vom sekundären Gebrauche derselben habe ich im ersten Buche gesprochen; insonderheit von den Kügelchen oder kleinen Partikeln innerhalb der Theken des samengleichen Organs [Stamen] und auf den Pistillen der Blüte mutmaßte ich, dass es sich bei ihnen um den Stoff handele, so die Bienen sammeln und an ihren Beinen tragen und welcher gewöhnlich ihr Brot genannt wird. Denn das Wachs tragen sie in kleinen Flocken in ihren Wangen; das Brot aber ist eine Art Pulver, gleichwohl etwas feucht, wie es auch die besagten kleinen Partikel dieses Organs sind.« … »Der erste und Hauptgebrauch dieses Organs aber ist auf die Pflanze selbst bezüglich und scheint demgemäß überaus wichtig und notwendig. Denn selbst jene Pflanzen, die keine Blüte oder Foliatur haben, sind doch auf die eine oder andere Weise derart ausgestattet; entweder mit dem seminiformen [einem Stamen, dessen Filamentende dem Blütenreceptaculum anhaftet] oder dem an der Blüte anhaftenden Organe [Stamina röhrenförmiger Blüten, deren Filamente an der Blütenröhre anhaften]. So scheint dieses dem Samenkorn zu dienen wie die Foliatur der Frucht.« … »Und wie das junge und frühe Organ, bevor es sich öffnet, den Menses des Weibes entspricht, so ist es wahrscheinlich, dass es späterhin, so es sich öffnet oder aufbricht, das Amt des männlichen Teils übernimmt. Dies ergibt sich aus der Gestalt der Teile. Denn im Organ der Blüte gleicht das Pistill nicht ohne Erfolg einem Penis, mit seiner Umhüllung gleich einem Praeputino [einer Vorhaut]. Und die mehreren Theken des samengleichen Organs gleichen kleinen Testikeln. Und die Kügelchen und anderen kleinen Partikel auf dem Pistille oder Penis und desgleichen in den Theken, sind gleichsam das pflanzliche Sperma. Welches, sobald der Penis ans Werk geht oder die Testikeln aufbrechen, auf das Samengefäß oder den Mutterleib herunterfällt und es so mit reichem Verdienste versieht.«

Nehemiah Grew: *The Anatomy of Flowers, Prosecuted with the bare Eye, and with the Microscope*, 1682

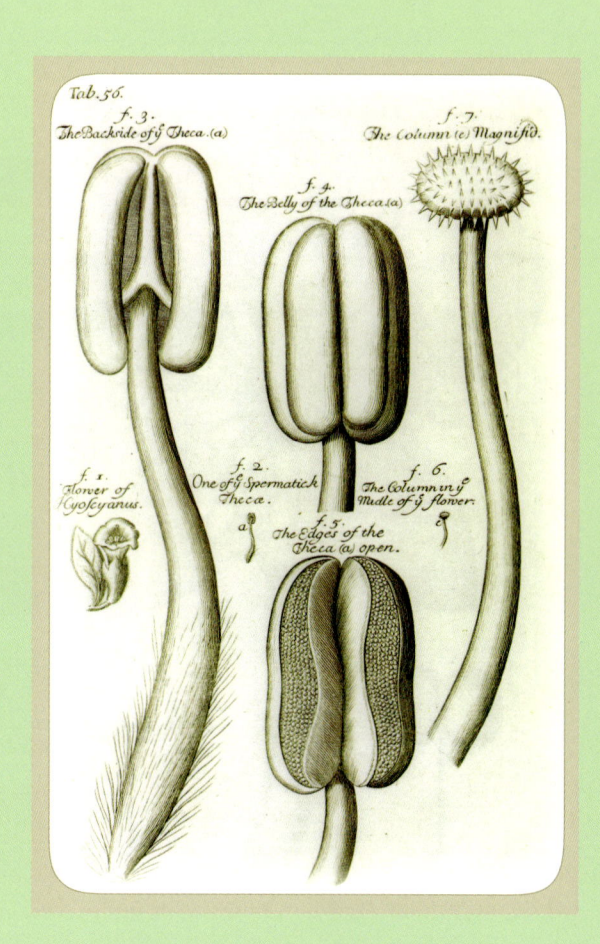

VORBEMERKUNGEN

Es war nicht unsere Absicht, ein Lehrbuch zu schreiben, sondern vielmehr ein Buch, das jedem die Möglichkeit eröffnet, die außergewöhnliche Lebens- und Formenwelt der Pollenkörner zu entdecken und sich daran zu erfreuen. Wir kommen jedoch nicht umhin, im wissenschaftlichen Teil des Buchs eine Anzahl Fachbegriffe einzuführen und zu gebrauchen, um zu erklären, was Pollen ist, wie er aussieht und was seine Aufgabe ist. Einigen Lesern werden die botanische und/oder die Pollen-Terminologie bereits bekannt sein, aber wir möchten ein weit größeres Publikum als die botanisch Vorgebildeten ansprechen. Daher erklären wir für diejenigen Leser, die mit der Terminologie nicht so vertraut sind, jeden Fachbegriff, wenn er das erste Mal verwendet wird. Um den Erzählfluss nicht durch zu lange Erklärungen zu unterbrechen, haben wir außerdem ein umfassendes Glossar ans Ende des Buchs gestellt.

LATEIN IN DER BOTANISCHEN FACHSPRACHE: Die hier zusammengestellten Anmerkungen beruhen ausschließlich auf der bedeutendsten, geistvollsten und verbreitetsten Darstellung der lateinischen botanischen Fachbegriffe, die je veröffentlicht wurde. Es handelt sich hier um ein Sprachwerk, das sich vom klassischen Latein in Geist und Struktur so stark unterscheidet, dass es eine gesonderte Behandlung erfordert; das Buch *Botanical Latin* stammt von William Stearn und wuchs aus dem Samenkorn einer Idee, das durch den erfolglosen Versuch in Stearns Geist gesät wurde, einem indischen Botanikstudenten bei der Übersetzung seiner Beschreibung einer neuen Spezies ins Lateinische zu helfen, die er im *Botanical Journal of the Linnean Society* veröffentlichen wollte. Diese Erfahrung machte dem jungen Stearn klar, dass Kenntnisse in klassischem Latein nur von geringem Wert für das Verständnis lateinischer botanischer Namen und das Erstellen von Pflanzenbeschreibungen sind – »das Reich der Literatur, das sich dem Botaniker durch seine lateinische Fachsprache eröffnet, erscheint dem klassischen Philologen als fremdartiger, barbarischer Ort«. Stearn begann seine »gewaltige selbst gestellte Aufgabe« während des Zweiten Weltkriegs, als er die Zeit nutzte, die er in einem Krankenwagen der Royal Air Force verbrachte, um von dort aus den Himmel nach Flugzeugen abzusuchen.

William (oder Willie, wie er von seinen Freunden genannt wurde) Stearn scheute keine Mühe beim Auffinden, Vergleichen und Analysieren lateinischer botanischer Beschreibungen und Wörterverzeichnisse, um aus diesem Material eine klare Beschreibung der Regeln herauszufiltern, denen das Latein als botanische Fachsprache unterliegt. Nach dem Krieg nahm sich Stearn »dann und wann neben seinen anderen Aufgaben« seine Notizbücher aus der Kriegszeit vor. Er brauchte noch zwanzig Jahre, bevor sein Magnum Opus 1966 schließlich veröffentlicht wurde. Es war bereits nach zehn Monaten vergriffen! Seitdem sind drei Neuauflagen erschienen (1973, 1983, 1992).

LATEINISCHE BOTANISCHE NAMEN: Es gibt ein Regelwerk zum Zitieren lateinischer Pflanzennamen, dem wir auch in diesem Buch folgen. So ist zum Beispiel Sal-Weide der gewöhnliche Name für *Salix caprea*, die zur Familie der Weiden, der Salicaceae, gehört. Alle offiziell benannten Pflanzenarten haben einen Gattungs- und einen Artnamen, eine sogenannte binominale Bezeichnung: *Salix* ist die Gattung (Genus), die immer mit einem Großbuchstaben beginnt, und *caprea* der Artname, der heutzutage immer kleingeschrieben wird – in der Vergangenheit konnte der Artname großgeschrieben werden, wenn die Pflanze nach einer Person oder einem Ort benannt worden war. Der Gattungsname kann auch ohne den Artnamen gebraucht werden, weil alle generischen Namen einmalig sind; etwa *Salix* oder *Salix* sp., woran wir erkennen, dass sich der Autor auf eine Spezies (sp.) von *Salix* bezieht, aber die Spezies im Text nicht genannt wird oder unbekannt ist. Den Artnamen, bei dem es sich um eine adjektivische Bezeichnung, ein Epitheton, handelt, verwendet man allerdings nicht ohne den Gattungsnamen, weil es auch in anderen Gattungen Arten geben kann, die dieses Epitheton tragen – zum Beispiel *Myosotis arvensis* (Vergissmeinnicht) und *Sonchus arvensis* (Acker-Gänsedistel). Wenn man eine Liste von Arten der Gattung *Salix* aufstellt, wird man der Kürze halber *Salix* nur bei der ersten Art ausschreiben und bei den folgenden mit *S.* abkürzen: *Salix alba, S. caprea, S. fragilis* und so weiter. Der lateinische Name wird stets kursiv geschrieben; das ist das Standardverfahren für Gattungs- und Artnamen.

WARUM VERWENDEN WIR LATEINISCHE NAMEN? Indem wir Pflanzen und Tiere mit lateinischen Namen versehen, versuchen wir uns das Leben leichter und nicht schwieriger zu machen. Latein ist die internationale Sprache der biologischen Wissenschaften, und lateinische Namen und Termini werden von Naturforschern weltweit verwendet. So werden beispielsweise ein englischer, ein französischer und ein deutscher Botaniker einander sofort verstehen, wenn von *Papaver rhoeas* die Rede ist, während sie vielleicht eine Weile brauchten, um zu merken, dass sie alle von derselben Pflanzenart sprechen, wenn sie ihre jeweils im eigenen Land gebräuchlichen Namen verwendeten, nämlich Field Poppy, Pavot Rouge und Klatschmohn.

Es kommt nicht selten vor, dass ein Name, der von Blumenhändlern oder im Gartencenter gebraucht wird, botanisch unkorrekt oder veraltet ist. In diesem Buch finden sich einige Beispiele. Zurzeit gibt es eine Pflanze aus der Familie der Enziane (Gentianaceae), *Lisianthus*, die oft als Schnittblume in Supermärkten verkauft wird. Der korrekte botanische Name ist *Eustoma grandiflorum*, der Erstbenenner (Rafin.) Shinners. Früher hieß diese Pflanze *Lisianthius grandiflorus* Aubl. (auf den Etiketten der Supermarktsträuße fehlt das dritte »i«).

Die Geranien, die im Sommer in Blumenkästen und Rabatten wachsen, sind in Wirklichkeit Kultivare (gezüchtete Arten) von *Pelargonium*-Arten, obwohl sie zur selben Familie wie die echten *Geranium*-Arten gehören. Bei den meisten Arten von *Geranium* und ihren Kultivaren, die in unseren Gärten wachsen, handelt es sich hingegen um gruppenbildende, zähe mehrjährige Gewächse.

URHEBER DER LATEINISCHEN NAMEN: Alle offiziell anerkannten Pflanzenarten erhalten einen binominalen lateinischen Namen, wenn sie zum ersten Mal in einer wissenschaftlichen Veröffentlichung beschrieben werden. Wenn der Name später revidiert oder verändert wird, muss diese Änderung ebenfalls publiziert werden. Die Namen werden von Botanikern vergeben, die sich auf Pflanzentaxonomie (die Klassifikation von Pflanzen) spezialisiert haben. Es gibt viele Urheber von Pflanzennamen. »L.« ist eine wissenschaftlich anerkannte Abkürzung für Carl von Linné (1707–1778), den schwedischen Naturforscher, der das lateinische binominale System zur Bezeichnung von Tieren und Pflanzen einführte. Er benannte zahlreiche Tier- und Pflanzenarten, insbesondere, aber bei weitem nicht ausschließlich, in Nordwesteuropa. Beachten Sie, wie oft im Verzeichnis der abgebildeten Pflanzen (S. 263) am Ende dieses Buches L. als Namensgeber für eine Art genannt wird. In einem wissenschaftlichen Text sollte bei der ersten Erwähnung einer Spezies der Urheber des Namens diesem beigefügt werden, etwa *Salix caprea* L. In diesem Buch werden die Urheber nicht im Text angeführt, weil das den Textfluss stören würde, besonders für den Nichtbotaniker. Stattdessen haben wir die Namensgeber im Pflanzenverzeichnis am Ende des Buches aufgeführt. Die Nennung des Urhebers ist eine Art Quellenangabe – Gattung und Art können dann überprüft und es kann sichergestellt werden, dass es sich um den korrekten und aktuellen Namen der Pflanze handelt. Die botanische und zoologische Nomenklatur ist ein komplexes und hochspezialisiertes Fach, das von zahlreichen Regeln und Vorschriften bestimmt und von *The International Code for Botanical Nomenclature* beherrscht wird.

FACHSPRACHE LATEIN: Das griechische Element: Die Erklärung dafür, warum es in der lateinischen Fachsprache der Botanik so viele griechische Wörter gibt, findet sich in William Stearns *Botanical Latin* (4. Auflage, Seiten 252–274): »Obwohl Latein die offizielle Sprache der wissenschaftlichen Bezeichnungen für Pflanzen ist, sind viele dieser Namen in Wirklichkeit griechischen Ursprungs. Das hat zwei Ursachen. Wie E. L. Greene schrieb: ›Plinius, der wichtigste römische Schriftsteller, der über Pflanzen schrieb, übersetzte die Texte des Theophrastos für seine römischen Leser zu Hunderten ins Lateinische und setzte dabei bekannte lateinische Bezeichnungen für Pflanzen ein, wenn vorhanden ...‹ Viele Pflanzen hatten allerdings keinen lateinischen Namen. Plinius überwand diese Schwierigkeit, indem er die griechischen Bezeichnungen in lateinische Buchstaben transkribierte. Dabei wurde die Endung manchmal von ihm oder den nicht immer kompetenten Schreibern, die an seiner riesigen Kompilation arbeiteten, dem lateinischen Gebrauch angepasst ... Linné führte viele andere [solche Namen] an ... und griff selbst auf antike Benennungen zurück, um neue Genera zu bezeichnen.«

»Es gibt allerdings viele botanische Namen, die, obwohl aus griechischen Wörtern zusammengesetzt, im Altgriechischen nicht vorkommen. Solche Namen werden kontinuierlich neu eingeführt. Das liegt teilweise daran, dass das passende lateinische Wort bereits belegt ist, hauptsächlich aber daran, dass Griechisch eine reiche und biegsame Sprache ist, in der sich leicht wohlklingende Komposita bilden lassen.«

BEZEICHNUNGEN VON PFLANZENFAMILIEN: Diese enden gewöhnlich auf -aceae. In einigen Fällen ist die Endung auch -ae: Labiatae, Compositae, Leguminosae und Cruciferae gehören zu den bekanntesten Beispielen. Diese Namen werden beibehalten, weil sie seit langer Zeit von Botanikern und Gärtnern benutzt werden und nicht nur wohlbekannt sind, sondern auch zu sehr großen Pflanzenfamilien gehören. Alle diese Familien haben allerdings auch einen festgelegten alternativen Namen mit der gebräuchlicheren Endung -aceae: Lamiaceae, Asteraceae, Fabaceae und Brassicaceae.

GEWÖHNLICHE (UMGANGSSPRACHLICHE) PFLANZENNAMEN: Gewöhnliche Namen werden nicht kursiv geschrieben. Derselbe gewöhnliche Name kann in verschiedenen Regionen unterschiedliche Pflanzen bezeichnen, etwa: Blauglöckchen, Hasenglöckchen oder Büschelschön.

Wer sich intensiver mit diesen Fragen beschäftigen möchte, dem seien die folgenden beiden Bücher empfohlen (genaue Angaben in der Bibliografie): *Botanical Latin* von William Stearn und *Biological Nomenclature* von Charles Jeffrey.

BIBLIOGRAFIE: Für Leser, die gerne mehr über das eine oder andere Thema dieses Buchs wissen möchten, ist eine Auswahlbibliografie zu den Bereichen Pollen und Bestäubung sowie Kunst und Künstler beigegeben.

ABBILDUNGEN: Mit der wichtigen Ausnahme ausgewählter, hauptsächlich historischer Bilder anderer Botaniker und Künstler, stammen die Illustrationen in diesem Buch von den Autoren. Die Pollenbilder wurden mithilfe von eigens gesammeltem und präpariertem oder früheren Forschungsstudien entnommenem Material angefertigt. Blütenaufnahmen, besonders Großaufnahmen von Blütendetails, wurden mit einer Nikon D100 unter Verwendung von 60-mm-Micro-Nikkor- und 35- bis 105-Macro-Nikkor-Linsen fotografiert. Die Präparationstechniken für Pollenkörner werden im Text beschrieben. In der Lichtmikroskopie (LM) wurden die präparierten Pollenkörner mit einer Nikon Optiphot fotografiert, die mit einem 100×-Ölimmersions-Objektiv ausgerüstet war. In der Rasterelektronenmikroskopie (REM) wurde der Pollen mit einem Hitachi S2400 REM untersucht und fotografiert, und in der Transmissionselektronenmikroskopie (TEM) wurden die Pollenkörner in ein spezielles Harz eingebettet und anschließend mit einem Ultramikrotom Reichert Ultracut, das mit einer Diatome-Diamantklinge ausgerüstet war, geschnitten. Die resultierenden Dünnschnitte wurden in einem LKB Ultrostainer, einem Kontrastierungsgerät, gefärbt und danach mit einem Hitachi H300 TEM untersucht und fotografiert. Lichtmikroskopaufnahmen wurden auf hochauflösendem 35-mm-Farb- oder Schwarzweiß-Film entwickelt. REM- und TEM-Aufnahmen wurden als hochauflösende Schwarzweiß-Negative entwickelt. Die Bilder wurden daraufhin digital eingescannt und einige der REM-Aufnahmen digital eingefärbt. Die selektive Farbauswahl wurde von mehreren Faktoren bestimmt: manchmal einfach von der Originalfarbe der Blüte oder des Pollens, manchmal von dem Bestreben, Struktur- oder Funktionsaspekte des Pollens hervorzuheben, und manchmal auch von reiner, bewusst unwissenschaftlicher Intuition.

Die Auswahl der Pollenbilder wurde von den unterschiedlichen Motiven der Wissenschaftlerin und des Künstlers bestimmt, wobei die gewählten Bilder uns veranlassten, über unsere jeweilige Motivation nachzudenken und zu diskutieren. Viele Pollenkörner wurden so präpariert, dass sie in voller Ausdehnung, gesäubert und mit deutlich erkennbaren Oberflächenstrukturen und anderen Merkmalen zu sehen sind. Andere wieder wurden direkt aus frischen Blüten gewonnen, lediglich getrocknet und anschließend so, wie sie waren, unter dem REM untersucht. Ästhetischen Überlegungen wurde der Vorrang gegenüber reiner faktenorientierter Untersuchung gegeben. Beschädigte oder sogar missgebildete Pollenkörner, die in einer Standarduntersuchung ausgeschieden worden wären, wurden hier wegen ihrer skulpturalen Formen absichtlich ausgewählt.

VERGRÖSSERUNG DER POLLENBILDER
Es werden jeweils die Originalvergrößerungen angegeben, mit denen die Pollenkörner fotografiert wurden. Viele der in diesem Buch gezeigten Bilder wurden nachträglich noch weiter vergrößert.

ABKÜRZUNGEN IM TEXT UND IN DEN BILDUNTERSCHRIFTEN

LM	Lichtmikroskopie
REM	Rasterelektronenmikroskopie
TEM	Transmissionselektronenmikroskopie
KPT	kritische Punkttrocknung
cv.	Kultivar, keine natürliche Spezies
sp.	Spezies
ssp.	Subspezies
var.	Varietät

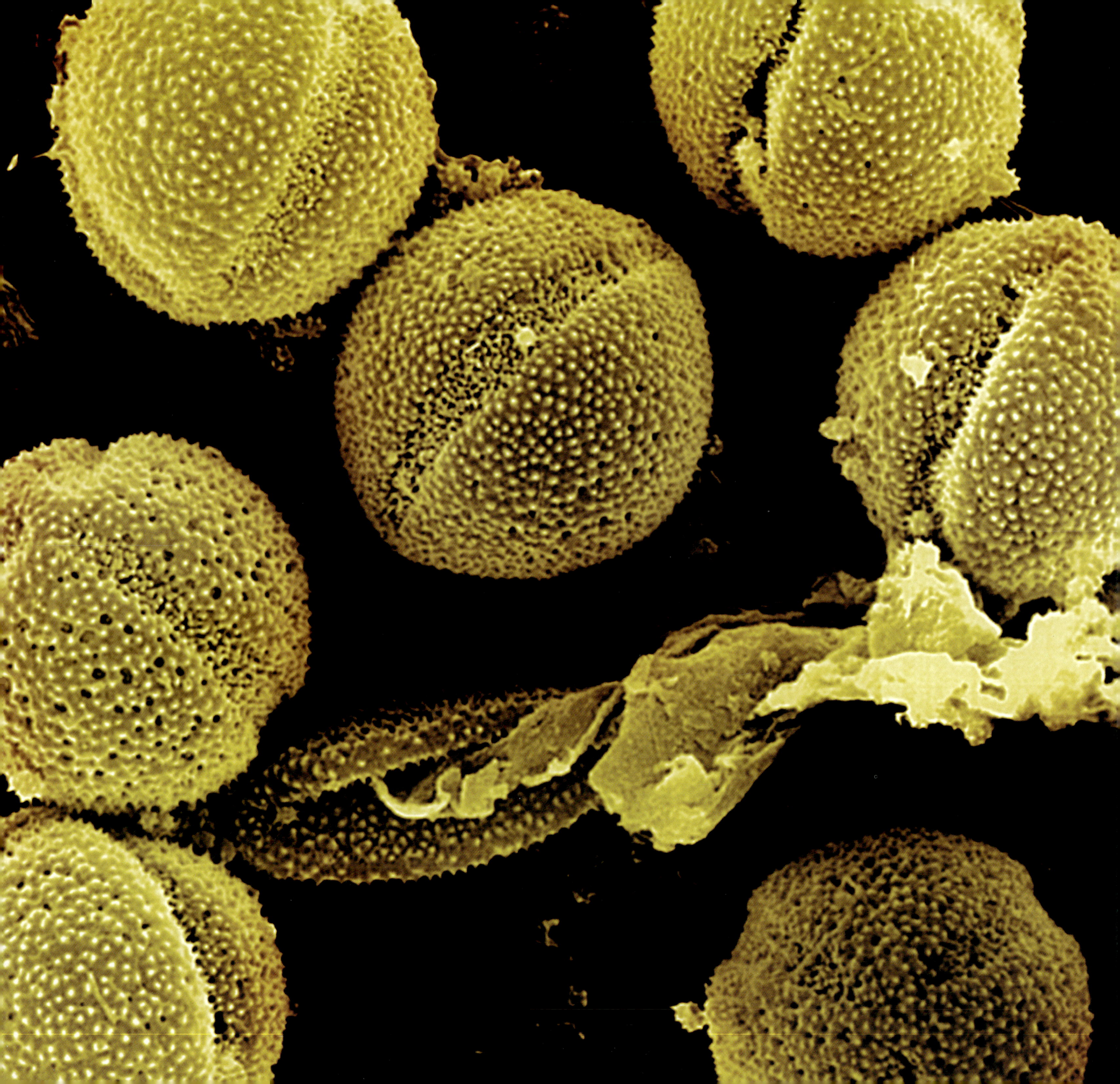

VORWORT

Professor Sir Peter Crane FRS (Fellow of the Royal Society)

Direktor der Royal Botanic Gardens, Kew

Seit fast 250 Jahren werden die Royal Botanic Gardens in Kew mit Spitzenleistungen in der künstlerischen Darstellung botanischer Motive in Verbindung gebracht. Im 18. Jahrhundert erhielten drei Generationen des damaligen Königshauses Hannover – Prinzessin Augusta, Königin Charlotte und Prinzessin Elizabeth – von Margaret Meen und Franz Bauer, zwei der berühmtesten Pflanzenmaler ihrer Zeit, Unterricht im Blumenmalen. Ihre Motive wählten sie aus den reichen Pflanzensammlungen in Kew. Später, im 19. Jahrhundert, fingen Walter Hood Fitch und seine Zeitgenossen das Wesen exotischer Pflanzen ein, die von Sammlern aus Übersee mitgebracht wurden – von der Riesenwasserlilie des Amazonas bis zur bizarren Wüstenpflanze *Welwitschia*. Zur selben Zeit bereiste Marianne North die Welt auf der Suche nach Naturschauplätzen und Pflanzenmotiven, die jetzt die nach ihr benannte Galerie in Kew zieren. Während des 20. Jahrhunderts wurde die Tradition der Pflanzenmalerei in Kew durch die ausgezeichnete Arbeit von Harriet Thistleton-Dyer, Matilda Smith, Lilian Snelling, Margaret Mee, Margaret Stone, Stella Ross-Craig, Mary Grierson und vielen, vielen anderen nahtlos weitergeführt. Und sie wird heute dadurch fortgesetzt, dass Kew seine einmalige Sammlung botanischer Kunst durch gezielte Neuerwerbungen erweitert und neue Werke für *Curtis's Botanical Magazine* und andere Veröffentlichungen in Auftrag gibt. Außerdem wird eine Reihe von Ausbildungsprogrammen angeboten, die den Pflanzenmalern der Zukunft helfen sollen, ihr Talent zu entwickeln.

Der Schwerpunkt der Pflanzenmalerei hat schon immer auf der originalgetreuen Darstellung ganzer Pflanzen und Blüten gelegen, die wiederum untrennbar mit dem wissenschaftlichen Ziel der Dokumentation pflanzlicher Artenvielfalt verbunden ist. Im Kontext der weiter gefassten wissenschaftlichen Zielsetzung in Kew gab es daneben allerdings schon immer eine Kunstrichtung, die sich auf die mikroskopische Struktur der Pflanzen konzentriert. Seit den Anfängen durch Nehemiah Grew und andere sind sowohl Künstler wie Wissenschaftler fasziniert von den filigranen Strukturen, die das Mikroskop enthüllt.

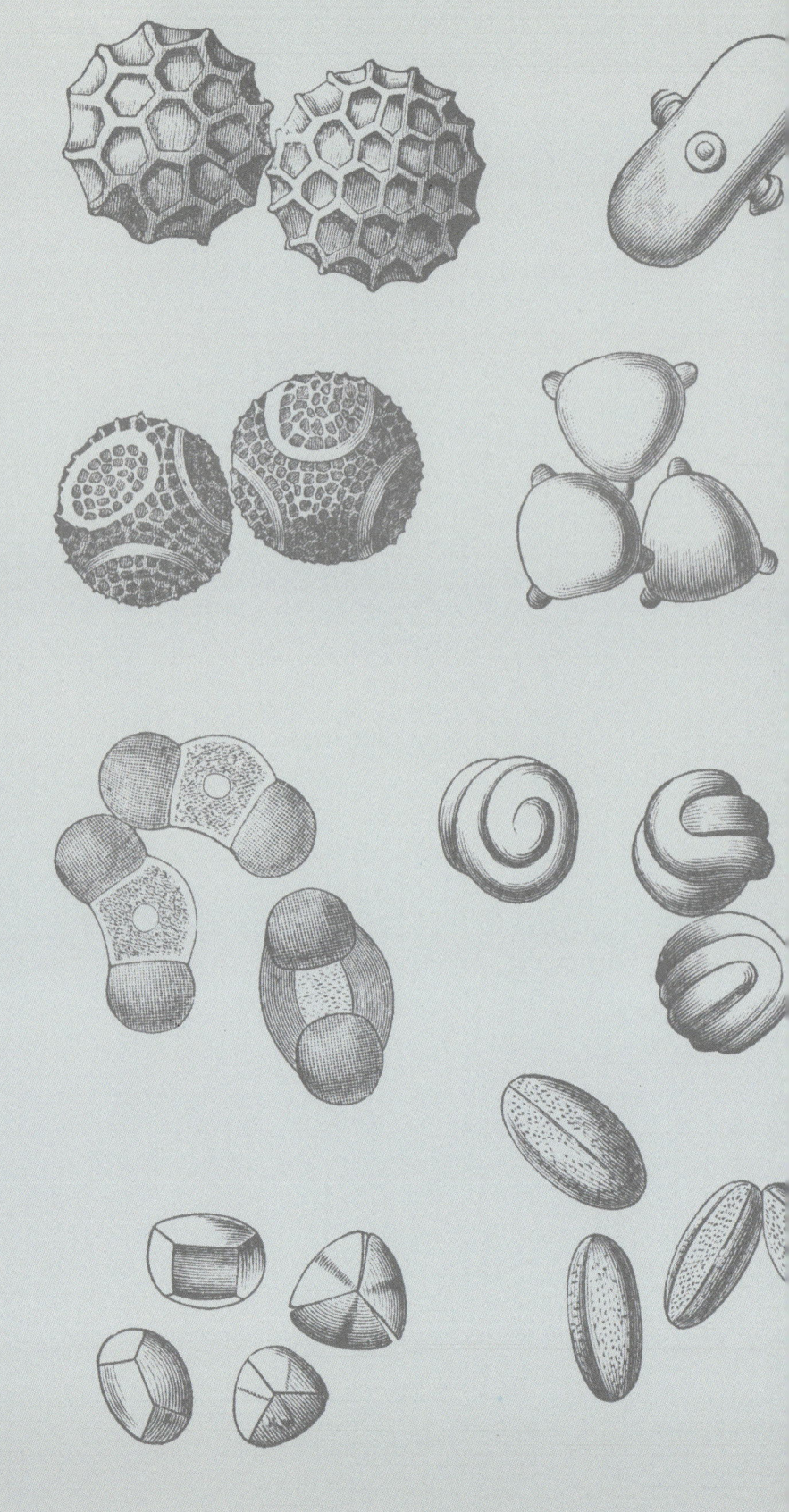

Eine besonders wichtige Rolle in der Entwicklung der künstlerischen Darstellung pflanzlicher Mikrostrukturen kommt Franz Bauer zu. Der penible, detailversessene Botaniker gehörte zu den Allerersten, die sich mit der Formenvielfalt von Pollenkörnern befassten, und schuf damit die Grundlage für spezialisierte und intensivere Pollenstudien im 19. Jahrhundert. Noch heute ist Bauers Werk, ebenso wie die Erkenntnisse hinsichtlich der Pflanzenstruktur, die sich daran anschlossen, von fortdauerndem wissenschaftlichem Interesse. Ein neuer Schwerpunkt liegt inzwischen jedoch darauf zu erforschen, wie die genetische Information in die filigranen Muster der pflanzlichen Form übertragen wird.

Die einmalige Zusammenarbeit einer Wissenschaftlerin und eines Künstlers, die diesem Buch vorausging, setzt also eine lange Tradition fort, in der die Erforschung der Komplexität pflanzlicher Strukturen untrennbar mit den künstlerischen Bemühungen verbunden war, die pflanzliche Form zu analysieren, zu verstehen und darzustellen. Es setzt die Erforschung der Vielfalt der Pollenkörner fort, die im 17. und 18. Jahrhundert von herausragenden Wissenschaftlern begonnen wurde, und beleuchtet darüber hinaus die Schlüsselfunktion des Pollens im Lebenszyklus der Pflanzen. Mithilfe des Rasterelektronenmikroskops führt es uns außerdem in Welten, die bis vor etwa 50 Jahren noch unzugänglich waren. Die Ergebnisse faszinieren sowohl als Kunstwerke als auch wegen der Einblicke, die sie uns in die Funktionsweise der Pflanzen gewähren. Wir beglückwünschen Madeline Harley und Rob Kesseler zu diesem Buch, das Ihnen Freude bereiten, Sie inspirieren und wissbegierig machen wird. Genießen Sie die mit Hingabe und Kreativität präsentierten neuen Ansichten einiger verborgener Meisterwerke aus der Welt der Pflanzen.

Professor Sir Peter Crane

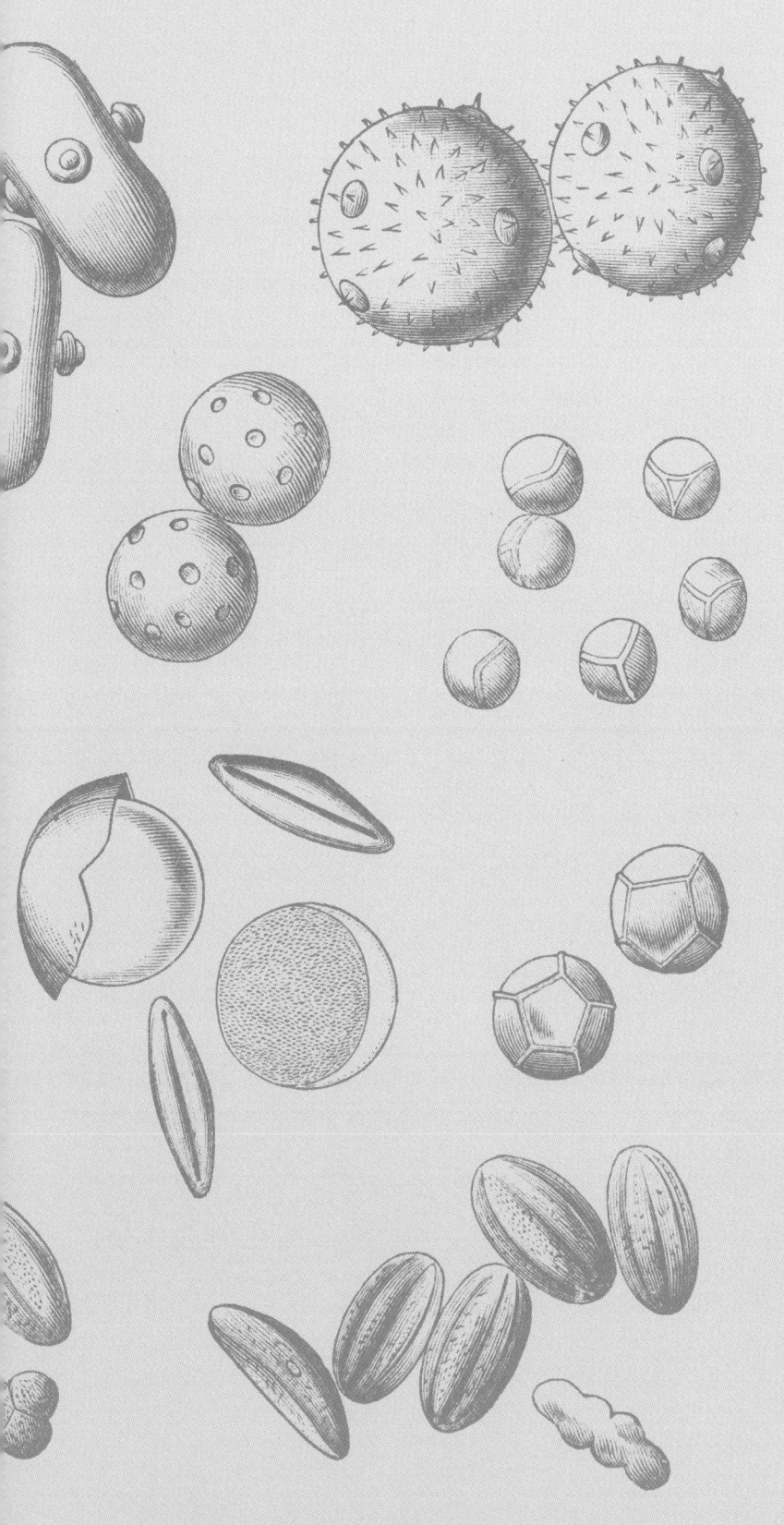

A. Kerner und F. W. Oliver, Abbildung von Pollenkörnern aus *The Natural History of Plants*, 1903

VORWORT

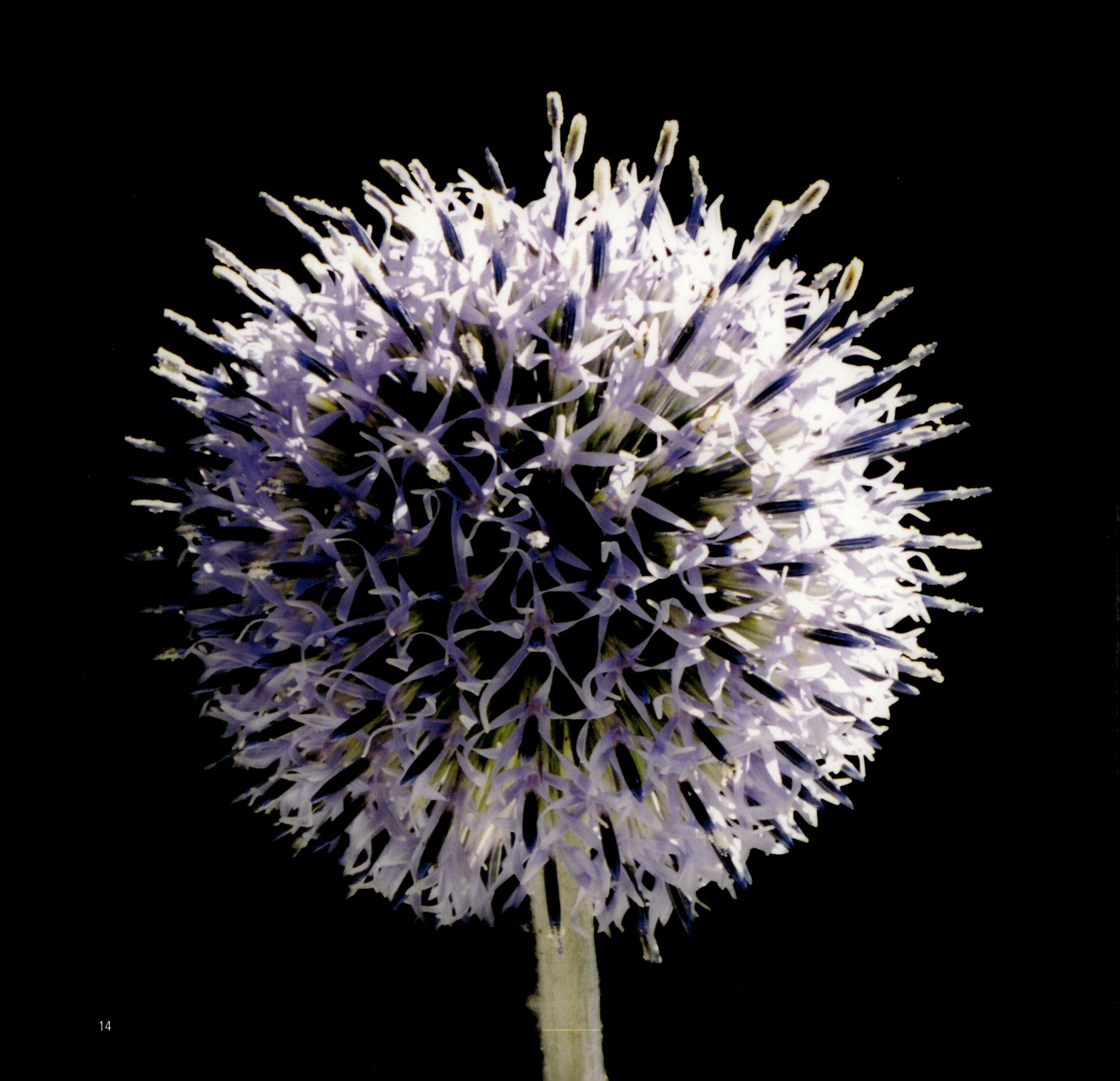

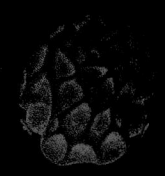

POLLEN IN KUNST
UND WISSENSCHAFT

ROB KESSELER UND MADELINE HARLEY

Echinops bannaticus – Kugeldistel (Compositae) – ein kugelförmiger Blütenstand mit zahlreichen blauen Einzelblüten. Aus jeder der Blüten ragt ein Stigma (Narbe) hervor, das von einem Ring aus Stamina umgeben ist.

Dieses Buch ist das Werk eines Künstlers und einer Wissenschaftlerin, die die Begeisterung für das perfekte Design von Organismen teilen, die ohne Mikroskop unsichtbar sind – die Pollenkörner, die bis zum Augenblick ihrer Freisetzung in einer Blüte eingeschlossen sind. Erst wenn sie von Wind, Wasser oder Tieren davongetragen werden, können sie ihren Zweck, die Fortpflanzung, erfüllen. Pollen ist allgegenwärtig. Kinder und Schüler lernen am Beispiel der Vermehrung der Blütenpflanzen und der Rolle, die Bienen dabei spielen, die Grundlagen der geschlechtlichen Fortpflanzung. Doch nur wenige Menschen sind sich der erstaunlichen Formenvielfalt der Pollenkörner bewusst, obwohl diese winzigen und außergewöhnlichen Gebilde wissenschaftlich Interessierte seit dem 17. Jahrhundert fasziniert haben.

Im Lauf der Geschichte hat es immer wieder geniale Universalgelehrte gegeben, deren leidenschaftlicher Erkenntnisdrang sie befähigte, viele Fachgebiete gleichzeitig zu beherrschen – Leonardo da Vinci ist das bekannteste Beispiel. Im 17. Jahrhundert revolutionierte Robert Hooke, der Chemiker, Physiker und Vermesser der Stadt London war, mit seiner bahnbrechenden Entwicklung des zusammengesetzten Mikroskops die wissenschaftliche Welt. Sein 1665 gedrucktes Buch *Micrographia* war ein Meilenstein der populärwissenschaftlichen Literatur. Hooke beschrieb darin nicht nur in verständlicher Sprache seine mikroskopischen Beobachtungen vom Seidengewebe bis hin zum Floh, sondern illustrierte auch jedes Beobachtungsobjekt mit einer grafischen Präzision, die es geradezu unwirklich erscheinen ließ. Heute haben wir uns so an das Vorhandensein reich bebilderter Bücher gewöhnt, dass wir uns das Aufsehen, das die *Micrographia* bei ihrer Publikation erregten, nur schwer vorstellen können. Um fast ein Jahrhundert ging das Buch der Flut populärer illustrierter Werke voraus, mit denen die wachsende europäische Begeisterung für das Sammeln und Präsentieren der »Ornamente der Natur« befriedigt werden sollte und die Titel wie *Spectaculum Naturae et Artium* (1765) und *Amusements Microscopiques* (1776) trugen. Die Beziehung zwischen Kunst und Wissenschaft war seit Hooke von durchaus wechselnder Intensität. Goethe, der jeweils vor dem Einschlafen über den Reproduktionszyklus der Pflanzen sinnierte, lebte in einer weniger aufgeschlossenen Zeit. Er war überrascht und bestürzt, dass sein Essay *Über die Metamorphose der Pflanzen* von den Botanikern wie von der Öffentlichkeit zunächst ignoriert wurde. Erst dreißig Jahre später wurde er als ernsthafter Beitrag zur Botanik anerkannt. Goethe beklagte sich: »Nirgends will jemand zugeben, dass Wissenschaft und Kunst vereinigt werden könnten. Die Leute vergessen, dass die Wissenschaft aus der Dichtung entstanden ist, und sie ziehen nicht in Betracht, dass ein Ausschlag des Pendels beide glücklich vereinen könnte, auf einer höheren Ebene und zu beiderseitigem Vorteil.«

Nach einer Periode der Trennung erfreuen sich die Disziplinen der Wissenschaft und der Kunst gegenwärtig einer Renaissance ihrer Zusammenarbeit. Dieses Buch ist ein Zeugnis für diesen neuen Geist der Kooperation. Die durch die Wissenschaft gewonnenen Bilder sind so vollendet und hochwertig, dass ihre Schärfe und ihr Detailreichtum gar keinen künstlerischen Eingriff mehr notwendig erscheinen lassen. Das würde allerdings bedeuten, die Rolle des Künstlers bei der Interpretation und Übertragung neuen wissenschaftlichen Bildmaterials zu ignorieren. Der Künstler ist der Vermittler, durch den die wissenschaftlichen Entdeckungen ihre kulturellen Konsequenzen entfalten. Das heutige Publikum zeigt in allen Altersgruppen ein wachsendes Interesse für Bilder aus der Welt der Natur, die nicht nur durch schiere Großartigkeit in Staunen versetzen, sondern auch die Gelegenheit bieten, mehr über die Funktionen des Lebens zu lernen.

Wir freuen uns sehr darüber, dass wir die Früchte unserer wissenschaftlich-künstlerischen Zusammenarbeit jetzt mit Ihnen teilen können.

18

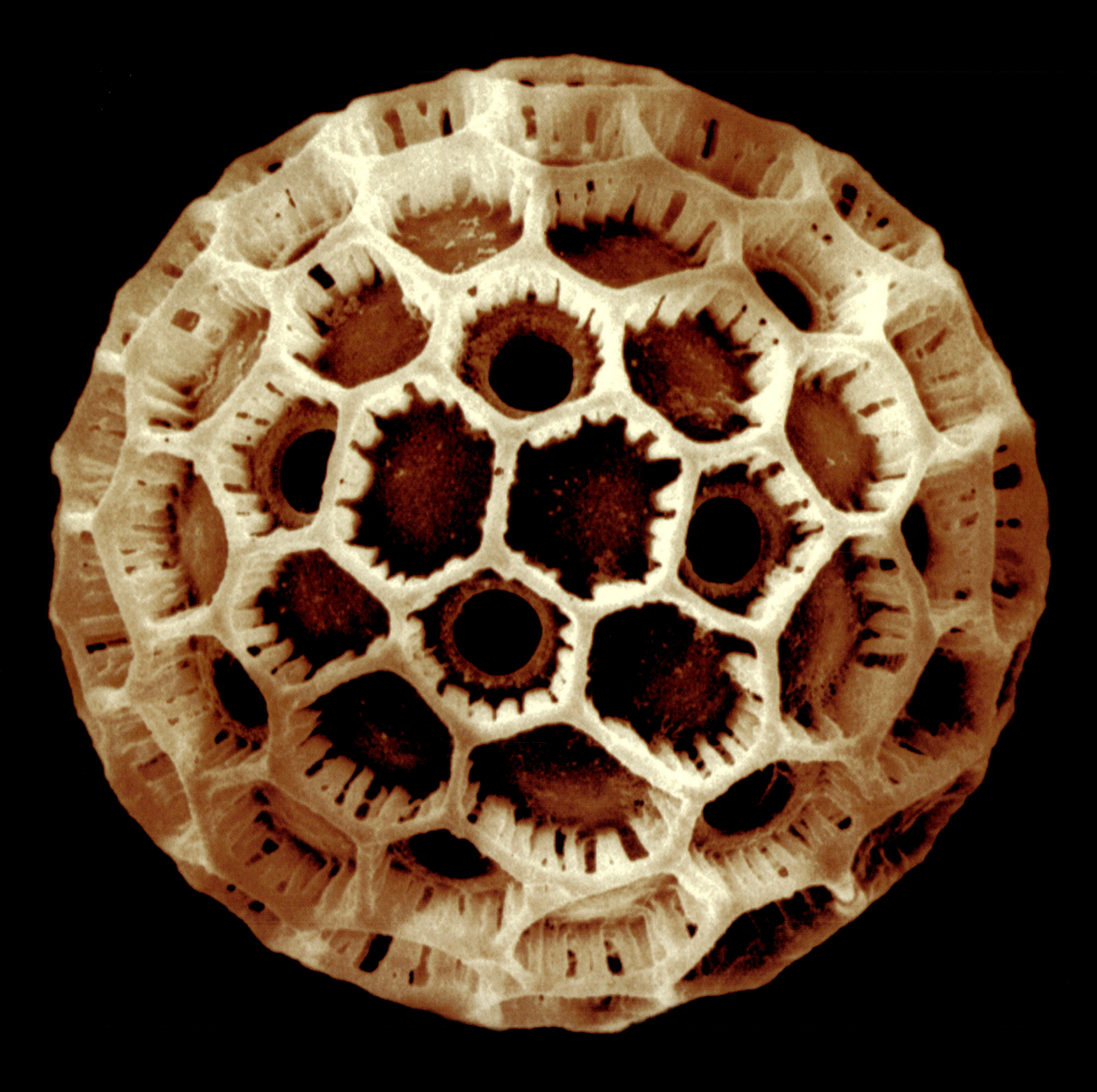

KEINE BLÜTEN – KEIN POLLEN
KEIN POLLEN – KEINE BLÜTEN

MADELINE HARLEY

Cobaea scandens – Glockenrebe (Polemoniaceae) – Pollenkorn, voll ausgereift

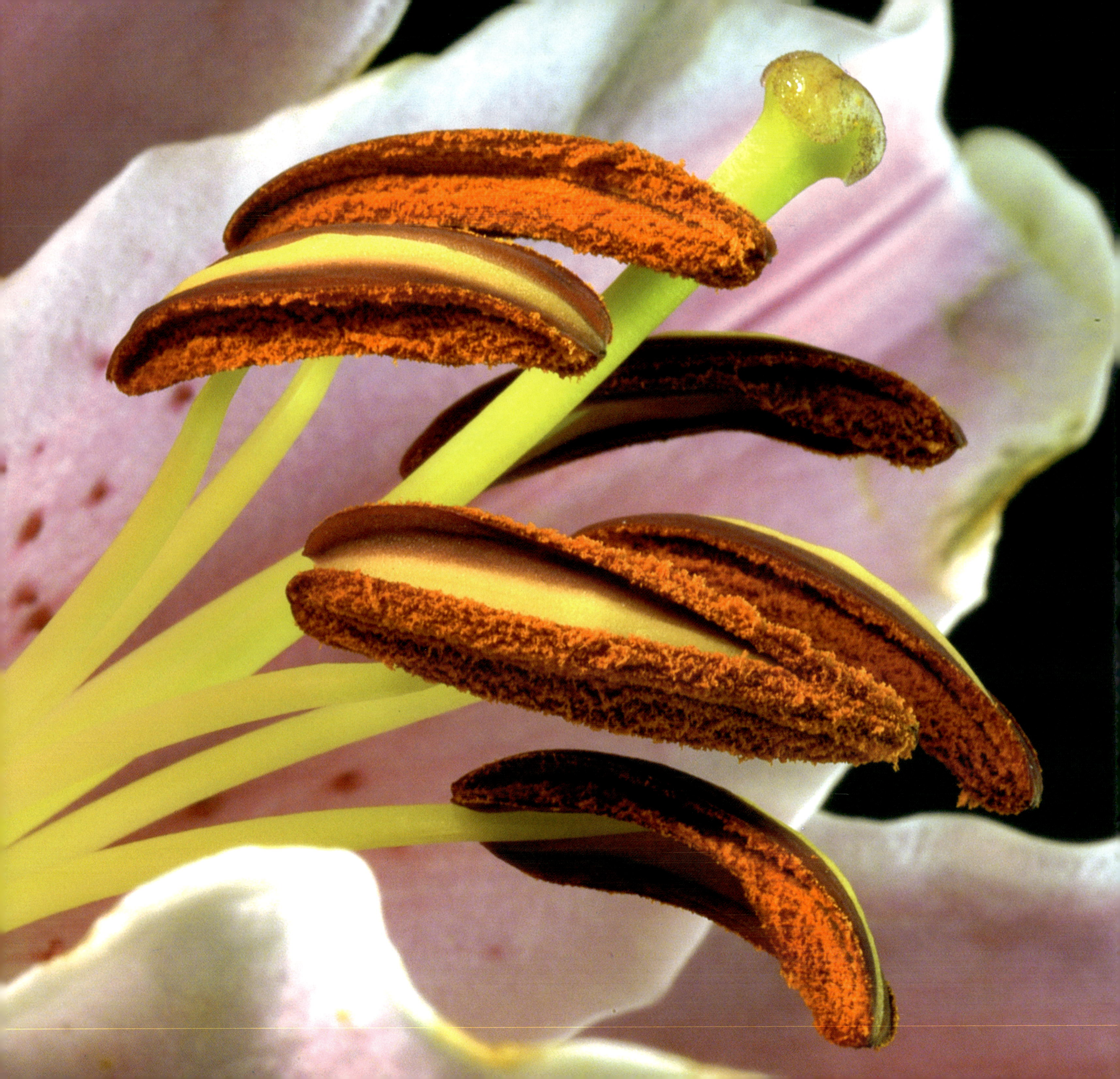

Dieses Buch beschreibt die Reise der reifen Pollenkörner, welche die Antheren (Staubbeutel) verlassen, um nach einem Partner für das Sperma zu suchen, das sie in sich tragen. Dabei geht es nicht nur darum, wie Pollenkörner Samenanlagen befruchten, damit daraus Samen entstehen, sondern auch um die Pollenkörner selbst. Sie gehören ohne Zweifel zu den eindrucksvollsten mikroskopischen Gebilden in der Natur. Sie sind winzig – perfekte Meisterstücke natürlicher Architektur und Ingenieurskunst – und oft atemberaubend schön. Ihr Formenreichtum ist außerordentlich, und wir können, ohne zu wissen, welche Pflanze sie produziert hat, anhand ihrer individuellen Merkmale die Spezies, der sie angehören, genau oder ungefähr bestimmen.

Das Wort Pollen ist lateinisch und bezeichnet feinen Staub oder Mehl. Der Gebrauch des Wortes in diesem Zusammenhang geht auf die Antike zurück. Seine erste Verwendung als Fachbegriff zur Beschreibung der männlichen Spermaträger der Blütenpflanzen wird Carl von Linné in den *Sponsalia Plantarum* (Die Vermählung der Pflanzen) zugeschrieben, die 1746 erschienen. In der Erstauflage seines Buches *Philosophia Botanica* (1751) definierte Linné den Begriff: »Pollen est pulvis vegetabilium, appropriato liquore madefactus rumpendus, et substantium sensibus nudis imperscrutabile elastice explodens« (deutsch: Pollen ist der Staub der Vegetabilien, der platzt, wenn er mit der passenden Flüssigkeit befeuchtet wird, und eine Substanz ausschleudert, die mit den bloßen Sinnen nicht wahrnehmbar ist).

Die meisten von uns sind sich der Existenz des Pollens bewusst, hauptsächlich, weil er Flecken auf den Kleidern verursachen oder, ärgerlicher noch und häufiger, schlimme allergische Reaktionen (Heuschnupfen, Asthma) auslösen kann. Diese Ärgernisse für den Menschen haben mit der eigentlichen Funktion des Pollens jedoch wenig zu tun. Pollenkörner sind perfekte, bemerkenswerte natürliche Organismen. Sie sind nicht nur sehr klein und mit dem Auge fast nicht wahrnehmbar – außer sie treten als Staub auf –, sondern sind, was wichtiger ist, die außergewöhnlich geformten Schutzhüllen für die Spermazellen zweier Hauptgruppen der Pflanzen: der Blütenpflanzen (Angiospermen) sowie der Koniferen und ihrer Verwandten.

Lilium cv. – Gärtnerlilie (Liliaceae) – Pollenkorn, voll ausgereift [REM x 1000]

LINKE SEITE *Lilium* cv. – Gärtnerlilie (Liliaceae) – Nahaufnahme der Antheren

KEINE BLÜTEN – KEIN POLLEN, KEIN POLLEN – KEINE BLÜTEN

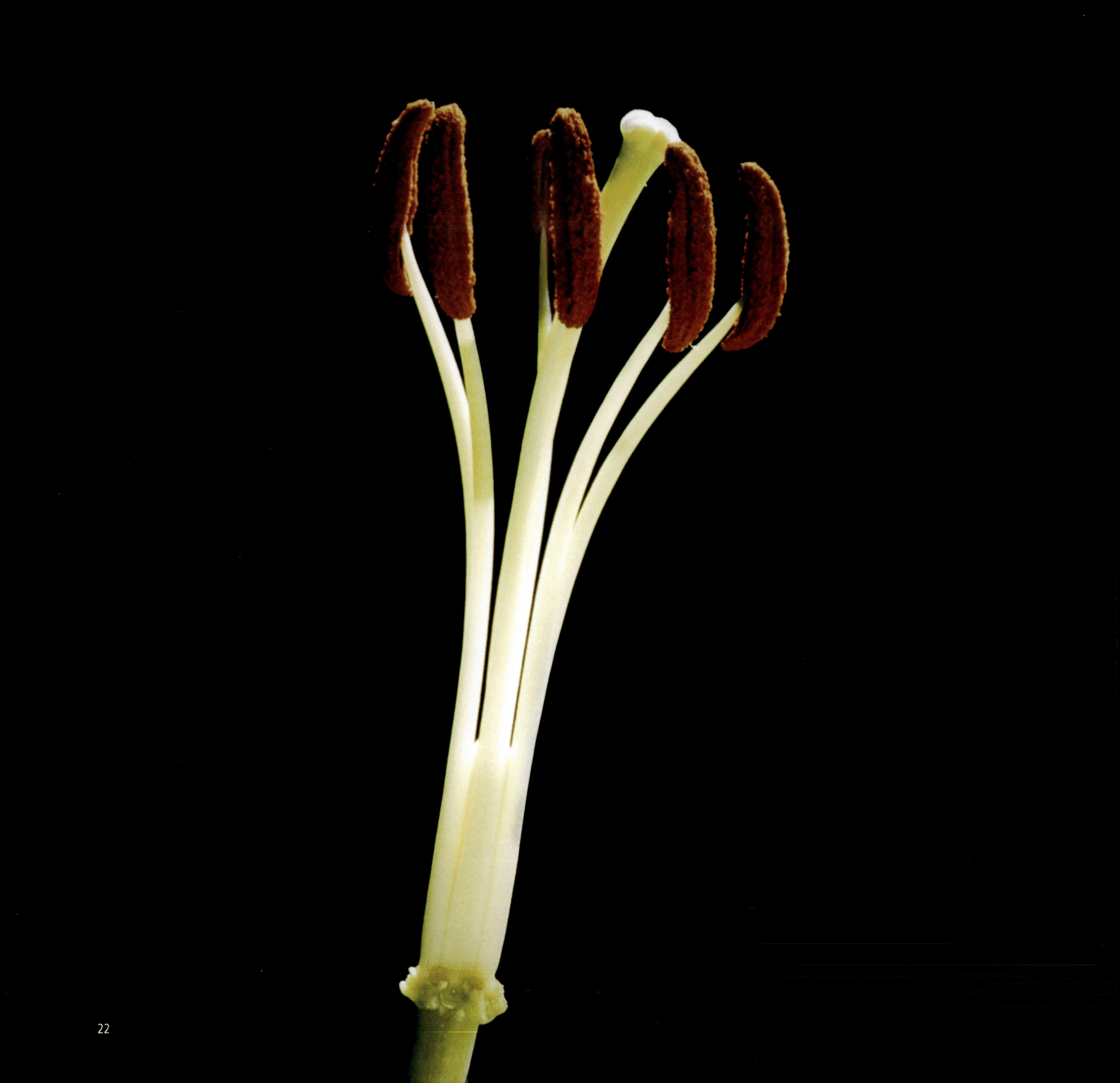

Querschnitt durch eine Lilienblüte. Zu sehen sind drei der sechs Stamina und das Pistill (Stempel).

LINKE SEITE *Lilium* cv. – Gärtnerlilie (Liliaceae) – die Petalen (Kronblätter) wurden entfernt, um die Anordnung der Stamina zu zeigen.

Schauen wir uns Pollenkörner unter dem Mikroskop an, betreten wir eine fantastische Welt, in der, obwohl dort *small is beautiful* gilt, die Funktionalität die Schönheit weit überwiegt. Die zähe äußere Schicht des Pollenkorns, das die Spermazelle einschließt, zeigt bei den verschiedenen Pflanzenspezies eine endlose Bandbreite an Variationen. Diese Variationen sind häufig sehr ausgefeilt und werden als Pollentypen bezeichnet. Es gibt Tausende von Pollentypen. Gewöhnlich produziert eine Pflanzenspezies nur Pollen eines Typs. Es gibt allerdings weniger Pollentypen als Pflanzenspezies, und einige Arten weisen einen sehr ähnlichen Pollentypen auf. Das trifft besonders auf eng verwandte Arten zu. Bei einigen Pflanzenfamilien gleichen sich die Pollentypen ebenfalls, und wenn nicht bekannt ist, von welcher Pflanze der Pollen stammt, fällt es auch einem Experten schwer, diese anhand des Pollens zu bestimmen. Schließlich gibt es Pflanzenfamilien wie die Gräser und Bambuspflanzen (Poaceae), deren Pollen bei allen Arten sehr ähnlich, aber trotzdem leicht als Gräserpollen zu erkennen ist.

Die meisten Arten der Kohl- und Mauerblümchen-Familie (Cruciferae) haben einen ähnlichen Pollentypen. Er unterscheidet sich stark von dem der Poaceae, ist aber wiederum leicht als der Pollen seiner Familie zu identifizieren. Eine Pflanzenfamilie kann Pollen haben, der bei allen Arten innerhalb der Familie bestimmte Merkmale zeigt, aber bei jeder Art das Grundmuster etwas variiert. Dafür ist die Familie der Gänseblümchen ein gutes Beispiel. Andere Pflanzenfamilien wiederum, etwa die Acanthaceae (*Acanthus*, Bärenklau und Schwarzäugige Susanne) können mehrere Pollentypen aufweisen, wobei jedoch ein Experte einige oder alle dieser Typen einer Familie zuordnen kann.

DIE STRUKTUR DER BLÜTE

Bevor wir mit unserer Geschichte fortfahren, könnten sich einige Worte zum Aufbau und der Terminologie der Blüte – vielleicht als Auffrischung von früherem Schulwissen – als nützlich erweisen: Eine Blüte besteht aus einer Anzahl grundlegender Teile, aber die Variationen der Anordnung und Struktur und die Modifikation dieser Grundbausteine erscheinen endlos. Der Einfachheit halber benutzen wir hier den Querschnitt einer imaginären radialsymmetrischen Blüte als Beispiel. Der Stängel

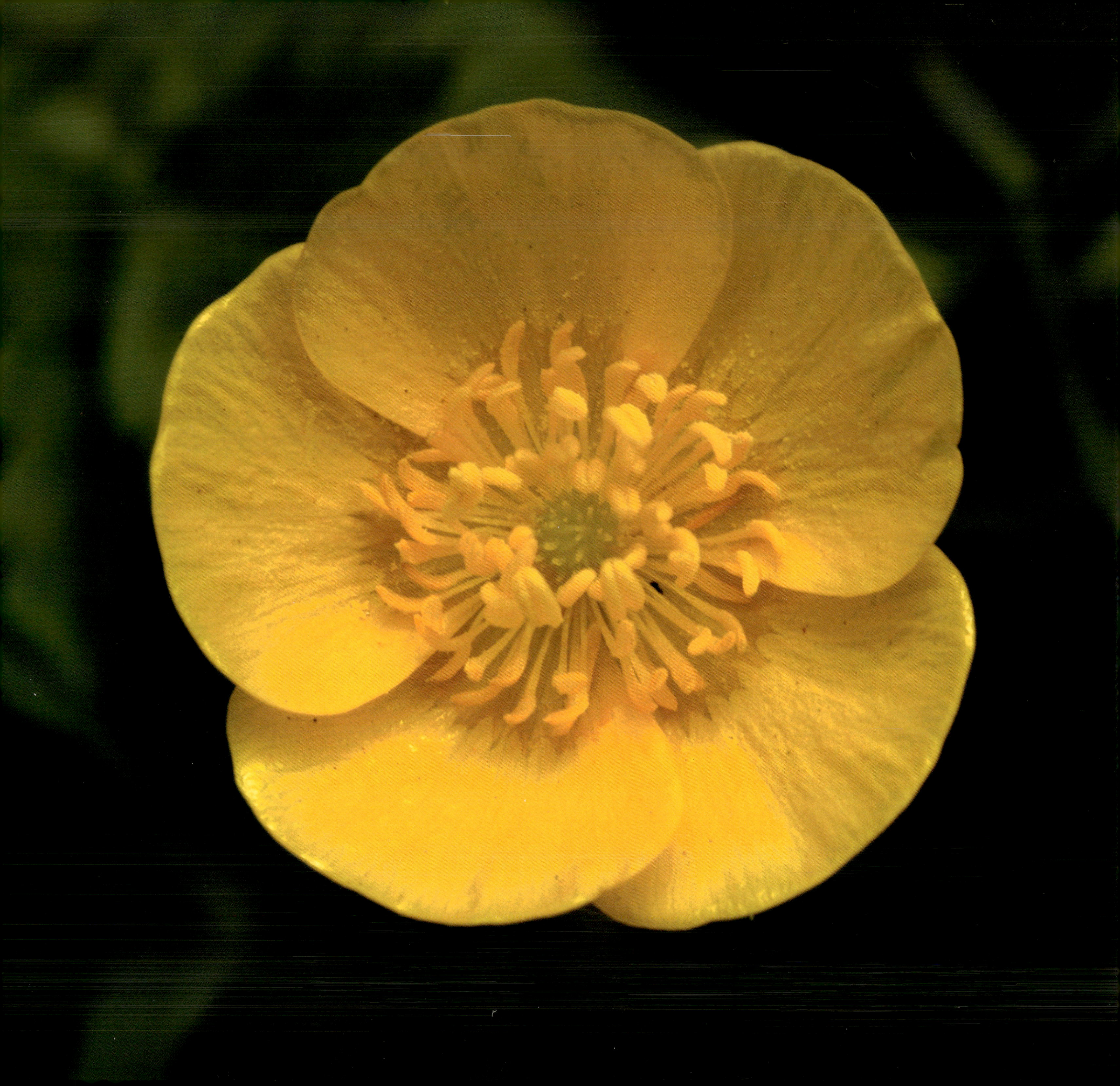

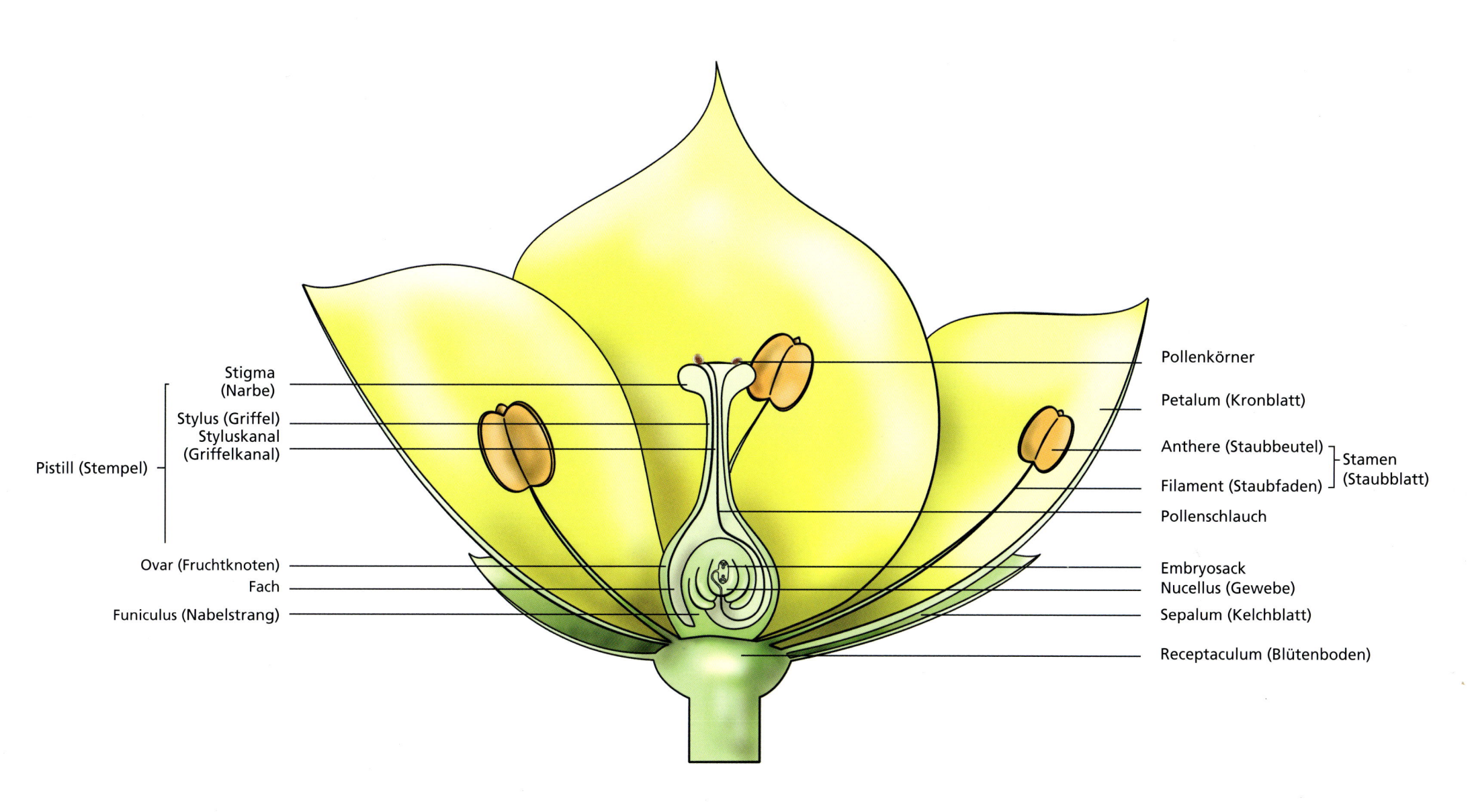

Pistill (Stempel)
- Stigma (Narbe)
- Stylus (Griffel)
- Styluskanal (Griffelkanal)

Ovar (Fruchtknoten)
Fach
Funiculus (Nabelstrang)

Pollenkörner
Petalum (Kronblatt)
Anthere (Staubbeutel) ⎤ Stamen
Filament (Staubfaden) ⎦ (Staubblatt)
Pollenschlauch
Embryosack
Nucellus (Gewebe)
Sepalum (Kelchblatt)
Receptaculum (Blütenboden)

Bestandteile einer Blüte

LINKE SEITE *Ranunculus acris* – Scharfer Hahnenfuß (Ranunculaceae)

KEINE BLÜTEN – KEIN POLLEN, KEIN POLLEN – KEINE BLÜTEN

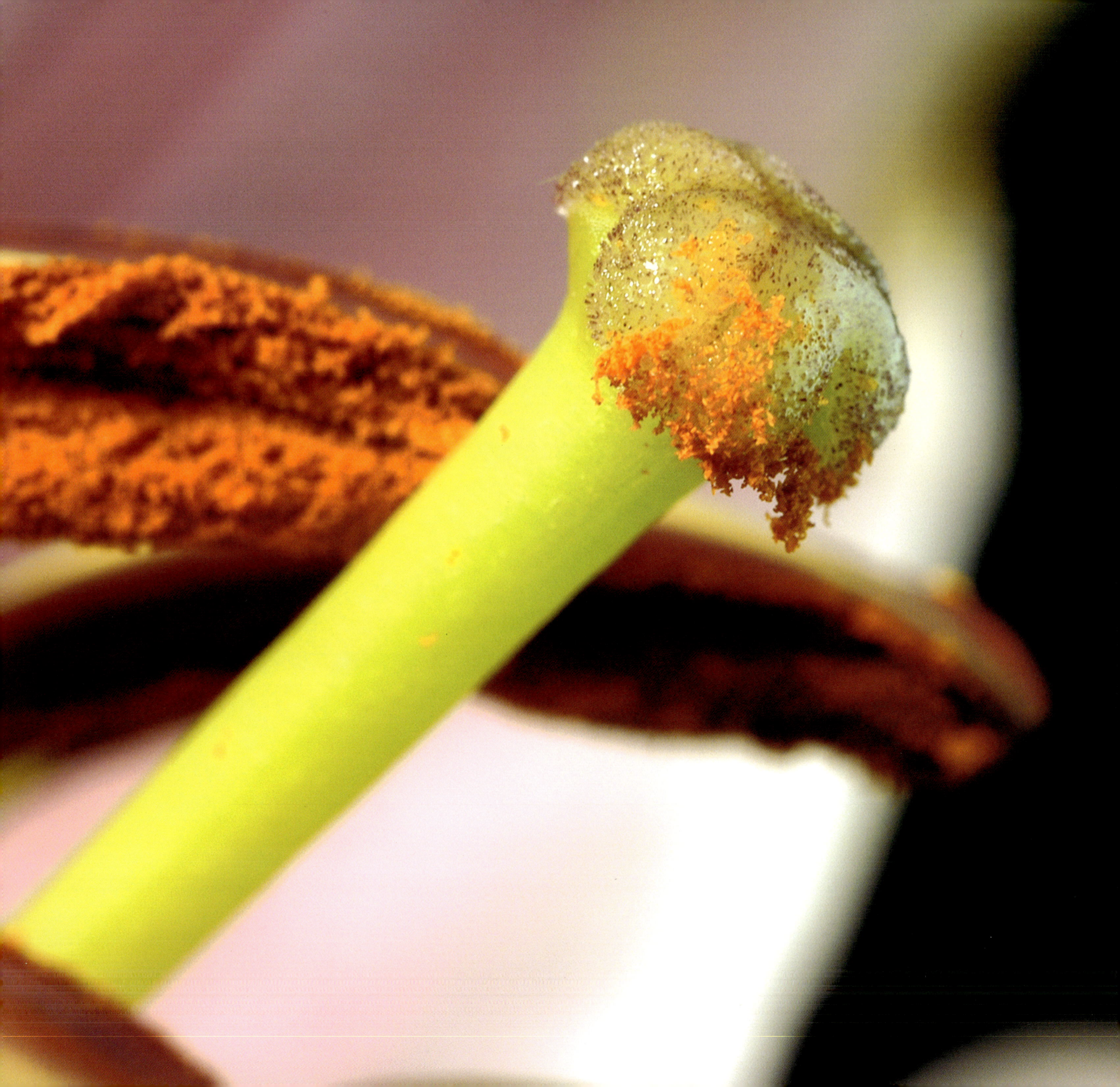

Querschnitt durch die Anthere einer Lilie:

LINKS Schnitt durch das Pistill einer Lilie; sichtbar sind der Griffelkanal und die an einer zentralen Plazenta im Ovar (Fruchtknoten) befestigten Samenanlagen.
RECHTS Stamen einer Lilie

LINKE SEITE *Lilium* cv. – Gärtnerlilie (Liliaceae) – Nahaufnahme eines Pistills. Deutlich erkennbar sind das Stigma und die anhaftenden Pollenkörner.

erweitert sich an der Spitze und bildet das Receptaculum (Blütenboden, wörtl. »Behälter«), das so genannt wird, weil es alle Teile der Blüte zusammenhält. Der Calyx (Kelch) – ein Kreis blütenblattartiger, gewöhnlich grüner oder bräunlicher Strukturen, die als Sepalen (Kelchblätter) bezeichnet werden – passt genau unter die Corolla, den Kranz der Petalen (Kronblätter). Die Corolla umgibt das Androeceum (Gesamtheit der männlichen Sexualorgane), das aus einem Ring von Stamina (Staubblätter), gebildet aus Anthere und Filament (Staubfaden), besteht. Die Stamina wiederum umgeben das Pistill (Stempel), das auch Karpell (Fruchtblatt) oder Gynoeceum heißt, das weibliche Fortpflanzungsorgan, das aus Stigma (Narbe), Stylus (Griffel) und Ovar (Fruchtknoten) zusammengesetzt ist. Wenn es zwei oder mehr Pistille (Karpelle) gibt, nennt man sie ein synkarpes Gynoeceum. Im Ovar befinden sich die Samenanlagen; im Querschnitt ist nur eine Samenanlage abgebildet. Jede von ihnen enthält im Innern einen Embryosack.

WO IST DER POLLEN?
Um zu begreifen, welche Rolle der Pollen im Fortpflanzungszyklus einer Blütenpflanze spielt, lohnt es sich, die Sexualorgane in der Blüte einer echten Blume zu betrachten. Gärtnerlilien *(Lilium*-Kultivare) sind hierfür gut geeignet und sowohl für Gärtner als auch Nichtgärtner leicht erhältlich. Lilien haben hermaphroditische Blüten, das bedeutet, dass männliche und weibliche Organe in derselben Blüte auftreten – wie es auch im Querschnitt zu sehen ist. Die Mehrzahl der Pflanzenarten hat hermaphroditische Blüten. Lilien sind leicht zu untersuchen, weil ihre Fortpflanzungsorgane ziemlich groß sind. Wenn man ein Blütenblatt auszupft, kann man ins Innere der Blüte sehen. In der Mitte ragt das Pistill hervor, das weibliche Organ der Blüte, an dessen Spitze sich ein dreilappiges Stigma befindet. Unter dem Stigma folgt der Stylus, der ziemlich lang ist und einen zentralen Kanal hat, der vom Stigma hinunter zu den Fächern des Ovars führt, wo die Samenanlagen liegen. Das Pistill ist von sechs Stamina umgeben. Die Stamina sind das männliche Organ der Blüte, und sie stehen im Mittelpunkt des Lebenszyklus des Pollens. Bei der Lilie trägt jedes Stamen eine große Anthere, die auf einem schlanken, stängelartigen Filament sitzt. Stamina kommen am häufigsten zu dritt (oder in Vielfachen von drei), zu fünft (oder

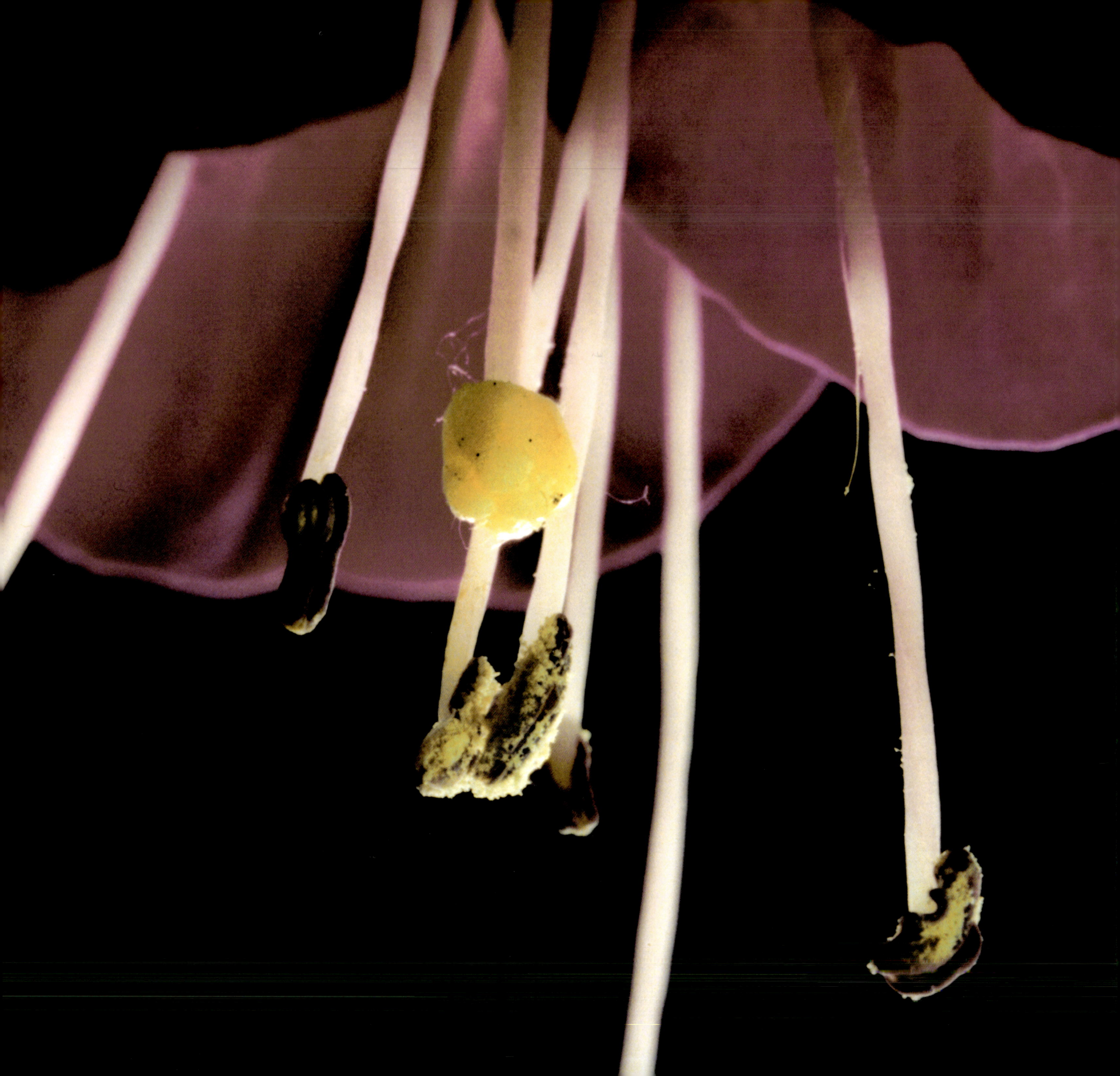

Fuchsia cv. (Onagraceae) – Pollenkorn mit Viszinfäden (Klebfäden aus Sporopollenin) [LM x 88, gefärbt mit Malachitgrün]

LINKE SEITE *Fuchsia* cv. (Onagraceae) – Nahaufnahme der Stamina und des Pistills

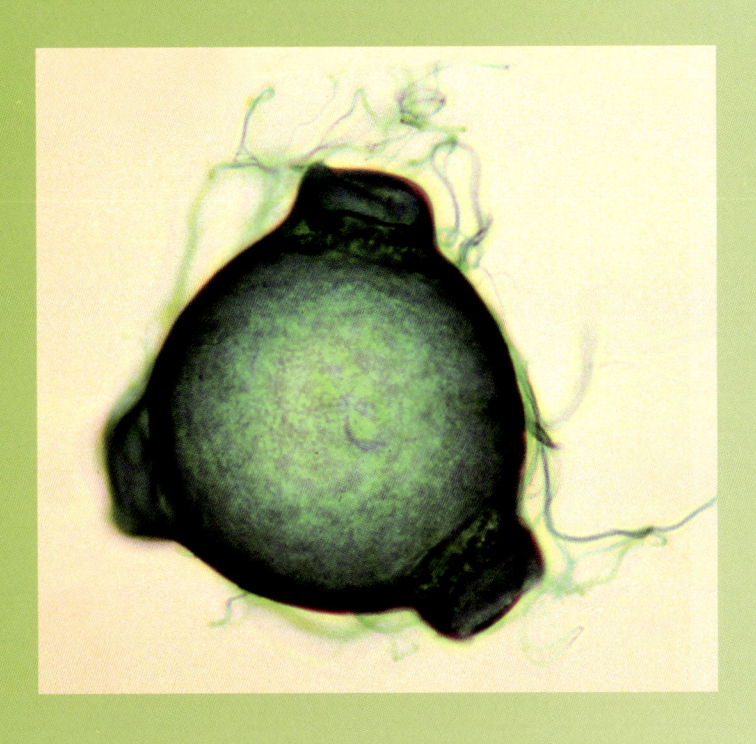

in Vielfachen von fünf) oder zu vielen vor. In den Antheren befinden sich die Pollenkörner. Die meisten Antheren enthalten zwei Fächer oder Theken, zwischen denen ein Konnektiv liegt, das Gewebe, das die beiden Theken einer Anthere verbindet. Jede Theke ist wiederum in zwei Abteile oder Pollensäcke aufgeteilt. Wenn sie reif sind, reißen die beiden Theken auf, gewöhnlich der Länge nach, und setzen die Pollenkörner aus den Pollensäcken zu Hunderten und Tausenden frei.

STAMINA UND PISTILLE

Struktur und Form der Stamina und Pistille variieren auffallend stark. Von ihnen soll hier nur am Rande die Rede sein, weil der Pollen den Schwerpunkt unserer Darstellung bildet. Stamina haben bei den Blütenpflanzen viele unterschiedliche Formen und treten längst nicht nur als einfache Antheren mit vier Pollensäcken auf langen, schlanken Filamenten auf. Die Filamente können haarig oder glatt, lang oder kurz, dick oder dünn sein. Sie können an der Basis zusammengewachsen sein, so dass kurze oder lange freie Filamente aus einer krönchenartigen Struktur emporragen, und sie können sogar vollständig zu einer Staubblatt-Röhre vereinigt sein. Der untere Befestigungspunkt kann auf einem Petalum liegen – das ist oft bei teilweise röhrenförmigen Blüten der Fall, wie etwa in der Familie der Minzpflanzen (Lamiaceae). Bei vielen Pflanzenfamilien sind die Filamente am Receptaculum befestigt. Die Spitze des Filaments kann unten, in der Mitte oder oben am Antherenkonnektiv angewachsen sein. Das Antherenkonnektiv selbst ist vielleicht kaum sichtbar oder aber auch sehr komplex und/oder vergrößert. Auch die Theken der Antheren können sehr vielgestaltig ausfallen. Anstatt mit einem Längsspalt öffnen sie sich möglicherweise horizontal oder sogar durch Poren. Solche Staubbeutel mit Poren kommen besonders in der Rhododendron-Familie vor. Nach der Öffnung verdrehen sich die Antheren etwa bei *Centaurium erythraea* (das Echte Tausendgüldenkraut aus der Familie der Gentianaceae). Mitunter sind die Theken auch klappig, das heißt, sie haben kleine Türen an Scharnieren wie bei der Zaubernuss *(Hamamelis)*.

Stigma und Stylus des Pistills treten ebenfalls in vielen Formen auf. So ist zum Beispiel beim Mohn der Stylus stark verkürzt, und das Stigma wirkt wie ein Miniatur-Wagenrad. Bei der *Mirabilis jalapa* (Wunderblume) ist der sehr lange Stylus auf-

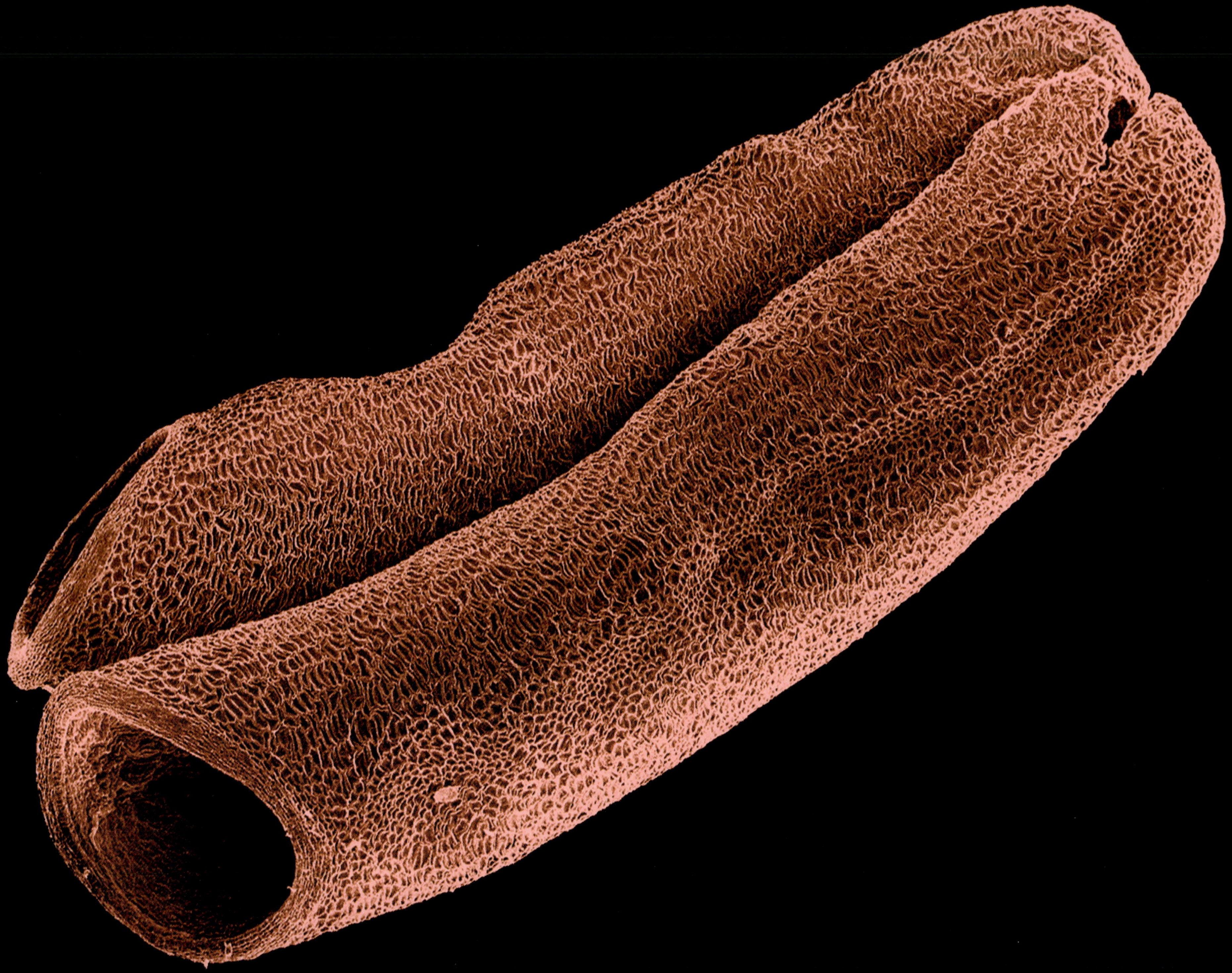

Rhododendron cv. – Stamina, deren Antheren porenartige Öffnungen aufweisen

LINKE SEITE *Rhododendron* cv. – Anthere mit porenartigen Öffnungen. Die Poren befinden sich an der Spitze der Theke [REM x 30].

gerollt wie ein Feuerrad, wenn sich die Blüte öffnet, mit einem weit verzweigten Stigma an der Spitze. Die Styli von Tulpe und Lilie sind lang und gerade, mit einem in drei eng zusammenhängende Segmente geteilten Stigma. Bei den Geraniaceae bilden fünf schlanke Styli eine Säule, von der aus sich die getrennten Stigmen in einem zarten Sternmuster verzweigen, während bei den Malvaceae, zum Beispiel beim *Hibiscus* und bei der Wilden Malve *(Malva sylvestris)*, der Stylus von einer Staubblattröhre umgeben ist, aus der an verschiedenen Stellen kleine Filamente mit jeweils einer Anthere an der Spitze herauswachsen. Das verzweigte Stigma tritt oben aus der Staubblattröhre aus, und das Ganze wirkt fast wie ein winziger Weihnachtsbaum.

ENTWICKLUNG UND FUNKTION DES POLLENS

Bei den meisten Pflanzen werden die Pollenkörner aus den Antheren der voll entwickelten Blüten einzeln ausgestoßen. Bei etwa fünfzig Pflanzenfamilien allerdings gibt es zumindest einige Spezies, bei denen die reifen Pollenkörner als Tetraden (also zu vieren) freigesetzt werden. Dazu gehören zahlreiche Angehörige der Heidekraut- und Rhododendron-Familie (Ericaceae) wie auch Nachtkerze, *Fuchsia* und Oleander (Familie Onagraceae). Pollen kann auch in Polyaden verteilt werden. Polyaden bestehen normalerweise aus einem Vielfachen von vier Pollenkörnern. Sie treten zum Beispiel bei *Acacia* und *Mimosa* auf (Unterfamilie Mimosoideae der sehr umfangreichen Familie Leguminosae).

Eine andere Verteilungseinheit des Pollens, das Pollinium, tritt bei zwei anderen sehr großen Familien auf – den Orchidaceae und Asclepiadaceae, ist aber auf diese beschränkt. Hier werden die Pollenkörner in mehr oder weniger kompakten, zusammenhängenden Paketen, sogenannten Massulen, freigesetzt. Es gibt gewöhnlich vier Pollinien, die in vier Pollensäcke unterteilt sind – sie spiegeln die Form der gewöhnlicheren Antheren der anderen Familien wider. Die vier Pollinien können zusammen auf einem einzelnen Stielchen (Caudiculum) oder in Paaren auf zwei Caudiculen sitzen. Die Massulen hängen durch eine Klebdrüse namens Viscidium mit dem Caudiculum zusammen. Das ganze Gebilde wird als Pollinarium bezeichnet.

Pollenkörner entwickeln sich innerhalb der wachsenden Antheren aus spezialisierten Zellen, die von einer schützenden inneren Schicht der Antherenhülle umgeben

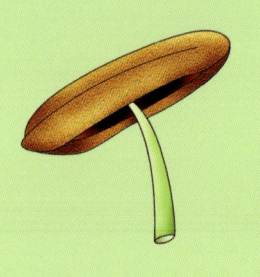

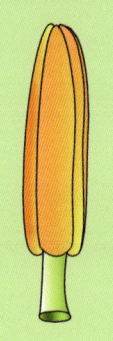

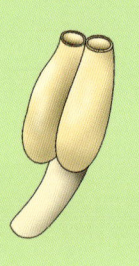

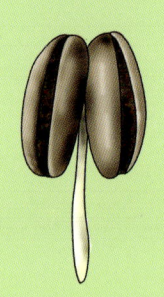

Beispiele verschiedener Formen und Strukturen von Stamina
[gezeichnet nach Kerner und Oliver (1903) und Lawrence (1955)]

sind, dem Tapetum. Die Pollen-Mutterzellen entstehen aus diploiden (einen doppelten Chromosomensatz aufweisenden) Zellen. In der Folge durchläuft jede diploide Pollen-Mutterzelle eine Meiose (Reduktionsteilung), bei der sie sich in gewöhnlich vier haploide (einen einfachen Chromosomensatz aufweisende) Tochterzellen teilt – die Tetrade – oder, weniger gewöhnlich, in eine Polyade oder ein Pollinium. Nach der Meiose entwickeln sich die einzelnen Pollenzellen in der Tetrade, der Polyade oder dem Pollinium weiter. Bei den meisten Blütenpflanzen trennen sich die Tetraden vor der Reife in einzelne Pollenkörner, während Polyaden und Pollinien intakt bleiben. In jedem jungen, fertig ausgeformten Pollenkorn durchläuft der Nucleus (Zellkern) eine Mitose (Äquationsteilung), bei der er sich teilt, um das reife Pollenkorn mit zwei Zellen auszustatten: der vegetativen Zelle (Pollenschlauchzelle), die den vegetativen Nucleus enthält, und der generativen Zelle (Fortpflanzungszelle), die den generativen oder Sperma-Nucleus enthält. Außer bei Aufbewahrung unter speziellen Bedingungen sind die meisten Pollenkörner sehr kurzlebig – gewöhnlich leben sie nur einige Tage. Daher müssen sie nach der Freisetzung aus der Anthere rasch verteilt werden. Nur wenn sie noch lebensfähig sind, können sie andere Pflanzen derselben Spezies befruchten.

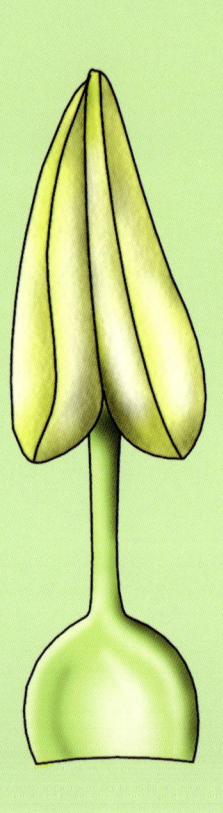

Pollenkörner sind keine Teile der Pflanze wie Petalen, Blätter, Stamina oder Stängel. Sie sind Einzelwesen – hochfunktionelle, in sich abgeschlossene Gebilde, die haploide Generation im Lebenszyklus der Blütenpflanzen, die mikroskopischen Gegenstücke zur auffälligeren diploiden Generation, der ganzen Pflanze. Die haploide gametophyte (sich geschlechtlich fortpflanzende) Generation weist nur ein Exemplar jedes Chromosoms der Chromosomenausstattung auf, während die diploide Generation in den Nuclei ihrer nichtreproduktiven (somatischen) Zellen einen doppelten Chromosomensatz aufweist. Wenn ein Pollenkorn die Anthere einer diploiden Elternpflanze verlässt und das Stigma einer anderen diploiden Pflanze derselben Spezies erreicht, keimt es, woraufhin die Spermazelle mit dem Eizellennucleus und den Polkernen der Samenanlagen verschmilzt (dies wird später noch ausführlicher behandelt). Die befruchtete Samenanlage reift dann zu einem diploiden Samen heran, der sich anschließend zu einer diploiden Pflanze entwickelt.

DER UNTERSCHIED ZWISCHEN POLLEN UND SPOREN

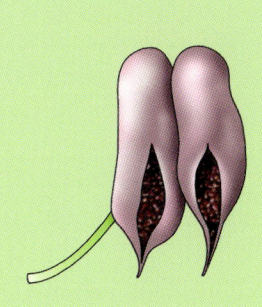

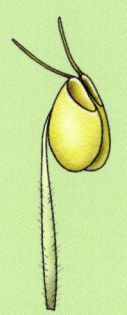

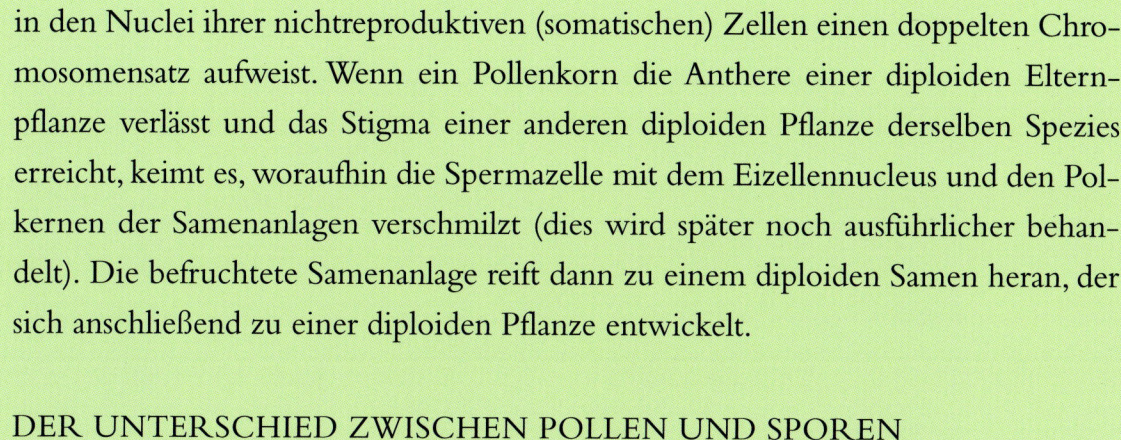

Es gibt einen grundsätzlichen Unterschied zwischen Pollenkörnern und Sporen. Der Generationswechsel, das heißt der Wechsel zwischen einer haploiden und einer diploiden Generation kommt nur bei den Pflanzen vor – von den Grünalgen über die Lebermoose, Moose, Farne, Koniferen und ihre Verwandten (Gymnospermen) bis zu den Blütenpflanzen (Angiospermen). Er ist ohne Parallele im Tierreich.

Allerdings produzieren die Nichtblütenpflanzen, mit Ausnahme der Koniferen und ihrer Verwandten, die technisch gesehen Pollenkörner haben, Sporen. Anders als Blütenpflanzen und Gymnospermen bringen sporenproduzierende Pflanzen auch eine asexuelle Generation hervor, den Sporophyten. Auf der Unterseite eines ausgewachsenen Farnwedels beispielsweise – etwa bei einem männlichen *Dryopteris filixmas* – zeigen die einzelnen Blätter (Pinnae) des Wedels Reihen nierenförmiger Gebilde, die als Sori (Singular Sorus) bezeichnet werden. Geschützt unter den Sori liegen die Sporangien, welche die Sporen enthalten. Wenn die Sporangien reif sind, öffnen sie sich, um die Sporen freizusetzen, die, wie Pollenkörner, die haploide

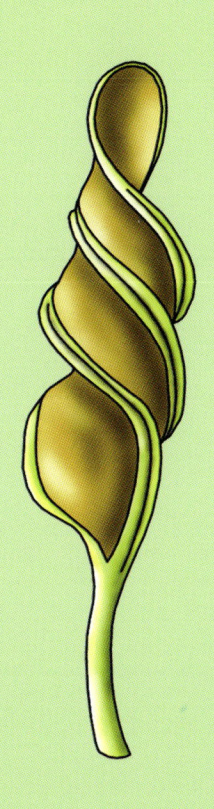

DIE GEHEIMNISVOLLE SEXUALITÄT DER PFLANZEN

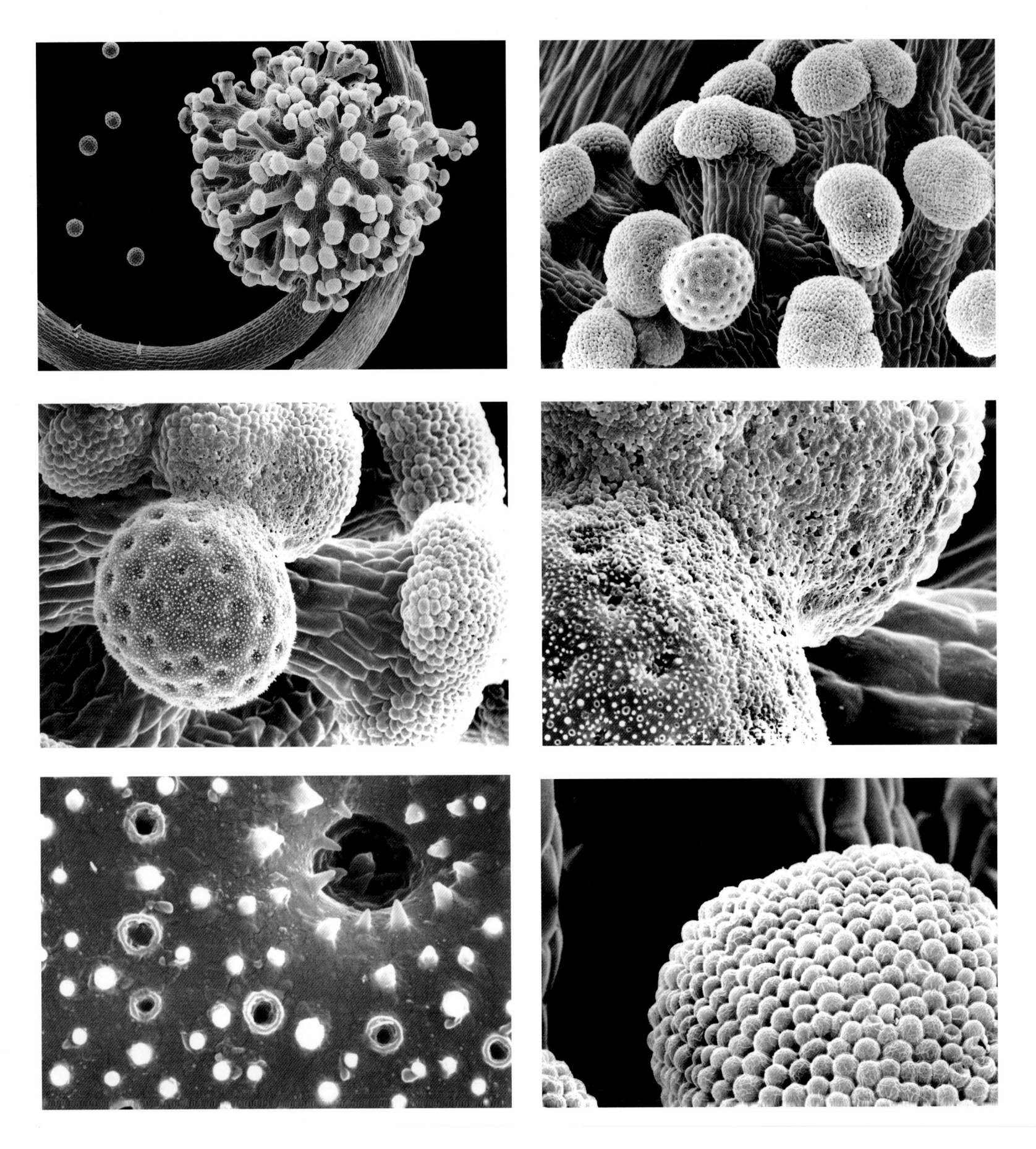

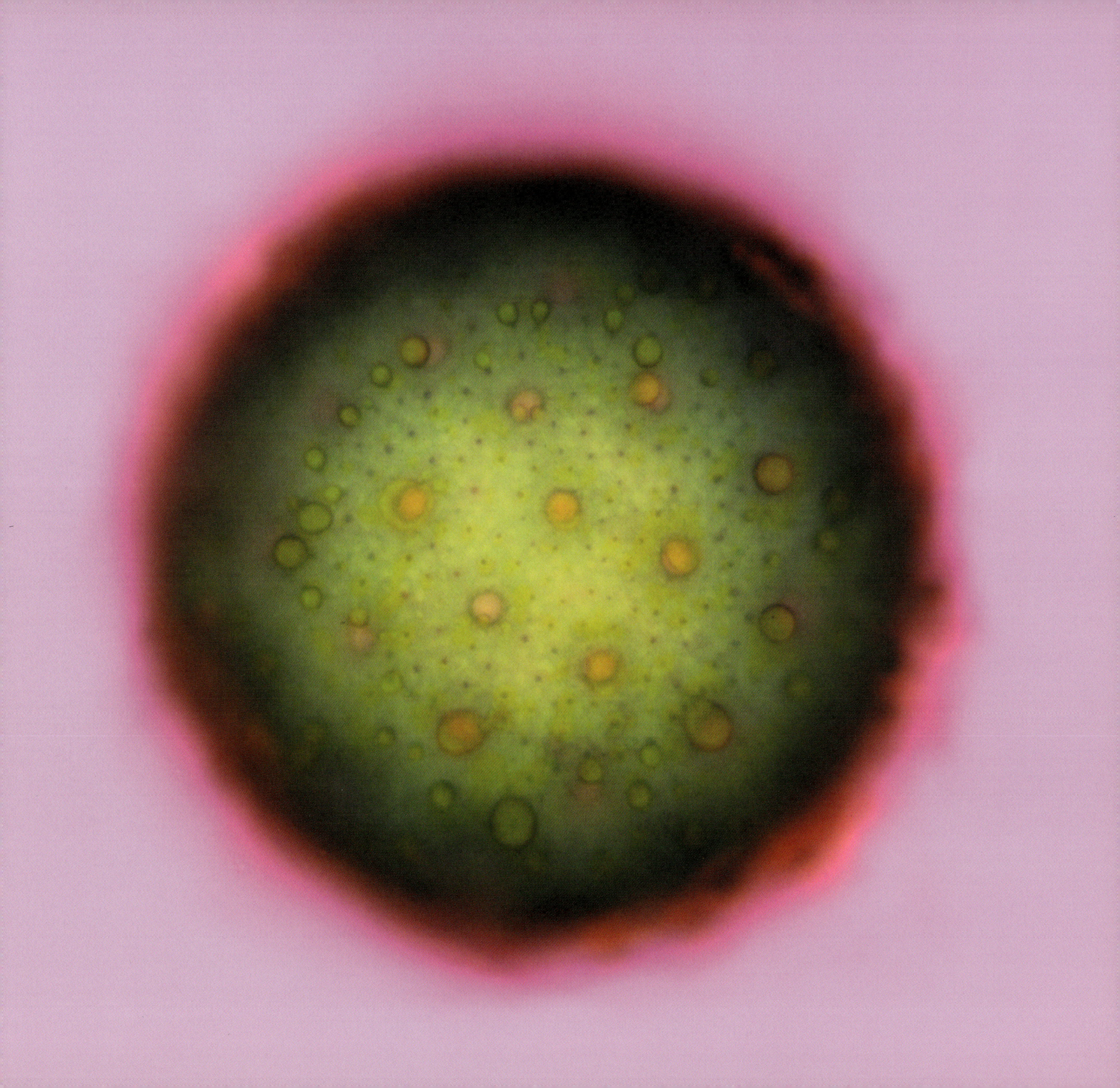

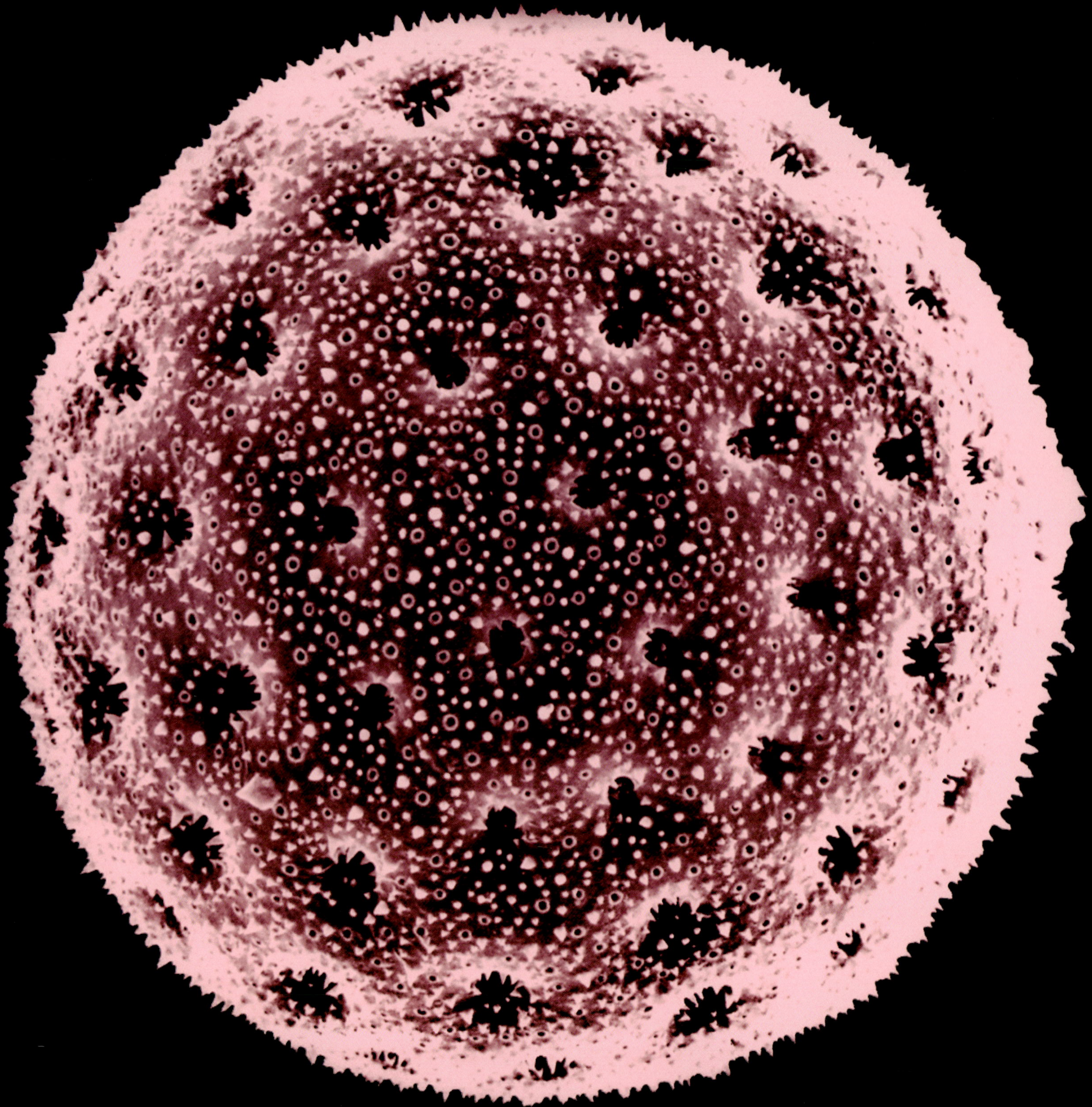

Generation darstellen. Nach der Freisetzung durch die Sporangien der diploiden Elternpflanze keimen die Sporen in feuchter Umgebung und entwickeln sich zum winzigen Organ der haploiden Generation, dem Prothallus. Auf seiner Unterseite weist der Prothallus ein weibliches eiertragendes Organ – das Archegonium – und ein männliches spermatragendes Organ – das Antheridium – auf. In einer sehr feuchten Umgebung verlassen die Spermien dann das Antheridium eines Prothallus und schwimmen zum Archegonium eines anderen Prothallus, um dort eine Eizelle zu befruchten und so die Fremdbefruchtung zu sichern. Das Ergebnis dieser Vereinigung ist ein diploider Sporophyt, der sich nach einigen Jahren zu einem ausgewachsenen Farn entwickelt.

DIE STRUKTUR DES POLLENS

Dem menschlichen Auge erscheinen Pollenkörner als faszinierende und schön anzusehende Gebilde, aber wie bei jeder anderen natürlichen Erscheinung basiert unser Schönheitsverständnis auf ästhetischer Wahrnehmung und nicht auf Funktion und Effizienz. Pollenkörner sind sowohl funktionell als auch sehr effizient.

Vieles von dem, was wir an Pflanzen und Tieren schön finden, ist gleichzeitig ein relevanter Bestandteil der evolutionären Entwicklung. Das liegt daran, dass unsere Sinne auf die natürlichen Werbemaßnahmen reagieren, die entstanden sind, um ein Tier für ein anderes als Partner oder Beute attraktiv zu machen, eine Pflanze für ein Insekt, ein Insekt für einen Vogel und so weiter.

Der Mensch mit seinen hoch entwickelten Sinnen ist ein Spätentwickler im Ablauf der Evolution. Insekten und andere Wirbellose, Fische, Schlangen und Echsen, Vögel, Pilze, Moose, Farne, Blumen und andere Pflanzengruppen, wie auch andere Nichtsäugetiere, die Säugetiere und die natürliche Landschaft, in der sie alle leben, sind lange vor uns entstanden.

SEITE 34 *Mirabilis Jalapa* – Wunderblume (Nyctaginaceae):

OBEN LINKS Mehrköpfiges Stigma mit zusammengerolltem Stylus (Griffel) darunter [REM x 30]; OBEN RECHTS Nahaufnahme des Stigmas mit anhaftendem Pollenkorn an einem der Stigmenköpfe [REM x 200]; MITTE LINKS Nahaufnahme eines Pollenkorns, das einem Stigmenkopf anhaftet. Auffallend ist die ähnliche Größe von Pollenkorn und Stigmenkopf [REM x 400]; MITTE RECHTS Die stärkere Vergrößerung zeigt, wie das Pollenkorn durch den Pollenkitt am Stigma anhaftet [REM x 1000]; UNTEN LINKS Oberfläche eines Pollenkorns. Eine kleine runde Apertur ist sichtbar [REM x 6000]; UNTEN RECHTS Oberfläche des Stigmas [REM x 1000].

SEITE 35 *Mirabilis Jalapa* – Wunderblume (Nyctaginaceae) – frisches Pollenkorn [LM x 40, gefärbt mit einer Mischung aus Malachitgrün, Fuchsin und Orange G]

LINKE SEITE *Mirabilis Jalapa* – Wunderblume (Nyctaginaceae) – Pollenkorn [KPT/REM x 500]

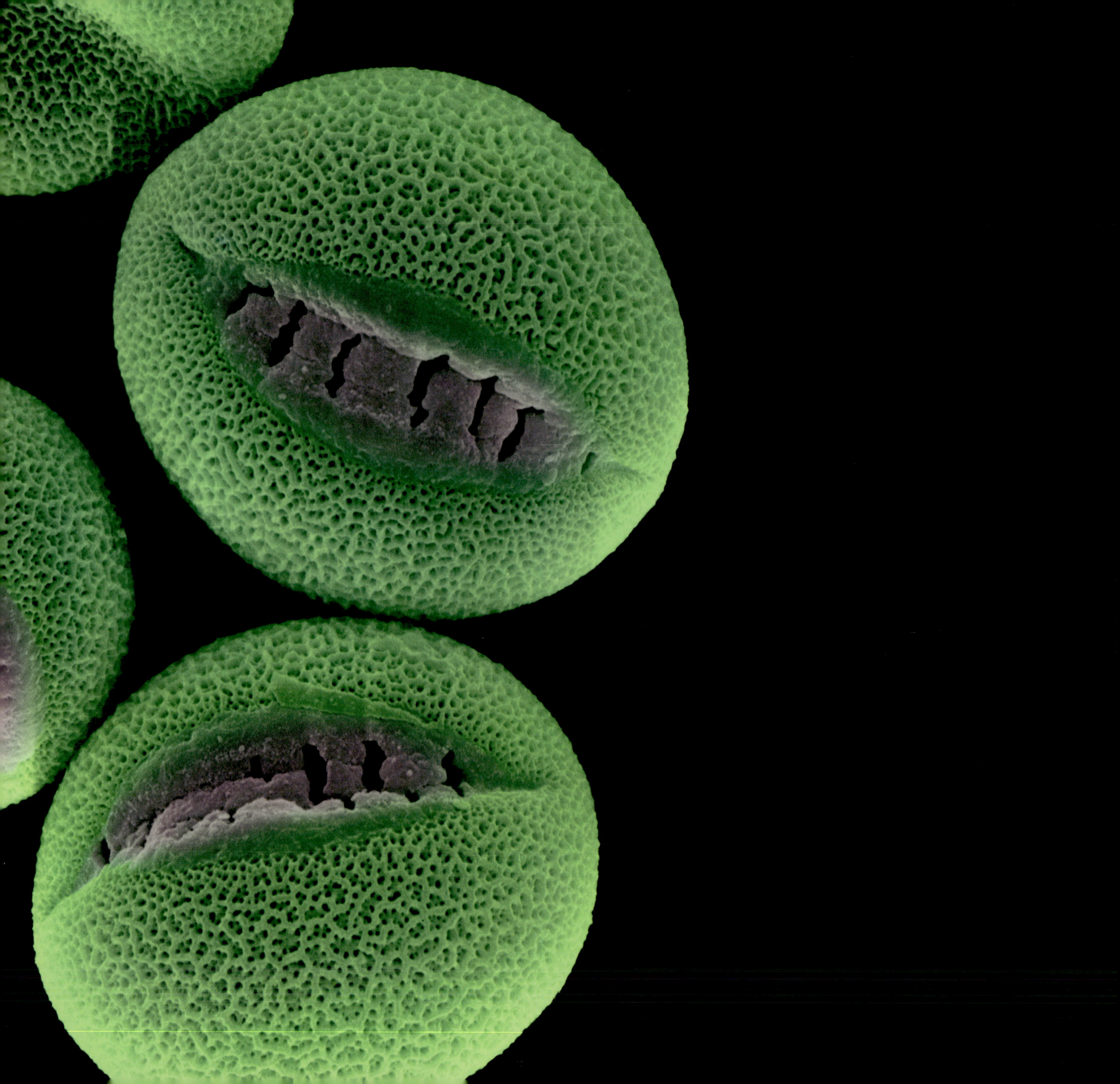

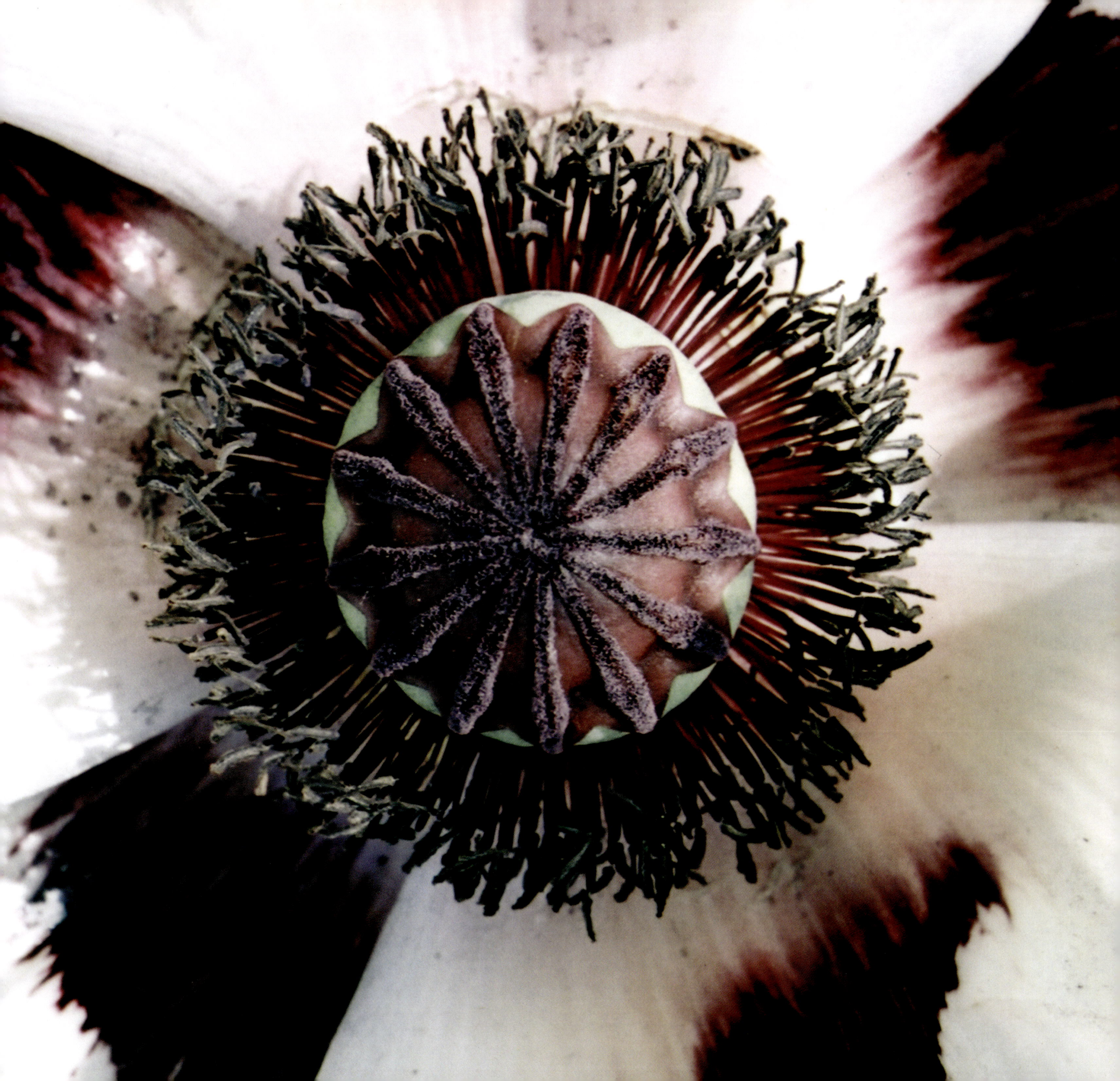

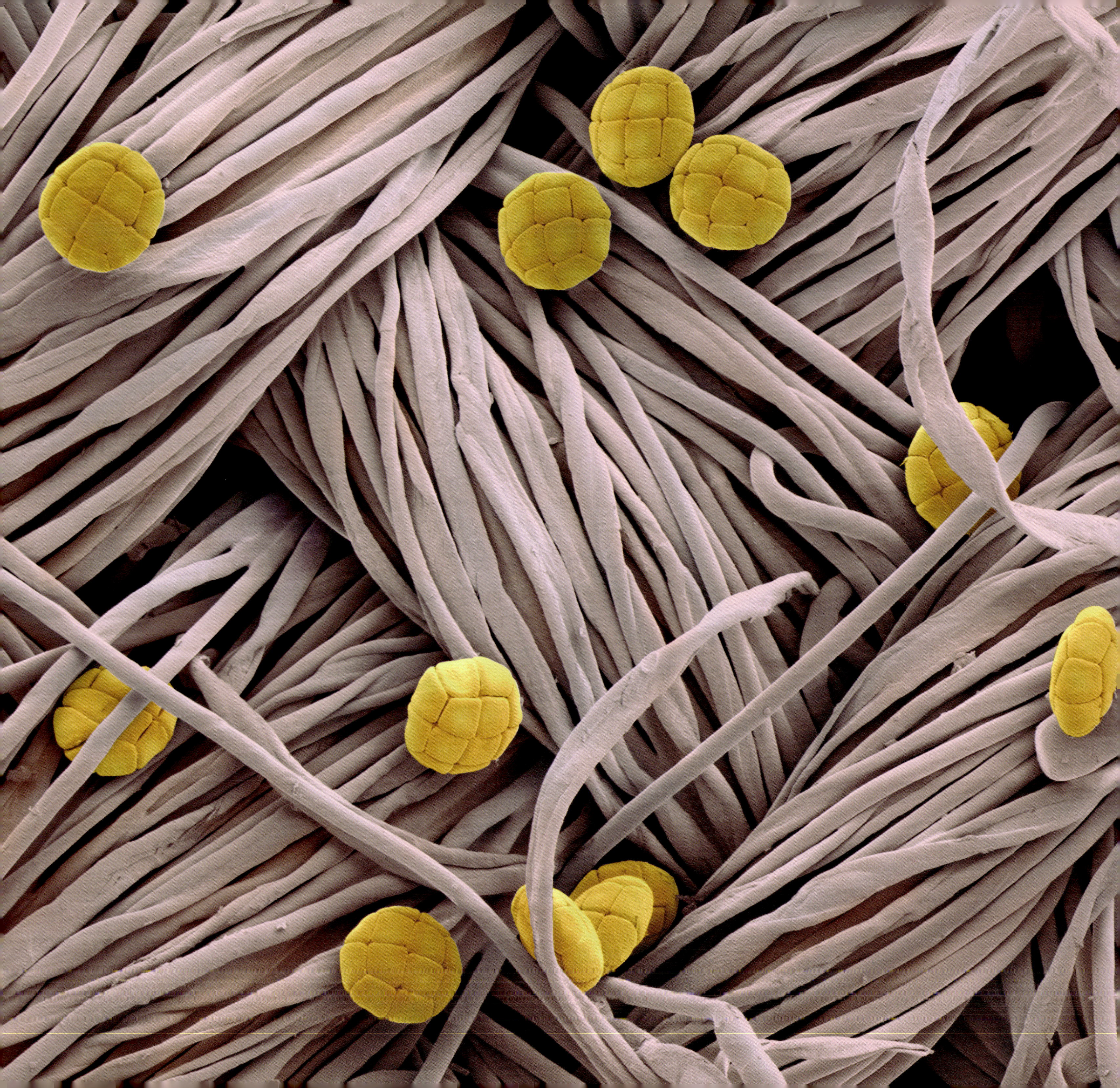

41

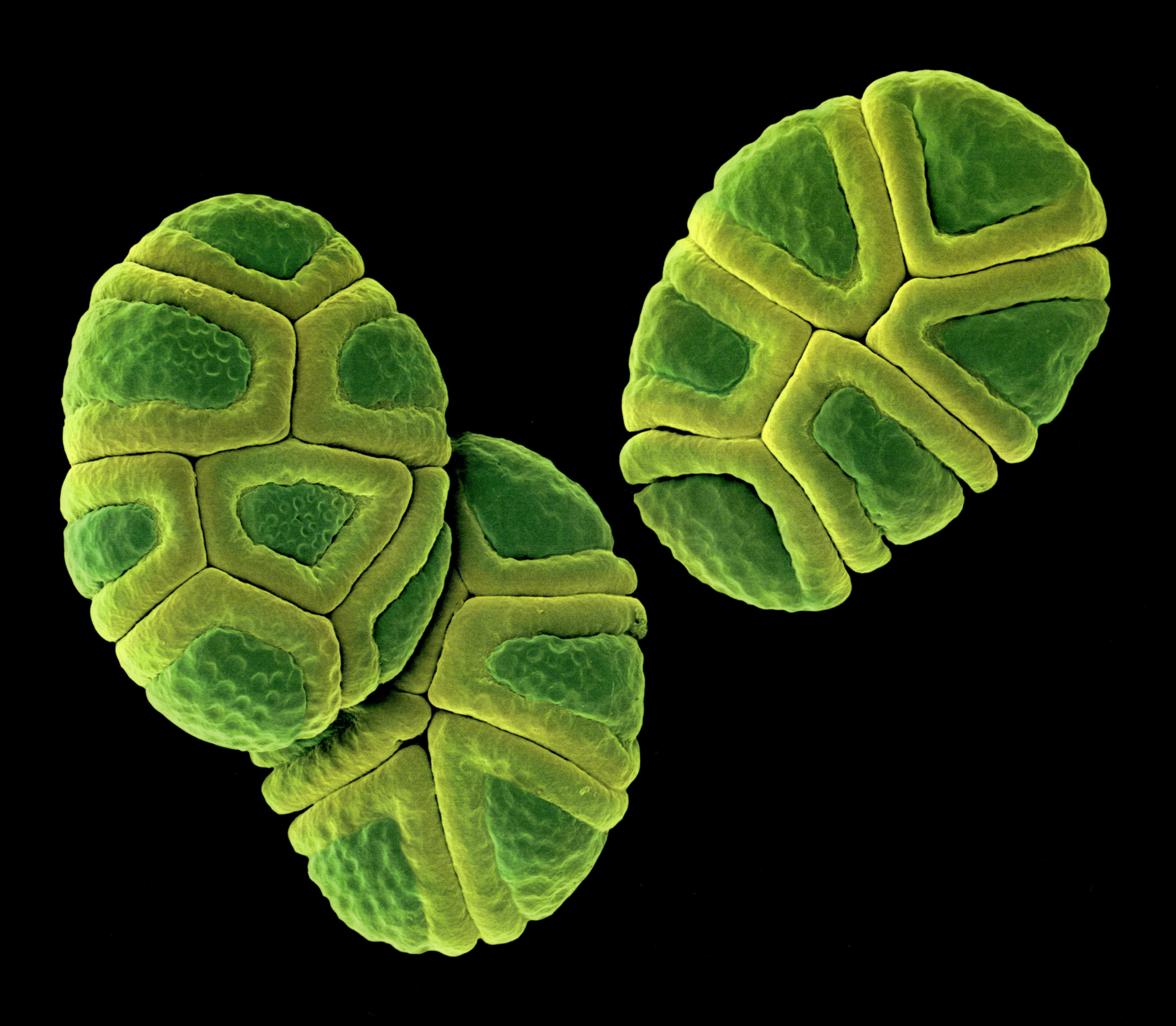

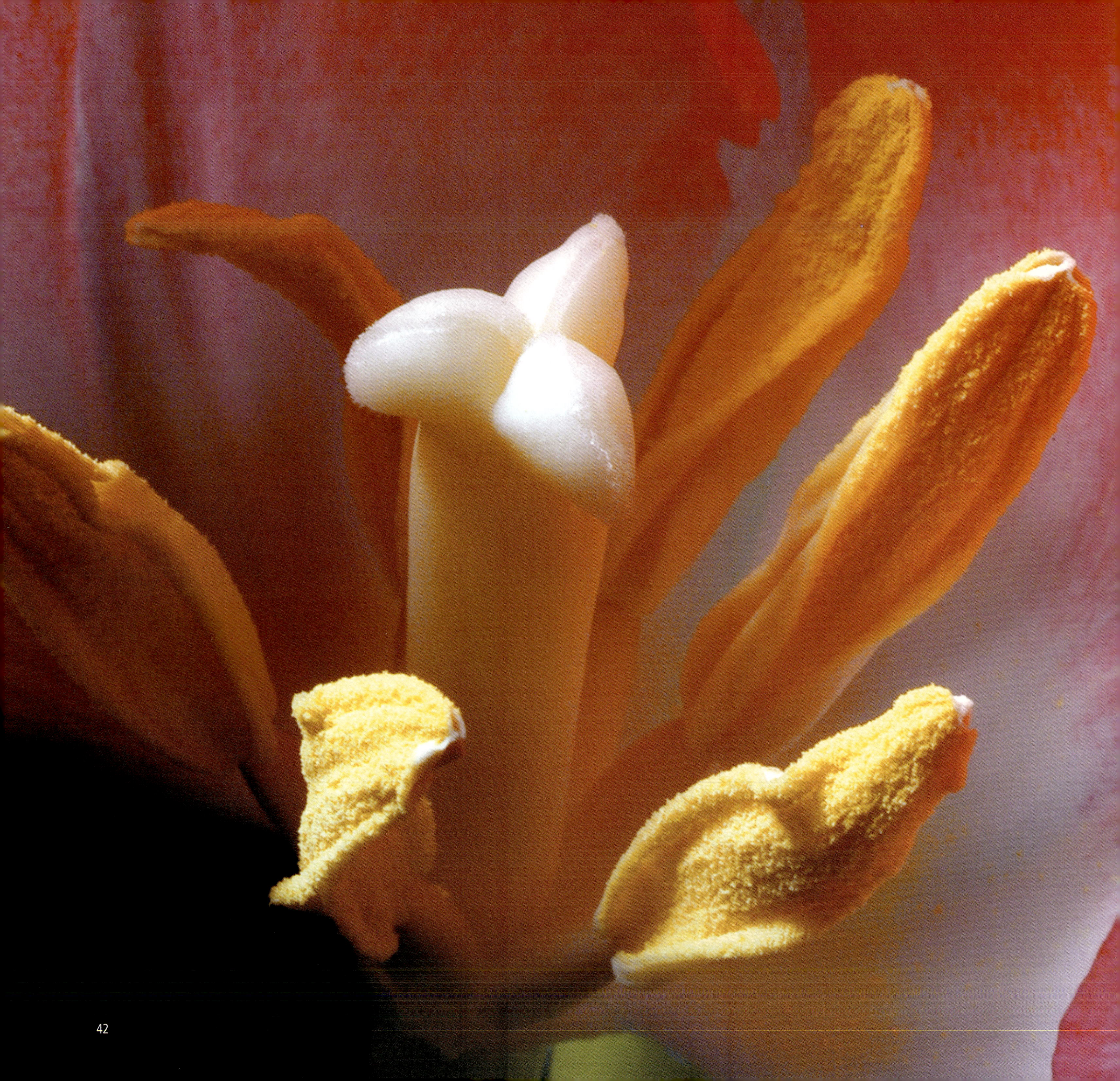

43

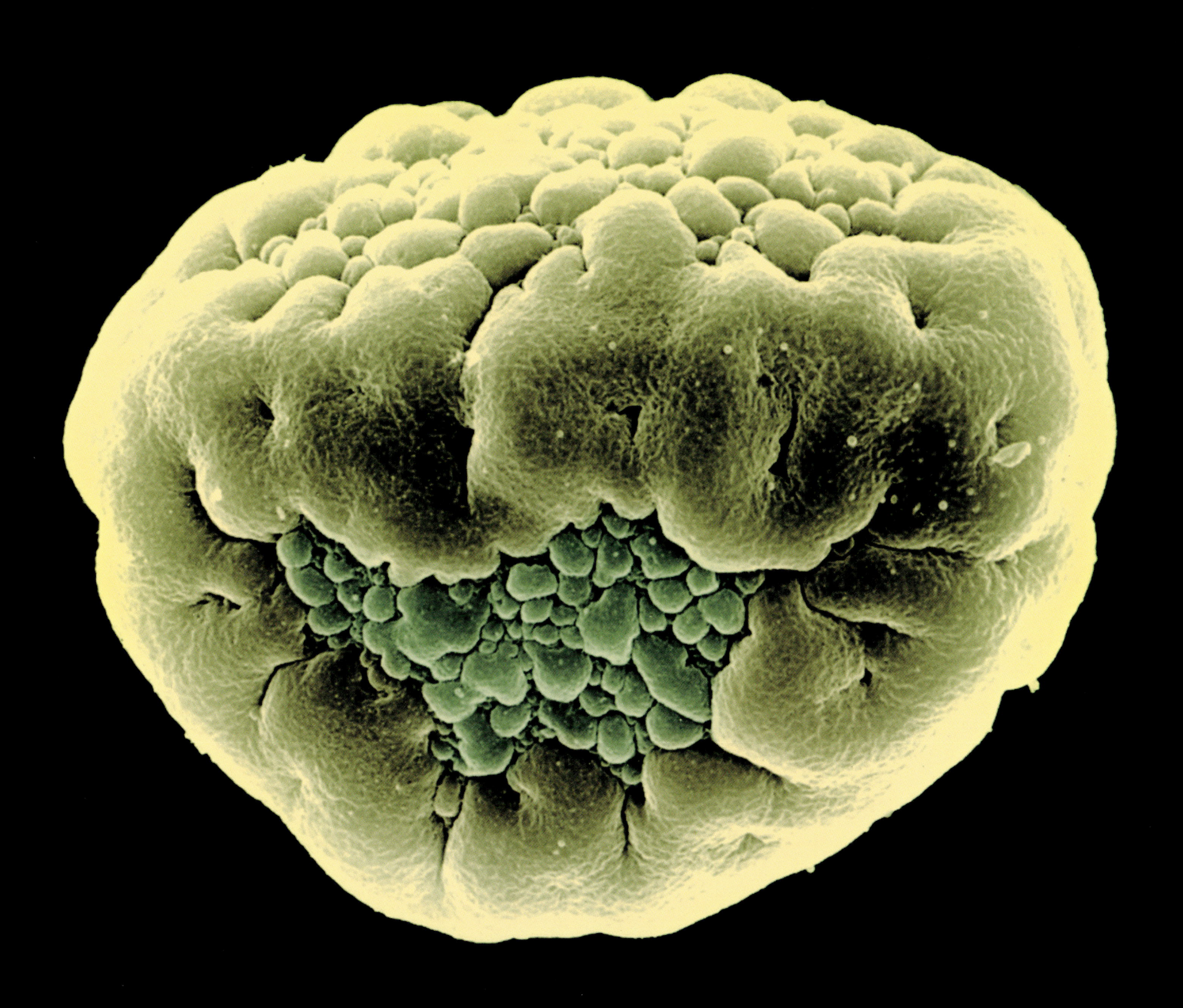

DIE POLLENWAND

Die äußere Hülle des Pollenkorns, die Exine, die bei vielen Spezies sehr komplex ist, besteht aus einer Substanz namens Sporopollenin. Das oft komplexe Exospor, also die Sporenhülle von Nichtblütenpflanzen wie Farnen, Moosen und Lebermoosen, besteht ebenfalls aus Sporopollenin. Sporopollenin ist eine der widerstandsfähigsten bekannten pflanzlichen Substanzen, der Diamant der Pflanzenwelt.

Eine solche Substanz bedarf wenigstens einer kurzen Erläuterung. Der genaue chemische Aufbau des Sporopollenins ist nie vollständig beschrieben worden. Im Wesentlichen besteht es aus Kohlenstoff, Wasserstoff und Sauerstoff im ungefähren Verhältnis von 4:6:1; auch Fettsäuren und aromatische Karbonsäuren wurden nachgewiesen. Obwohl diese Bestandteile bei allen Pflanzengruppen dieselben sind, differiert doch ihr Verhältnis zueinander. Es ist vermutet worden, dass das Sporopollenin ein nach dem Zufallsprinzip vernetztes Biomakromolekül ohne sich wiederholende großräumige Struktur sei und dass diese Eigenschaft es inhärent widerstandsfähig gegen Enzymangriffe wie auch gegen viele zersetzende Laborverfahren mache. Das würde die außerordentliche Haltbarkeit der Pollenexine erklären. Unter den richtigen Boden- und Erhaltungsbedingungen kann diese zähe Außenhülle in einem mumifizierten Zustand Millionen Jahre überdauern und strukturell unverändert erhalten bleiben. Aus diesem Grund stoßen wir heute allerorten auf eine Vielzahl von fossilen Pollen und Sporen, denen wir einen Großteil unseres Wissens über die Evolution sowohl der Nichtblütenpflanzen als auch der später auftretenden Blütenpflanzen verdanken.

Unter der Sporopollenin-Exine liegt eine innere Schicht, die Intine. Die Intine umgibt das Zytoplasma (Zellinhalt), welches das Innere des voll entwickelten Pollenkorns vor dessen Freisetzung ausfüllt. Im Zytoplasma befinden sich die vegetativen und generativen Zellen sowie all die anderen spezialisierten Zellbestandteile (Organellen), die für die Pollenfunktion zuständig sind. Um sich das leichter in drei Dimensionen vorstellen zu können, denke man sich einen mehr oder weniger kugelförmigen glasierten Kuchen, bei dem die Exine die weiße Glasur, die Intine das Marzipan und das Zytoplasma der Kuchenteig ist, in dem die Zellorganellen verteilt sind (die bei dem imaginären Kuchen von Trockenobst, Kirschen und Nüssen darge-

SEITE 38 *Leonurus cardiaca* – Echtes Herzgespann (Lamiaceae) – zwei Pollenkörner, deren Aperturmembranen auf typische Weise leiterartig aufgerissen sind [REM x 3000 nach Acetolyse]

SEITE 39 *Papaver orientale* cv. – Türkischer Mohn (Papaveraceae) – Mittelteil einer radialsymmetrischen Blüte. Das von zahlreichen Stamina umgebene Stigma gleicht einem Wagenrad.

SEITE 40 *Albizia julibrissin* forma *alba* – Seidenakazie (Fabaceae: Mimosoideae) – Pollenpolyaden (Gruppen von Pollen) auf feiner Baumwolle [REM x 150]

SEITE 41 *Acacia-riceana*-Hybride – Rices-Akazie (Fabaceae: Mimosoideae) – Pollenpolyaden [REM x 1500]

SEITE 42 *Tulipa* cv. – Tulpe (Liliaceae) – zu sehen sind die für Tulpen (und viele andere Monokotylen, d. h. Einkeimblättrige) typischen sechs Antheren und das Pistill mit einem dreilappigen Stigma.

SEITE 43 *Tulipa armena* – Tulpe (Liliaceae) – Pollenkorn [KPT/REM x 500]

RECHTE SEITE *Tulipa violacea* –Tulpe (Liliaceae) – Pollenkorn, voll ausgereift [KPT/REM x 500]

45

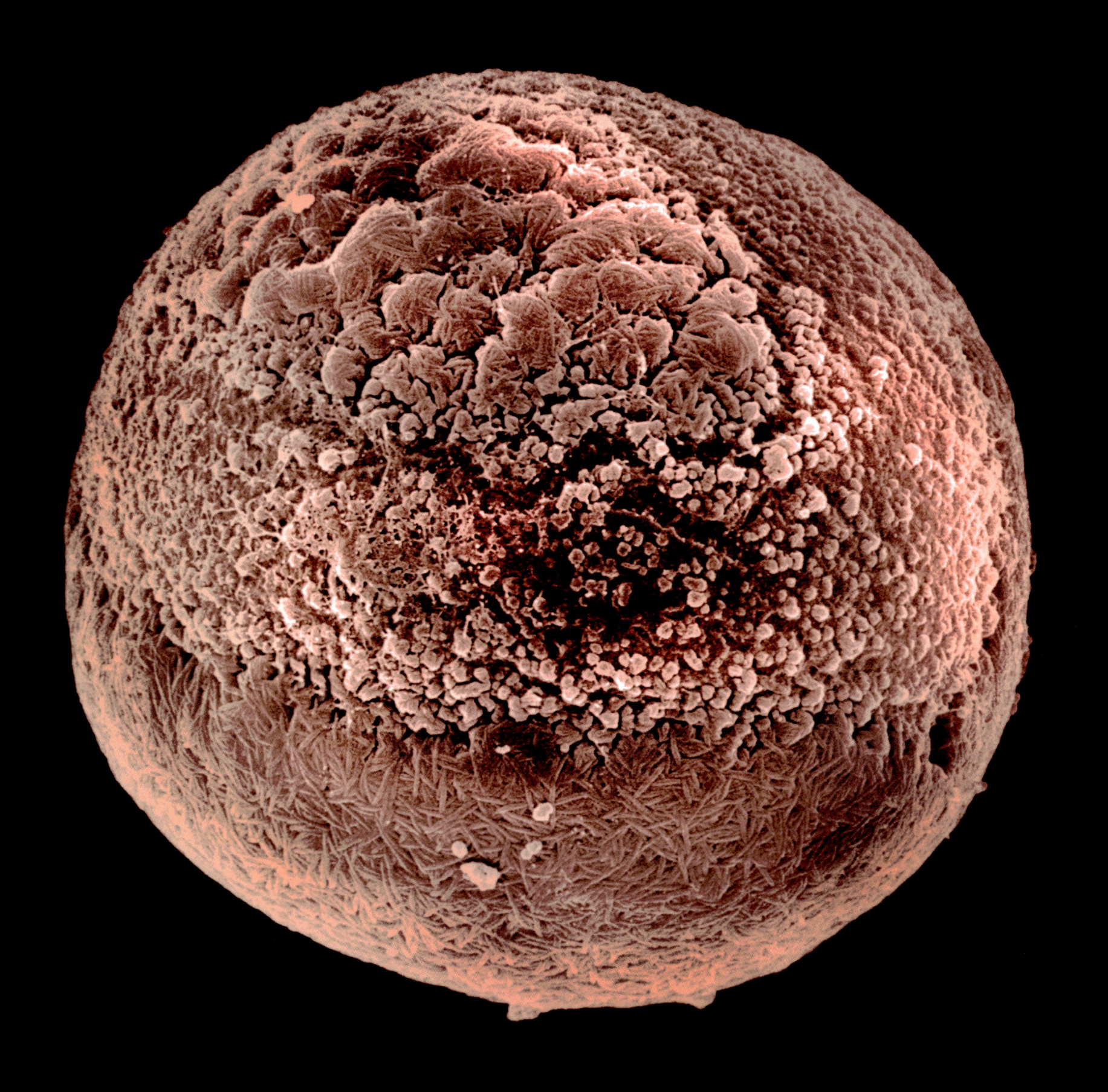

46

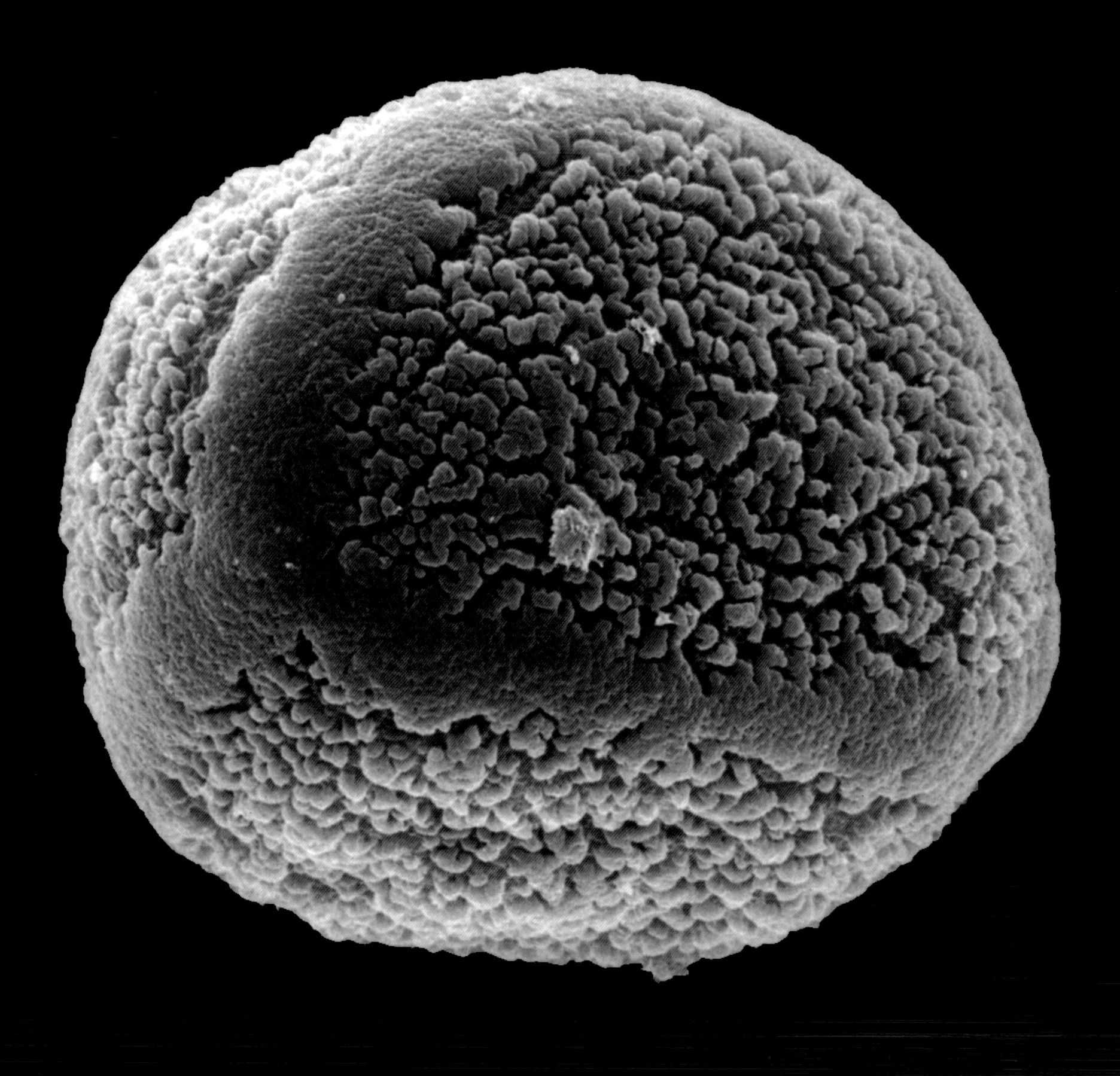

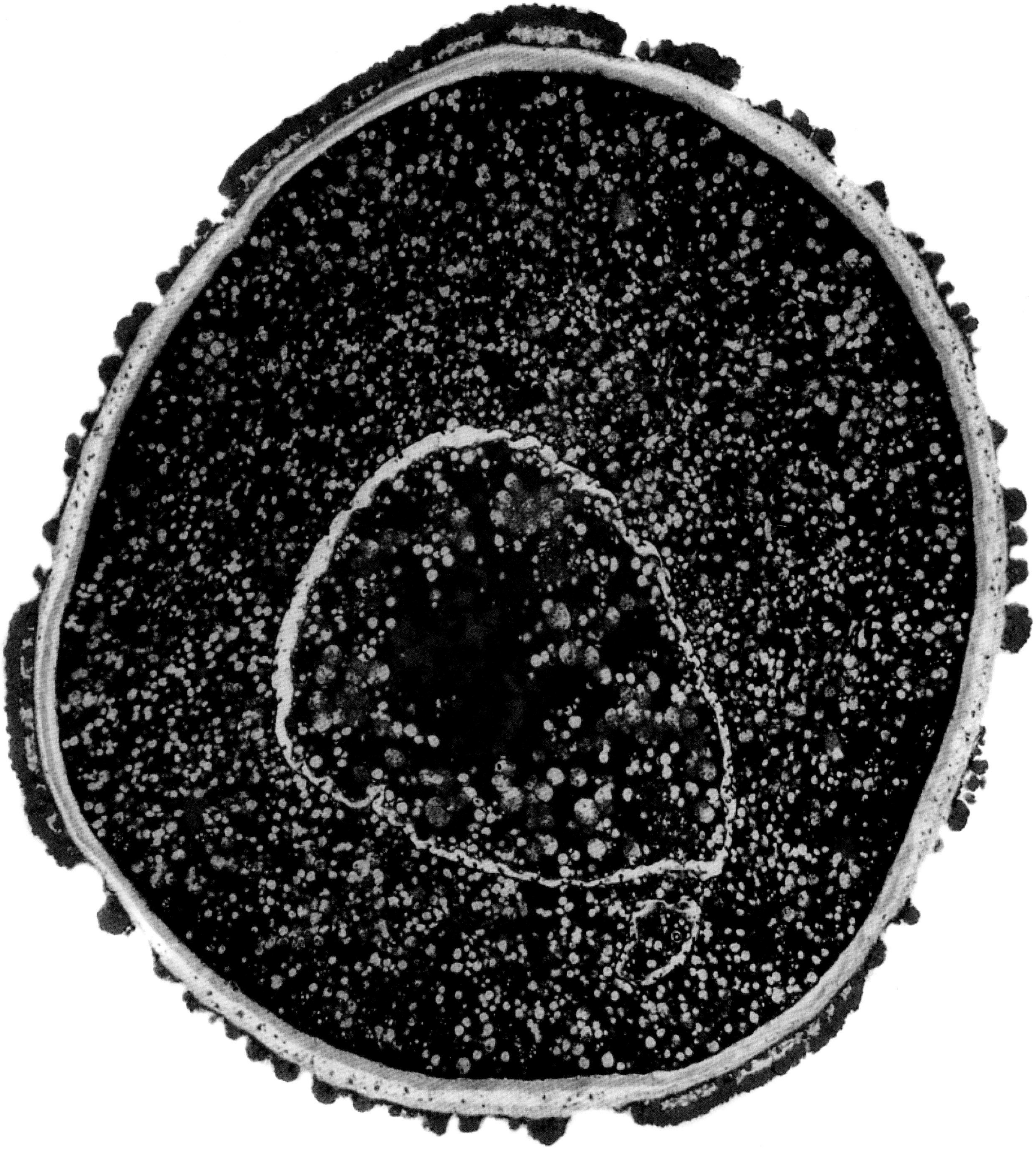

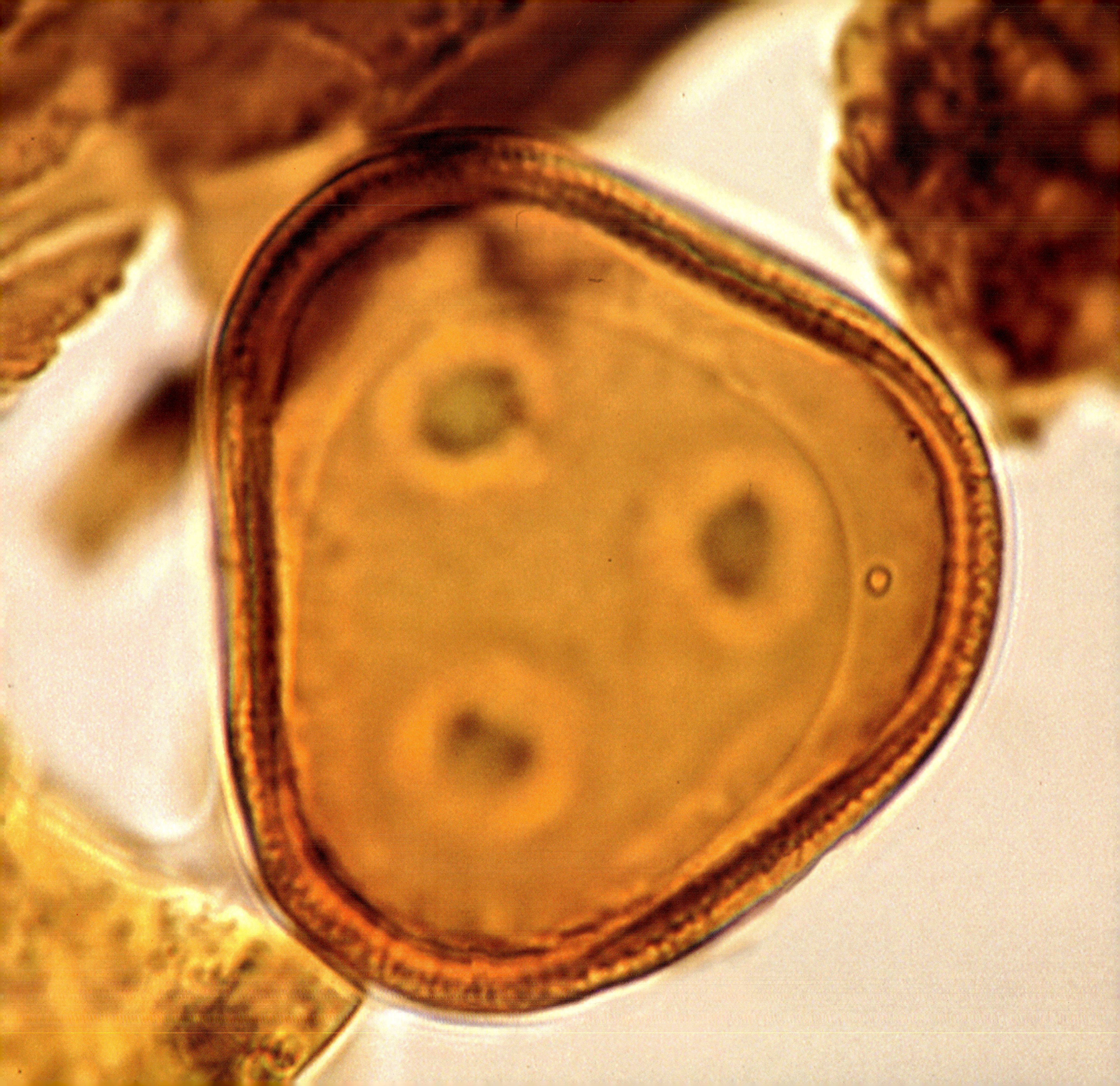

SEITE 46 *Tulipa kaufmanniana* – Tulpe (Liliaceae) – Pollenkorn mit drei großen Aperturen [KPT/REM x 2000]

SEITE 47 *Tulipa vvedenskyi* – Tulpe (Liliaceae) – Ultradünnschnitt durch ein Pollenkorn mit (von außen nach innen) der Exine (dunkelgraue Schicht), der Intine (hellgraue Schicht) und dem Zytoplasma mit Organellen (gesprenkelter Innenbereich) sowie einer gut entwickelten generativen Zelle in der Mitte. Die drei dickeren Bereiche der Exine entsprechen den gestreiften Regionen im vorigen Bild, während die dünneren Bereiche der Exine der krümeligen Oberfläche der großen Aperturen im vorigen Bild entsprechen [TEM x 1000].

LINKE SEITE *Trilatiporites* – ein dreiporiges fossiles Pollenkorn unbekannter Zugehörigkeit. Die Abbildung betont die Oberflächendetails der Exine. Die drei Poren sind sichtbar, aber nicht scharf abgebildet. Konserviert in Lignit aus Neyveli, Indien, etwa 22 Millionen Jahre alt (frühes Miozän). Andere mikroskopische Teile fossiler Pflanzenreste sind ebenfalls sichtbar [LM x 100 – natürliche fossile Farbe – vgl. die Farbigkeit durch Acetolyse gefärbter Pollenkörner].

stellt würden). Sowohl die Intine als auch die Exine dienen dem Schutz, aber nur die Exine ist zäh und korrosionsresistent, weil sie die vegetativen und generativen Zellen während des Transports zum Stigma des Pistills beschützen muss. Die Intine schützt später die Spermazellen während der Keimung des Pollens.

Normalerweise besteht die Pollenexine selbst aus zwei Hauptschichten, der Endexine und der Ektexine. Die Endexine ist die innere dieser beiden Schichten, und obwohl sie korrosionsbeständig ist, unterscheidet sich ihre Zusammensetzung, die ziemlich gleichförmig ist, leicht von jener der Ektexine. Die äußere Ektexine ist typischerweise in drei Zonen unterteilt: Direkt über der Endexine liegt die Fußschicht, darüber die Säulenschicht (oder Infratectum) und darüber wiederum das Tectum (nach dem lateinischen Wort für Dach). Die Säulenschicht heißt so, weil sie oft aus vielen Säulen (Columellae) wie in einem griechischen Tempel besteht. Es gibt zahlreiche Typen von Pollenhüllen, darunter viele, denen entweder das Tectum oder die Fußschicht fehlt. Die ornamentalen Elemente auf der Pollenexine können sich auf dem Tectum befinden (supratectal); wenn das Tectum fehlt, sind die ornamentalen Elemente modifizierte Columellae. Die außerordentliche Vielfalt von Mustern und Ornamenten, die wir sehen, wenn wir die Oberfläche von Pollenkörnern unter dem Mikroskop betrachten, wird allein von Modifikationen des Tectums oder der freiliegenden Columellae gebildet.

POLLENÖFFNUNGEN

Das andere sehr wichtige Charakteristikum der meisten Pollenexinen ist das Vorhandensein einer oder mehrerer Öffnungen für den Austritt des keimenden Pollenschlauchs, in dem die Fortpflanzungszellen vom Pollenkorn zur Samenanlage befördert werden. Diese Keimöffnungen oder Aperturen sind von einer dünnen Membran bedeckt – der Aperturmembran –, die so angelegt ist, dass sie unter Druck aufreißt (vergleiche das Trommelfell). Diese Membran wird beim Kontakt mit einer Säure meist zerstört und fehlt bei fossilen Pollenkörnern fast immer. Die Anzahl der Aperturen bei einem Pollenkorn schwankt je nach Pflanzenart von einer bis zu vielen. Die ältesten fossilen Pollenkörner, die bis jetzt gefunden wurden, mit einem Alter von etwa 120 bis 130 Millionen Jahren, haben nur eine einzige spaltartige Apertur,

50

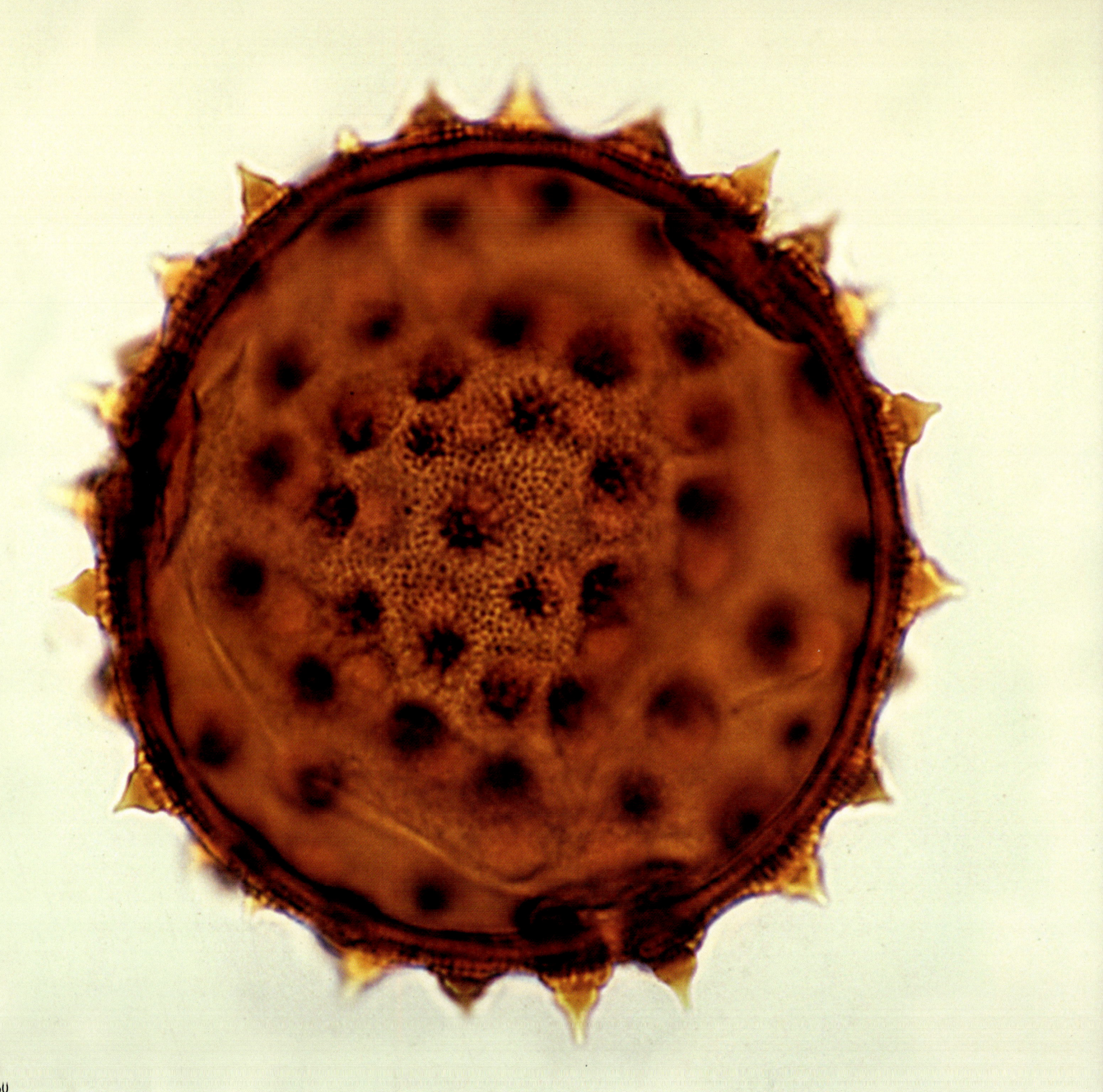

und bei vielen Blütenpflanzen wie den Magnolien und Palmen ist das heute noch so. Beide Pflanzengruppen gehören zu evolutionsgeschichtlich sehr alten Blütenpflanzenfamilien. Allerdings gibt es unter den fossilen Pollenkörnern auch sehr alte Exemplare mit drei einfachen, radial angeordneten länglichen Aperturen, und diese Aperturanordnung findet sich ebenfalls bei vielen rezenten (heute lebenden) Pflanzen wie der Christrose *(Helleborus niger)*, der Zaubernuss *(Hamamelis)* und den Bäumen der Gattung *Acer* (Ahorne, Sykomoren).

WARUM ZEIGEN POLLENKÖRNER SO VIELE VARIATIONEN?
Pollenkörner spielen eine genau definierte Rolle im Lebenszyklus der Pflanze. Warum sich eine solche Bandbreite an fantastischen Variationen der ursprünglichen Mono- oder Triapertur-Prototypen entwickelt hat, ist nicht einfach zu erklären. Es ist anzunehmen, dass evolutionäre Anpassungen oder entwicklungsbedingte Modifikationen zu der Vielfalt geführt haben. Ein oft vorgebrachtes Argument lautet, dass eine größere Zahl von Aperturen dem sich entwickelnden Pollenschlauch eine größere Auswahl an Austrittsöffnungen gibt. So habe dieser eine höhere Chance, durch eine Apertur auszutreten, die sich in Kontakt mit der Oberfläche des Stigmas befindet, womit Energie und Material für die folgende Phase raschen Wachstums gespart würden. Allerdings treten Pollenkörner mit den am wenigsten spezialisierten Aperturbildungen – eine oder drei spaltartige Öffnungen –, aus denen sich alle anderen Typen und Anordnungen entwickelt haben, immer noch bei vielen Blütenpflanzen auf, und sie keimen erfolgreich. Das wahrscheinlich bedeutendste Beispiel für effizienten Monoapertur-Pollen sind die Gräser. Diese sind eine spät aufgetretene, aber äußerst erfolgreiche und sich rasch diversifizierende Pflanzengruppe von großer wirtschaftlicher Bedeutung, die eine Vielfalt von Habitaten weltweit dominiert. Sämtliche Gräserspezies, von denen es Tausende gibt, haben Pollen mit nur einer einzigen kleinen Pore. Es ist möglich, dass Monoapertur-Pollenkörner sogar eine ungleiche Gewichtsverteilung haben, damit sie eine bessere Chance haben, mit der Aperturseite nach unten auf die rezeptive Oberfläche des Stigmas zu fallen. Der häufigste Pollentyp aber sind Pollenkörner mit drei spaltartigen Aperturen, jede mit einer zentralen Pore. Leichter erklärbar sind Pollenadaptionen an einen bestimmten Lebensraum der

Abutilon cv. – 'Cynthia Pike' (Malvaceae) – Pollenkorn.
Die Abbildung betont Einzelheiten der Pollenhülle, die drei Aperturen aufweist [LM x 400 nach Acetolyse].

DIE GEHEIMNISVOLLE SEXUALITÄT DER PFLANZEN

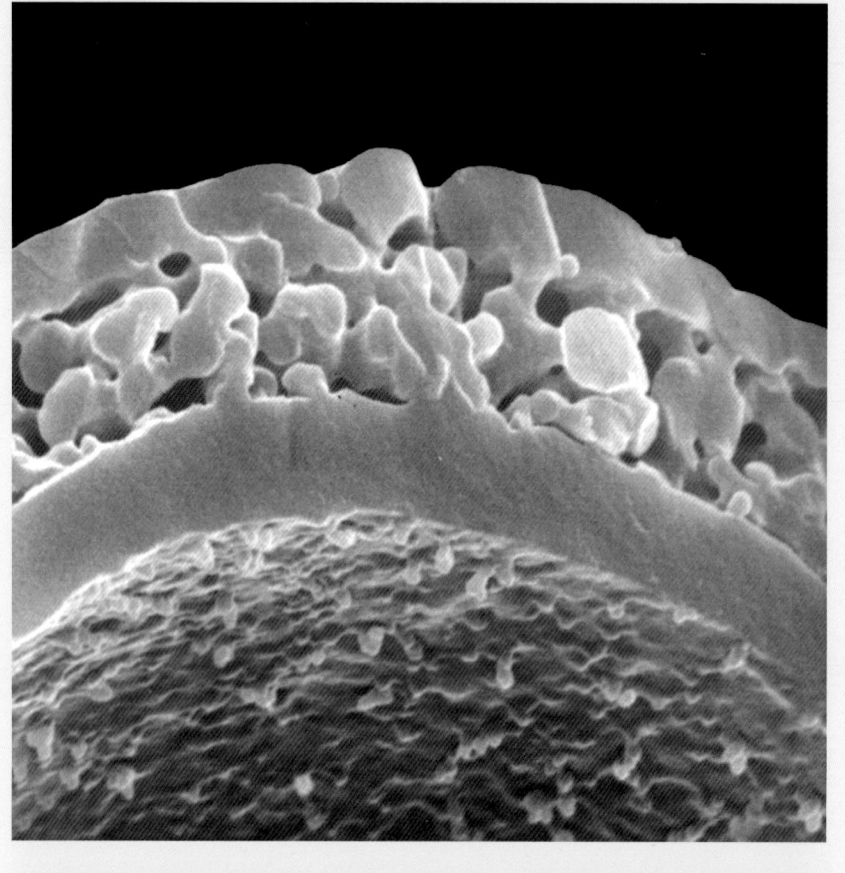

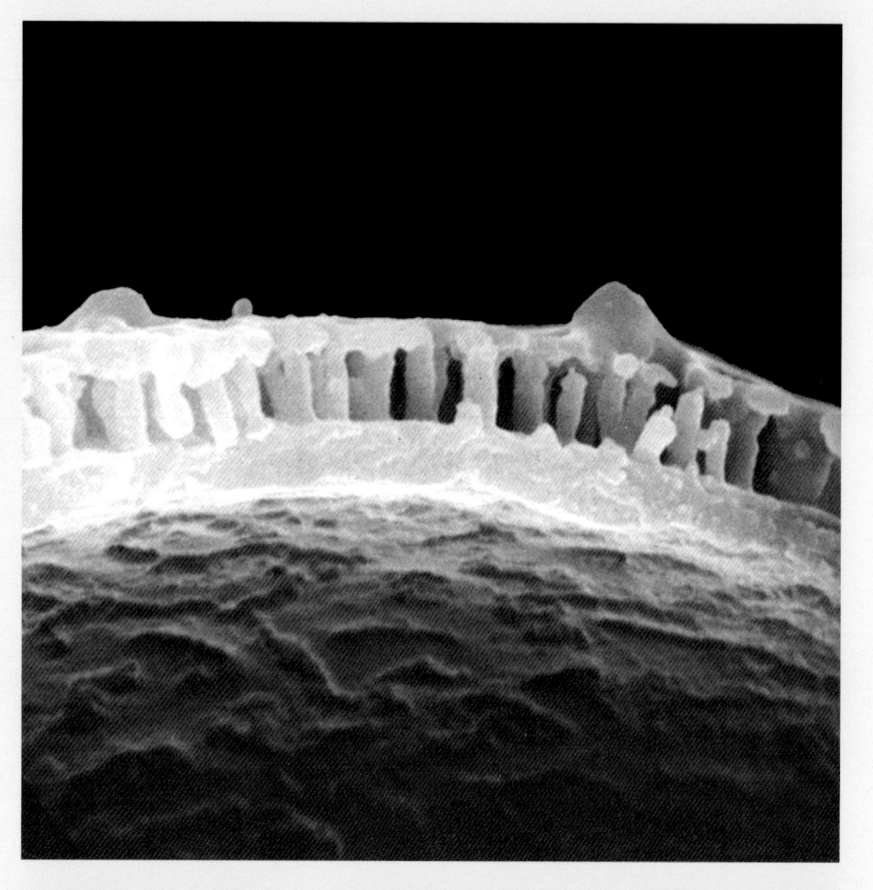

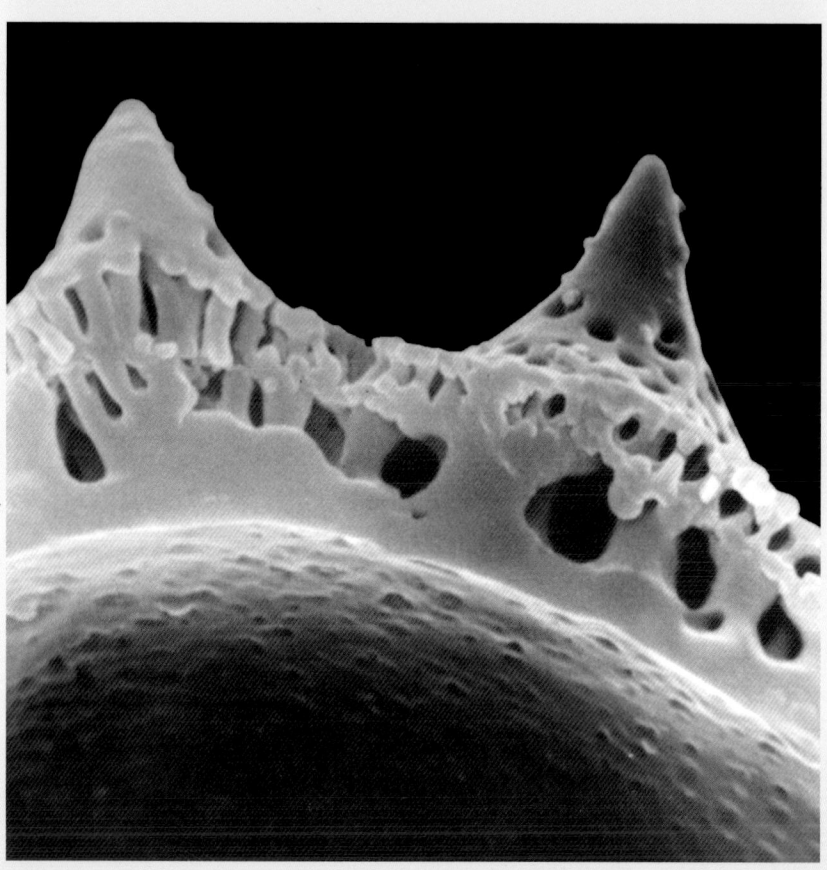

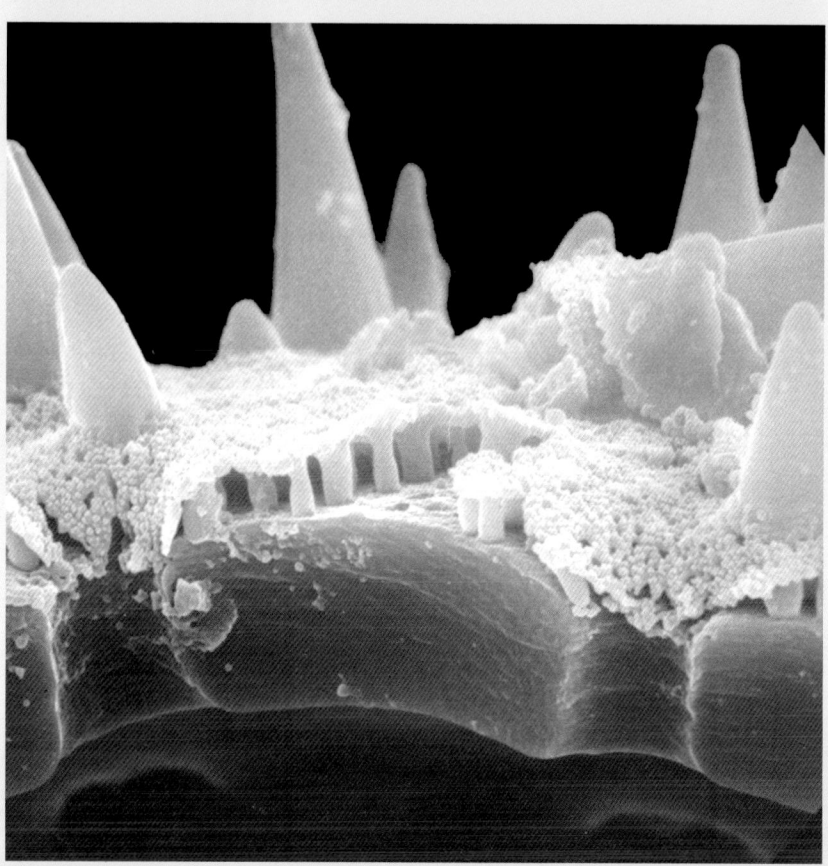

Struktur der Pollenhülle: **A)** Typische Pollenhülle und mit ihren einzelnen Schichten: 1. supratektale Struktur, 2. Tectum (»Dach«), 3. Infratectum, 4. Fußschicht, 5. Endexine, 6. Intine; **B–E**: Einige Strukturvarianten der Pollenhülle: **B)** schwammiges statt säuliges Infratectum; **C)** dünnes Infratectum, Tectum und Fußschicht sind vergleichsweise dick; **D)** auf leicht ausgedehnte Columellae (»Säulen«) reduziertes Tectum; **E)** gut entwickeltes Tectum, lange Columellae, keine Fußschicht – die Columellae sitzen direkt auf der Endexine. Anm.: Die Intine wird auf den Abbildungen B bis E nicht dargestellt, weil die Diagramme auf Acetolysepräparaten beruhen, die keine Intine mehr aufweisen.

LINKE SEITE Pollenquerschnitte, die Variationen im Hüllenaufbau, der Dicke des Tectums, des Infratectums und der Fußschicht zeigen:

OBEN LINKS *Morina longifolia* (Dipsaceae); OBEN RECHTS *Adansonia digitata* – afrikanischer Affenbrotbaum (Bombacaceae);
UNTEN LINKS *Achillea millefolium* – Wiesen-Schafgarbe (Compositae);
UNTEN RECHTS *Malva sylvestris* – Wilde Malve (Malvaceae)
[alle REM x 10 000 nach Acetolyse]

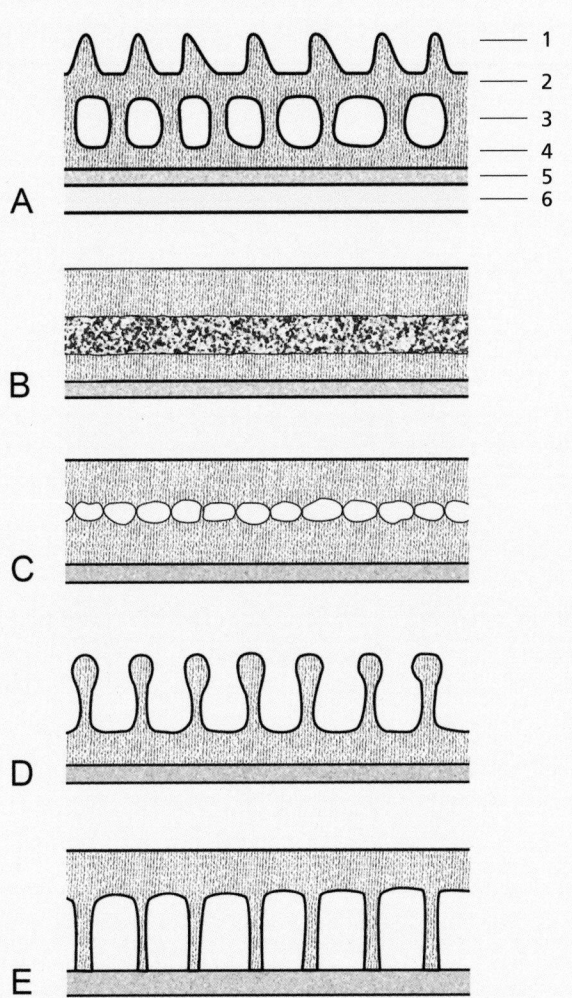

Elternpflanze, so zum Beispiel der filamentöse Pollen von Wasserpflanzen wie den Wasserschrauben (Zosteraceae) oder der von Pflanzen, die ihren Pollen mit dem Wind oder auf dem Wasser transportieren, wie die Koniferen, deren Pollen luftgefüllte Schwebeblasen aufweist. Trotzdem haben sich mit neuen Pflanzenarten auch immer wieder neue Pollentypen entwickelt, die oft sehr typisch für ihre Elternpflanzen sind.

POLLENGRÖSSE

Pollenkörner sind mikroskopisch klein. Ihre Struktur kann vom menschlichen Auge nicht ohne Hilfsmittel wahrgenommen werden, es sei denn, sie befinden sich am oberen Ende der Größenskala. Pollenkörner werden in Mikrometer gemessen – ein Mikrometer ist ein Tausendstel eines Millimeters. Die meisten sind zwischen 20 und 80 Mikrometer groß. Die kleinsten messen aber nur etwa 5 bis 8 Mikrometer, etwa die einiger Spezies der Vergissmeinnicht-Familie (Boraginaceae), die größten bekannten messen über 500 Mikrometer, wobei das jedoch sehr ungewöhnlich ist. Häufiger anzutreffen sind die Pollenkörner einiger Arten der Gurken- und Kürbis-Familie (Cucurbitaceae), die einen Durchmesser von bis zu 250 Mikrometern aufweisen.

POLLENKITT

In natürlichem Zustand können Pollenkörner trocken oder klebrig sein. Trockene oder pulvrige Pollenkörner stammen oft von windbestäubten Pflanzen wie Birke, Erle, Haselnuss, Eiche, Brennnesseln und Gräsern, also von einigen der Pflanzen, deren Pollen uns im Frühling und Frühsommer zum Niesen bringt. Klebrige Pollenkörner sind dagegen bei den durch Insekten, Vögel oder andere Tiere bestäubten Pflanzen zu finden. Die Klebrigkeit resultiert aus einer Beschichtung mit öligen Lipiden, dem Pollenkitt. Der Pollenkitt hat viele Funktionen, darunter den Schutz des Zytoplasmas vor Sonnenbestrahlung, das Fixieren des Pollenproteins in den Hohlräumen der Exine, das Anlocken von Insekten und das Anheften des Pollenkorns an den Körper der bestäubenden Tiere.

Der Pollenkitt wird von der schützenden inneren Schicht der Antherenhülle (Tapetum) produziert und auf den Pollenkörnern abgelagert, wenn Anthere und

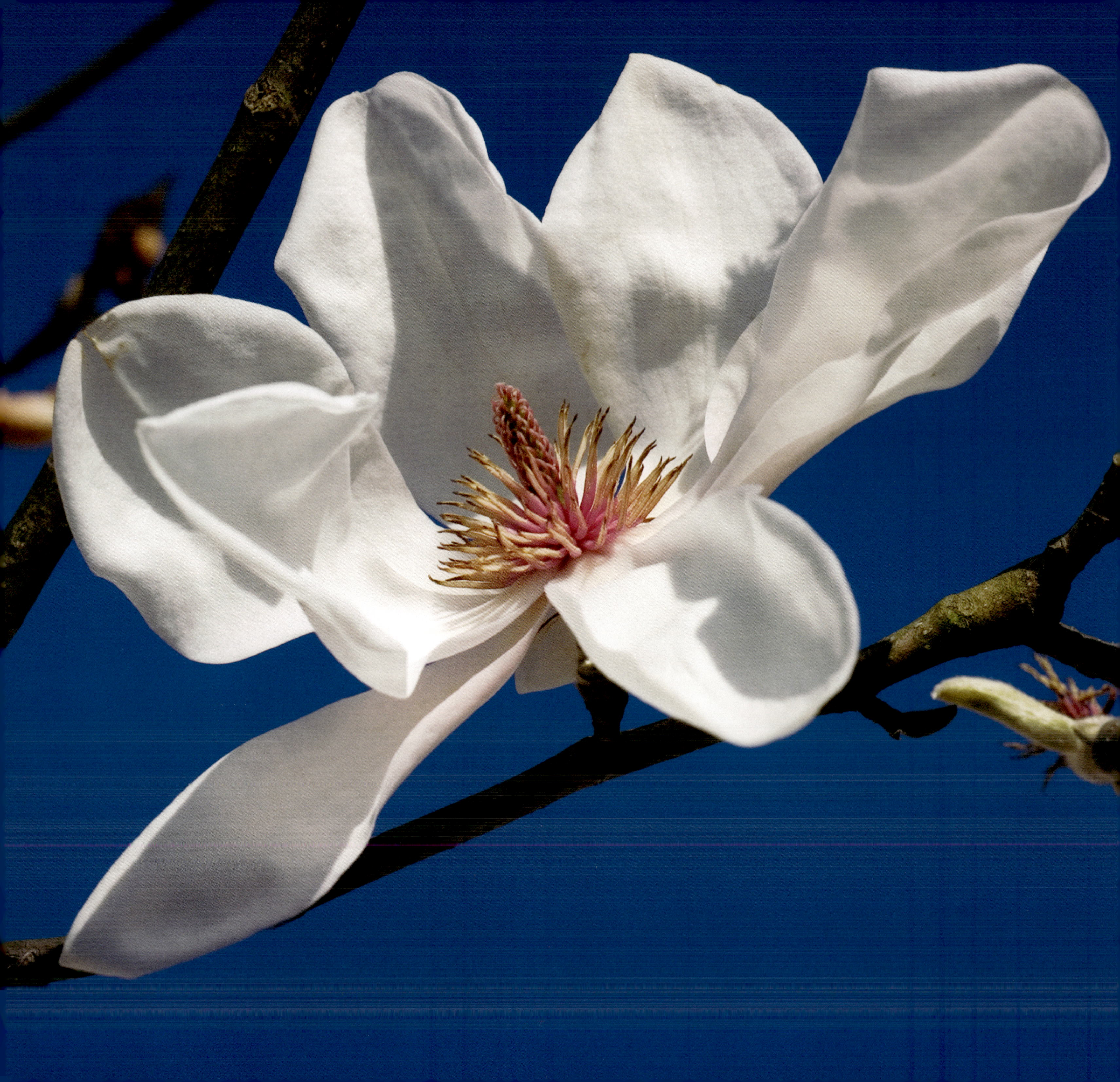

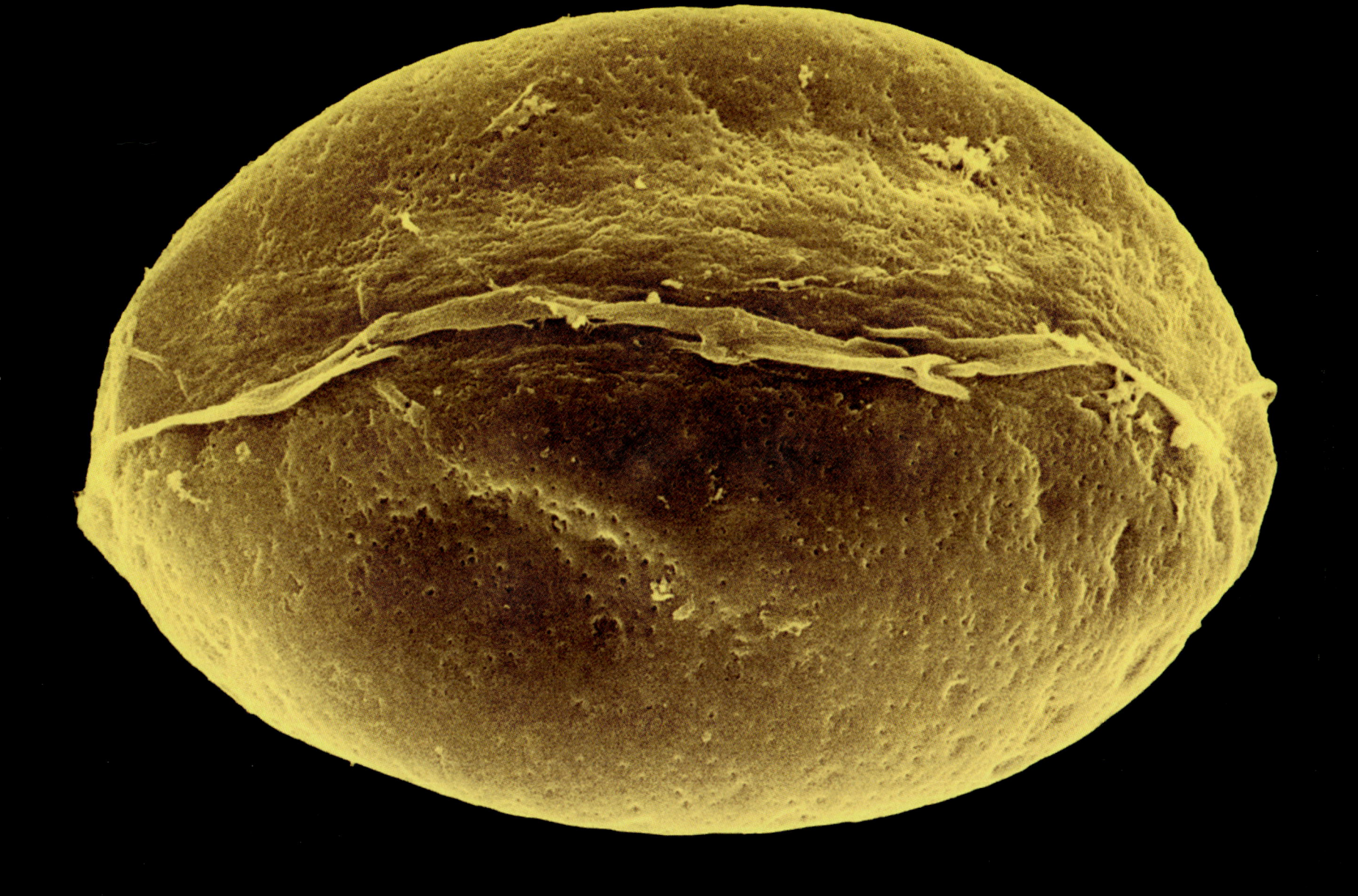

Magnolia soulangiana (Magnoliaceae) – Pollenkorn, voll ausgereift; eine evolutionsgeschichtlich sehr frühe Pollenform, gefunden nahe der fossilen Pflanze. Die einzige Apertur ist fast nicht zu sehen. Die schmale Erhebung entlang der Mitte des Korns ist der leicht runzlige Mittelbereich der sehr dünnen Aperturmembran [KPT/REM x 2000].

LINKE SEITE *Magnolia cylindrica* (Magnoliaceae) – zu sehen sind die Fortpflanzungsorgane (zentrales Gynoeceum, umgeben von zahlreichen Stamina) der hermaphroditischen (zwittrigen) Blüte.

SEITE 56 *Hamamelis mollis* – Zaubernuss (Hamamelidaceae) – Blüten. Die Bestandteile der Blüte mit in Vierergruppen angelegten dunklen, rötlichen Sepalen (Kelchblätter), langen und schmalen Petalen und zentralen Antheren

SEITE 57 *Hamamelis mollis* – Zaubernuss (Hamamelidaceae) – Pollenkörner in verschiedenen Ansichten; OBEN UND UNTEN LINKS Äquatorialansicht; UNTEN RECHTS Polaransicht [KPT/REM x 3000]

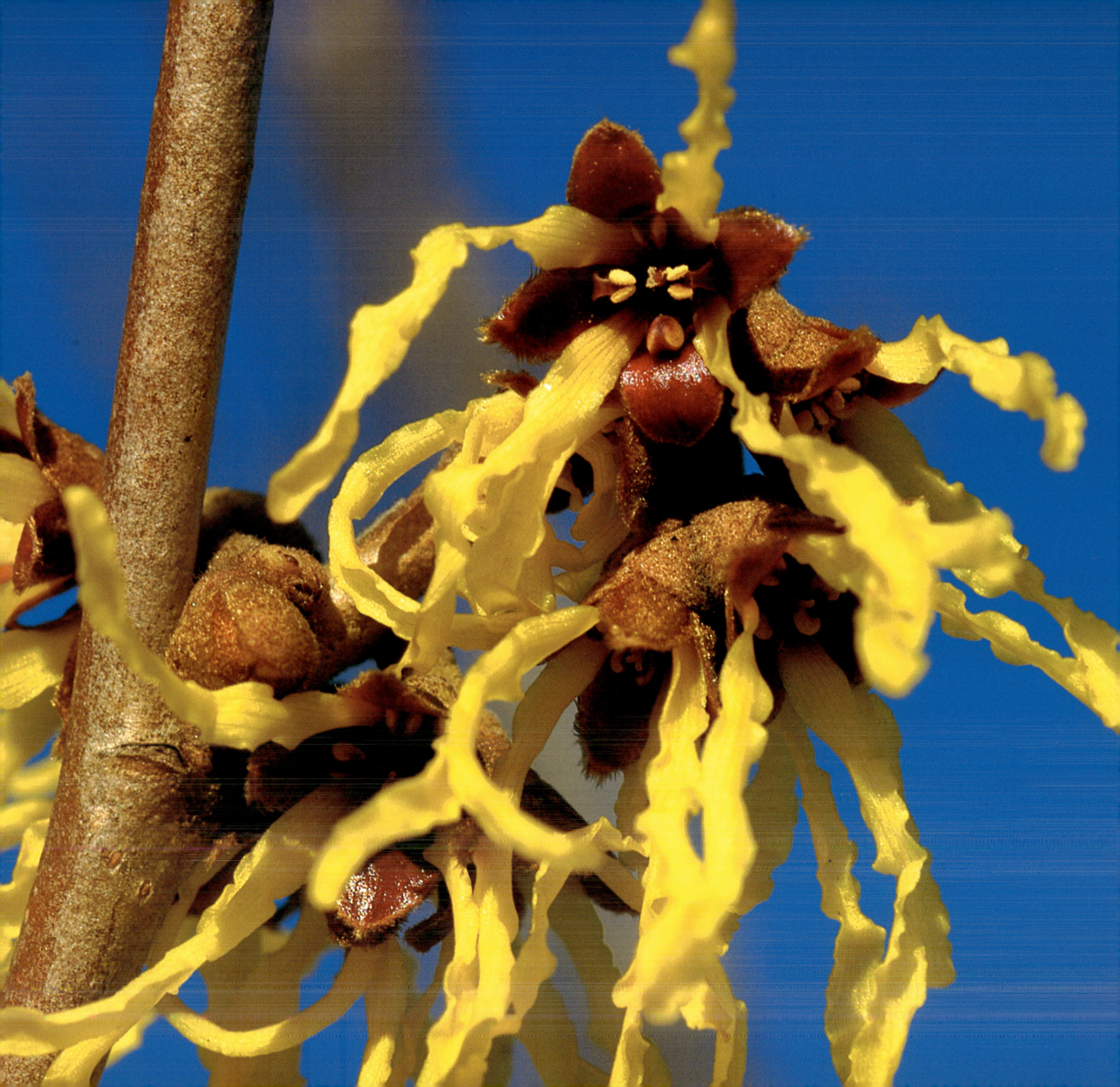

57

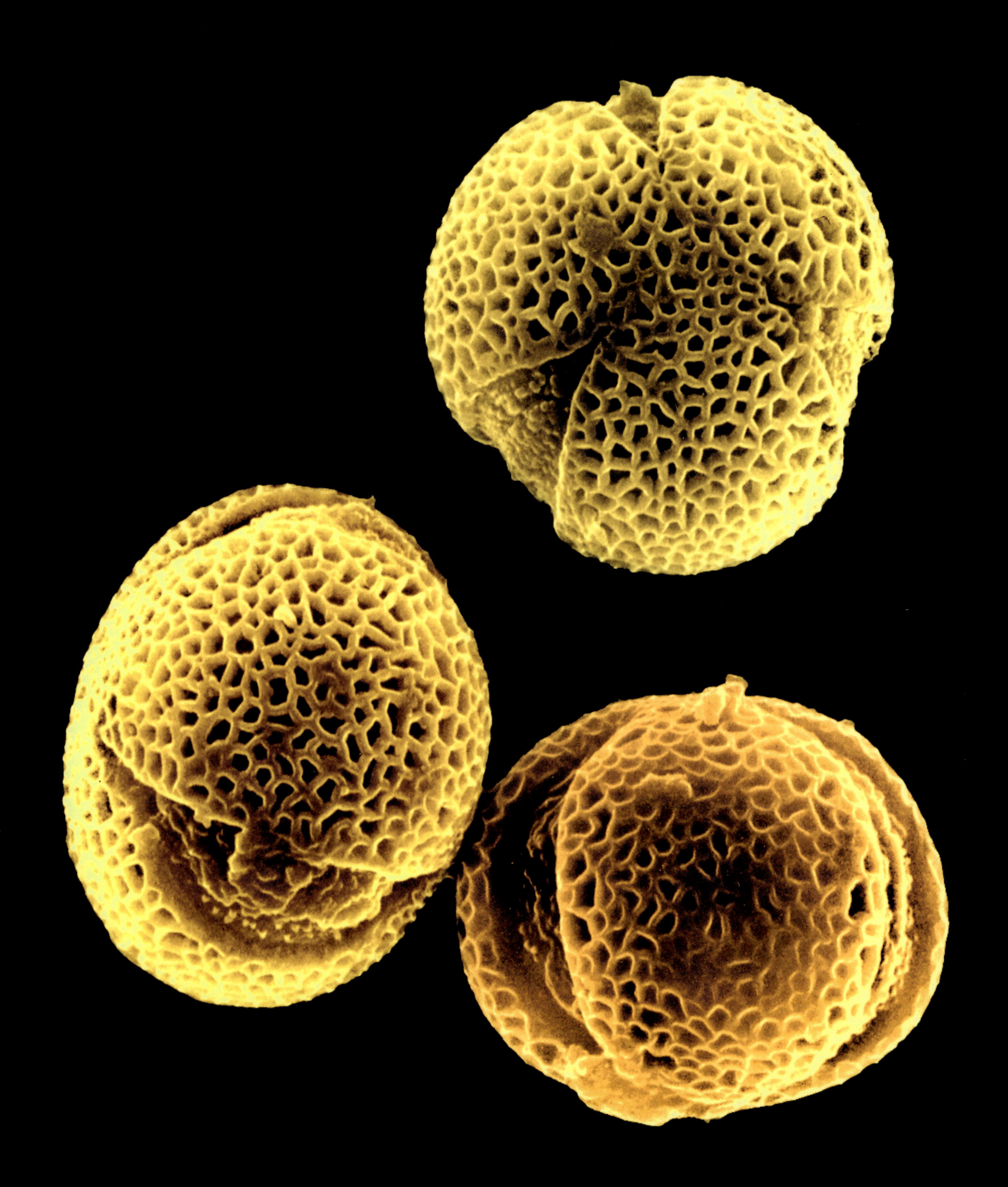

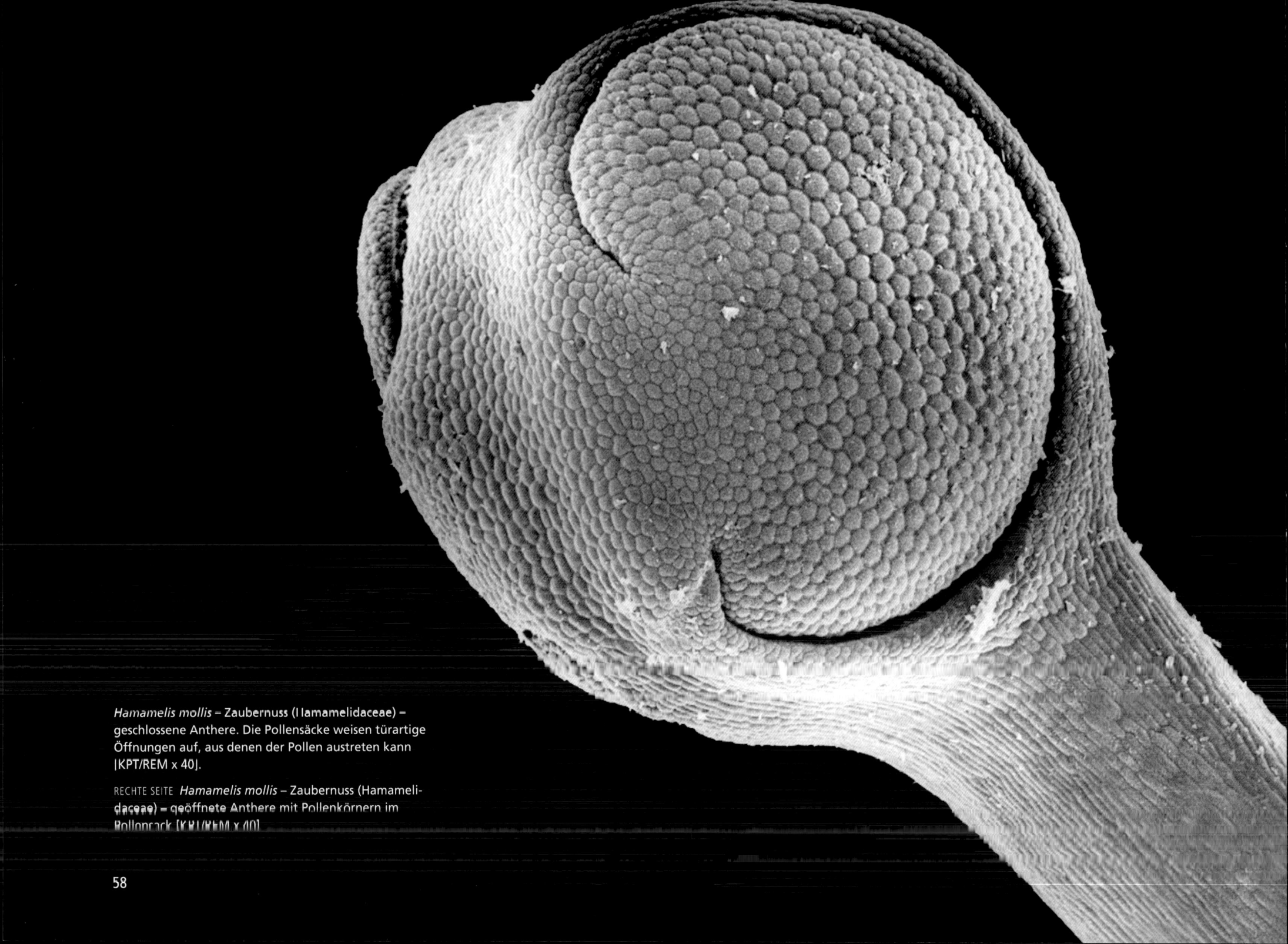

Hamamelis mollis – Zaubernuss (Hamamelidaceae) – geschlossene Anthere. Die Pollensäcke weisen türartige Öffnungen auf, aus denen der Pollen austreten kann [KPT/REM x 40].

RECHTE SEITE *Hamamelis mollis* – Zaubernuss (Hamamelidaceae) – geöffnete Anthere mit Pollenkörnern im Pollensack [KPT/REM x 40].

59

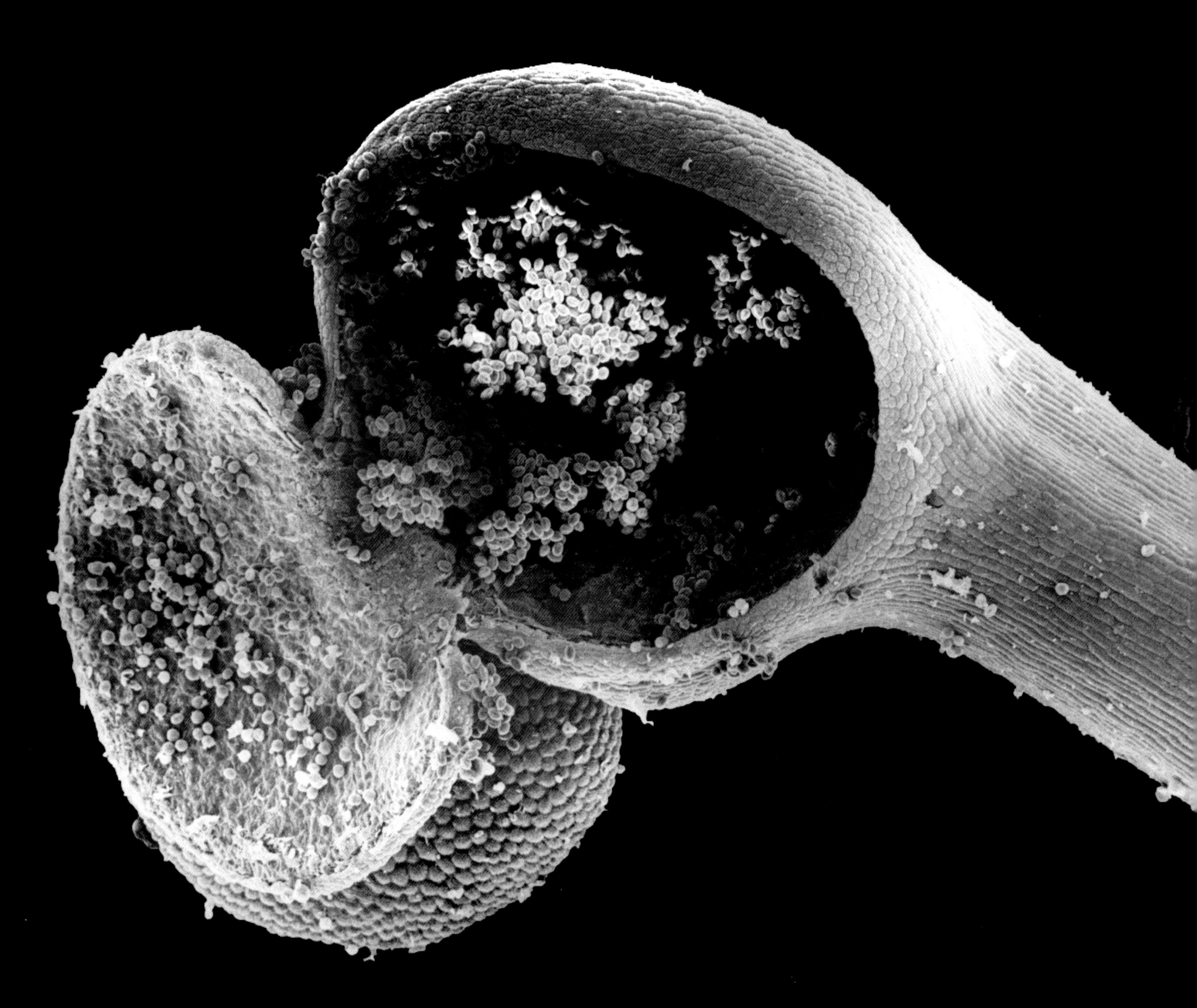

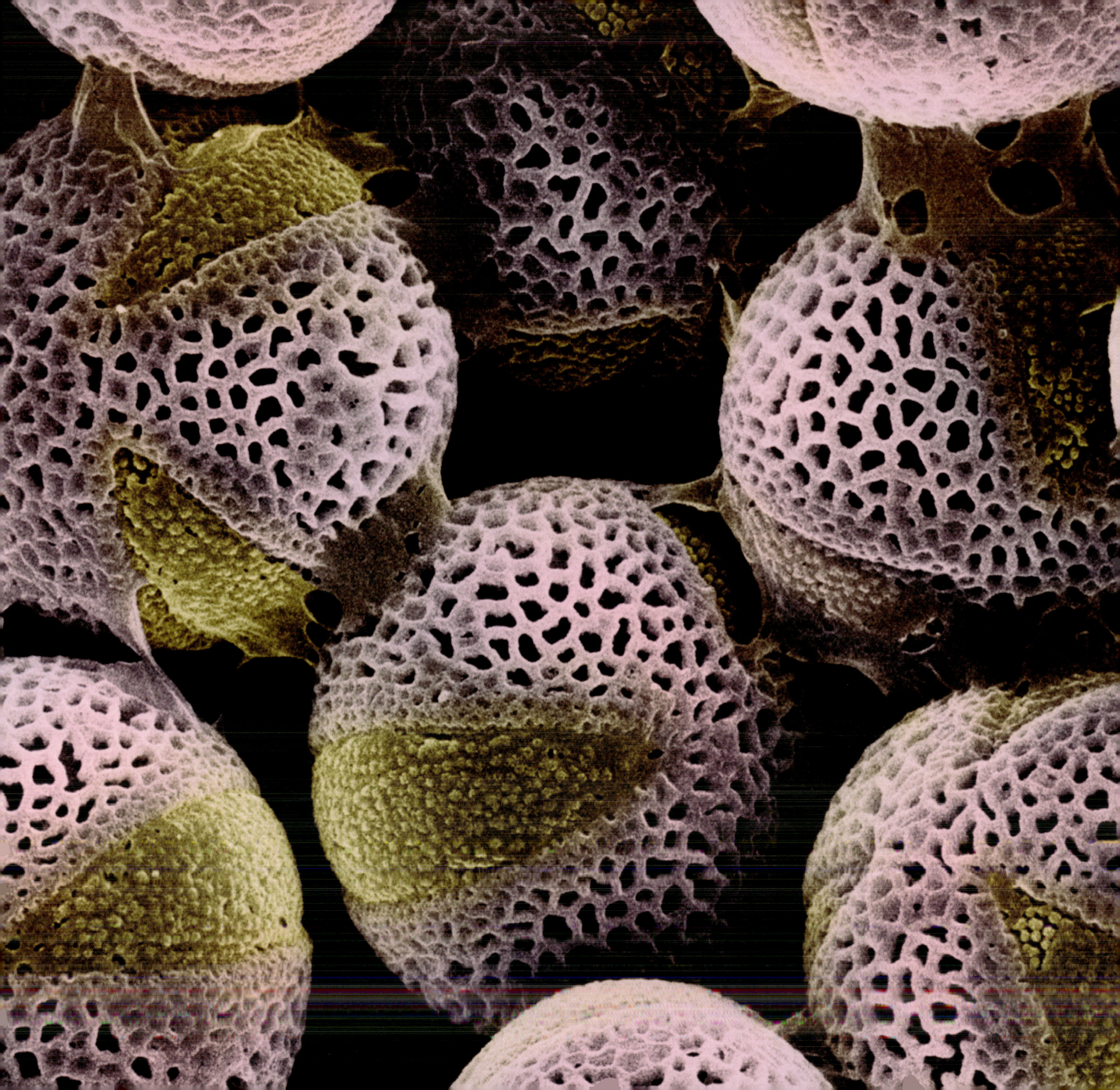

Helleborus orientalis – Christrose (Ranunculaceae) – Nahaufnahme der Blüte. Man beachte die ungewöhnliche Anordnung prächtiger, langer Sepalen, die die kleinen, gekrümmten, nektargetränkten Petalen umgeben. Anmerkung: Nicht alle Antheren öffnen sich zur gleichen Zeit.

LINKE SEITE *Helleborus orientalis* – Christrose (Ranunculaceae) – Nahaufnahme einer Gruppe von Pollenkörnern. Der klebrige Pollenkitt hält die Körner zusammen [SEM x 1000].

Pollen reif sind. Bei einigen trockenen Pollenarten, die vom Wind transportiert werden, wie denen der Gräser, ist inzwischen ebenfalls eine dünne Ablagerung von Pollenkitt nachgewiesen worden, die einige der Funktionen (jedoch nicht die, Insekten anzulocken und den Pollen an ihre Körper anzukleben) erfüllt, die man dieser Substanz zuschreibt. Leicht erhältliche Blumen, an denen man den Pollenkitt einfach beobachten kann, sind zum Beispiel Gärtnerlilien (*Lilium*-Kultivare) und Taglilien (*Hemerocallis*-Kultivare), bei denen die Pollenkörner so reichlich mit gelbem oder orangenem öligem Lipid beschichtet sind, dass sie Flecken auf Haut und Kleidung verursachen, wenn man darüberstreicht. Viele Blumenhändler bringen sogar entsprechende Warnhinweise an ihren Bouquets an. Manche gehen sogar so weit, die pollenreichen Antheren von den Filamenten zu pflücken, um Kundenbeschwerden vorzubeugen.

POLLEN: NATÜRLICHE FARBEN

Obwohl sie meistens zwischen farblos und gelb rangieren, können frische Pollenkörner – je nach Pflanzenspezies – eine Vielfalt von Farben haben. Die Pigmente sind hauptsächlich Carotinoide und Flavonoide. Carotinoid-Farben reichen von Hellgelb bis zu Dunkelgelb oder Orange, während die Flavonoide farblose und gelbe Flavone und Isoflavone sowie auch rote und purpurne Anthocyane umfassen. Beide Pigmenttypen können in der aus Sporopollenin bestehenden Exine enthalten sein, aber hier scheinen die Flavonoide vorzuherrschen, während Carotinoid-Pigmente häufiger in der äußeren öligen Lipidbeschichtung vorkommen, wie zum Beispiel bei den Lilien. Die Menge von Flavonen und Anthocyanen trägt, wie auch ihre Anordnung, zum sichtbaren Farbspektrum des Pollens bei. So können zum Beispiel identische Flavonoide im Pollen zweier Spezies vorkommen, der aber wegen der unterschiedlichen Konzentration andersfarbig erscheint. Verbindungen von Flavonoiden mit Aluminium oder Eisen, zwei häufigen Metallen in Pollen, können das Absorptionsspektrum der Flavonoide ebenfalls verändern. Für das menschliche Auge können die Pollenkörner farblich entweder mit den Kronblättern kontrastieren oder ihnen ähneln. Die Mehrzahl der Blütenpflanzen hat hellgelben oder farblosen Pollen. Pollenkörner anderer Farben finden sich gewöhnlich bei Pflanzen, die von Insekten

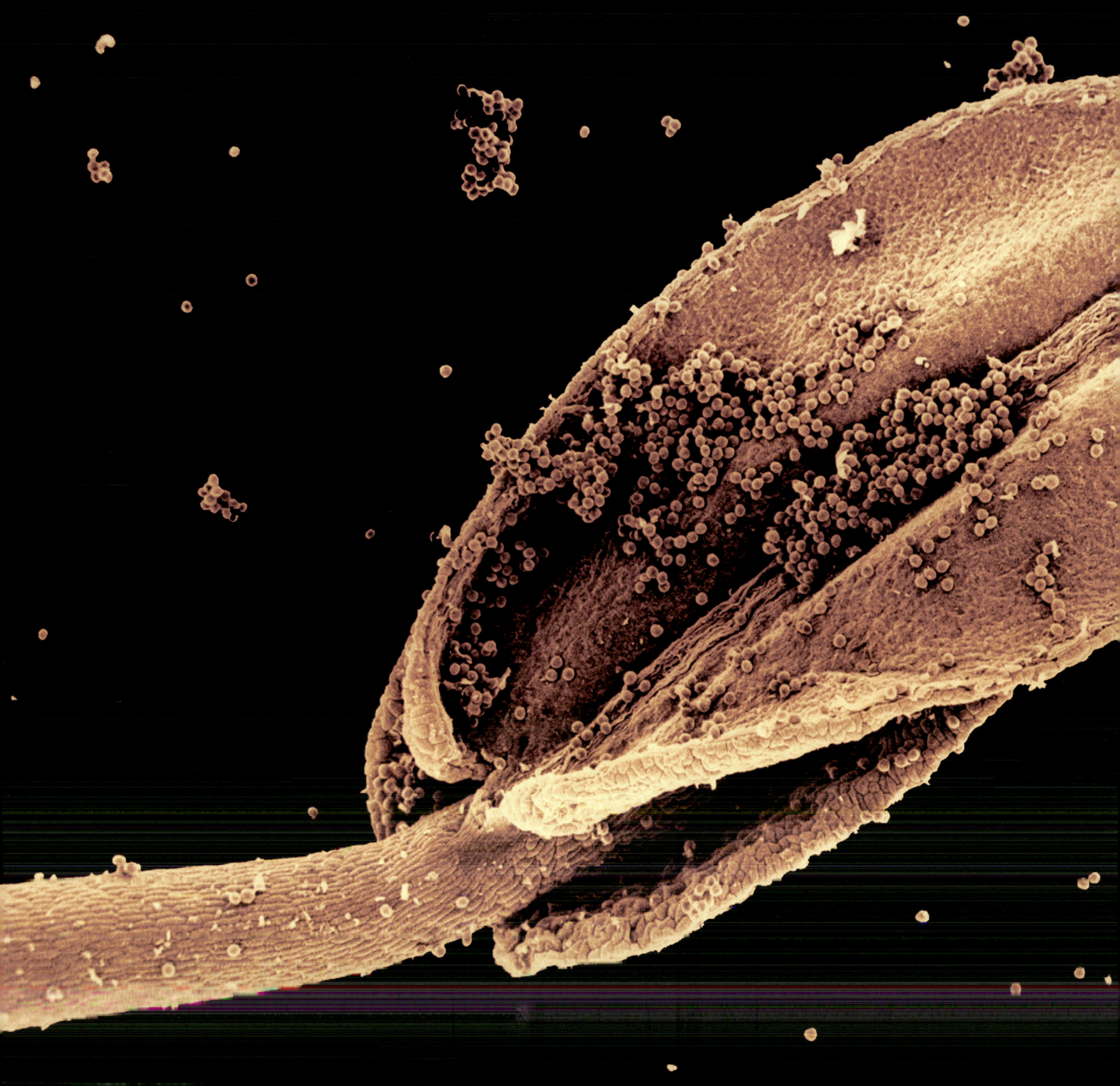

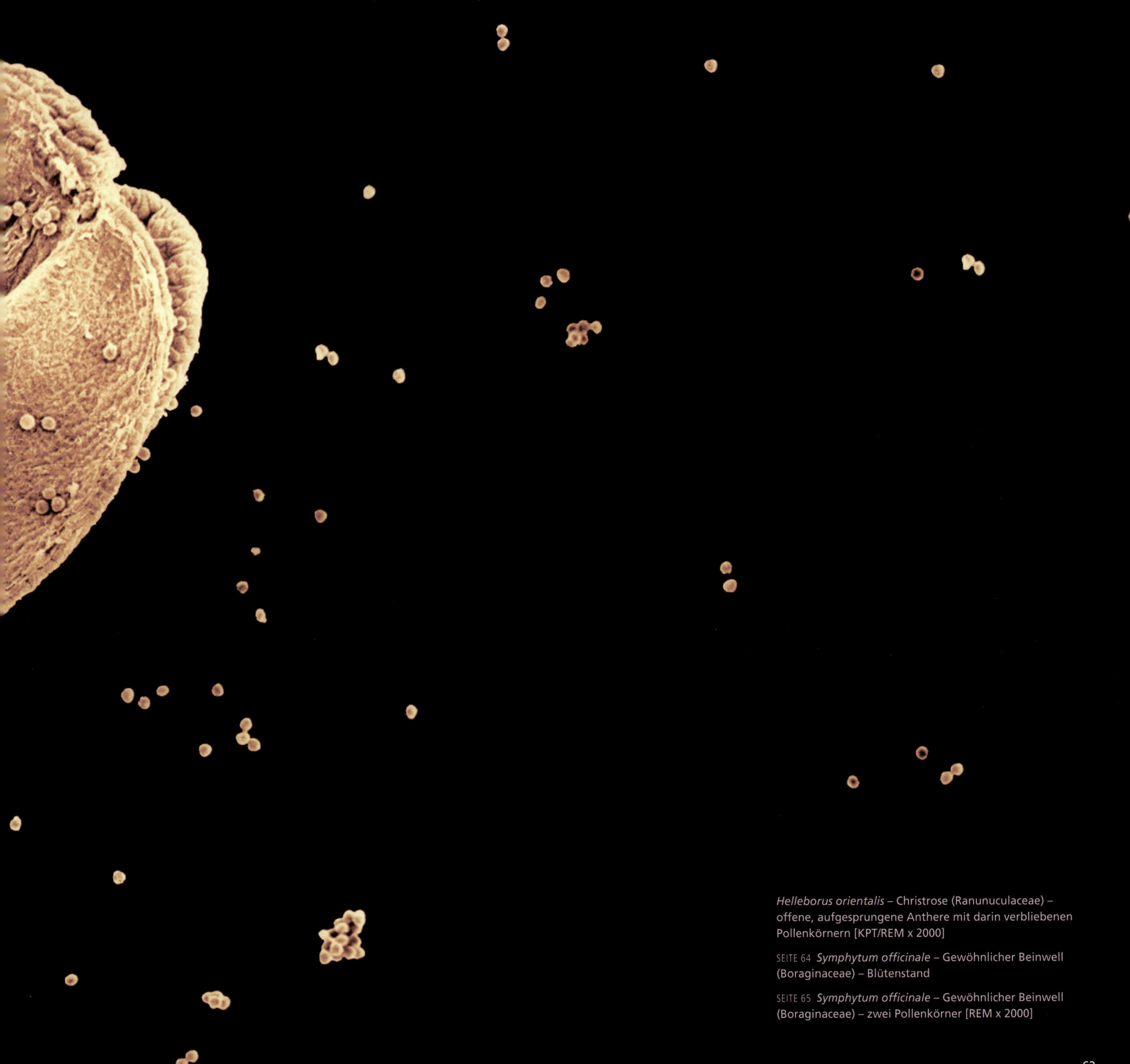

Helleborus orientalis – Christrose (Ranunuculaceae) – offene, aufgesprungene Anthere mit darin verbliebenen Pollenkörnern [KPT/REM x 2000]

SEITE 64 *Symphytum officinale* – Gewöhnlicher Beinwell (Boraginaceae) – Blütenstand

SEITE 65 *Symphytum officinale* – Gewöhnlicher Beinwell (Boraginaceae) – zwei Pollenkörner [REM x 2000]

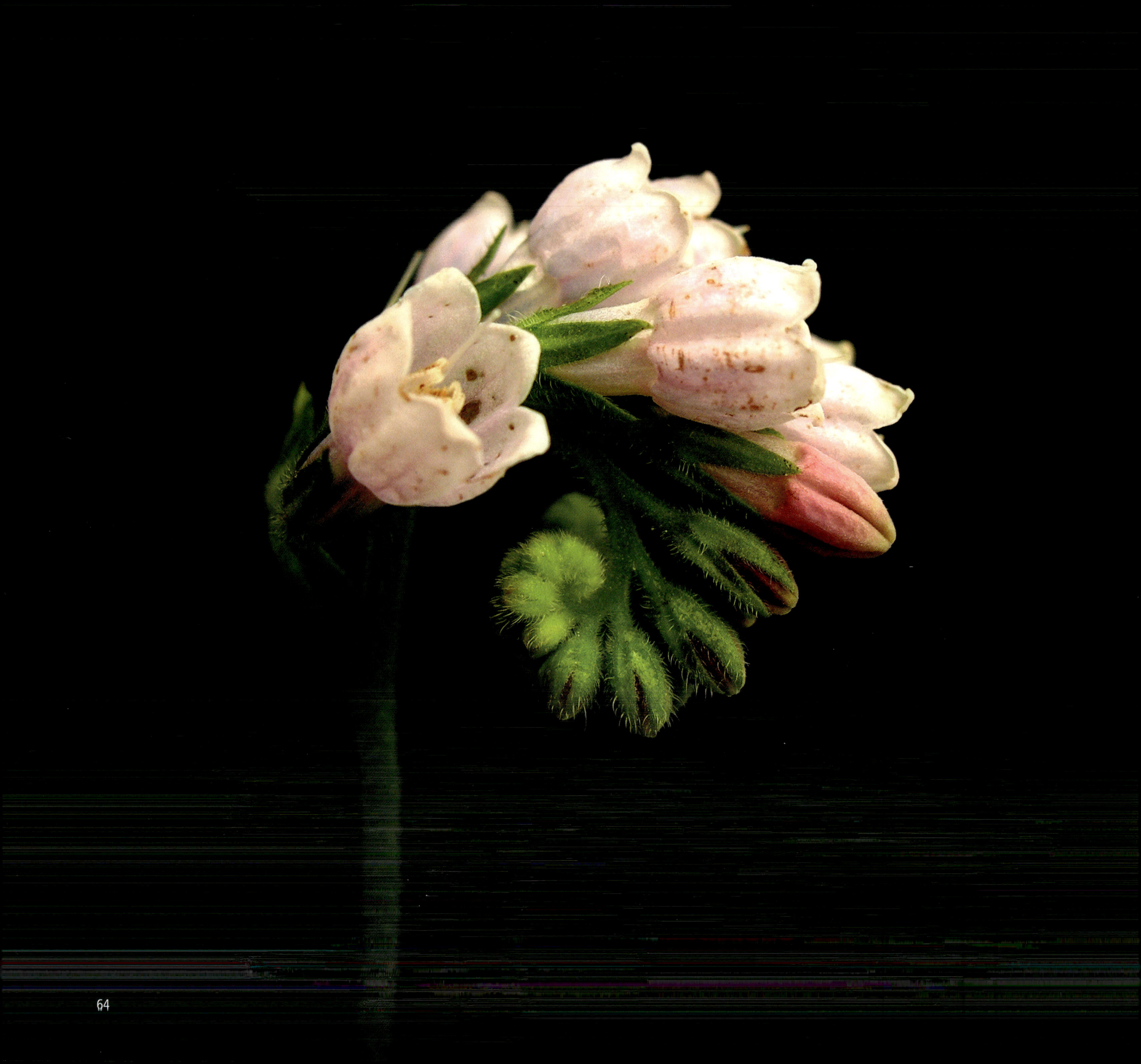

65

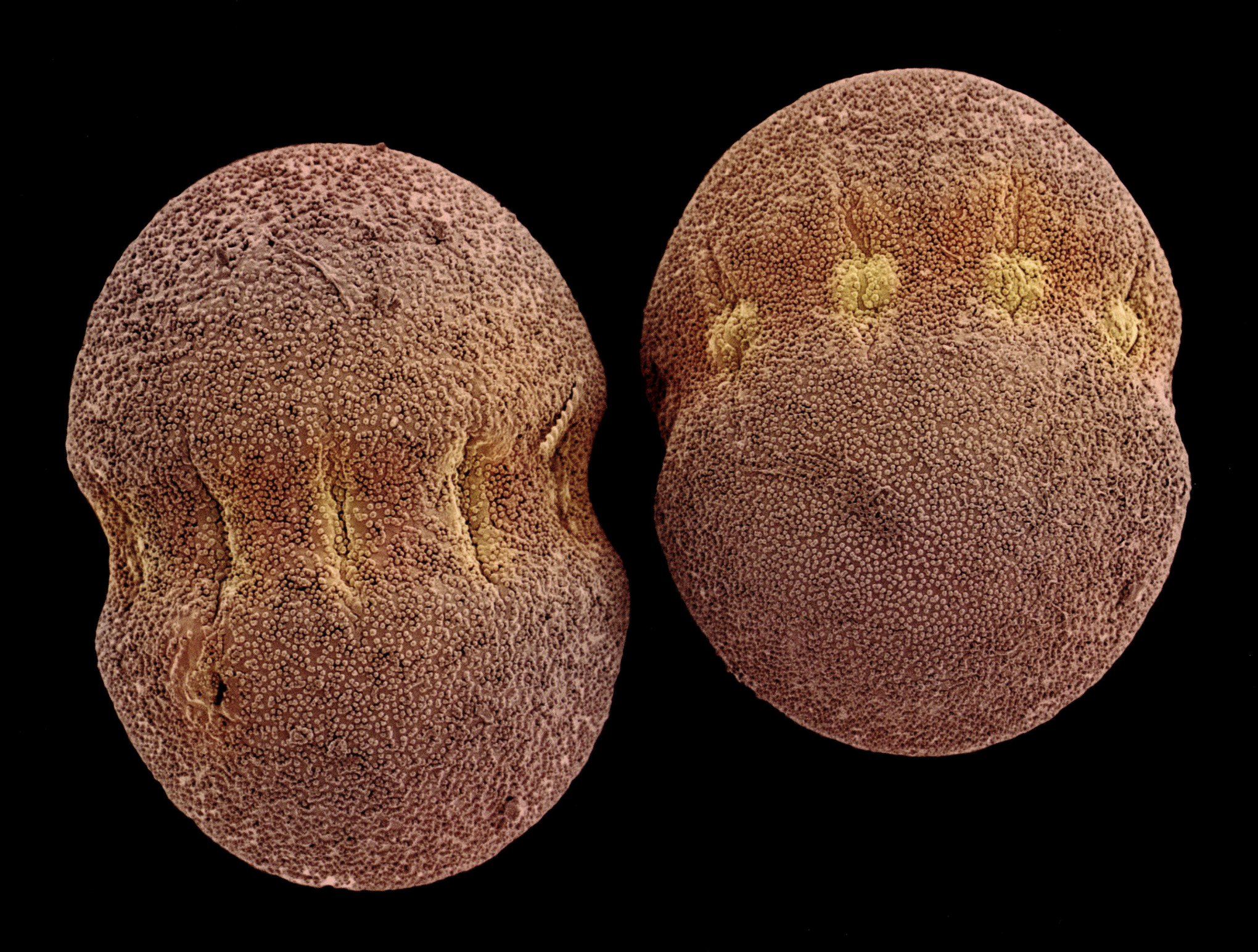

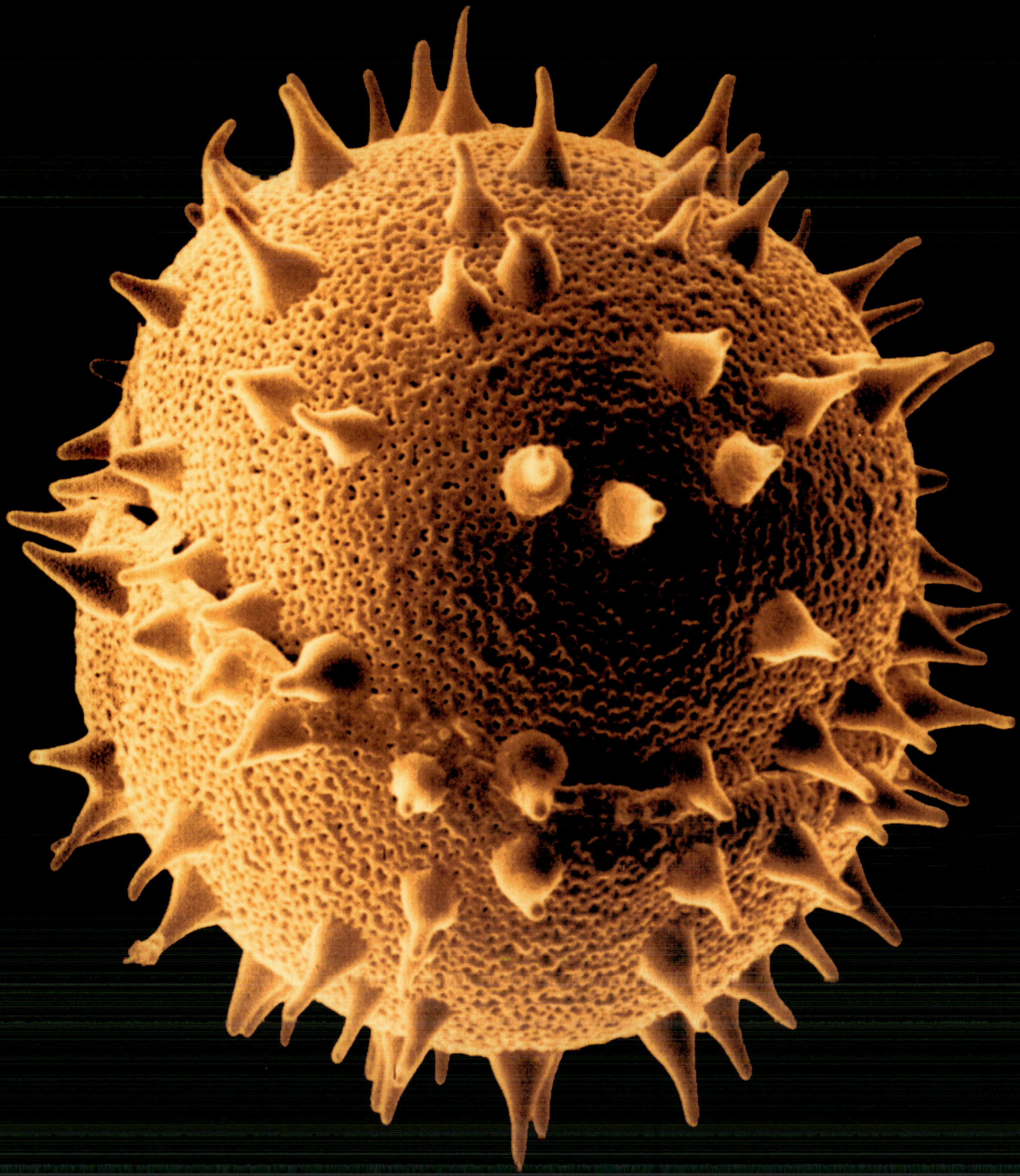

Nypa fruticans – Mangrovenpalme (Arecaceae):

OBEN Pollenkörner in verschiedenen Ansichten. Wenn der Pollen einer Acetolyse unterzogen wurde oder in fossiler Form vorliegt, zerfällt er normalerweise in zwei Hälften: Links ist ein einzelnes Pollenkorn zu sehen, das in vier verschiedenen Schärfeeinstellungen mit dem Lichtmikroskop fotografiert wurde. Jedes Bild betont andere Einzelheiten. Rechts ist ein einzelnes fossiles Pollenkorn der Mangrovenpalme unter dem Lichtmikroskop in vier verschiedenen Schärfeeinstellungen abgebildet. Es gehört zu den fossilen *nypa*-artigen Pollenkörnern, die in den alttertiären Tonschichten der Isle of Wight gefunden wurden, und ist etwa 55 Millionen Jahre alt (Eozän). Dieser Fund von der Isle of Wight belegt, dass während des Eozäns in Nordwesteuropa ein sehr viel wärmeres tropisches Klima herrschte. Die fossilen Exemplare weisen unterschiedlich lange Dornen auf, während die Dornen rezenter *Nypa*-Pollenkörner eine sehr gleichmäßige Länge haben. Dies deutet darauf hin, dass *Nypa* früher mehr Spezies als die heute einzige umfasste. Sie war außerdem in den gesamten Paläotropen weit verbreitet, kommt heute aber nur noch in Malaysia vor [LM x 700 – links und rechts; TEM x 1500 Mitte rechts; REM x 1700 Mitte rechts oben, x 1000 Mitte rechts unten]; UNTEN Einzelheiten der supratektalen Dornen und der Exinenhülle des Pollens [REM x 10 000 – oben links und unten rechts; TEM x 10 000 – unten links und oben rechts, nach Acetolyse].

LINKE SEITE *Nypa fruticans* – Mangrovenpalme (Arecaceae), Pollenkorn, voll ausgereift – eine ringförmige Apertur zieht sich um das dornenbewehrte, kugelige Pollenkorn [REM x 1700 nach Acetolyse].

SEITE 68 *Poa trivialis* – Gewöhnliches Rispengras (Poaceae) – Pollenkorn, voll ausgereift [REM x 2600]

SEITE 69: *Phleum pratense* – Wiesen-Lieschgras (Poaceae). Auffallend sind die zum Wind ausgerichteten Antheren.

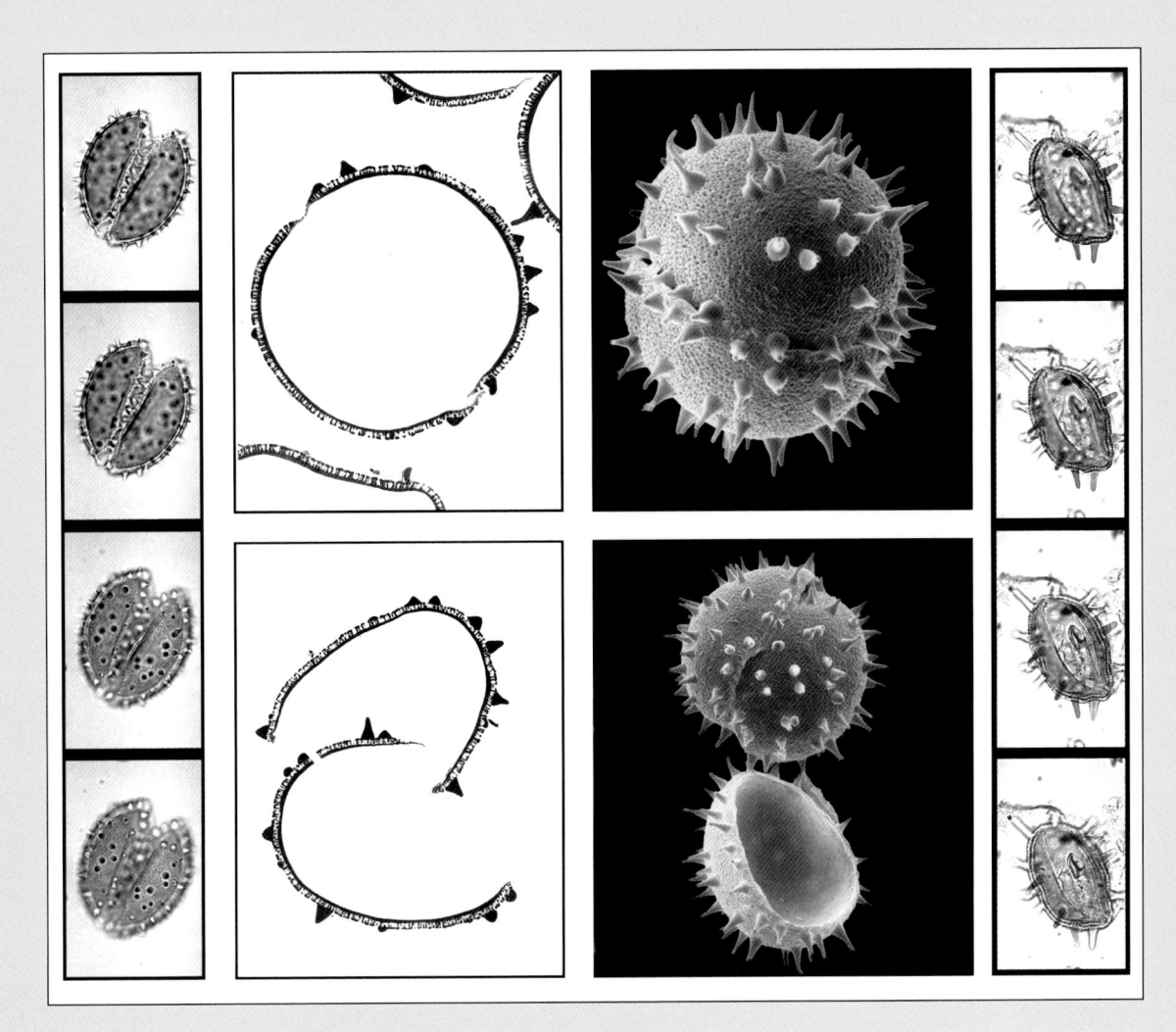

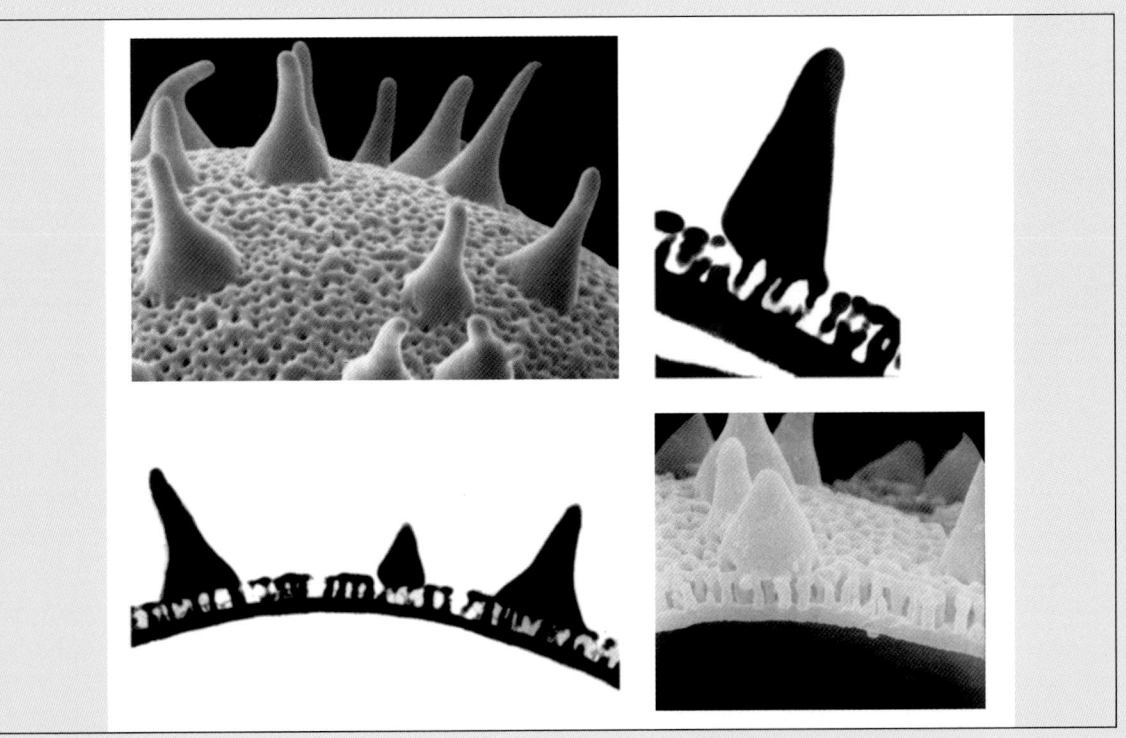

KEINE BLÜTEN – KEIN POLLEN, KEIN POLLEN – KEINE BLÜTEN

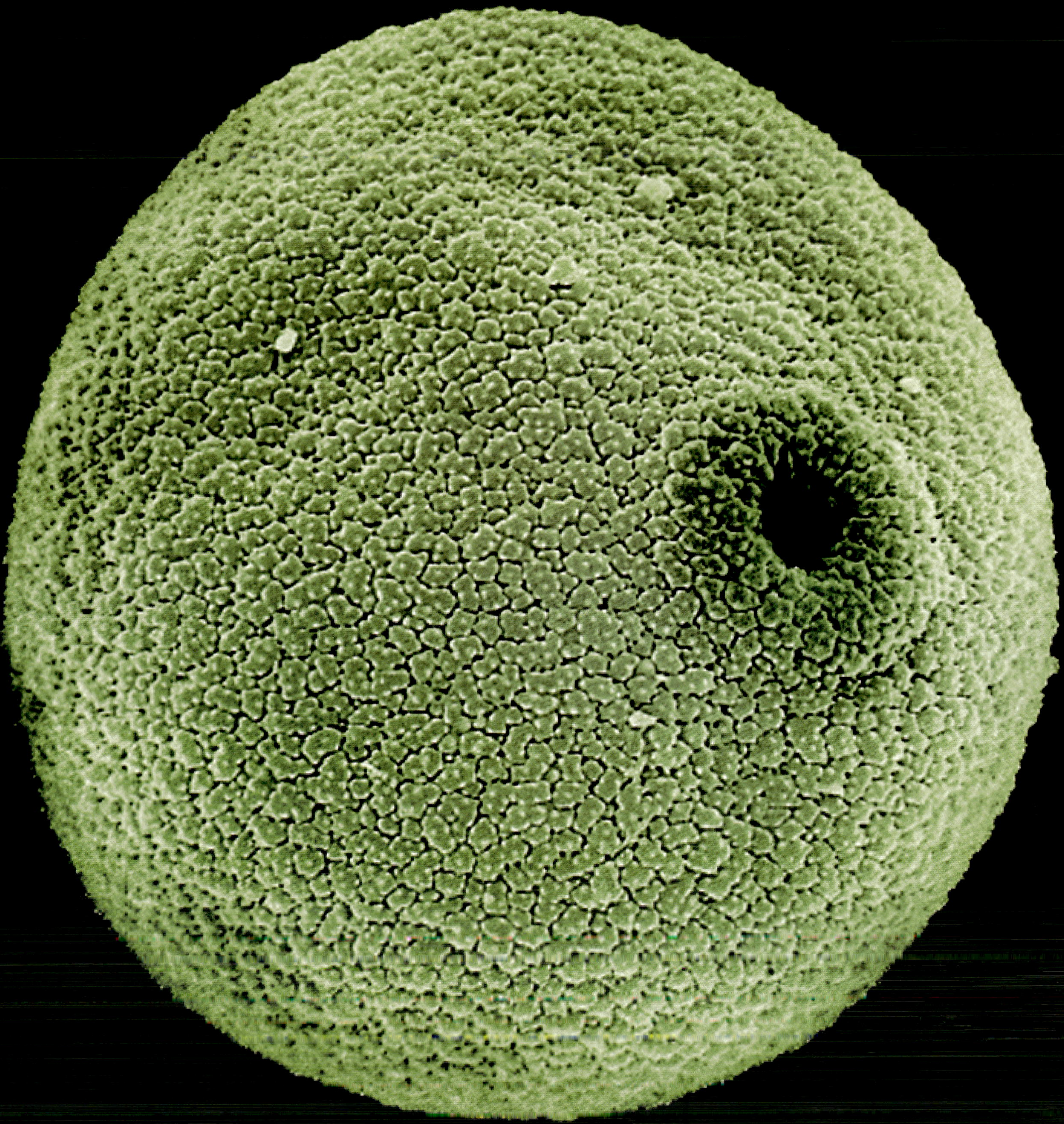

sen Pollen aufweisen.

KÜNSTLICHE EINFÄRBUNG VON POLLEN

Wenn Pollenkörner mit einer Mischung aus Essigsäureanhydrid und Schwefelsäure behandelt werden (Acetolyse) – eine Standardpräparationstechnik für Pollen im Labor, besonders bei getrockneten Exemplaren aus Herbarien – oder wenn sie als Fossilien in Gestein konserviert werden, verlieren sie ihre äußere Lipidschicht. Sie verlieren auch ihr inneres Zytoplasma mitsamt den darin enthaltenen Organellen sowie die nicht aus Sporopollenin bestehende innere Hüllenschicht, die Intine, und sind damit nicht länger lebensfähig. Allerdings bleibt die Sporopollenin-Exine erhalten, und diese Schicht der Hülle wird zur Identifikation des Pollens benutzt. Unter dem Lichtmikroskop erscheinen fossile oder der Acetolyse unterzogene Pollenkörner hellbraun bis intensiv goldbraun. Im Labor wird die Acetolyse an Pollenkörnern durchgeführt, um die oft reich ornamentierte Pollenhülle freizulegen, weil dieser Teil des Pollenkorns die meisten Charakteristika zeigt, die wir für vergleichende Pollenstudien benötigen.

Im Labor können wir Pollenkörner auf verschiedene Weise einfärben, um bestimmte Eigenschaften zu betonen. Zum Beispiel kontrastieren wir die Sporopollenin-Hülle mit dem inneren Zellmaterial, um zu prüfen, ob die Pollenkörner vielleicht noch lebensfähig sind. Biologische Studien der Pollenentwicklung, des reifen Pollens und/oder der Pollenkeimung benutzen frischen Pollen und setzen Fixierungs- und Färbemethoden ein, um gewünschte Stadien oder Eigenschaften der zu untersuchenden Vorgänge zu konservieren oder herauszuheben.

Des Weiteren ermöglicht uns die Leistungsfähigkeit der modernen Computertechnologie, Pollen und andere Artefakte elektronisch einzufärben, wofür sich in diesem Buch zahlreiche Beispiele finden. Das kann sehr nützlich sein, um Einzelheiten im Aufbau des Pollenkorns hervorzuheben, wie etwa Aperturbereiche oder besondere Charakteristika der Exinenoberfläche.

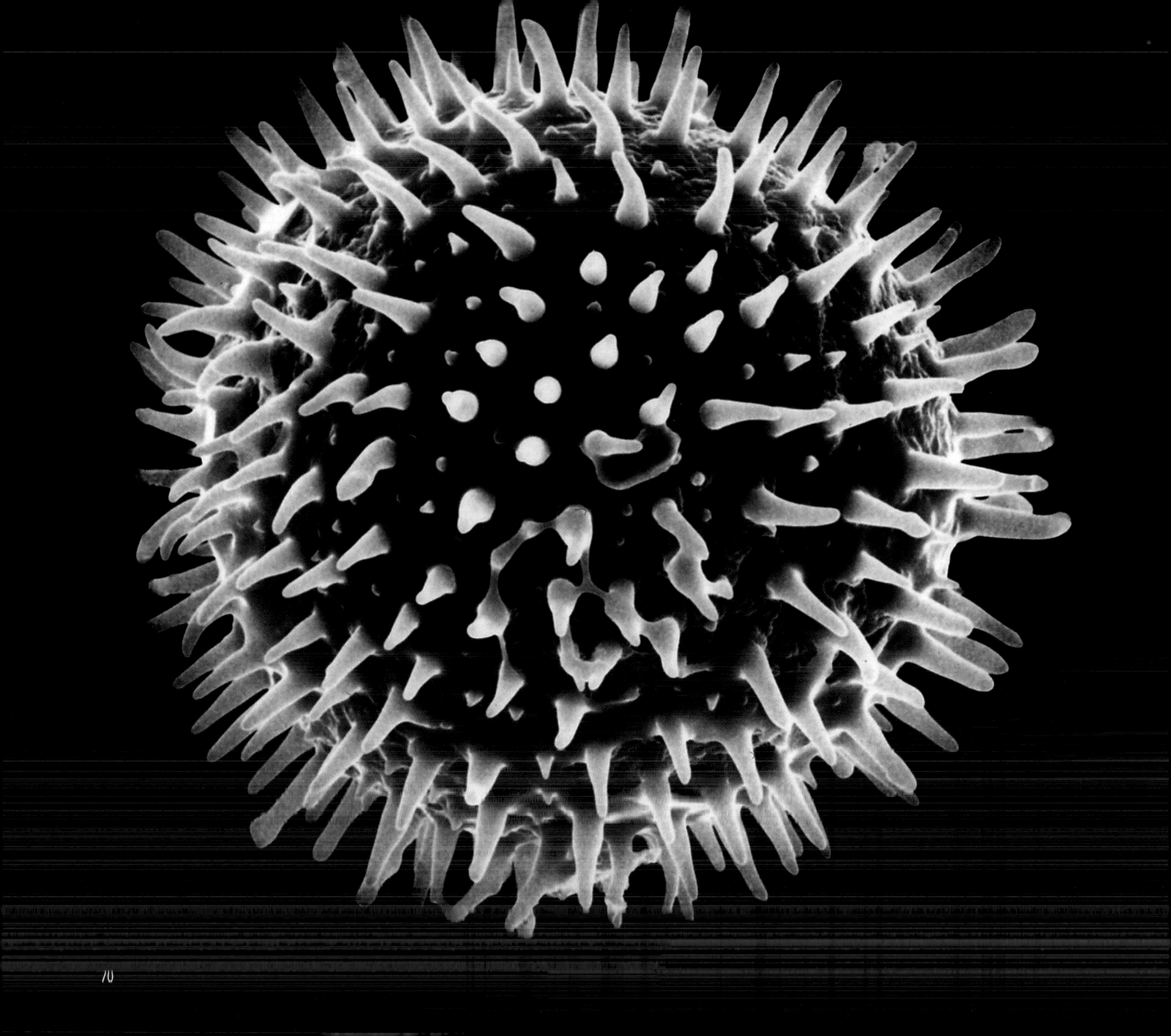

71

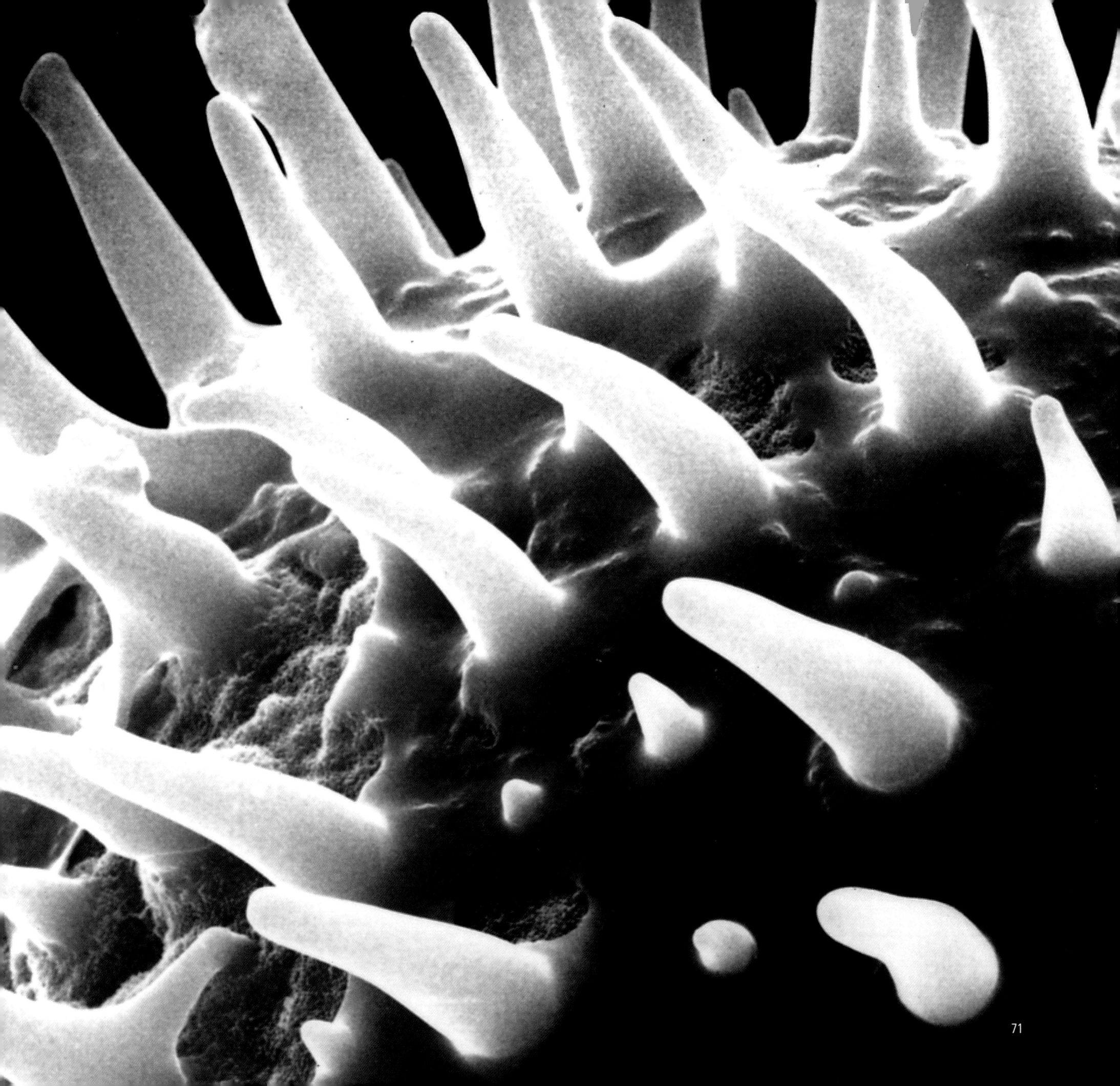

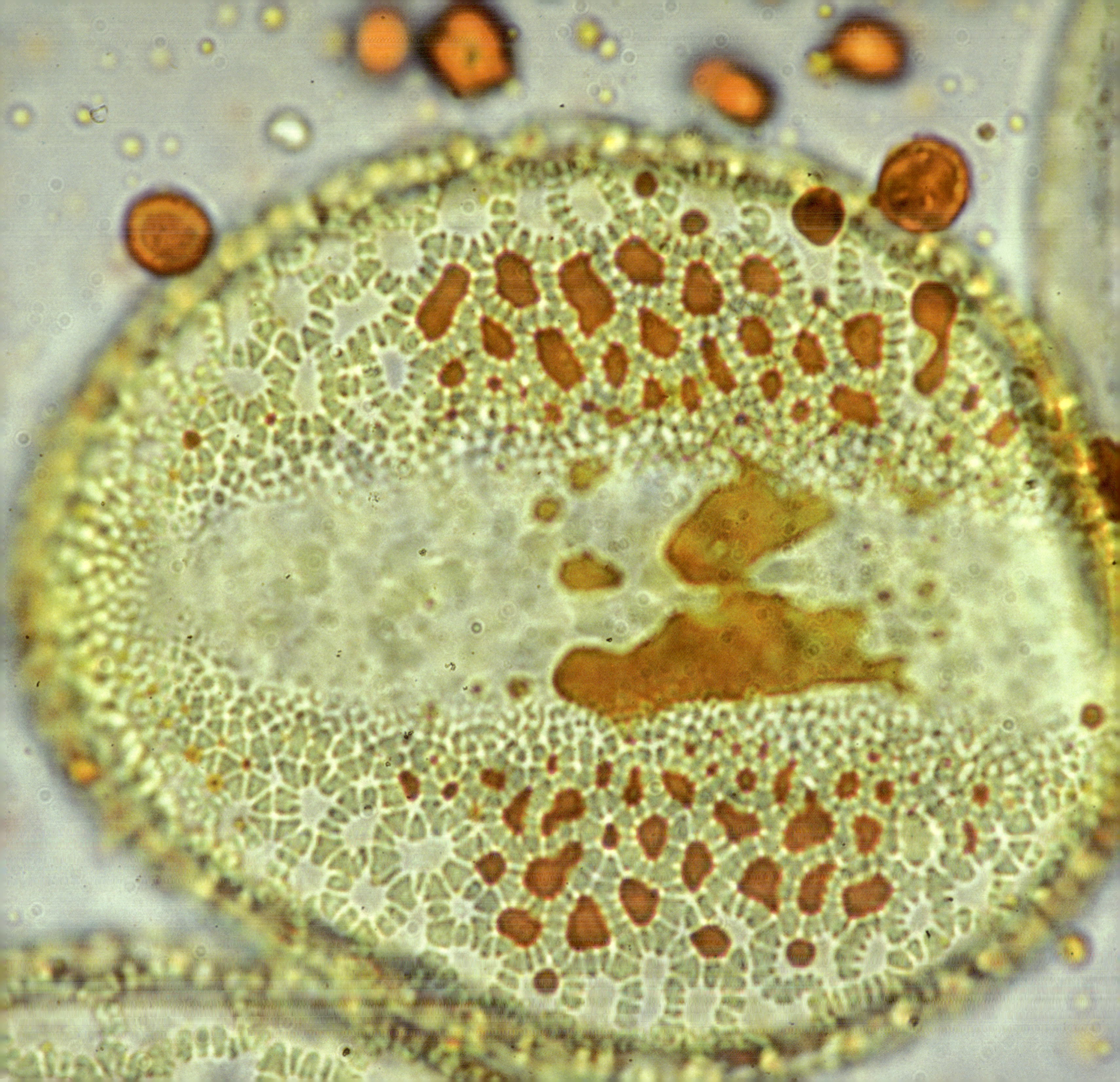

Lilium tigrinum – Tiger-Lilie (Liliaceae) – Pollenkorn, aus dessen netzartiger Exine reichlich Lipid (Pollenkitt) austritt (Franz Bauer, zwischen 1790 und 1840)

SEITE 70 *Abutilon pictum* (Malvaceae) – Pollenkorn, voll ausgereift [KPT/REM x 600]

SEITE 71 *Abutilon pictum* (Malvaceae) – Nahaufnahme einer Pollenexine mit öligem Lipid (Pollenkitt) zwischen den Dornen [KPT/REM x 2000]

LINKE SEITE *Hemerocallis* cv. – Taglilie (Hemerocallidaceae) – Pollenkorn, bei dem die Verteilung des öligen Lipids in der Netzstruktur der Exine zu sehen ist (*Lilium* und *Hemerocallis* haben sehr ähnlichen Pollen) [LM x 40]

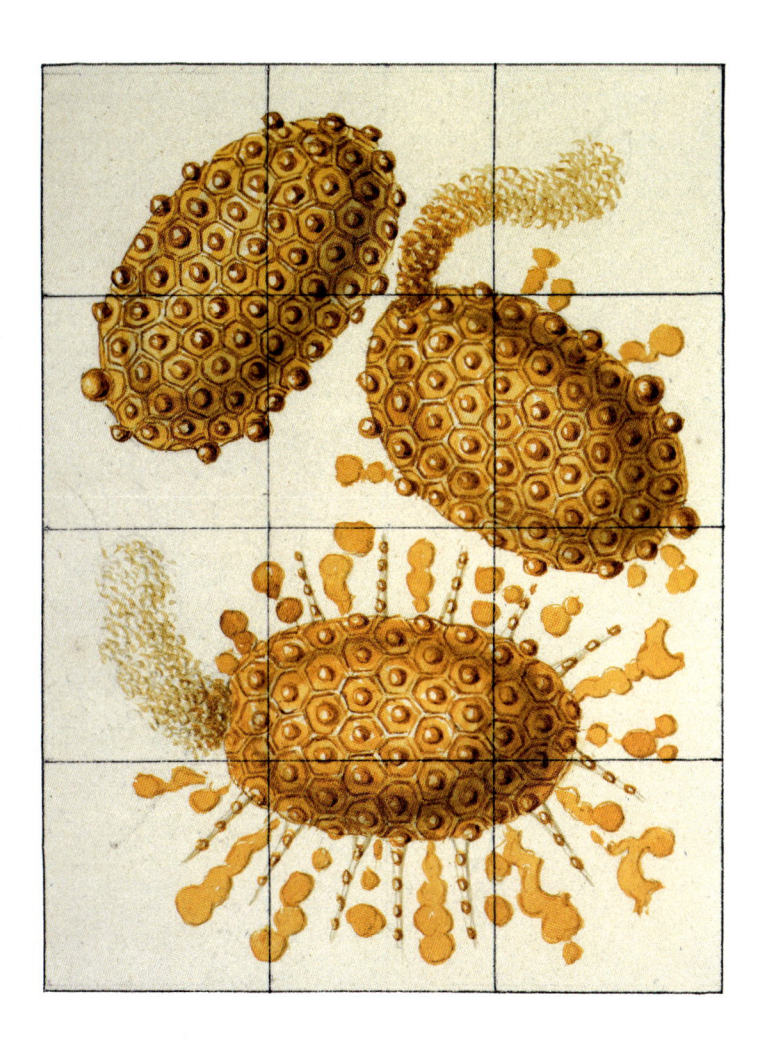

VERGLEICHENDE POLLENSTUDIEN

Der Pollen hat einige Eigenschaften, die sich sehr gut für ein vergleichendes Studium eignen: Er ist sehr klein, hat eine sehr charakteristische Exine mit einer enormen Bandbreite an Variationen, die für einzelne Pflanzengruppen und -spezies kennzeichnend sind, und die Exine ist äußerst haltbar. Von ihren Erzeugerpflanzen getrennte Pollenkörner können oft einer Familie, häufig einer Gattung und manchmal sogar einer Art zugeordnet werden. Pollen und andere luftgetragene mikroskopische Partikel werden täglich gesammelt, um den Grad der Verunreinigung unserer Luft zu bestimmen. Der Pollen in Böden, Gesteinen, Honig, Kleidung, Fäkalien und anderem kann untersucht werden und zur Beantwortung verschiedenster Fragen dienen. Die Herkunft von Honig etwa lässt sich durch die Analyse des enthaltenen Pollens feststellen. So wird man schnell erkennen, dass es sich bei dem vermeintlichen Schottischen Heidehonig um Australischen Akazienhonig handelt, da sich die Pollentypen von *Acacia* und Heidekraut stark unterscheiden. In der Gerichtsmedizin kann die Untersuchung von Pollen auf Böden, an Kleidung oder anderen Gegenständen, die mit einem Verbrechen zusammenhängen, Jahreszeit und Tatort einer Vergewaltigung oder eines Mordes enthüllen. Der gefundene Pollen zeigt an, welche Pflanzenarten am Tatort geblüht haben. Im Falle eines illegalen Einsatzes von Schädlingsbekämpfungsmitteln lässt sich am Pollen, der an verendeten Honigbienen gefunden wird, ablesen, welche Getreidesorte die Bienen aufgesucht hatten. Pollenfunde erlauben außerdem Rückschlüsse auf die Vegetation und das Klima vergangener Zeiten. So wissen wir zum Beispiel, dass vor 55 Millionen Jahren auf der damals tropischen Isle of Wight Mangrovenpalmen wuchsen. Das Studium fossilen Pollens sowie größerer fossiler Pflanzenteile wie Blätter und Früchte verrät auch einiges über die Evolution von Blütenpflanzen und Nichtblütenpflanzen, zum Beispiel über das erste Auftreten und die Verbreitung von Baumfarnen, Koniferen und frühen Blütenpflanzen wie *Magnolia* in der Urwelt von Laurasia und Gondwana. In Radio, Fernsehen und Kino haben heute viele schon davon gehört, welchen Beitrag die Untersuchung von Pollen, der in Gefäßen, Abfällen, Fäkalien und Böden rund um frühere Siedlungen gefunden wird, im Hinblick auf die archäologische Rekonstruktion von Ernährung und Landwirtschaft der damaligen Zeit zu leisten vermag.

POLLENMORPHOLOGIE MIT BLICK AUF PFLANZEN-
SYSTEMATIK UND EVOLUTION

Bei den meisten der oben erwähnten vergleichenden Pollenstudien geht es um einen einfachen Vergleich zwischen der jeweiligen Probe und einer Referenzsammlung von Präparaten, die zwischen Mikroskop-Objektträgern aufbewahrt werden. Eine Referenzsammlung kann riesig sein und Pollen Tausender Pflanzenarten umfassen oder sehr spezifisch ausfallen, je nach der Art der Untersuchung. Ein Studiengebiet allerdings, die Pollenmorphologie mit Blick auf Pflanzensystematik und Evolution, ist hinsichtlich der angestellten Vergleiche komplexer. Sie versucht nicht nur, die Variationen des Pollens bei den untersuchten Pflanzenarten zu bestimmen, sondern die resultierenden Daten einzusetzen, um zu einem besseren Verständnis der Beziehungen zu gelangen, die zwischen den untersuchten Pflanzen und anderen Pflanzengruppen bestehen. Auch mit den fossilen Pollenfunden werden Vergleiche angestellt. Auf diese Weise lässt sich das früheste Auftreten und die paläogeografische Verteilung ähnlicher Pollentypen feststellen und verstehen, wie die Ursprungspflanzen des Pollens sich entwickelt und diversifiziert haben. Der große Nutzen fossiler Pollenkörner bei der Rekonstruktion der pflanzlichen Evolution liegt darin begründet, dass ihre äußere Form sich über Jahrmillionen nur wenig verändert hat. Anders als die Pflanze selbst sind sie im Laufe ihres Lebens nicht den Naturgewalten ausgesetzt und müssen sich nicht an örtliche Bedingungen oder Veränderungen des Klimas oder der Höhenlage anpassen, um zu überleben: Sie liegen gut geschützt im Inneren der Pflanze verborgen, bis sie reif sind und in die Atmosphäre ausgestoßen werden.

Pollenstudien in der Pflanzensystematik und Evolutionsforschung werden nicht isoliert durchgeführt, sondern gemeinsam mit anderen botanischen Untersuchungen zu derselben Pflanzengruppe oder denselben Pflanzengruppen. Diese konzentrieren sich auf andere Aspekte der Pflanze, darunter ihre Anatomie, Embryologie, Blütenentwicklung, Zytogenetik, DNA, Biochemie, Physiologie, Biogeografie, Paläobotanik und so weiter. Die Zusammenführung der Ergebnisse ermöglicht es anschließend, immer genauere Vorstellungen davon zu entwickeln, wie und wann verschiedene Gruppen von Blütenpflanzen entstanden sind und in welcher Beziehung sie zueinander stehen (Phylogenetik).

Pavonia urens (Malvaceae) – Pollenkorn [LM x 400 – natürliche Farbe]

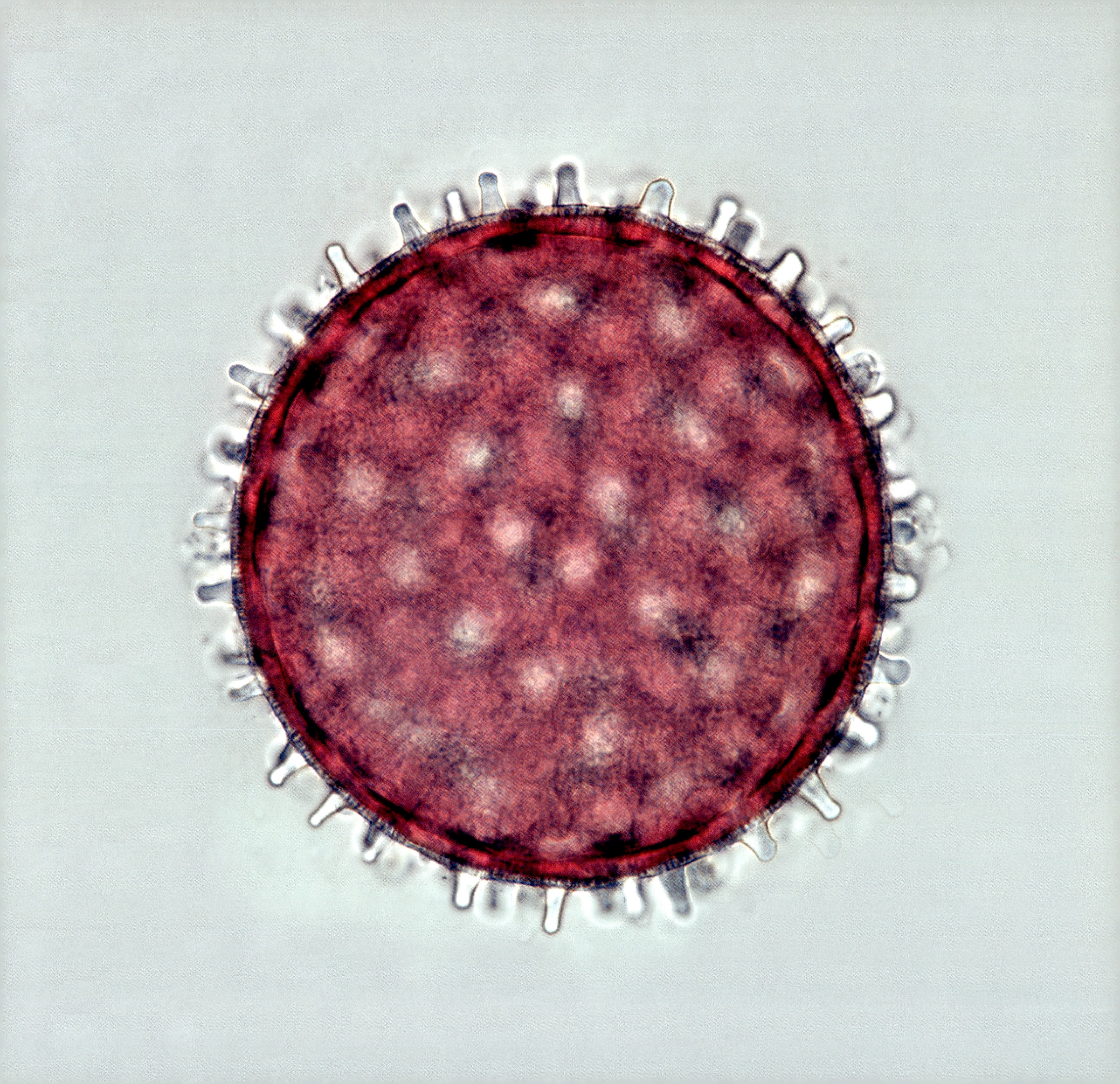

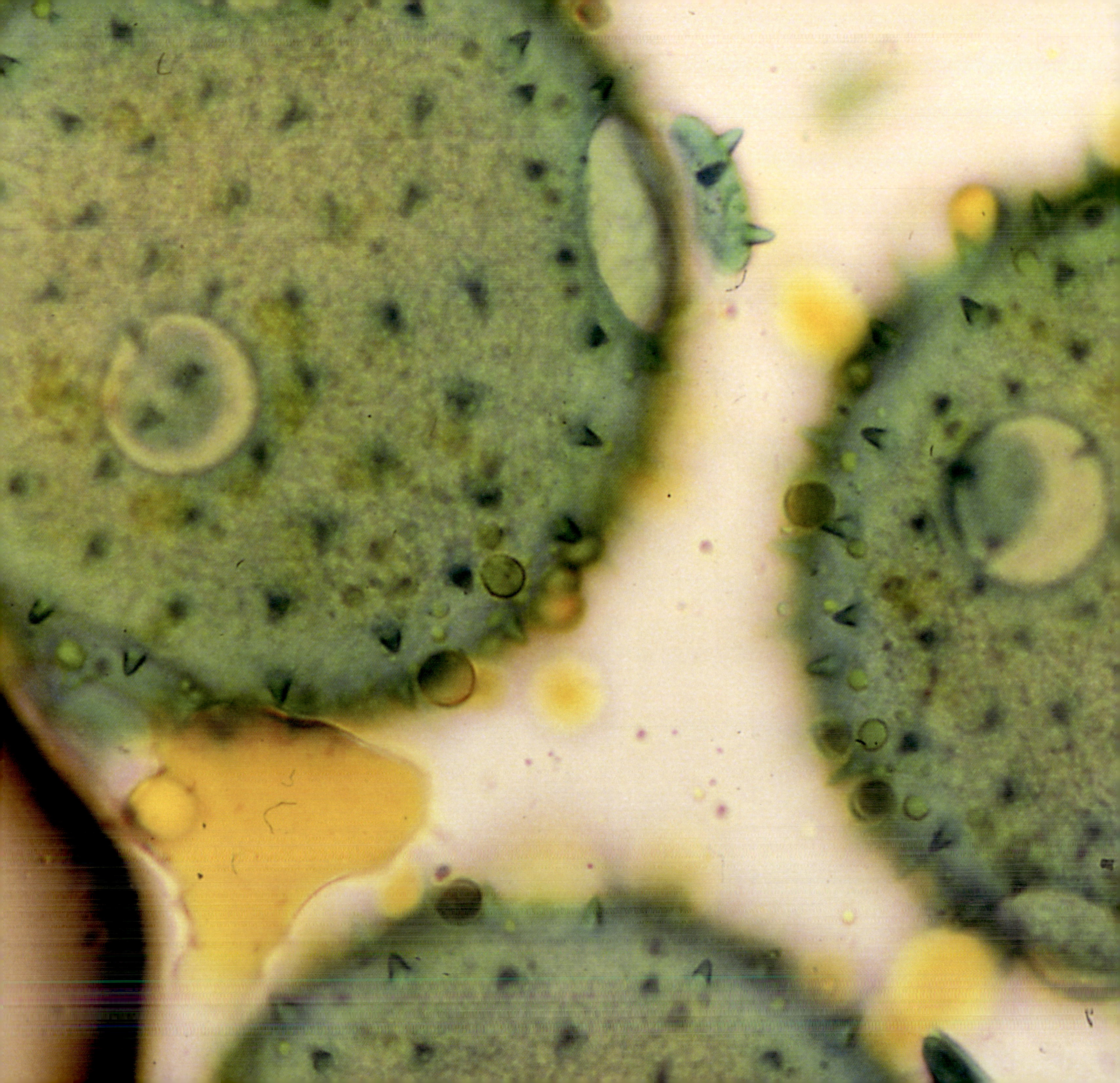

Cucurbita pepo – Gemüse-Kürbis (Cucurbitaceae) – Pollenkörner, aus deren Exine öliger gelber Pollenkitt austritt – Exine mit Malachitgrün gefärbt [LM x 40]

SEITE 78 *Pavonia spinifex* (Malvaceae) – Nahaufnahme der Blüte mit dem Staubfadenträger (Androphorum), von dem kleine Stamina abzweigen. Der Stylus ist vom Androphorum umgeben, aber das verzweigte Stigma ragt oben heraus.

SEITE 79 *Pavonia spinifex* (Malvaceae) – stacheliges Pollenkorn [REM x 500]

Als einfache Analogie dazu könnte der Versuch gelten, einen verwickelten Familienstammbaum zu erforschen, der eine Menge Informationen über Verwandtschaften enthält, die von früheren Familienmitgliedern bereits aufgezeichnet worden sind – einige korrekt, andere falsch, wieder andere sind bloße Gerüchte, und vieles fehlt einfach (darunter einige illegitime Kinder, die von den Ahnen verheimlicht wurden). Der engagierte Historiker wird sich hierzu eine Informationsdatenbank anlegen, die von einer Vielzahl von Quellen Gebrauch macht, darunter örtliche Archive, Kirchenbücher, Bücher, Fotografien, Briefe, Postkarten, Tagebücher sowie Befragungen älterer Verwandter. Die Hauptunterschiede zwischen dem Familienstammbaum und dem phylogenetischen Stammbaum etwa der Blütenpflanzen liegen weder im Forschungsansatz noch darin, dass Menschen ungemein an sich selbst interessiert sind und es lieben, Stammbäume zu erstellen. Sie liegen vielmehr in der zeitlichen Dimension und der Anzahl der beteiligten Spezies. Der Mensch ist lediglich eine Spezies, *Homo sapiens* L., die sich innerhalb von drei oder vier Millionen Jahren aus Vorfahren entwickelt hat, die mehr als nur eine flüchtige Ähnlichkeit mit Schimpansen aufwiesen. Im Gegensatz dazu haben sich die Blütenpflanzen mit ihren mehr als 250 000 Spezies über mindestens 120 Millionen Jahre hinweg entwickelt. Botaniker arbeiten also nicht nur mit einer sehr viel größeren Anzahl von Spezies, sondern auch zeitlich auf einer ganz anderen Ebene.

Heute spielt die DNA eine zentrale Rolle in der phylogenetischen Erforschung sämtlicher lebenden Organismen – der DNA-Code bleibt innerhalb eines Organismus unverändert und wird von äußeren Faktoren wie der Umwelt oder dem Klima kaum beeinflusst. Anhand der DNA werden inzwischen auch die Evolution und Ausbreitung der diversen Rassen von *Homo sapiens* erforscht. Auch bei der Erforschung der Verwandtschaftsbeziehungen zwischen Pflanzen spielen die genetischen Codierungen eine zentrale Rolle. Gewöhnlich kombiniert man sie mit morphologischen und anderen Daten, um genauere phylogenetische Analysen durchzuführen. Es ist interessant festzustellen, dass, obwohl Pollenkörner im Vergleich zu Molekülen sehr groß sind, die pollenmorphologischen Daten oft große Ähnlichkeiten mit molekularen Daten aufweisen. Das liegt wahrscheinlich zum großen Teil daran, dass die äußere Gestalt der Pollenkörner über ungewöhnlich lange Zeiträume erhalten bleibt.

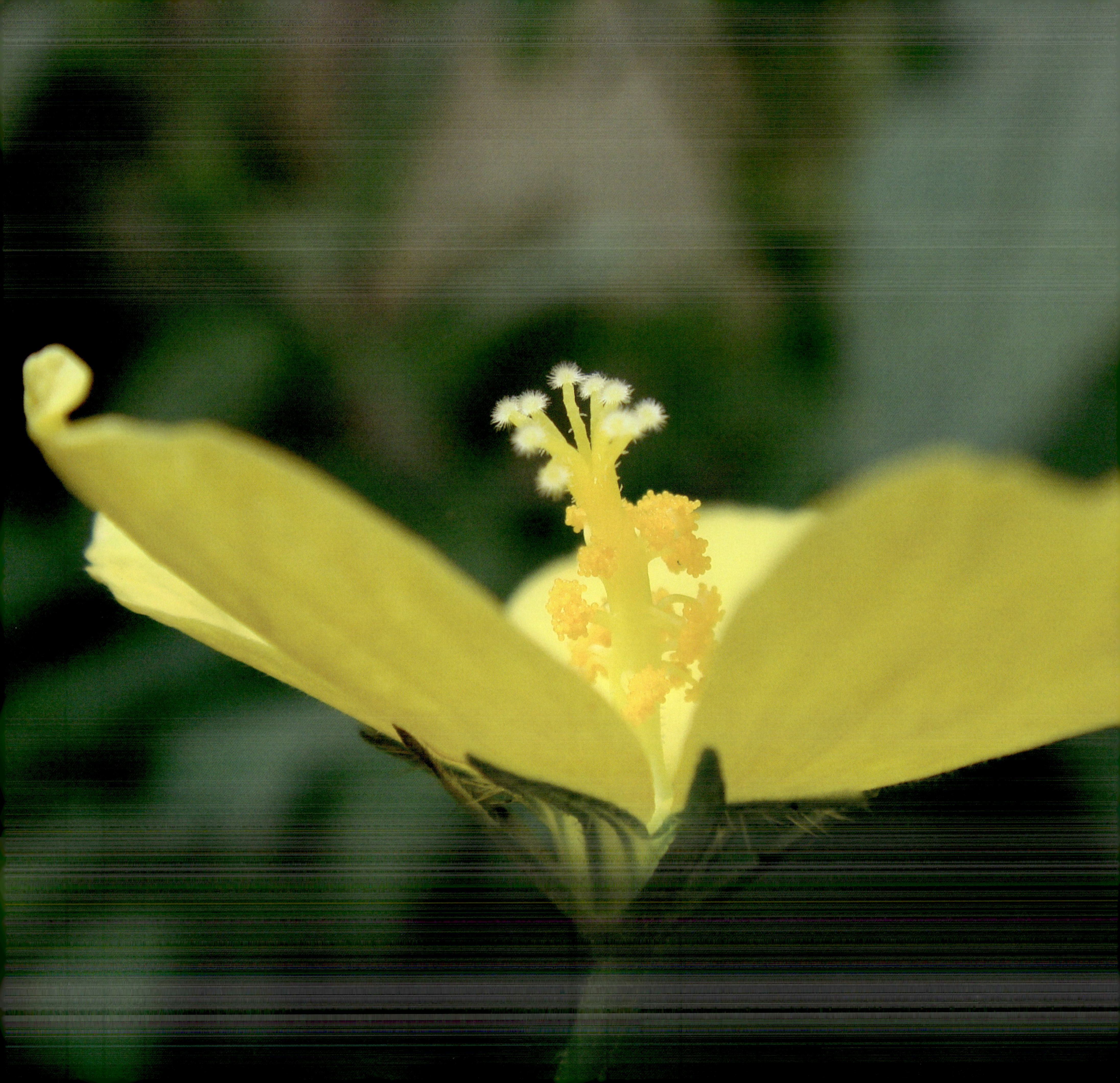

79

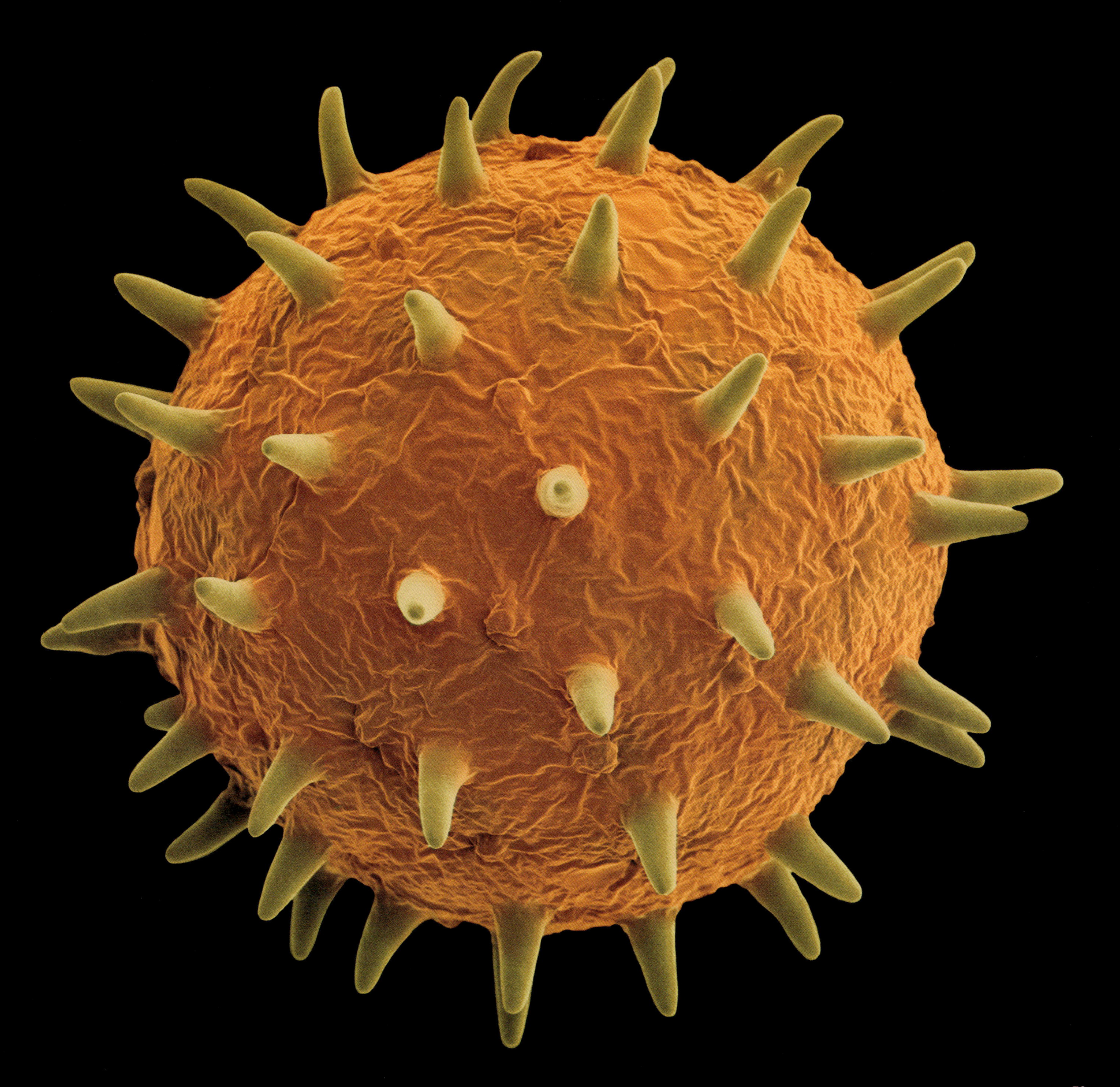

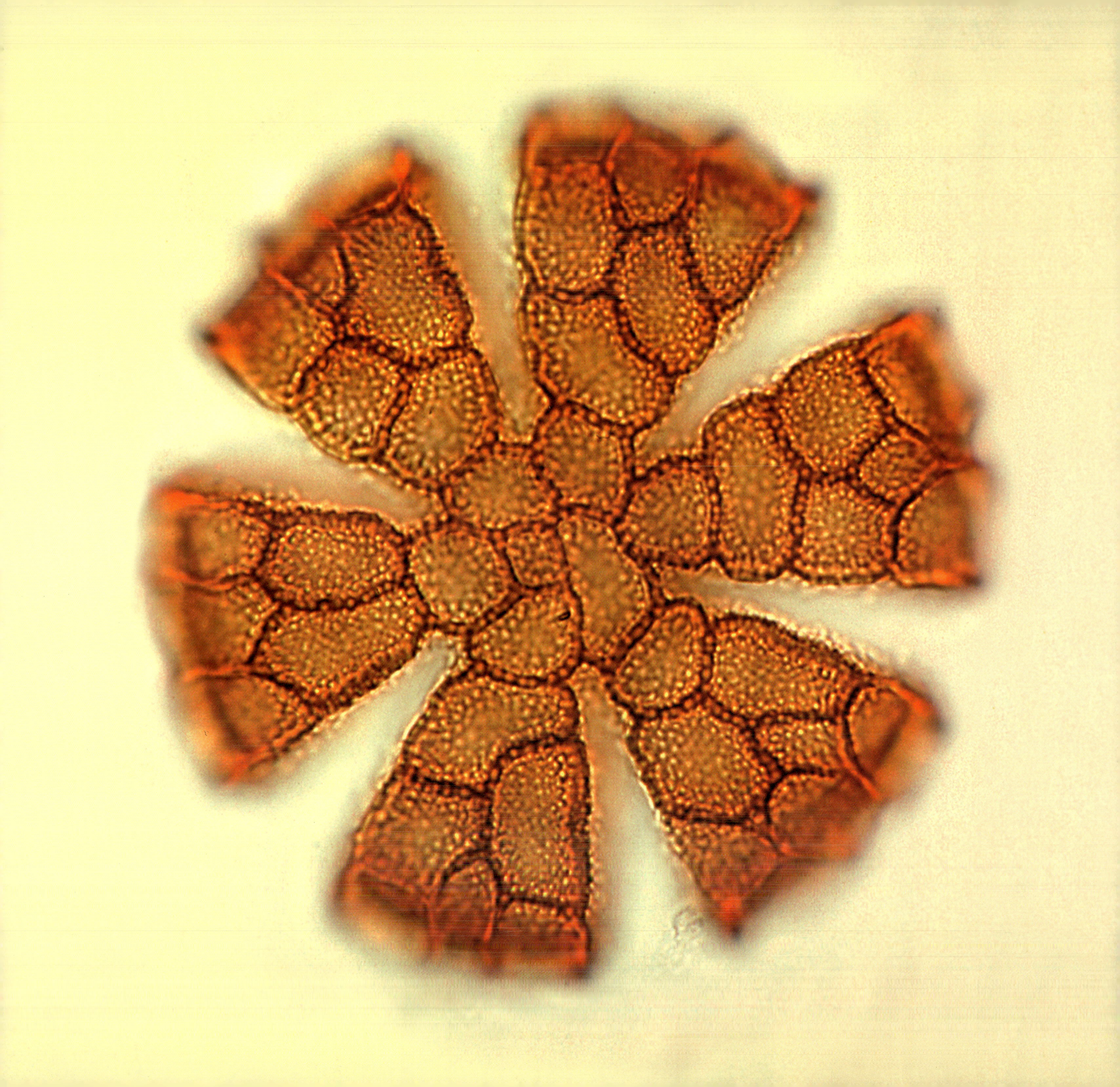

LINKE SEITE *Ocimum kilimandscharicum* – ein Verwandter des Basilikums (Lamiaceae) – Pollenkorn mit dem Oberflächenmuster der Exine im Fokus [LM x 400 nach Acetolyse]

FOLGENDE DOPPELSEITE LINKS *Trachycarpus fortunei* – Chusan-Palme (Arecaceae) – blühende Palme mit großen Blütenständen; MITTE *Trachycarpus fortunei* – Chusan-Palme (Arecaceae) – Nahaufnahme des Blütenstands – man beachte die aus den winzigen Blüten herausragenden Antheren; RECHTS *Chamaedorea elegans* – Mexikanische Bergpalme (Arecaceae) – Pollenkorn mit einer einzelnen Apertur und einem netzartigen Tectum [REM x 4000 nach Acetolyse]

SEITE 84 *Ilex aquifolium* – Stechpalme (Aquifoliaceae):

OBEN Schnitt durch ein Pollenkorn mit sichtbarem Aufbau der Hülle; UNTEN Ganzes Pollenkorn in Polaransicht [REM x 3000 nach Acetolyse]

SEITE 85 *Ilex aquifolium* – Stechpalme (Aquifoliaceae) – Äquatorialansicht des gesamten Pollenkorns mit Fokus auf die Struktur der Ektexine [REM x 2000 nach Acetolyse]

POLLENPRÄPARIERUNG FÜR DIE KOMPARATIVE POLLENMORPHOLOGIE

Detaillierte Daten über die Charakteristika des Pollens sind nötig, um vergleichende Studien seiner Morphologie durchführen zu können. Das Pollen-Rohmaterial kann frisch sein und wird in diesem Fall oft durch kritische Punkttrocknung (KPT) präpariert, ein Verfahren, bei dem das im Pollen enthaltene Wasser zunächst durch Alkohol und dann durch flüssiges Kohlendioxid ersetzt wird und dann verdunstet. Dadurch wird das Pollenkorn am Zerfallen gehindert und andere Merkmale in ihrem natürlichen Zustand bewahrt, zum Beispiel der Pollenkitt. Häufiger stammt der Pollen allerdings, da es für eine systematische Erforschung einer umfangreichen Sammlung bedarf, aus einem Herbarium – einer Kollektion gepresster und getrockneter Pflanzen für das wissenschaftliche Studium. Es gibt eine Reihe von Trocknungs- und Fixierungsmethoden, um frischen Pollen für die Mikroskopie zu präparieren. Pollen von Herbariumsexemplaren dagegen wird gewöhnlich der Acetolyse unterzogen, einer Behandlung mit Essigsäureanhydrid und konzentrierter Schwefelsäure. Anschließend wird das präparierte Pollenmaterial meist mit einer Kombination aus Licht-, Rasterelektronen- und Transmissionselektronenmikroskopie (REM und TEM) untersucht. Jede dieser drei Methoden ermöglicht es, bestimmte Merkmale des Pollenkorns genauer zu betrachten als mit den jeweils anderen beiden. Obwohl die höchste Vergrößerung eines Lichtmikroskops (etwa 1000- bis 1200-fach) weit unter jener der beiden Elektronenmikroskoptypen liegt – die biologisches Material jeweils 50 000- bis über 100 000-mal vergrößern können –, bietet die Lichtmikroskopie besondere Vorteile sowohl gegenüber der REM als auch gegenüber der TEM. Sie ist die bei weitem genaueste Methode zur Feststellung der verschiedenen Abmessungen des Pollenkorns, wie etwa seiner Gesamtgröße und -form, der Größe und Form der Aperturen sowie auch der Hüllendicke. Das Lichtmikroskop ist auch das wichtigste Werkzeug für die routinemäßige Untersuchung von verstreuten Pollenkörnern, wie sie sich etwa in Gesteins-, Boden- oder Honigproben finden. Trotz seiner vergleichsweise geringen Vergrößerung stellt das Lichtmikroskop eine Vielzahl an Informationen bereit, die weder vom REM noch vom TEM alleine erfasst werden können. Das liegt daran, dass bei der Lichtmikroskopie die Lichtstrahlen das Objekt durchlaufen und

82   DIE GEHEIMNISVOLLE SEXUALITÄT DER PFLANZEN

KEINE BLÜTEN – KEIN POLLEN, KEIN POLLEN – KEINE BLÜTEN

dieses daher auf verschiedenen Brennpunktebenen betrachtet werden kann, von der oberen bis zur unteren Oberfläche. Während wir den Brennpunkt durch das Objekt hindurch verschieben, werden die Muster, die an der Oberfläche hell erscheinen, darunter dunkel. Diese Art der analytischen Mikroskopie wird als LO-Analyse bezeichnet, nach dem lateinischen *lux-obscuritas* (Licht-Dunkelheit). Der Elektronenstrahl im REM und TEM fokussiert sich dagegen nur auf die Oberfläche des Untersuchungsobjekts. Ein Rasterelektronenmikroskop erzeugt visuell ansprechende Bilder, welche die dreidimensionale Gestalt des Objekts hervortreten lassen. Darüber hinaus kann es kleinste Details sichtbar machen, wie etwa die Exinenoberfläche, die Aperturen und supratektalen Strukturen, die von der Lichtmikroskopie nicht befriedigend dargestellt werden können. Pollenkörner können auch zerteilt werden, so dass die Einzelheiten des inneren Aufbaus der Hülle und der Aperturen erkennbar werden. Aber nur wenn die Pollenkörner in Epoxidharz eingebettet, dieses anschließend gehärtet und der Harz-Pollen-Block in ultradünne Scheiben zerteilt werden, kann die Feinstruktur (Ultrastruktur) der Pollenhülle und der Aperturen im Detail untersucht werden. Von der Ultrastruktur der Pollenwand existieren so viele Varianten, dass diese Information für alle Bereiche der komparativen Pollenmorphologie von immensem Wert sein kann, besonders aber für die Pflanzensystematik und das Studium fossilen Pollens. Um die Dünnschnitte aus dem Harzblock herzustellen, wird ein sehr kleines, präzisionsgefertigtes Glas- oder Industriediamantenmesser benutzt. Dieses Messer wird in eine hochspezialisierte Schneideapparatur eingesetzt, ein sogenanntes Ultramikrotom. Die so gewonnenen Scheiben aus dem mit Pollen versetzten Harz, die etwa 60 bis 100 Nanometer (ein Tausendstel eines Mikrometers) dick sind, werden mit Mitteln eingefärbt, die eigens für in Harz eingebettetes biologisches Material entwickelt wurden. Anschließend werden sie mit dem TEM untersucht.

85

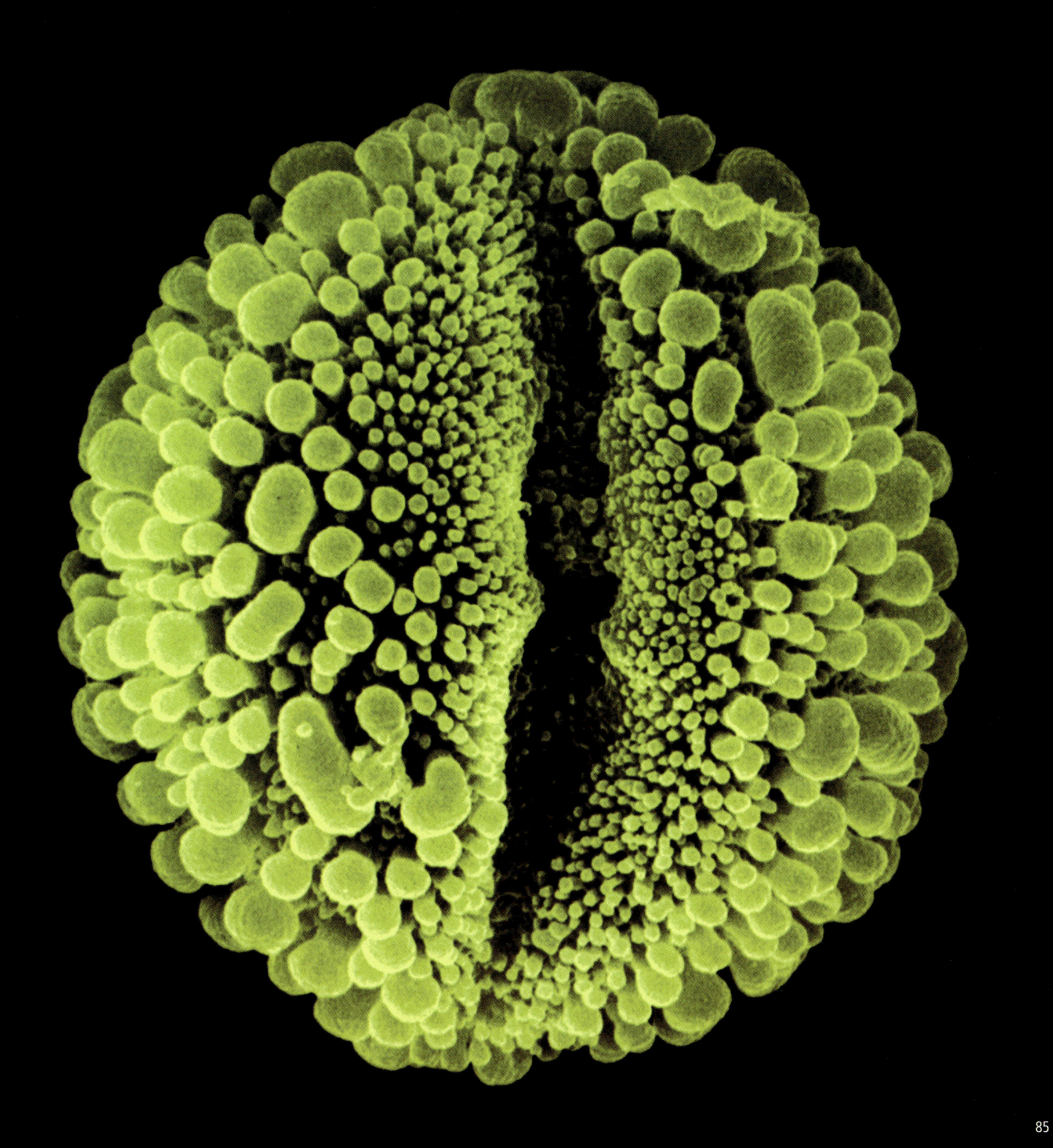

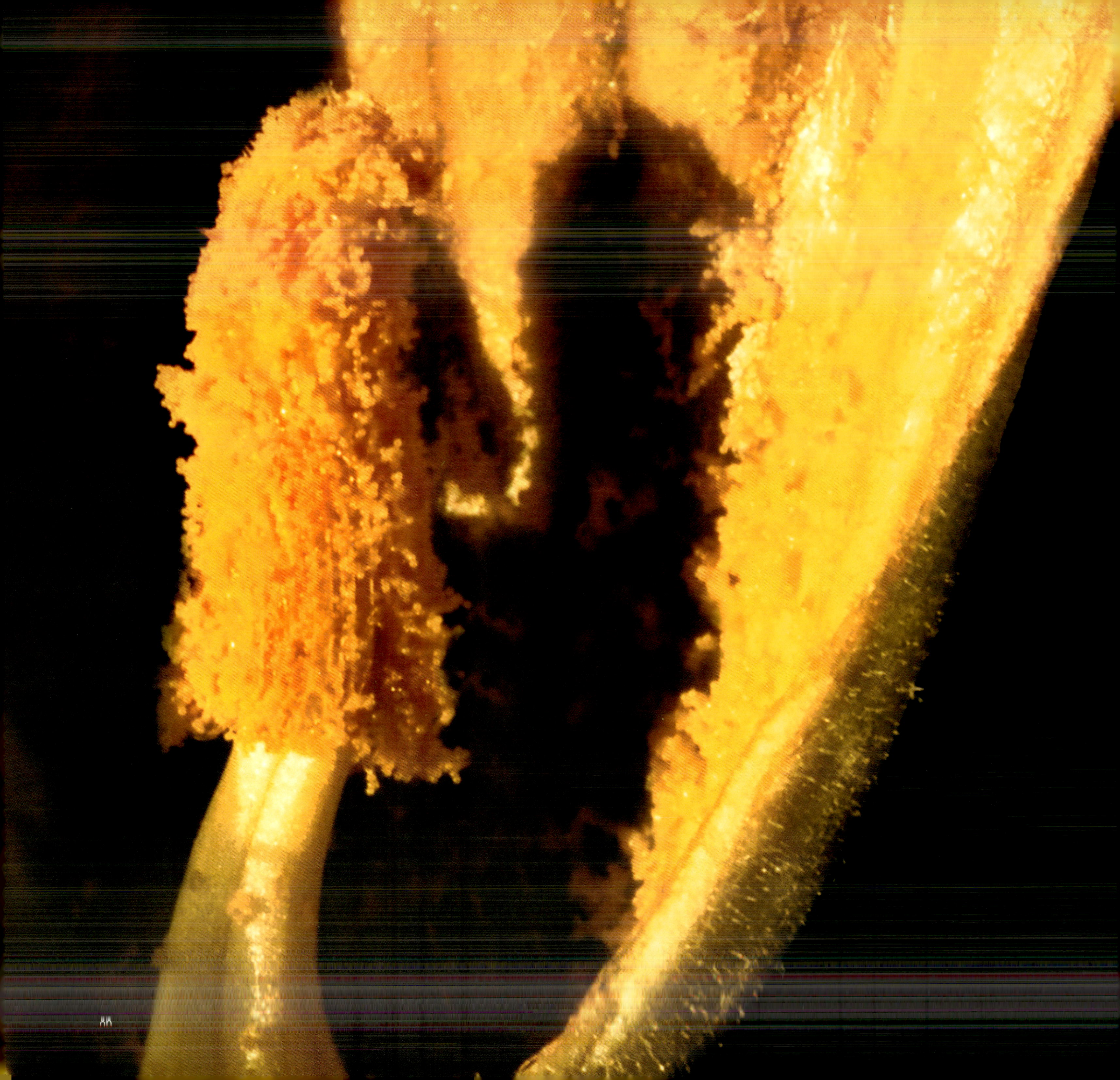

87

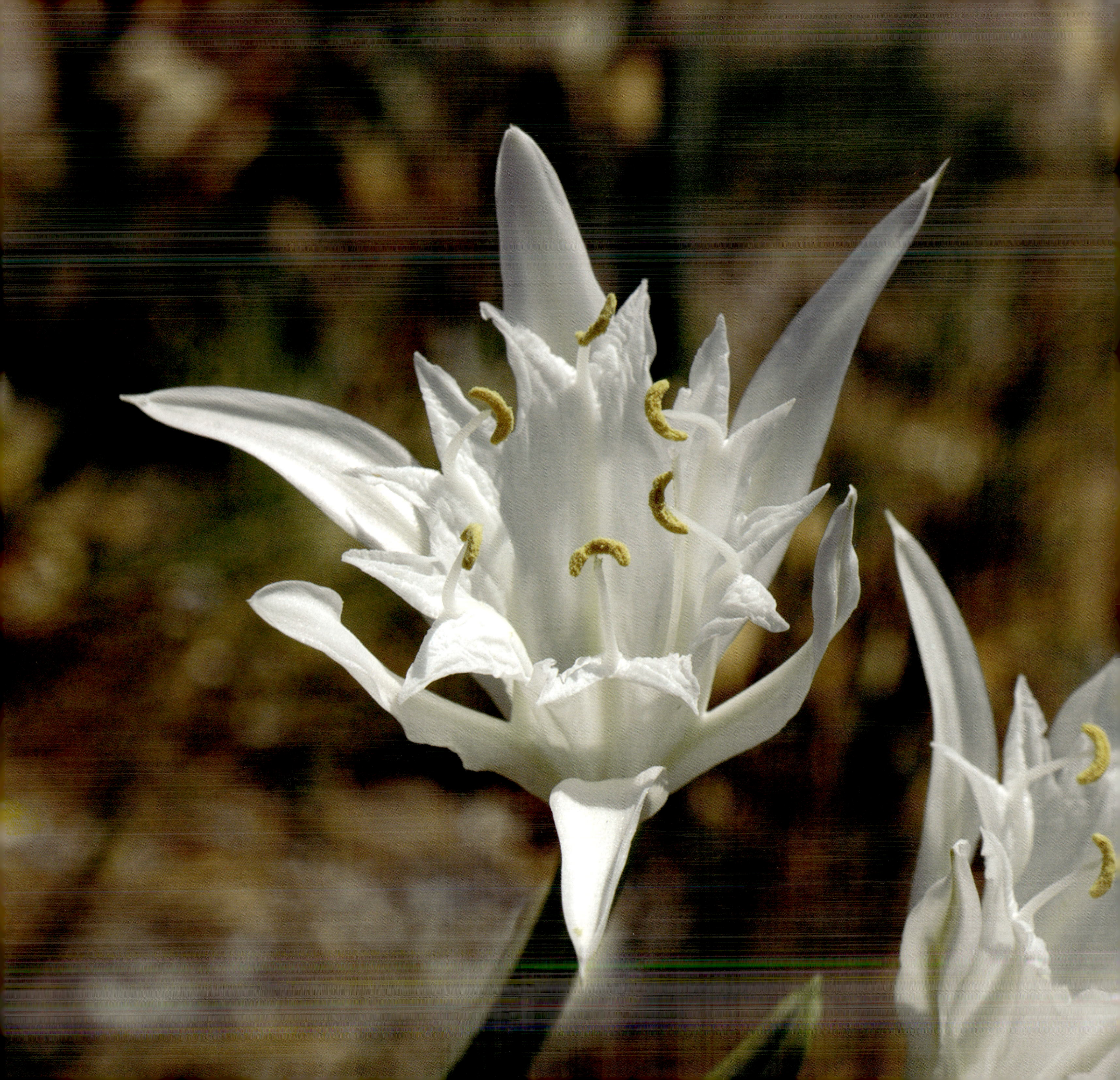

SEITE 86 *Cucurbita pepo* – Gemüse-Kürbis, Sorte 'Patty Pan' (Cucurbitaceae) – männliche Blüte mit sich öffnender Anthere

SEITE 87 *Cucurbita pepo* – Gemüse-Kürbis, Sorte 'Patty Pan' (Cucurbitaceae) – weibliche Blüte. Man beachte den unterentwickelten Ring aus Staubblättern um das untere Ende des Stylus.

LINKE SEITE *Pancratium maritimum* – Dünen-Trichternarzisse (Amaryllidaceae)

GESCHLECHTLICHE VERMEHRUNG BEI PFLANZEN

Warum brauchen Pflanzen eine so aufwändige Struktur wie die Pollenhülle, um ihre Spermazellen zu schützen, wenn die Spermien der Tiere völlig nackt sind und diese sich trotzdem erfolgreich fortpflanzen? Der Grund ist einfach: Tierische Spermien werden in einer feuchten Umgebung vom Männchen zum Weibchen übertragen. Während ihrer kurzen Reise sind sie niemals den Gefahren der Außenwelt ausgesetzt, können aber trotzdem die gegenseitige Befruchtung zum Wohle und Fortleben der Spezies durchführen. Den Pflanzen ist das nicht möglich, weil sie sich nicht fortbewegen können; sie haben weder Beine noch Flügel und bleiben im wahrsten Sinne des Wortes angewurzelt an einem Fleck stehen. Daraus ergibt sich ein technisches Problem: Wie kann die Fremdbestäubung gelingen, ohne dass das Sperma auf seinem Weg zur weiblichen Pflanze austrocknet? Die Lösung ist offensichtlich: Es muss in einem luftdichten Behälter transportiert werden. Wenn das Sperma schließlich die weibliche Pflanze erreicht, muss es den Behälter allerdings verlassen und das Ziel der Befruchtung erreichen, solange es lebensfähig ist. Der Behälter muss also nicht nur luftdicht sein, um die Spermazellen während des Transports vor Austrocknung zu schützen, sondern auch mindestens eine Öffnung aufweisen, um dem Pollenschlauch, der das Sperma weiterbefördert, den Austritt zu ermöglichen. Damit das Pollenkorn keimen kann, muss der Behälter Feuchtigkeit absorbieren können, so dass die Pollenintine sich ausdehnt und ihn aufsprengt. Die Exine ist bemerkenswert funktionell: Die Hüllen und, in vielen Fällen, der Pollenkitt bieten Schutz vor Austrocknung und sogar Sonneneinstrahlung während der Reise. Die Aperturen ermöglichen die Intinenausdehnung, und die Aperturmembranen, die viel dünner sind als die Pollenhülle, sind dafür ausgelegt, bei Ausdehnung der Intine zu bersten, so dass der Pollenschlauch auskeimen kann.

Die Spermazellen in einer zähen Sporopolleninhülle einzuschließen, um sie zu schützen, ist ein Teil der erfolgreichen Fortpflanzungsstrategie der Pflanzen. Die andere Notwendigkeit besteht darin, Inzucht zu vermeiden, indem die Pollenkörner mit dem eingeschlossenen Sperma zur empfangenden weiblichen Stigmaoberfläche einer anderen Pflanze derselben Art gebracht werden. Die wichtigsten Beförderer (Bestäuber) sind Wind, Wasser, Insekten, Vögel und kleine Säugetiere (darunter auch Fledermäuse).

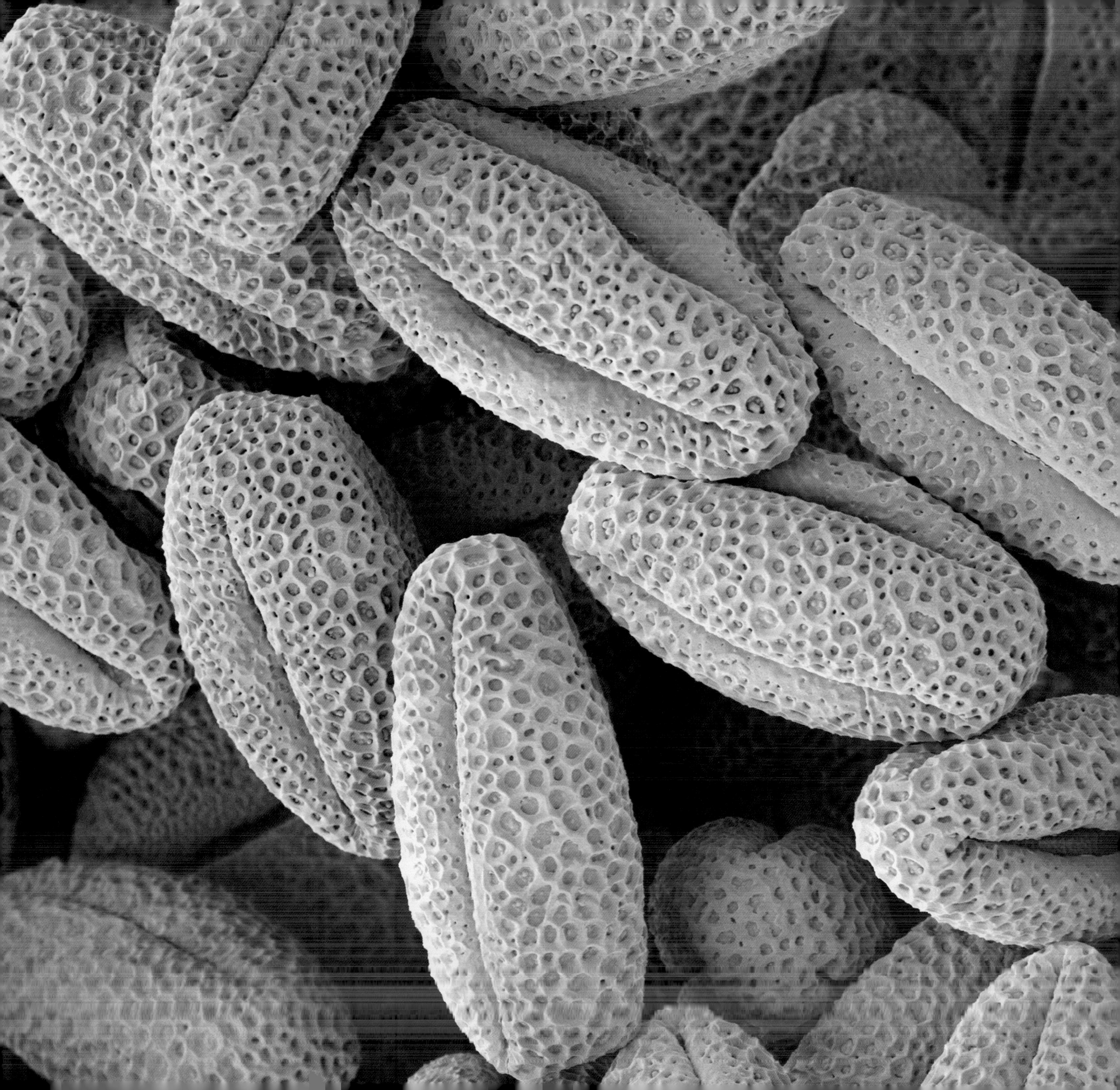

Das Wissen um die geschlechtliche Vermehrung der Pflanzen ist schon sehr alt. Bereits die Assyrer (um 800 v. Chr.) wussten, dass der Pollen der Blütenpflanzen vom männlichen auf das weibliche Organ übertragen werden muss, damit die Befruchtung stattfinden und Früchte sich entwickeln können. Es gibt eine Reihe von Steinreliefs – einige davon befinden sich heute in Museen (unter anderem im British Museum in London) –, auf denen die Übertragung des Pollens von männlichen auf weibliche Blütenstände abgebildet wird, und zwar anscheinend bei Dattelpalmen. Trotzdem sind manche Menschen immer noch überrascht, wenn sie von der Sexualität der Pflanzen erfahren. Immerhin wird in unserer modernen Gesellschaft kaum noch jemand davon schockiert sein. Als der Dichter und Naturforscher Johann Wolfgang von Goethe im späten 18. Jahrhundert folgende Zeilen verfasste, war das noch ein bisschen anders:

»Für die Unterweisung von jungen Menschen und Damen wird diese neue Theorie der Bestäubung außerordentlich willkommen und passend sein. In der Vergangenheit befand sich der Lehrer der Botanik in einer äußerst peinlichen Lage, und wenn unschuldige junge Seelen ein Lehrbuch zur Hand nahmen, um ihre Studien privat zu betreiben, waren sie unfähig, ihre verletzten moralischen Gefühle zu verbergen. Dauernde Hochzeitsnächte ohne Unterlass, in denen die Einehe, wie sie unserer Moral, unseren Gesetzen und unserer Religion zu Grunde liegt, sich in lose Promiskuität auflöst – dies muss den Menschen reinen Herzens stets untragbar sein.«

WAS SIND BLÜTENPFLANZEN?

Blütenpflanzen sind allgegenwärtig in unserem Leben. Sie dienen uns nicht nur als Nahrungsmittel, sondern schmücken auch die Parks und Gärten, in denen wir spazieren gehen. Wir verwenden sie als Symbol der Freude im Brautstrauß und als Symbol der Trauer in Kränzen für Begräbnisse. Wir essen sie und fertigen unsere Möbel aus ihnen, ebenso die Balken und Türen unserer Häuser.

In Form sich rasch vermehrender Unkräuter wie Kreuzkraut, Brennnesseln oder Löwenzahn ärgern sie uns, wohingegen Narzissen, Tulpen und andere Zierblumen uns erfreuen. Manche Pflanzen wie Kohl, Sellerie oder Kopfsalat essen wir vor ihrer Blüte und stellen sie uns gar nicht als Blütenpflanzen vor. Oder aber wir übersehen die

LINKE SEITE *Salix caprea* – Sal-Weide (Salicaceae) – getrocknete Pollenkörner [REM x 1500]

FOLGENDE DOPPELSEITE *Salix caprea* – Sal-Weide (Salicaceae) – Nahaufnahme des pelzigen männlichen Kätzchens mit herausragenden Antheren

SEITE 94 *Alnus glutinosa* – Schwarz-Erle (Betulaceae) – Nahaufnahme der männlichen Kätzchen, oben im Bild die weiblichen Blüten

SEITE 95 *Alnus glutinosa* – Schwarz-Erle (Betulaceae) – Nahaufnahme der weiblichen Blüten

SEITE 96 *Alnus glutinosa* – Schwarz-Erle (Betulaceae) – die Kätzchen setzen ihren Pollen frei. Oben sieht man die alten (letztjährigen) weiblichen Zapfen.

SEITE 97 *Corylus avellana* – Haselnuss (Corylaceae) – Pollenkorn, nicht voll ausgereift [KPT/REM x 2000]

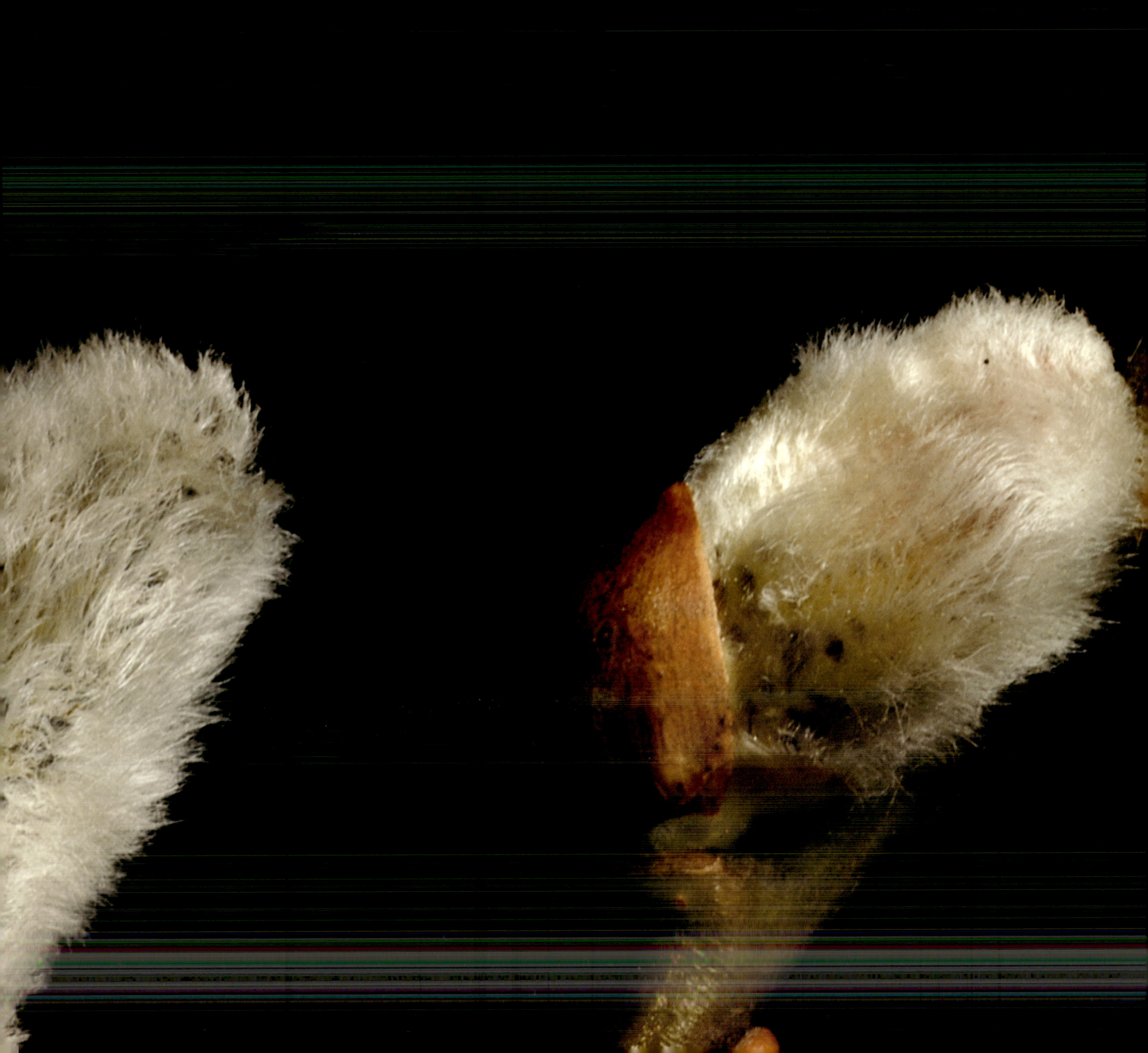

93

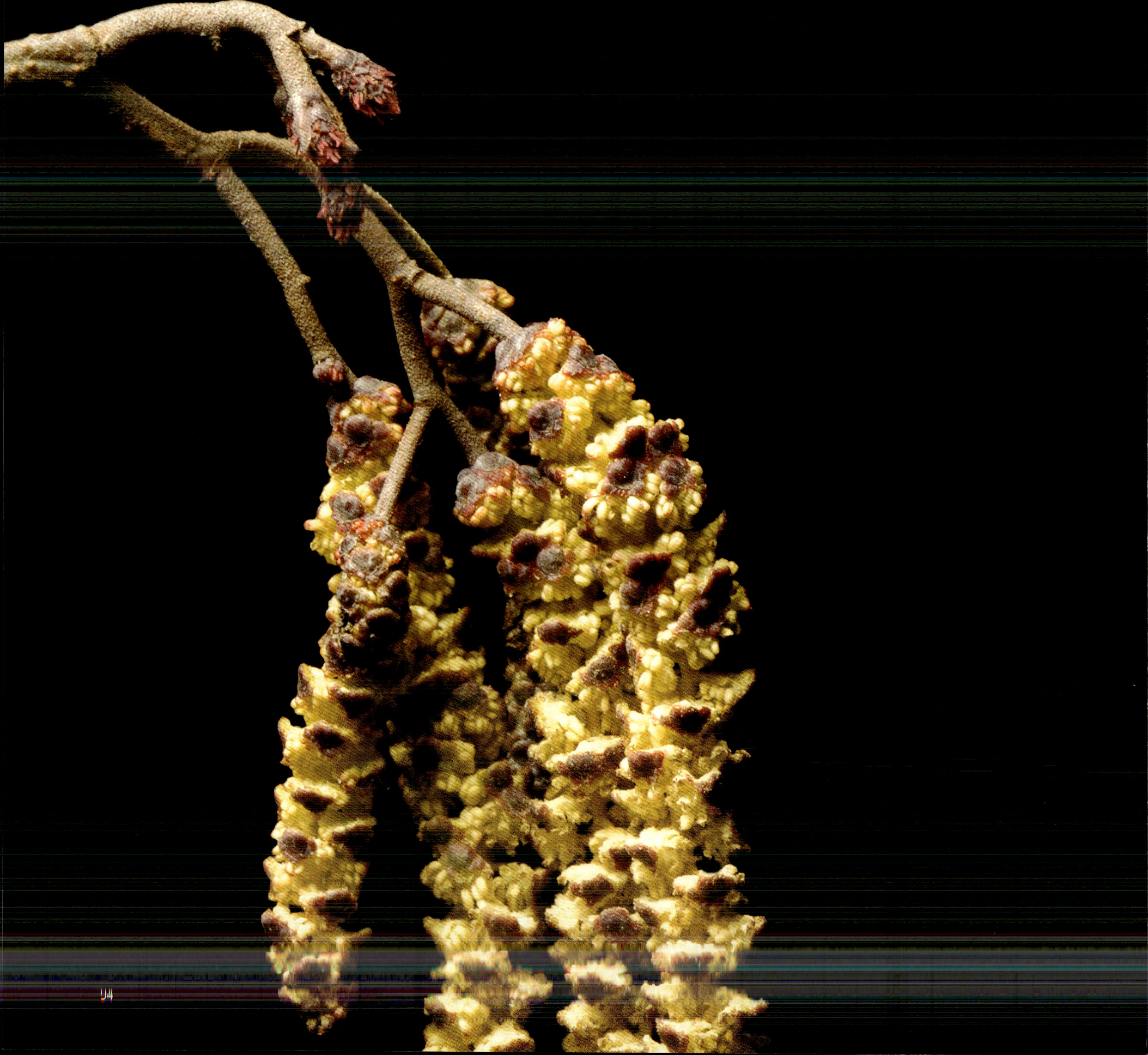

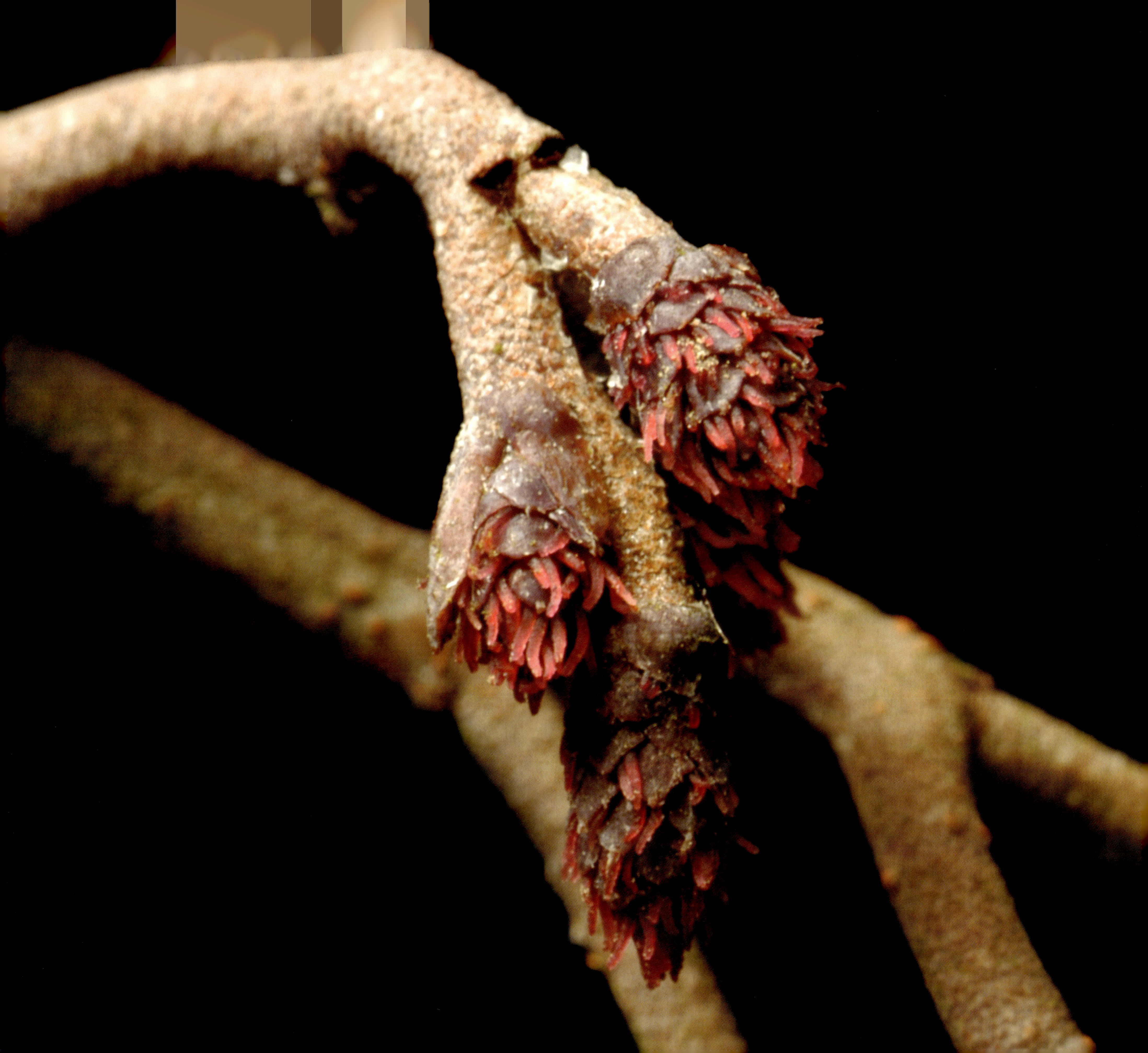

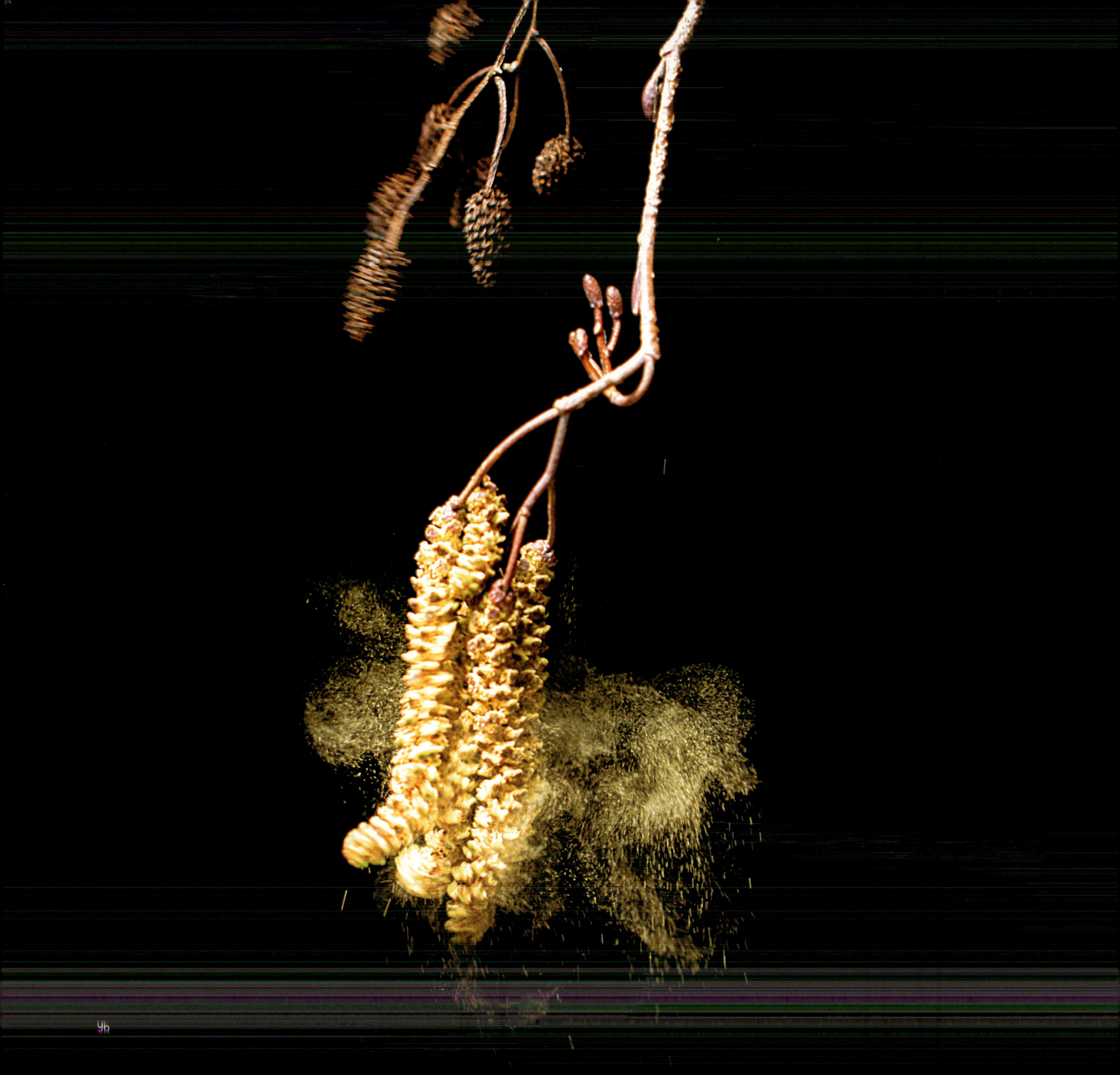

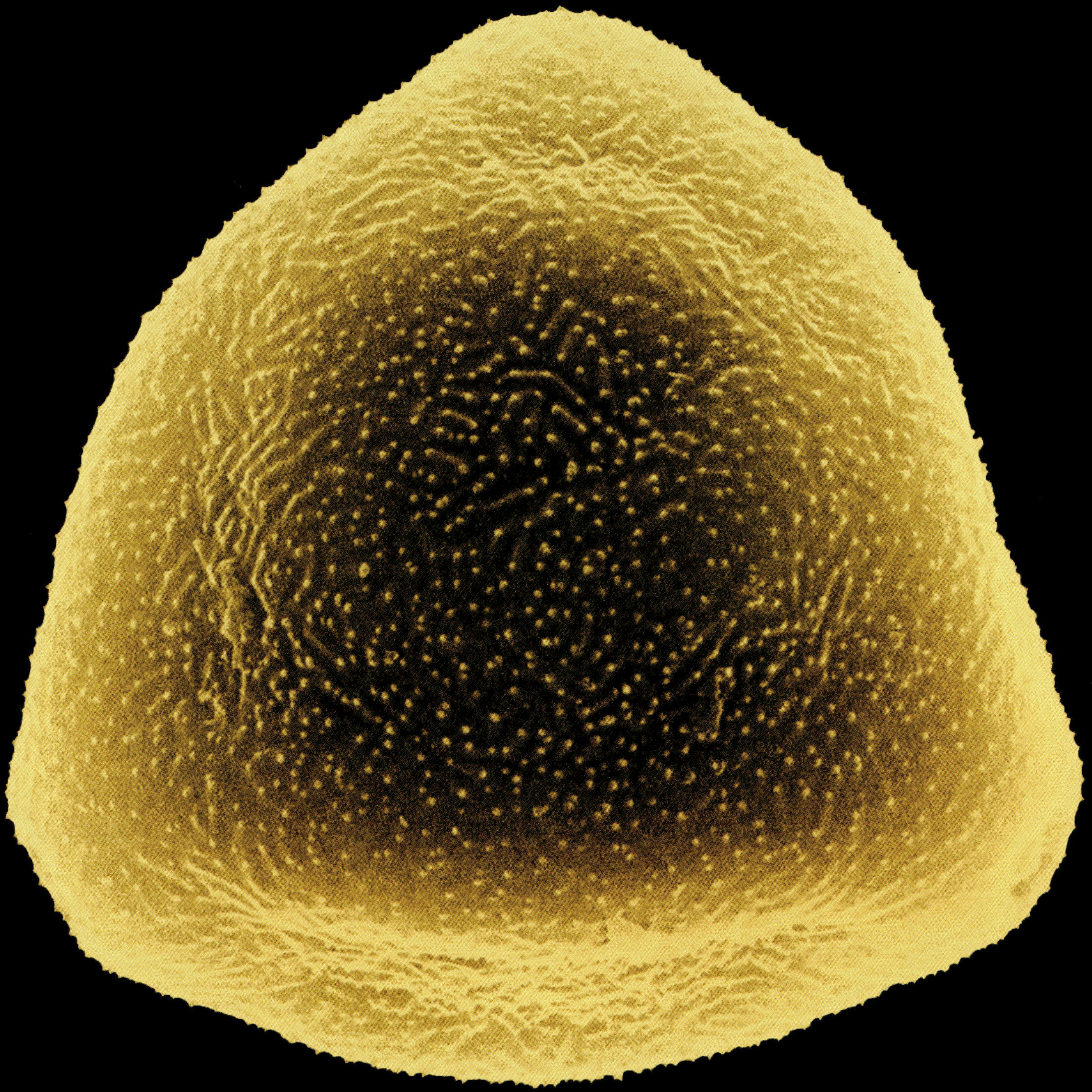

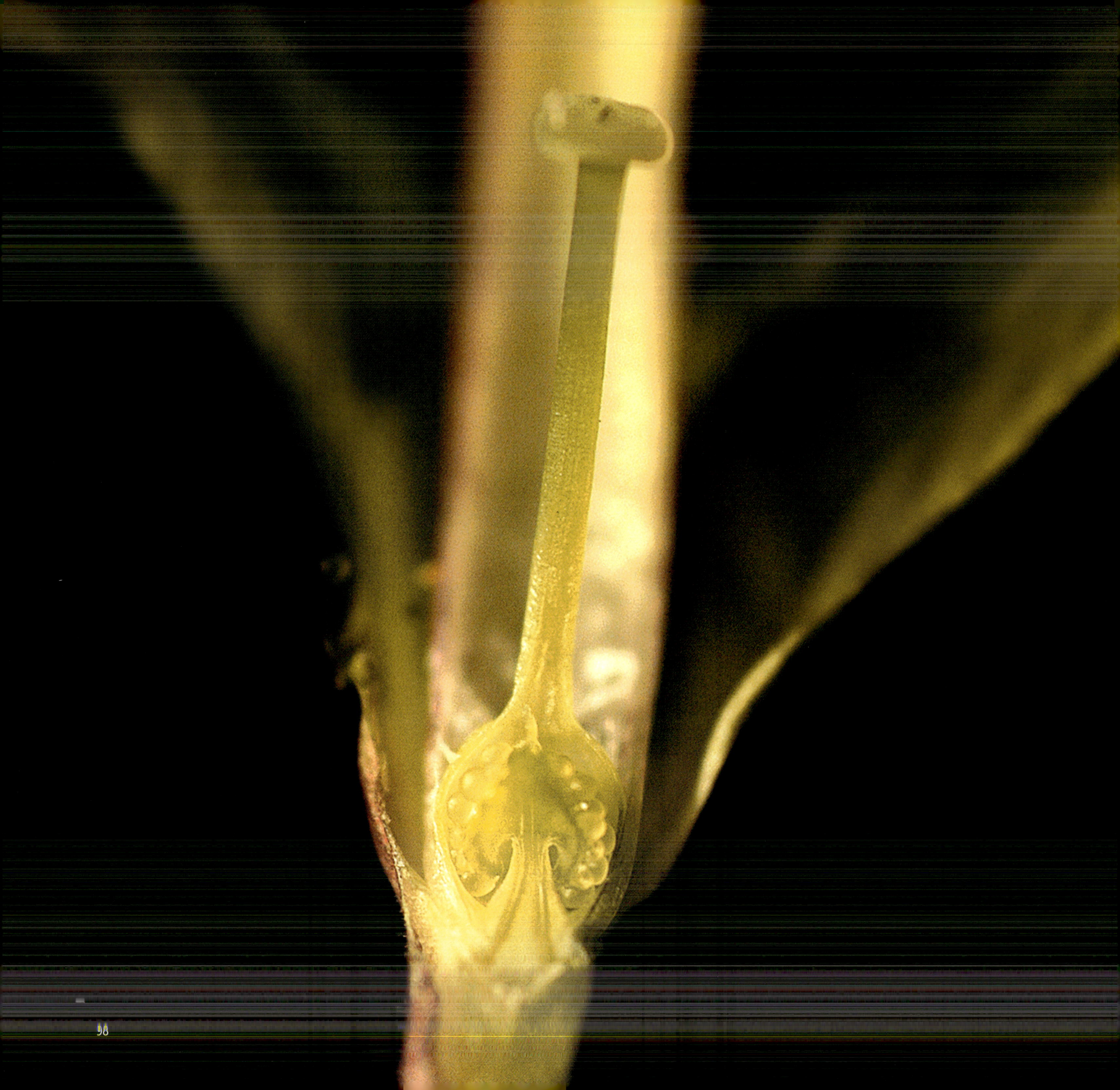

Blüten, weil wir auf die Früchte (Kürbisse und Tomaten), die Samen (Erbsen), die Knollen (Kartoffeln) oder die Wurzeln (Möhren und Rettich) aus sind. Wir züchten sie vielleicht wegen der dekorativen Blätter und merken nicht, dass sie auch kleine oder unauffällige Blüten haben (*Coleus* und *Maranta*). Palmen, Gräser, Wasserlinsen, Kakteen und Sukkulenten sind allesamt Blütenpflanzen. Sämtliche wertvollen Hartholzbäume wie Mahagoni, Rosenholz und Sandelholz tragen Blüten, ebenso unsere geliebten Eichen und Buchen. Aber obwohl alle Blütenpflanzen Pollen produzieren, ist der Pollen nicht bei allen Pflanzen entscheidend für die Vermehrung.

ASEXUELLE VERMEHRUNG

Die meisten Pflanzen und Tiere sind auf gegenseitige Befruchtung angewiesen, um gesunden Nachwuchs zu zeugen. Allerdings verfolgen Pflanzen und Tiere eine andere Strategie, um dies zu erreichen. Tiere sind entweder männlich oder weiblich, die beiden Geschlechter finden sich nie im selben Körper. Daher muss jedes Geschlecht aktiv nach dem anderen suchen, um sich zu paaren. Bei Pflanzen funktioniert das Geschlechtsleben viel passiver. Oft finden sich beide Geschlechter in ein und demselben Körper, oft sogar in derselben Blüte, aber eine erfolgreiche Paarung wird meist durch einen Überträger, den Bestäuber, erreicht.

Ein bedeutsamer Unterschied zwischen den meisten Tieren und den Pflanzen ist, dass sich Tiere geschlechtlich fortpflanzen müssen, während Pflanzen oft die Wahl haben. Die Erdbeere mit ihren Ausläufern, aus denen neue Pflanzen sprießen, ist ein gutes Beispiel oder auch die Grünlilie *(Chlorophytum)*, bei der sich neue Pflanzen an den blühenden Stängeln entwickeln. Und natürlich haben viele von uns im Herbst schon Vermehrungserfolge mit abgeschnittenen Blättern oder Stängeln oder sogar durch Teilung der ganzen Pflanze an der Wurzel erzielt. Bei höheren Tieren aber findet eine solche Vermehrung höchstens in der Welt der Science-Fiction statt.

Doch warum können Pflanzen wählen, wie sie sich vermehren, Tiere hingegen nicht? Auf den ersten Blick erscheint das ungerecht. Andererseits muss man sich gleichzeitig fragen, warum Tiere Beine haben, manchmal sogar Flügel, um ihren Feinden zu entkommen, Pflanzen aber nicht. Auch das scheint ungerecht.

Primula cv. – Polyanthus (Primulaceae) – Schnitt durch eine langgrifflige Blüte mit langem Pistill und Stamina auf halber Höhe der Blütenröhre, der die Anordnung der Samenanlagen und die breite zentrale Plazenta zeigt

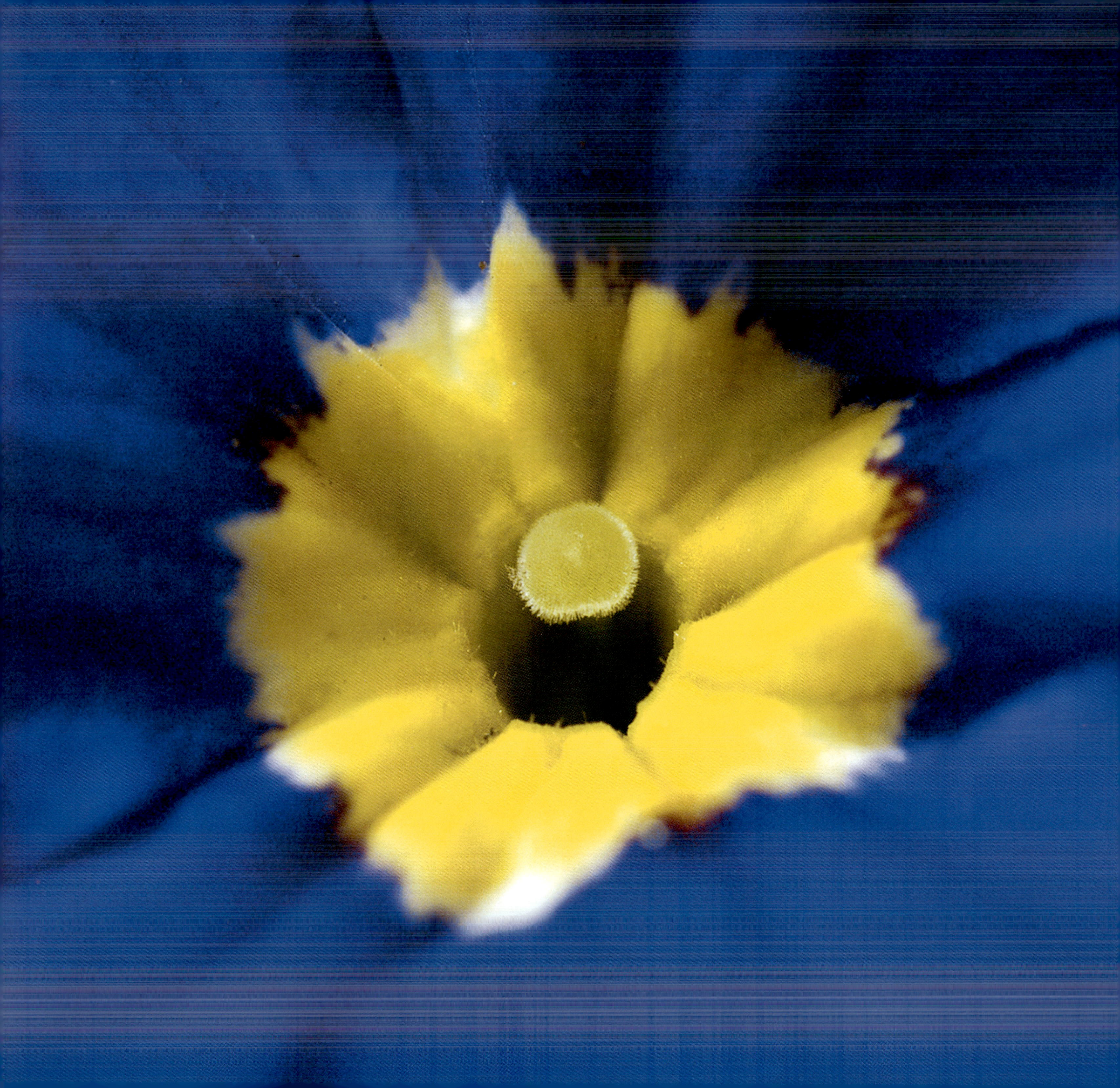

Primula cv. – Polyanthus (Primulaceae) – Schnitt durch eine langgrifflige Blüte. Das Stigma befindet sich oben an der Blütenröhre, und die Antheren sitzen sehr viel weiter unten. Man sieht auch das aufgeteilte Ovar mit den jungen Samenanlagen. Polyanthus-Gartenkultivar

LINKE SEITE *Primula* cv. – Polyanthus (Primulaceae) – langgrifflige Blüte mit Stigma im Vordergrund

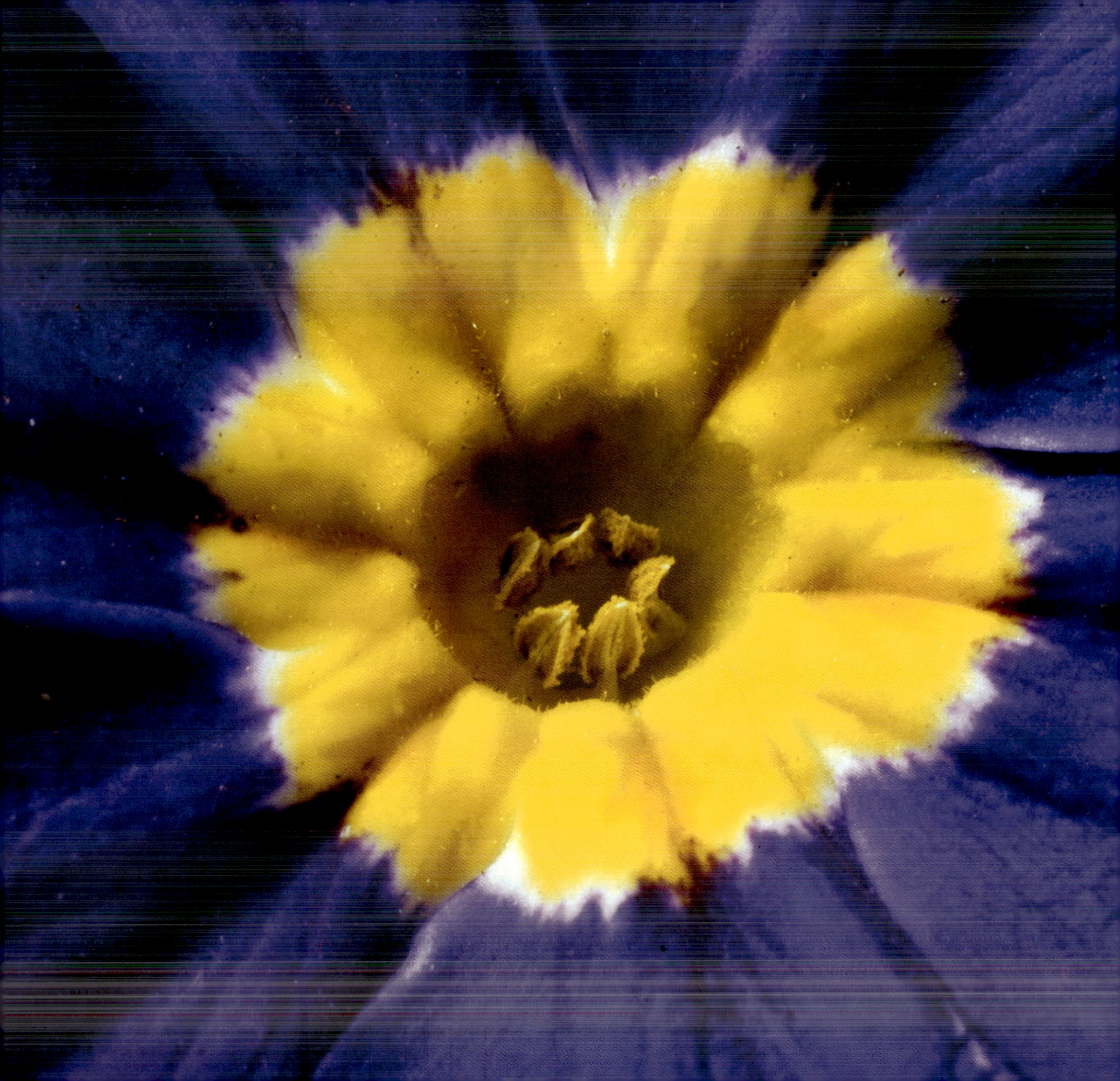

Primula cv. – Polyanthus (Primulaceae) – Schnitt durch eine kurzgrifflige Blüte mit den Stamina oben an der Blütenröhre und dem Stigma auf halber Höhe

LINKE SEITE *Primula* cv. – Polyanthus (Primulaceae) – kurzgrifflige Blüte mit Stamina im Vordergrund

KEINE BLÜTEN – KEIN POLLEN, KEIN POLLEN – KEINE BLÜTEN

Es hängt mit dem Überleben der Art zusammen. Die asexuelle Vermehrung der Pflanzen kann als geschickte Reservestrategie für den Fall von Fehlschlägen bei der geschlechtlichen Fortpflanzung angesehen werden. Es handelt sich dabei aber um ein Klonen – die Pflanze erzeugt ganz einfach eine Kopie ihrer selbst. Pflanzenzüchter klonen, um ihre speziell gezüchteten Varietäten mit all ihren Eigenschaften zu erhalten. Sie möchten die Varietät daran hindern zu revertieren, was mit großer Wahrscheinlichkeit passieren würde, wenn Fremdbestäubung zugelassen wird. Bei manchen Pflanzen, etwa den einjährigen Kräutern, ist die asexuelle Vermehrung oft nur wenig entwickelt. Bei anderen dagegen, zum Beispiel den Erdbeeren und ihren Verwandten, ist sie eine höchst erfolgreiche Alternative. Trotzdem produzieren nur sehr wenige Pflanzen ohne geschlechtliche Fortpflanzung fruchtbare Samen.

Die geschlechtliche Fortpflanzung ist eine sehr viel erfolgreichere Strategie als die ungeschlechtliche – Fremdbestäubung trägt sowohl bei den Tieren als auch den Pflanzen zum Erhalt der Lebenskraft einer Spezies bei. Stellen wir uns ein abgelegenes Dorf vor, in dem alle Einwohner miteinander verwandt sind. Unter dieser Situation würde nicht nur die Intelligenz der Betroffenen leiden, auch alle ererbten physischen Defekte würden mit hoher Wahrscheinlichkeit weitergegeben, da sie nicht durch »frisches Blut« überwunden werden können. Mit der Zeit wird nicht nur die Gesundheit solcher Gruppen anfällig für gemeinsame Schwächen. Sie können sich auch nicht gegen kräftigere und sich schnell vermehrende fremdbefruchtete Außenseiter durchsetzen.

Trotz der Möglichkeit der asexuellen Vermehrung und obwohl sich eine Pflanze nicht fortbewegen kann, begünstigt die Evolution entschieden die geschlechtliche Vermehrung. Die meisten Pflanzen bleiben die meiste Zeit bei dieser Methode und verfügen über eine bemerkenswerte Reihe von Strategien, um die Fremdbestäubung durchzuführen. Trotzdem können sich, obwohl die Mehrzahl der Blütenpflanzen Selbstunfruchtbarkeit (Selbstinkompatibilität) entwickelt hat, viele Spezies selbst befruchten, wenn keine Bestäuber vorhanden sind, die den Pollen von den Antheren einer Pflanze zum Stigma einer anderen Pflanze derselben Spezies übertragen können. Eine Minderheit der Pflanzen befruchtet sich gewohnheitsmäßig selbst.

Pinus tabuliformis – Chinesische Rot-Kiefer (Pinaceae) – der Wind setzt den Pollen aus den männlichen Zapfen frei.

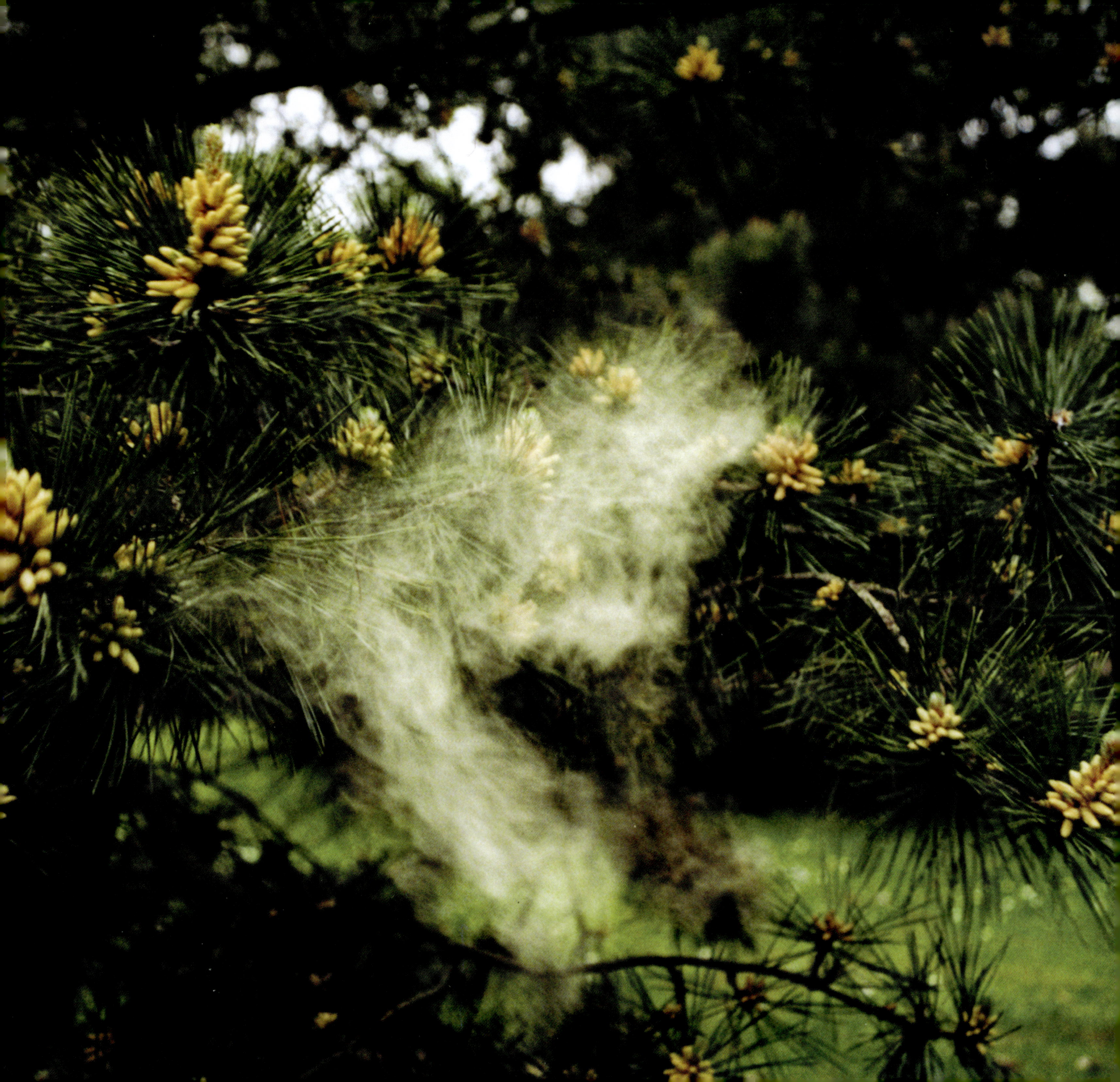

WIE SELBSTBEFRUCHTUNG VERMIEDEN WIRD

Eine Methode, mit der Pflanzen die Selbstbefruchtung verhindern, ist der diözische (zweihausige) Aufbau, also die Ausbildung separater männlicher und weiblicher Pflanzen. Die meisten Gärtner haben schon einmal sicherzustellen versucht, dass sie sowohl eine männliche als auch eine weibliche Pflanze einer Spezies mit prächtigen Beeren besitzen, wie etwa der Stechpalmen *(Ilex)* oder *Skimmia*. Hierfür ist es wichtig, sich die Pflanzen während der Blüte anzusehen. Nehmen Sie eine Lupe mit ins Gewächshaus oder in die Gärtnerei, und sehen Sie nach, ob die Blüten entweder vollständig entwickelte Antheren und kein (oder nur ein sehr rudimentäres) Pistill oder aber ein entwickeltes Pistill und keine (oder nur sehr rudimentäre) Antheren haben. Kaufen Sie dann ein Exemplar jedes Typs.

Alternativ dazu kann eine Spezies auch monözisch (einhäusig) mit separaten männlichen und weiblichen Blüten auf ein und derselben Pflanze sein. Die Haselnuss *(Corylus avellana)* ist ein gutes Beispiel dafür. Sie bildet zu Beginn des Frühjahrs auffällige männliche Blüten und winzige rote, sternförmige weibliche Blüten aus.

Im Hinblick auf die Fortpflanzungsfähigkeit der Pflanzen sowie das Ziel, Selbstbefruchtung zu vermeiden (Selbstinkompatibilität), erscheint es daher seltsam, dass etwa achtzig Prozent aller Blütenpflanzen Hermaphroditen sind. Das heißt, sie haben in derselben Blüte sowohl Stamina als auch ein Pistill.

Hier ist auf jeden Fall sorgfältige strategische Planung notwendig, um Fremdbestäubung zu erreichen, und die hermaphroditischen Blütenpflanzen haben eine Anzahl verschiedener Strategien dazu entwickelt:

SELBSTINKOMPATIBILITÄT

Es gibt zwei Arten von Selbstinkompatibilität. Bei gametophyten (sich geschlechtlich vermehrenden) Pflanzen erkennt das weibliche Organ, wenn das Pollenkorn von derselben Pflanze stammt, den keimenden Pollenschlauch nicht, der das Sperma (den männlichen Gameten) in den Griffelkanal leitet, und blockiert seine Passage – diese gametophytische Selbstinkompatibilität ist ein verbreitetes Verfahren und hat sich vermutlich sehr früh in der Evolutionsgeschichte der Pflanzen entwickelt.

Dactylorhiza fuchsii – Fuchs' Knabenkraut (Orchidaceae) – erhält Besuch eines Langhornkäfers (Unterordnung Phytophaga, Familie Cerambycidae)

Bei der weniger verbreiteten sporophytischen Selbstinkompatibilität erkennt die Oberfläche des Stigmas die chemischen Signale nicht, die von den äußeren Schichten des Pollenkorns abgegeben werden. Dadurch wird entweder verhindert, dass der Pollenschlauch zu wachsen beginnt oder dass er durch das Stigma in den Griffelkanal eindringt.

HETEROSTYLIE

Die Länge und/oder Lage der männlichen und weiblichen Teile der Blüte zu variieren ist eine effektive, aber wenig verbreitete Strategie. Das bekannteste britische Beispiel dafür ist die Primel *(Primula vulgaris)*. Aber auch bei Polyanthus-Blüten (einem Gartenkultivar mit gemischten Vorfahren, zu denen die Primel und die Schlüsselblume gehören) kann sie beobachtet werden. Bei der Primel sind zwei Anordnungen bekannt – langgrifflige Blüten mit einem langen Pistill und Stamina auf halber Höhe der Blütenröhre und kurzgrifflige Blüten mit den Stamina oben in der Blütenröhre und der Spitze des Pistills auf nur halber Höhe.

HETEROMORPHIE

Eine Variante der Heterostylie, die auf unterschiedlicher Länge des Pistills basiert, kommt beim Weiderich *(Lythrum salicaria)* vor: Sein Pistill kann kurz, mittellang oder lang sein, ist aber selten von gleicher Länge wie die Stamina.

DICHOGAMIE

Dies ist eine sehr verbreitete Strategie. Da Stamina und das Pistill einer Blüte unterschiedliche Reifezeiten aufweisen, muss der sexuell aktive Pollen auf eine andere Blüte mit einem sexuell aktiven Stigma übertragen werden. Meistens reifen in diesen Blüten die Stamina zuerst (Protandrie), bei einigen Blüten sind es aber auch die Pistille (Protogynie).

Echium vulgare – Gewöhnlicher Natternkopf (Boraginaceae) – erhält Besuch einer Hummel (weibliche *Bombus terrestris* L.).

INSEKTEN

Außer bei der Selbstbestäubung (Autogamie), die bereits besprochen wurde – der einzigen Methode, die keinen Überträger erfordert –, greifen Blüten auf ein breites Spektrum an Bestäubern zurück. Die Insekten sind die ältesten Lebewesen, und sie bilden auch die größte Gruppe unter den Bestäubern. Am wichtigsten sind die staatenbildenden Insekten (besonders die Bienen), Schmetterlinge, Motten und Käfer. Viele haben während der Evolution eine besondere Beziehung zu bestimmten Pflanzen ausgebildet. Bienen sind sehr effiziente Bestäuber, und viele Pflanzen und Bienen haben sich zu gegenseitigem Nutzen aneinander angepasst. Dabei handelt es sich nicht allein um die Honigbienen (siehe unten). Die Honigbiene ist nur eine Spezies aus einer großen Gruppe, die nicht nur Hunderte von Bienenarten einschließt, sondern auch Wespen und Ameisen. Während allerdings die Bienen aktiv sowohl Nektar als auch Pollen als Nahrung für den Bienenstock einsammeln, bestäuben Ameisen eher ungewollt, während sie in Blüten hinein- und wieder herauskriechen, um dort Zucker (Nektar) und Pollen zu fressen. Ameisen und Blumen haben sich nur selten zu beiderseitigem Nutzen aneinander angepasst, aber eine ungewöhnliche, hochspezialisierte symbiotische Wespen-Blumen-Beziehung wird im Folgenden beschrieben. Die ältesten existierenden Fossilien von sozialen und solitären Bienen sind ungefähr 85 Millionen Jahre alt. Andere Zweige dieser Gruppe (Hymenoptera), zu der auch die Bienen gehören, besonders die Blattwespen (Symphyta), sind aber wahrscheinlich so alt oder sogar älter als die Käfer (mehr als 230 Millionen Jahre).

Von den anderen wichtigen bestäubenden Insekten haben sowohl die Schmetterlinge als auch die Motten eine lange Zunge oder genauer Proboscis, eine speziell angepasste Saugröhre zur Nahrungsaufnahme, die sich spiralförmig unter dem Kopf des Insekts zusammenrollt, wenn sie nicht gebraucht wird. Schmetterlinge und Motten sind besonders gut daran angepasst, Nektar aus röhrenförmigen Blüten zu saugen, ihrer Hauptfutterquelle. Bei den Motten geht die Anpassung noch weiter. Viele nachtblühende Pflanzenarten strömen einen starken Duft aus, um Motten anzulocken; diese Gerüche sind zufällig oft auch für Menschen attraktiv. Interessanterweise stammen die ältesten Fossilien von Motten, die vor den Schmetterlingen entstanden sind, ungefähr aus derselben Zeit wie die ersten Blütenpflanzen.

Limenitis reducta Staudinger 1901 – Blauschwarzer Eisvogel – auf *Eryngium maritimum* – Stranddistel (Umbelliferae)

»Ihre Körbe selbst aber, die du aus hohler Rinde fügen oder aus biegsamer Weide flechten magst, sollen enge Fluglöcher haben; lässt doch der Winter den Honig durch Kälte verhärten, und Hitze lässt ihn wieder schmelzen und fließen. Beide Gewalten müssen die Bienen in gleicher Weise fürchten, und nicht ohne Grund verkleben sie in ihrem Bau auch feine Ritzen mit Wachs, verengen die Fluglöcher mit Bienenharz und Blütenstaub und bewahren für eben diese Aufgaben gesammeltes Harz auf, das zäher ist als Vogelleim und Pech vom Phrygischen Ida.«

Vergil, *Georgica*, IV, 33–41

Apis mellifera (Honigbiene) – Arbeiterin mit vollen Pollenkörben (Corbiculae)

Fliegen und Käfer bilden meist keine besondere Beziehung zu den Blüten aus, die sie besuchen, und neigen dazu, diese wie die Ameisen eher zufällig zu bestäuben, während sie sie auf der Futtersuche anfliegen. Manche Käfer richten sogar ziemlich große Zerstörungen an den Blüten an. Käfer gelten als eine sehr alte Gruppe von Blütenbesuchern. Ihre Fossilien stammen aus der Zeit vor den ersten Blütenpflanzen und sind bis zu 100 Millionen Jahre alt. Aus primitiven Anfängen vor mindestens 190 Millionen Jahren haben sich einige Zweige der Fliegen zu besser angepassten Blütenbesuchern entwickelt. Bei manchen Spezies entwickelte sich die kurze Proboscis, die typisch für viele Fliegen ist, zu einem viel längeren Organ, das an weiter entwickelte Blütenformen angepasst ist. Manche Blüten haben Gerüche ausgebildet, die Aas- und Dungfliegen anlocken, besonders einige Arten der Araceae (Kalla-Familie), der Asclepiadaceae (Seidenpflanzen-Familie) und der Orchidaceae (Orchideen-Familie). Anders als bei den mottenbestäubten Blüten sind die Gerüche dieser Blumen für die menschliche Nase gewöhnlich sehr unangenehm.

DIE HONIGBIENE

Honigbienen, *Apis mellifera* L., sind staatenbildende Insekten und seit Jahrtausenden ein wichtiges Nutztier für die menschliche Zivilisation. Dies belegen Zeugnisse aus Ägypten, die bis in die Zeit um 3000 vor Christus zurückreichen. Auch auf frühen Basreliefs werden oft Honigbienen, Bienenstöcke und die Imkerei abgebildet. Vergil schrieb um etwa 30 vor Christus in seinen *Georgica*: »Als Nächstes komme ich zum Manna, der himmlischen Gabe des Honigs.« Er beschreibt dann sehr detailliert die Methoden der Imkerei.

Honigbienen können nur als Teil ihres Staates überleben. Im Sommer besteht eine solche Kolonie aus 50 000 bis 70 000 Individuen. Innerhalb des Bienenstocks leben die Bienen in den Waben, die sie aus Wachs errichten, um dort ihre Larven abzulegen, und in denen sie auch die Nahrung für die Kolonie lagern: Honig (aus Nektar und Honigtau) und Pollen (Bienenbrot für die Larven). Es gibt drei Sorten von *Apis mellifera* im Stock; nur eine, die Bienenkönigin, ist einmalig. Die Mehrzahl der Bienen im Stock sind unreife Weibchen (Arbeiterinnen), die um einiges kleiner sind als die Königin. Die größten Bienen, die Drohnen (Männchen), machen nur etwa

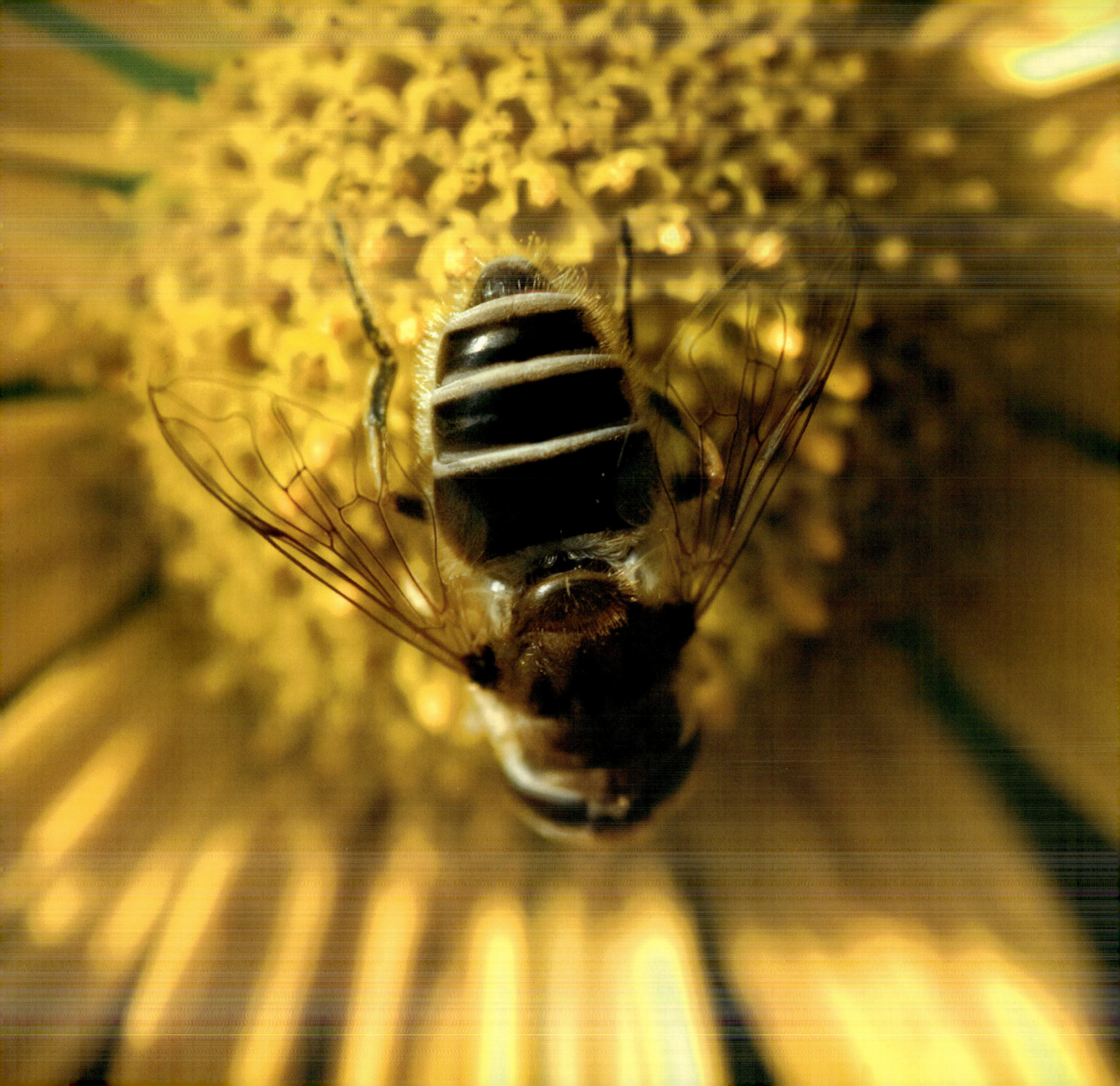

Pollenkorn der *Malva sylvestris* – Wilde Malve (Malvaceae) – am Hinterbein einer Hummel (*Bombus terrestris* L.)
[REM x 100]

LINKE SEITE *Apis mellifera* (Honigbiene)

die haploide. Die Drohnen der Honigbiene sind das Ergebnis haploider Parthenogenese, bei der die Eier, aus denen sie schlüpfen, durch Meiose auf die übliche Weise produziert werden und haploid sind. Folglich haben auch die Drohnen aus diesen unbefruchteten Eiern haploide Zellen. Die befruchteten weiblichen Eier entwickeln sich zu ausgewachsenen Tieren mit normalen diploiden Zellen. Die Königin ist das einzige Weibchen mit voll entwickelten Ovarien und legt in der aktiven Saison zwischen März und Oktober täglich ein- bis zweitausend Eier. Die einzige Aufgabe der Drohnen ist es, sich mit der jungen oder jungfräulichen Königin zu paaren. Während ihres sexuell rezeptiven Zyklus von fünf bis sechs Wochen paart sie sich mit fünf bis acht von ihnen. Die Paarung findet im Flug statt, und während der Kopulation stirbt die Drohne. Wenn die junge Königin die Paarung beendet und eine erfolgreiche Brut begonnen hat, haben die verbleibenden Drohnen (also die Mehrheit) keine Funktion mehr. Die Arbeiterinnen vertreiben sie aus dem Stock oder töten sie.

Die Arbeiterinnen haben zahlreiche Aufgaben – dabei gilt eine strikte Arbeitsteilung. Die durchschnittliche Lebenserwartung von Arbeitsbienen beträgt etwa 40 Tage. In der ersten Hälfte ihres Lebens arbeiten sie im Bienenstock, füttern die sich entwickelnden Larven (Ammenbienen), empfangen Nektar von den Flugbienen, säubern den Stock, bauen die Waben, in denen die Larven und der Nektar untergebracht werden, schützen den Stock und führen erste Orientierungsflüge in der Nähe durch. Die Königinnenlarven werden mit Gelée royale gefüttert, einer Nährsubstanz, die von den Ammenbienen produziert wird. Das Wachs für die Waben wird von den Arbeiterinnen aus besonderen Drüsen zwischen den Segmenten an der Unterseite des Körpers ausgeschieden. Zu den Waben gehören nicht nur die üblichen sechseckigen Zellen, sondern auch eine Anzahl größerer Zellen, in die die Königin die Drohneneier legt, sowie eine große asymmetrische Königinnenzelle.

Nach ihrem Aufenthalt im Stock werden die Arbeiterinnen zu Flugbienen, die Nektar, Honigtau und Pollen einsammeln.

Die zuckrige Nektarlösung ist ein Lockmittel, das meistens von speziellen Drüsen (Nektarien) der insektenbestäubten Blumen produziert wird. Die Arbeiterin nimmt den Nektar auf, indem sie mit ihrem Rüssel (Proboscis) tief in die Blüte vordringt, wo die Nektarien verborgen sind – dabei wird ihr Körper mit Pollen bedeckt. Sie saugt den Nektar in ihren Honigsack (Magen) ein und verbraucht nur so viel davon für sich selbst, wie zum Überleben nötig ist. Während des Rückflugs zum Stock wird Wasser aus dem Nektar im Honigsack extrahiert und in die Eingeweide geleitet. Im Bienenstock wird der Inhalt des Honigsacks entweder durch die Proboscis in leere Zellen der Honigwaben entladen oder an die Arbeiterinnen im Stock übergeben, die ihn weiterverarbeiten und in leeren Zellen einlagern. Die Extraktion des Wassers aus dem Nektar und das Hinzufügen von Enzymen sind wesentlich für die Umwandlung von Nektar in Honig, und diese Prozesse werden von den Bienen im Stock fortgeführt. Einige der Bienen sitzen zwischen der Wabe und dem Eingang zum Bienenstock und schlagen sehr schnell mit ihren Flügeln, um die Feuchtigkeit aus dem Honig, die in der Luft verdunstet, aus dem Stock zu blasen. Wenn der Wassergehalt unter zwanzig Prozent sinkt, ist der Honig fertig. Die vollen Honigzellen werden mit einer dünnen Wachsschicht versiegelt.

Bestimmte Spezies der Aphidina (Blattläuse) saugen Saft aus verschiedenen Baumarten, um die enthaltenen Nährstoffe aufzunehmen, und scheiden den restlichen Saft anschließend aus. Dieser sogenannte Honigtau hängt dann in Form glänzender Tröpfchen an Kiefernnadeln oder an den Blättern anderer Bäume. Er kann ziemlich lästig werden – so fällt zum Beispiel der Honigtau der Linden *(Tilia x vulgaris)* im Sommer gern auf darunter geparkte Autos. Bienenvölker, die sich in der Nähe von Anpflanzungen insbesondere von Nadelbäumen wie Kiefern, Tannen und Fichten angesiedelt haben, ernten den Honigtau etwa von der Mitte des Sommers an und verarbeiten ihn im Stock zu Honig. Der aus Honigtau von Nadelbäumen gewonnene Honig wird oft als Waldhonig bezeichnet, während der von Laubbäumen Blatthonig heißt. Diese Honige gelten als weniger wohlschmeckend und müssen im Handel von Honig aus Nektar, dem Blütenhonig, unterschieden werden.

Pollenpakete aus den Corbiculae (Pollenkörben) der *Apis mellifera* (Honigbiene) – eine Auswahl unterschiedlichen Pollens, der von den Bienen gesammelt wird und je nach Pflanzenspezies eine andere Färbung aufweist

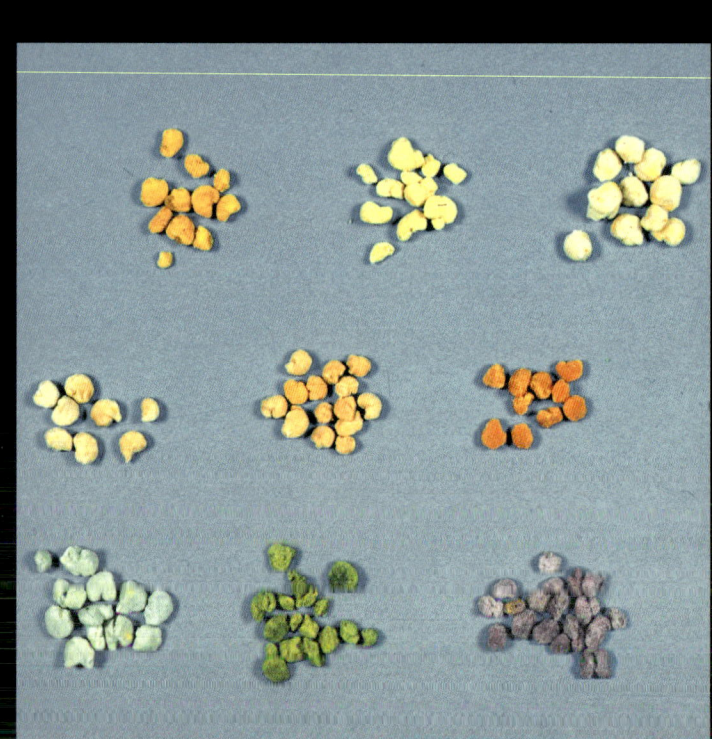

Apis mellifera (Honigbiene) – eine Arbeiterin sammelt Pollen und Nektar auf einer Blüte von *Ceanothus* cv. (Rhamnaceae) und hat bereits volle Pollenkörbe (Corbiculae).

Während Nektar und Honigtau wegen der Kohlenhydrate gesammelt werden, wird Pollen als Proteinquelle genutzt. Wenn die Bienen auf der Suche nach Nektar von Blüte zu Blüte fliegen, streifen sie mit den bürstenartigen Haaren an ihren Hinterbeinen den Pollen ab, der sich auf ihren Körperhaaren angesammelt hat. Mit derselben Bewegung sammeln sie Pollen in den Pollenkörben (Corbiculae) an ihren Hinterbeinen. Oft benutzen sie Nektar, den sie im Honigsack gesammelt haben, um die Pollenkörner anzufeuchten und zu Pollenpaketen zusammenzukleben, die anschließend in den Bienenstock gebracht und in leere Zellen geschoben werden. Die jungen Arbeiterinnen im Stock pressen den Pollen dann mit ihren Köpfen und Vorderbeinen zusammen, um Bienenbrot herzustellen. An der Farbe der Pollenpakete kann man erkennen, von welchen Pflanzen die Bienen den Pollen gesammelt haben. Bienen sammeln systematisch, indem sie jeweils die Pflanzen aufsuchen, die gerade in voller Blüte stehen und hohen Ertrag bringen. Pollenpakete stammen normalerweise von einer einzigen Spezies, können aber auch gemischt vorkommen, wenn eine Pollenquelle versiegt ist und die Bienen auf demselben Sammelflug noch eine andere Spezies angesteuert haben. Es werden sowohl Nektarsammelflüge unternommen, auf denen der Pollen nur nebenbei mitgenommen wird, als auch Flüge zu nektarlosen Blüten, bei denen der Pollen das eigentliche Ziel ist.

Ein gesundes Bienenvolk, das eine Königin sowie Bienen umfasst, die ab August geschlüpft sind, überwintert. Die Bienen formen sich dazu zu einem dichten Klumpen, der sich über etwa vier bis acht Waben erstreckt. Der Klumpen bewegt sich sehr langsam die Waben entlang und benutzt den Pollen und Honig, der dort eingelagert ist, um im Zentrum des Haufens eine Wärme von etwa 20 bis 25 °C zu erzeugen. Die Temperatur am Rand des Haufens darf nicht unter 7 bis 10 °C fallen. Sobald die Außentemperatur ein wenig über 10 °C steigt, beginnen die Bienen, Reinigungsflüge zu unternehmen. Bienen vermeiden es nämlich, innerhalb des Stocks Kot abzusetzen. Das ist im Sommer kein Problem, aber im Winter sammeln sich die Fäkalien in ihren Eingeweiden an und können nicht ausgeschieden werden, bis es wieder warm genug ist, um den Stock zu verlassen.

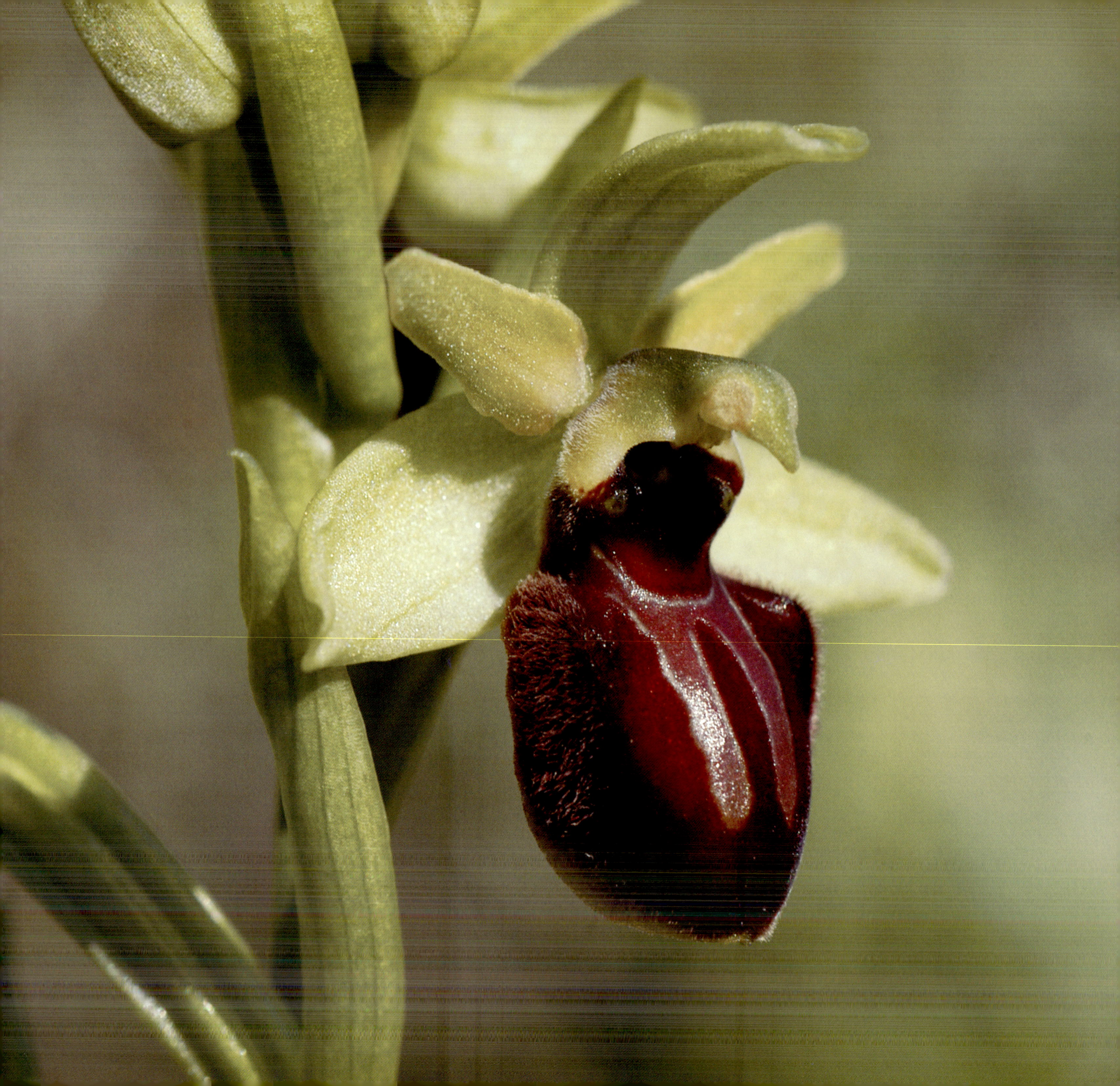

Ophrys sphegodes – Gewöhnliche Spinnen-Ragwurz (Orchidaceae). Gut zu erkennen sind die zwei Pollinarien (Pollenpakete mit Anhangteilen) nahe dem Mittelteil der Blüte, direkt über dem angeschwollenen Labellum (vergrößertes unteres Kronblatt).

LINKE SEITE *Ophrys sphegodes* – Gewöhnliche Spinnen-Ragwurz (Orchidaceae) – Kalksteinboden, Kent (England)

beschränkt (Orchideenbienen, Hummeln, stachellose Honigbienen und Honigbienen – *Apis mellifera* sowie einige andere Spezies von *Apis*). Mehr als 12 000 der 16 000 bekannten Bienenarten stellen keinen Honig her. Nur Insekten, die in Staaten leben, widmen sich der Honigproduktion. Honig ist nämlich eine Nahrungsreserve, die die Lebenszeit des einzelnen Insekts überdauert, nicht aber jene des Insektenvolks. Ungefähr 150 oder mehr Hummelarten stellen eine Art Honig her, um sich über kurze Schlechtwetterperioden hinwegzuretten. In Mittelamerika gibt es zahlreiche Spezies stachelloser Bienen, die Honig produzieren, zum Beispiel aus den Gattungen *Melipona, Mourella, Plebeia* und *Trigona*. Der Ertrag dieser Bienen ist viel geringer als der von *Apis mellifera*, doch trotzdem wird der Honig in einer Reihe von mittel- und südamerikanischen Ländern von der Bevölkerung geerntet und verzehrt. Die offizielle Definition von Honig gemäß dem europäischen Codex Alimentarius schreibt allerdings vor, dass dieser von *Apis mellifera* hergestellt worden sein muss. Doch soll auch der Honig anderer Bienenarten süß und wohlschmeckend sein und wie echter Honig aussehen.

TIERE

Weitere tierische Bestäuber sind Fledermäuse und andere kleine Säugetiere wie die Beuteltiere, aber auch Vögel und sogar Schnecken. Fledermäuse sind wie die Motten nachtaktiv. Sie verfügen über ein hochentwickeltes Ultraschallortungssystem und ernähren sich größtenteils von Insekten. Einige tropische Arten der Unterfamilie Glossophaginae (Unterordnung Microchiroptera, zu der die insektenfressenden Fledermäuse gehören) aus der Neuen Welt haben sich jedoch zu Früchtefressern entwickelt, während sich eine weitere Unterordnung in der Alten Welt, die Megachiroptera, fast ausschließlich von Nektar und Pollen ernährt. Bei diesen Fledermäusen

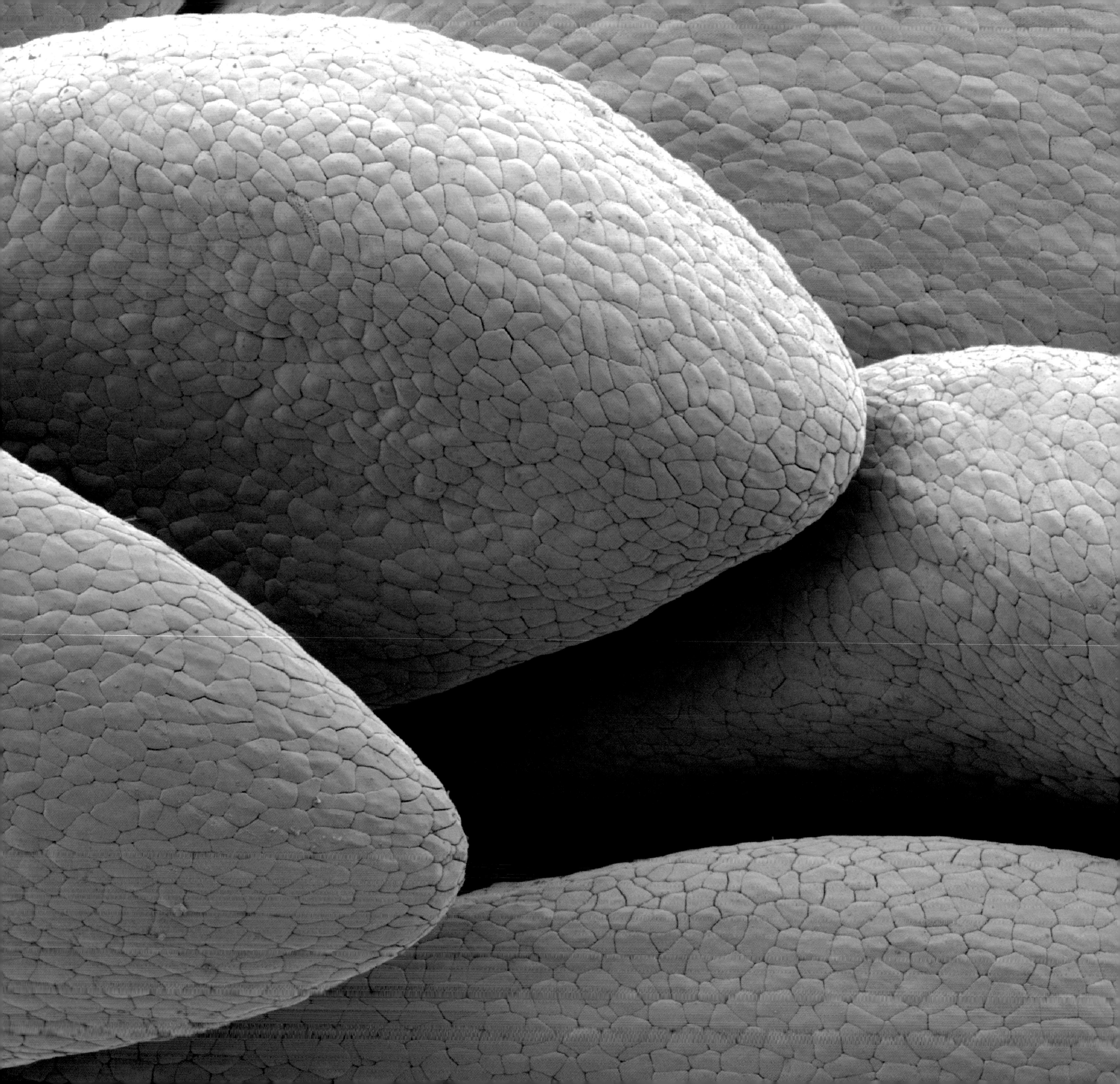

Calanthe aristulifera – (Orchidaceae) – vollständiges Pollinarium: Unten sind die Pollinien (Pollenpakete) zu sehen, die an einem verzweigten Caudiculum (Stielchen) befestigt sind. Am oberen Ende des Caudiculums befindet sich ein Viscidium (Klebscheibe), das Insekten anhaftet, welche die Blüte aufsuchen, so dass das Pollinarium zu einer anderen Blüte transportiert werden und diese befruchten kann [luftgetrocknet/REM x 25].

LINKE SEITE *Calanthe aristulifera* – (Orchidaceae) – Nahaufnahme des Polliniums [KPT/REM x 100]

SEITE 118 *Ophrys sphegodes* – Gewöhnliche Spinnen-Ragwurz (Orchidaceae) – Nahaufnahme des Pollinariums [KPT/REM x 650]

SEITE 119 *Ophrys sphegodes* – Gewöhnliche Spinnen-Ragwurz (Orchidaceae) – Nahaufnahme des Pollinariums [KPT/REM x 150]

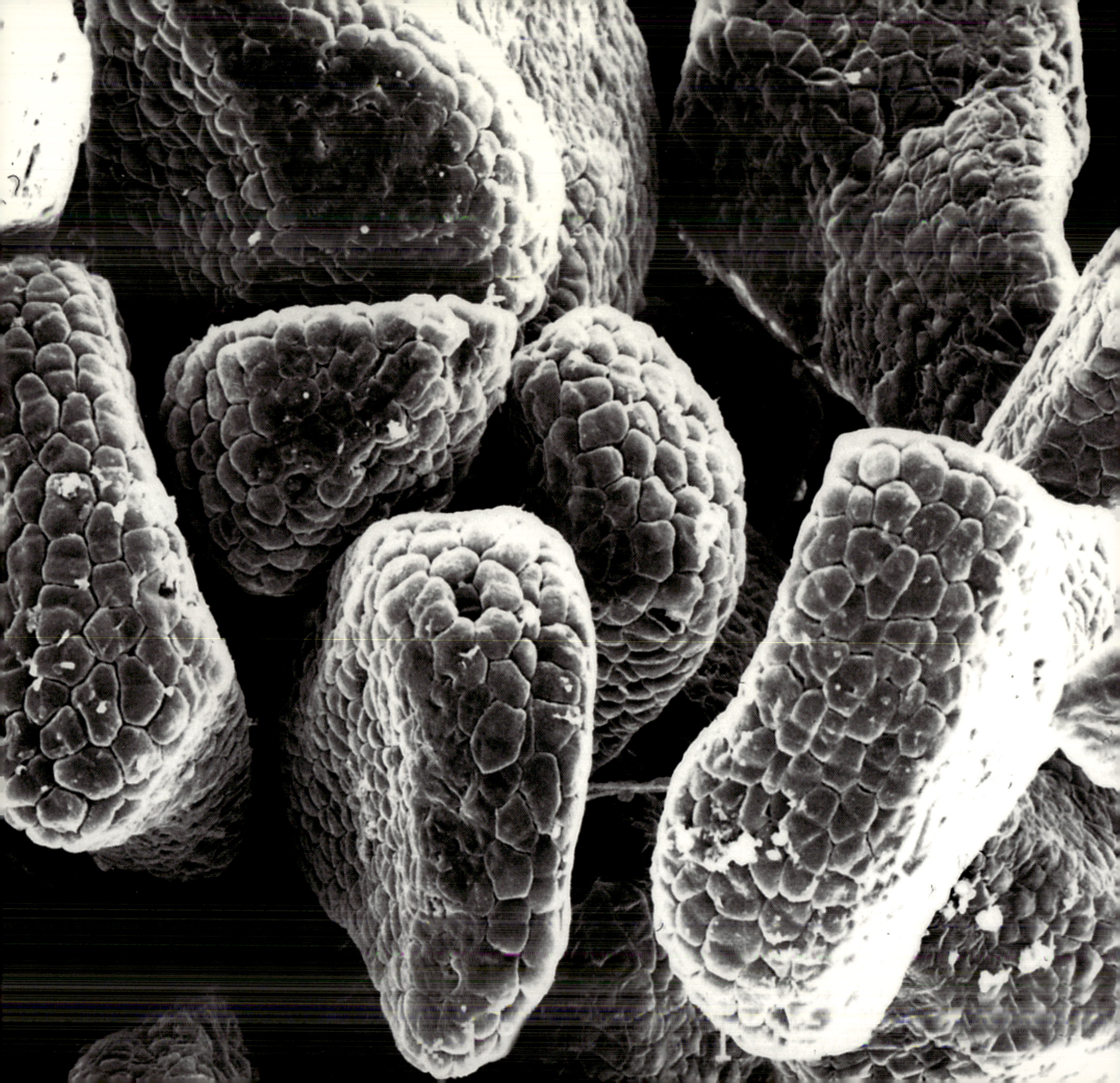

119

Lamium orvala (Lamiaceae) – Blüte im Profil, ein Beispiel für Zygomorphie

RECHTE SEITE *Lamium orvala* Blüte in Frontalansicht, ein weiteres Beispiel für Zygomorphie (monosymmetrische Blüte)

ist der Geruchssinn hoch entwickelt, während ihr Sonarsystem hinter dem der Insektenfresser zurückbleibt. Zu den bestäubenden Vögeln gehören die kurzschnabeligen Sperlingsvögel (die Ordnung der Singvögel), die wunderbar an die Blütenpflanzen angepassten langschnabeligen amerikanischen Kolibris und die australischen Honigfresser. Kleine pflanzenfressende Säuger besonders aus den Tropen und Subtropen übertragen Pollen oft, wenn sie fressen. Dies trifft zum Beispiel auf die *White Eyes* zu, kleine nachtaktive Ratten, die in Hawaii auf *Freycinetia-arborea*-Bäumen herumklettern, um an deren saftigen Deckblättern zu nagen. Auch Fledermäuse werden von den fleischigen Deckblättern der *Freycinetia*-Arten angezogen. In Australien gibt es kleine Beuteltiere, die beim Fressen Pollen übertragen. Einige zeigen keine Anzeichen einer Anpassung an ihre Rolle als Bestäuber, andere aber, wie der Honigbeutler, haben sich darin spezialisiert. Der Honigbeutler, der die langen, schmalen Blüten der *Protea*-Familie aufsucht, um deren Nektar zu fressen, hat eine lange, spitze Schnauze, stark zurückgebildete oder gar keine Zähne und eine sehr lange, schmale Zunge mit pinselartiger Spitze. Die Bestäuber der *Aspidistra*, einer ostasiatischen Verwandten unserer im nördlichen gemäßigten Klima beheimateten Spezies *Convallaria majalis* (Maiglöckchen), sollen Schnecken sein. Die *Aspidistra* ist ein seltsamer Fall: In der viktorianischen Zeit war sie als Salonpflanze beliebt. Man schätzte sie wegen ihrer großen Büschel aus länglichen, dunkelgrünen Blättern und ihrer Fähigkeit, trotz unzureichender Bewässerung und viel Staub in düsteren Räumen zu überleben, jedoch nicht wegen ihrer Blüten. Das überrascht nicht, weil die Blüten oft unbemerkt entstehen und wieder vergehen. Sie sind klein, kompakt, unauffällig, blass malvenfarbig-braun und stiellos und blühen in Bodenhöhe. In freier Natur kriechen angeblich Schnecken über die Blüten hinweg und übertragen so den Pollen von einer Pflanze zur anderen. Bei keiner anderen Blütenpflanze wird von Schnecken als Bestäubern berichtet.

WIND UND WASSER

Viele Pflanzen haben sich auf die Bestäubung durch Wind spezialisiert, darunter diejenigen mit quastenähnlichen männlichen Blütenständen, wie etwa Erle, Eiche, Birke und Haselnuss, die Koniferen und ihre Verwandten sowie Gräser und Nesseln. Die Pollenkörner dieser Pflanzen sind meist klein und/oder trocken und werden in

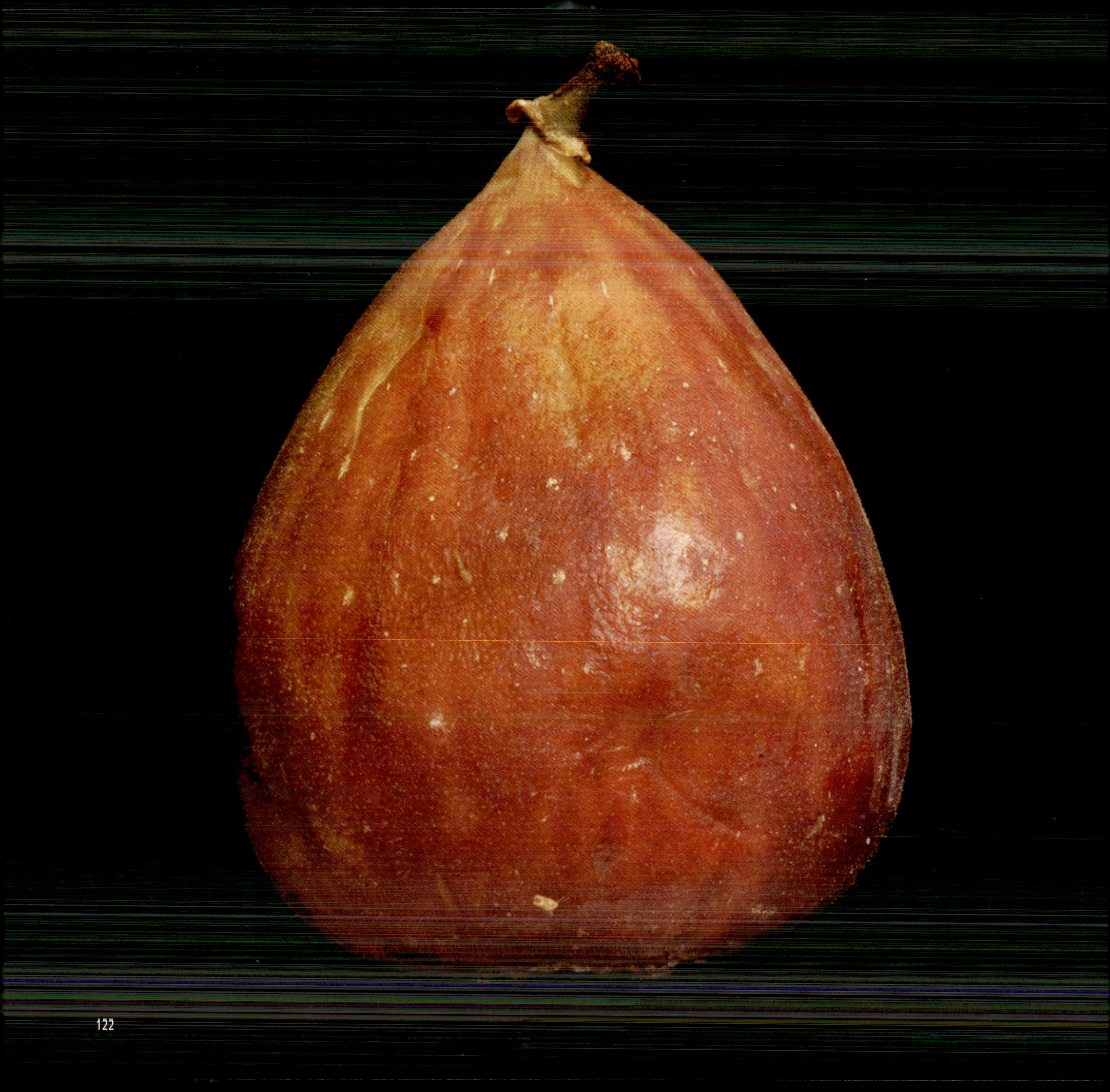

123

riesigen Mengen produziert, die leicht vom Wind davongetragen werden. Die Blütenstände der Gräser sind außerordentlich gut an die Windbestäubung angepasst. Die Stängel, welche die Rispen tragen, sind gewöhnlich lang und schlank und bewegen sich daher auch bei leichtem Wind in effektiver Weise. Die einzelnen hermaphroditischen Blüten der Rispen haben keine Petalen, sondern meist zwei winzige Schuppen (Lodiculen), zwei fedrige Stigmen, um den von Wind getragenen Pollen einzufangen, und drei Stamina. Die Filamente der Stamina gleichen Fäden, von deren Enden die Antheren lose herabhängen, um den Wind einzufangen. Koniferen-Pollenkörner verfügen über ein Paar luftgefüllter Säckchen. Diese Sacci haben sich im Laufe der Evolution aus Gründen der Aero- und Hydrodynamik herausgebildet. Sie ermöglichen, dass der Pollen sowohl durch die Luft als auch auf dem Wasser transportiert werden kann. Die Wasserbestäubung ist bei vielen Süßwasserpflanzen gut entwickelt, so zum Beispiel bei der Wasserlinse und der Wasserschraube, die über fadenartige Pollenkörner von etwa 2,5 Millimeter Länge verfügen. Die Körner werden in Massen freigesetzt und von der Gezeitenströmung durch das Verbreitungsgebiet der Wasserlinse getrieben, wo sie sich unterwegs um aus dem Wasser ragende weibliche Stigmen wickeln.

KOADAPTION (WECHSELSEITIGE ANPASSUNG)

Als erste Bestäuber gelten inzwischen die Insekten und nicht mehr der Wind. Viele Insektengruppen entstanden bereits vor den ersten Blütenpflanzen, darunter die Fliegen und die Käfer. Die außergewöhnliche Zunahme der Artenvielfalt in den letzten 120 bis 130 Millionen Jahren legt dabei nahe, dass die Herausbildung von Merkmalen, die den Pollentransport begünstigen, für beide Gruppen sehr vorteilhaft gewesen ist. Dazu gehören Insektenlockmittel wie Nektar, eine Anordnung der Nektar produzierenden Organe (Nektarien), die Insekten zwingt, an den Pollen produzierenden Organen (Antheren) entlangzustreifen, um an den Nektar zu gelangen, Blumendüfte, ultraviolette Farbsignale und Insektenmimikry bei den Pflanzen; Anpassung der Mundwerkzeuge, wie der Proboscis bei den Motten, Geruchssinn und ultraviolettes Farbsehen bei den Insekten.

Es gibt einige bemerkenswerte morphologische Anpassungen zwischen Blütenbesuchern (Bestäubern) und den aufgesuchten Blüten, besonders bei den zygomorphen

Bellis perennis L. – Gänseblümchen (Compositae)

SEITE 122 *Ficus carica* – Feige (Moraceae) – stark angeschwollenes Receptaculum (Blütenboden), das zahlreiche separate männliche und weibliche (monözische) Kleinblüten enthält. Das Pedunculum (Hauptblütenstängel) sitzt oben an der Feige.

SEITE 123 *Ficus carica* – Feige (Moraceae) – Schnitt durch eine reife Feige, der das ausgedehnte Receptaculum zeigt (äußerer weißer Bereich), das im rosafarbenen fleischigen Mittelteil die Überreste der Kleinblüten und die Samen enthält. Durch die Öffnung (Ostiolum) unten am Blütenstand können Feigenwespen eindringen.

RECHTE SEITE *Heracleum spondylium* – Bärenklau (Umbelliferae) – ein »Landeplattform«-Blütenstand, der aus Hunderten winziger Blüten besteht. Die Petalen der äußeren Blüte jeder Gruppe sind größer als die der inneren.

SEITE 126 *Heracleum spondylium* – Bärenklau (Umbelliferae) – aus dem offenen Pollensack einer reifen Anthere treten Pollenkörner aus [natürlich getrocknet, REM x 100].

SEITE 127 *Heracleum spondylium* – Bärenklau (Umbelliferae) – ausgetrocknetes Pollenkorn auf einer Anthere [REM x 2000]

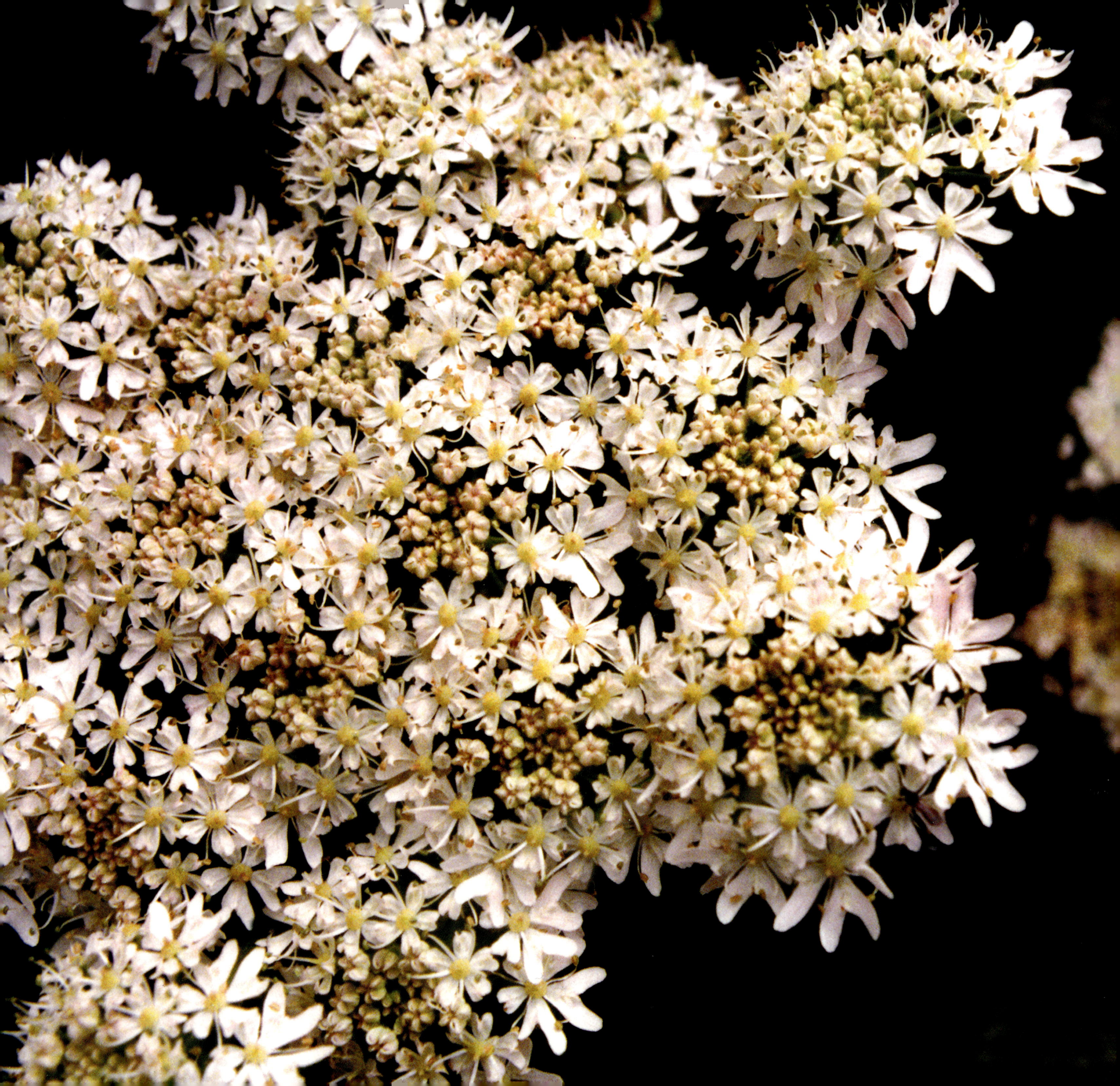

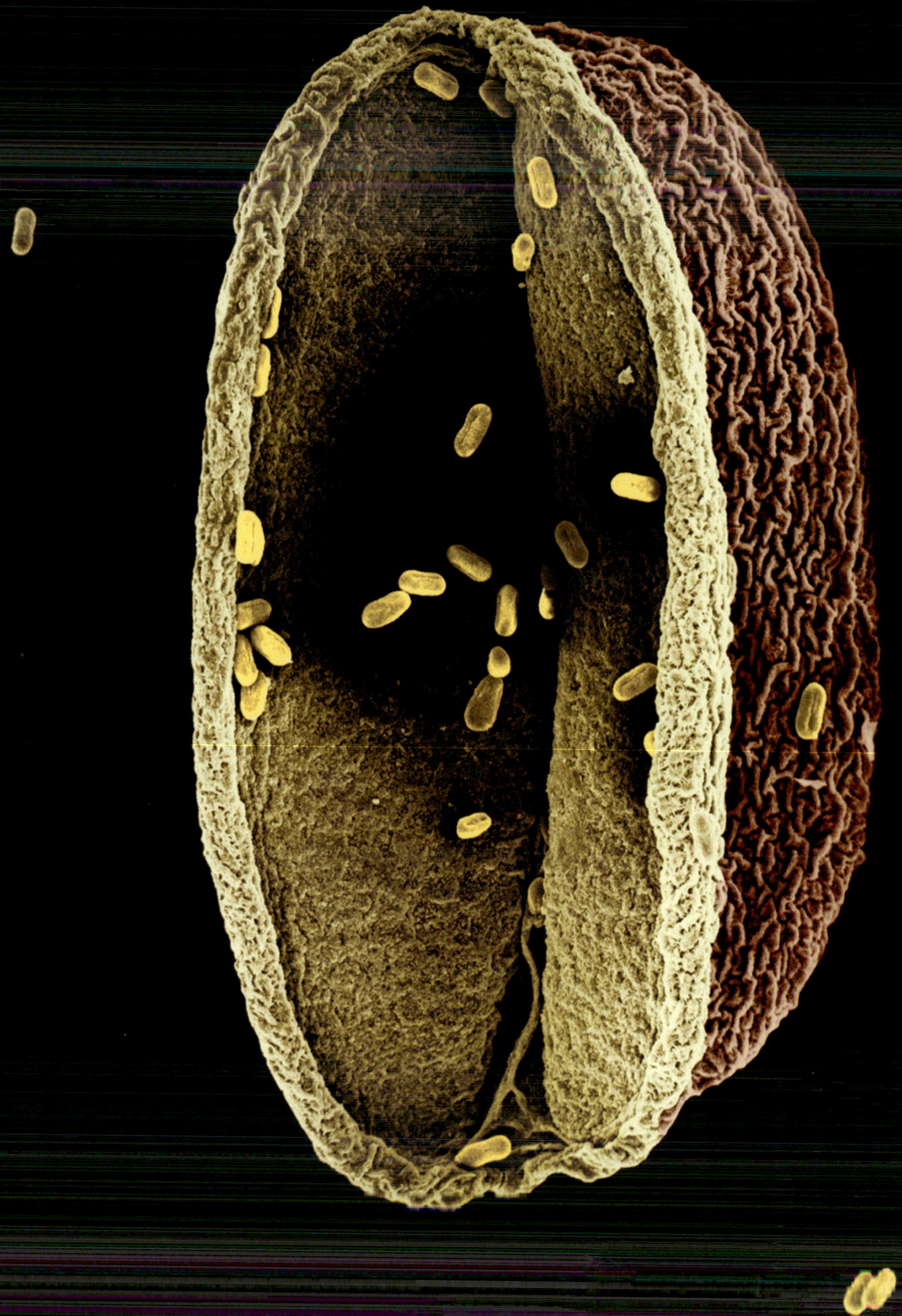

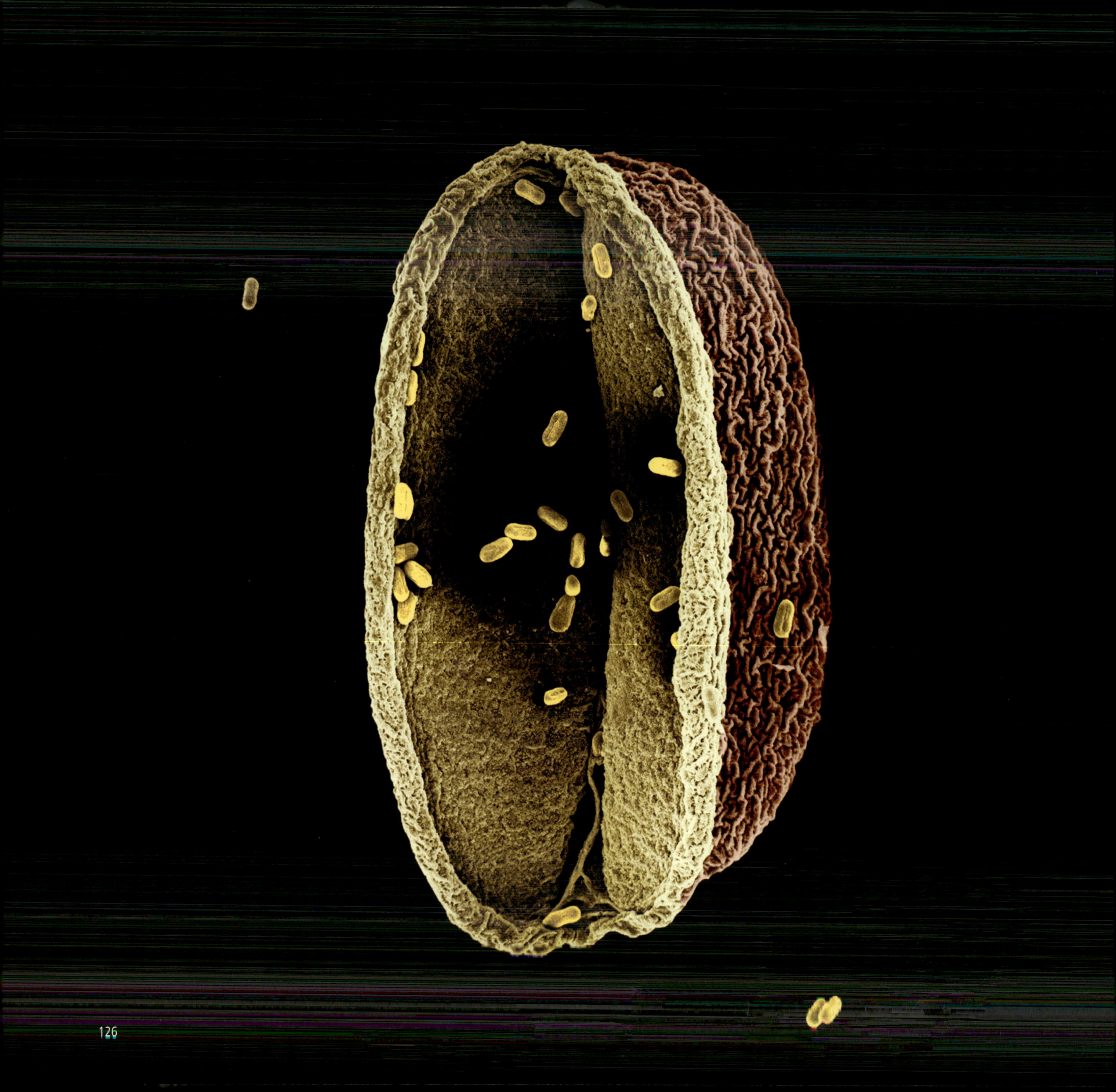

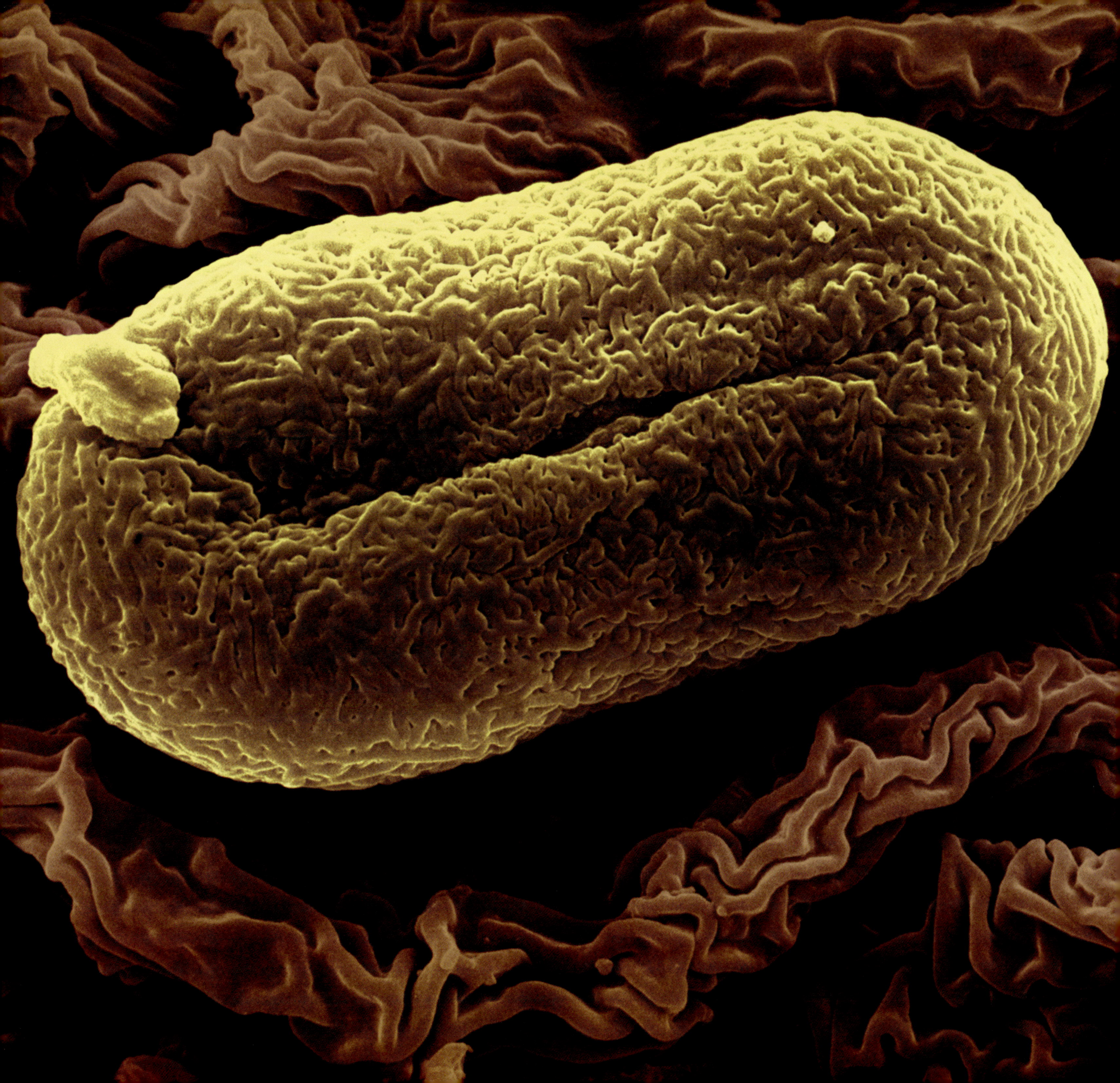

Zantedeschia cv. – Kalla (Araceae) – Nahaufnahme des Blütenkolbens (Spadix). Gut sichtbar ist der Übergang der männlichen zu den weiblichen Teilen. Man erkennt den fadenartig aus der Anthere austretenden Pollen. Jeder Strang besteht aus zahlreichen Pollenkörnern und wird von klebrigem Pollenkitt zusammengehalten.

RECHTE SEITE *Gomphocarpus physocarpus* (Asclepiadaceae) – Nektar tritt aus den Blüten aus.

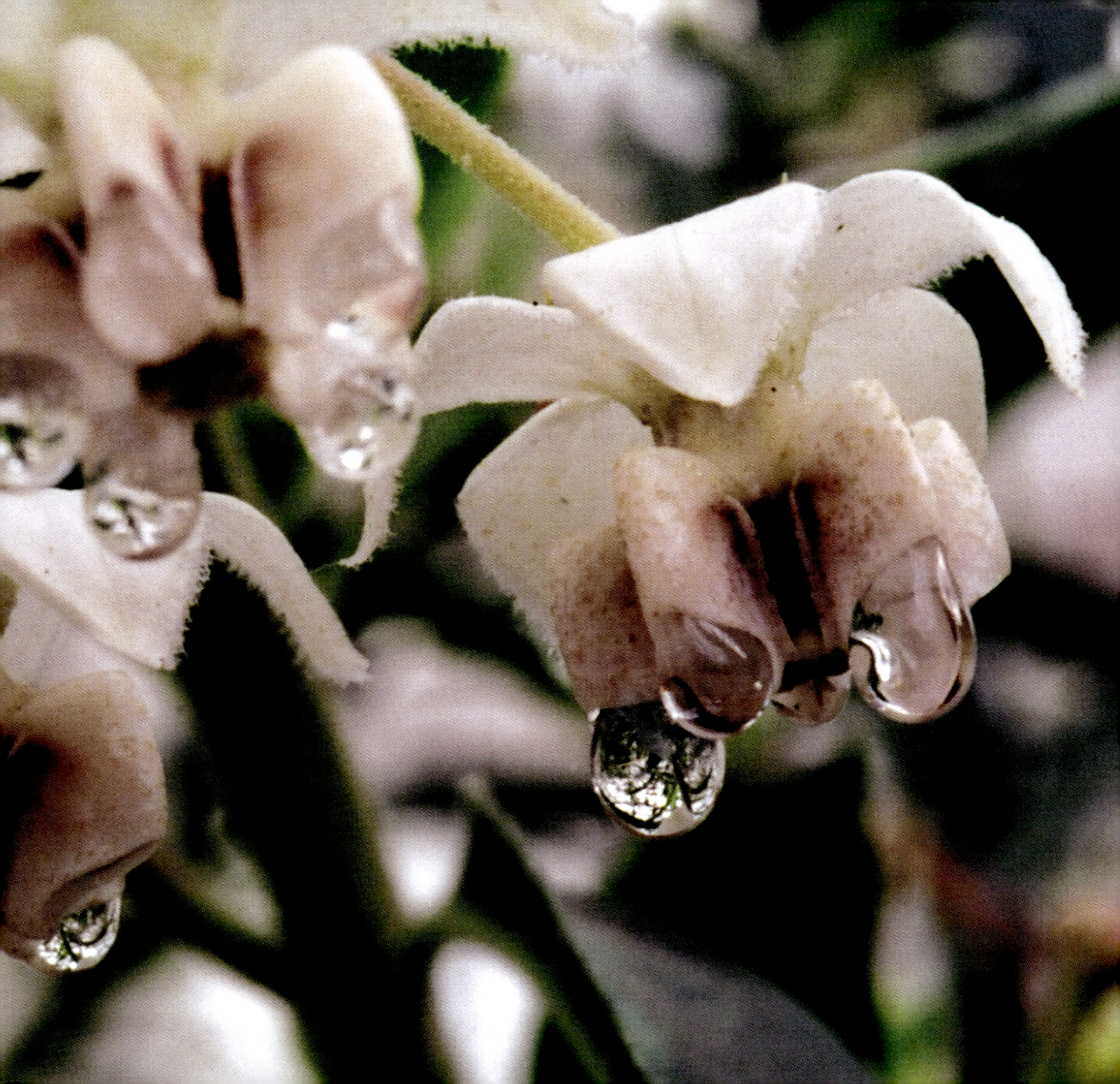

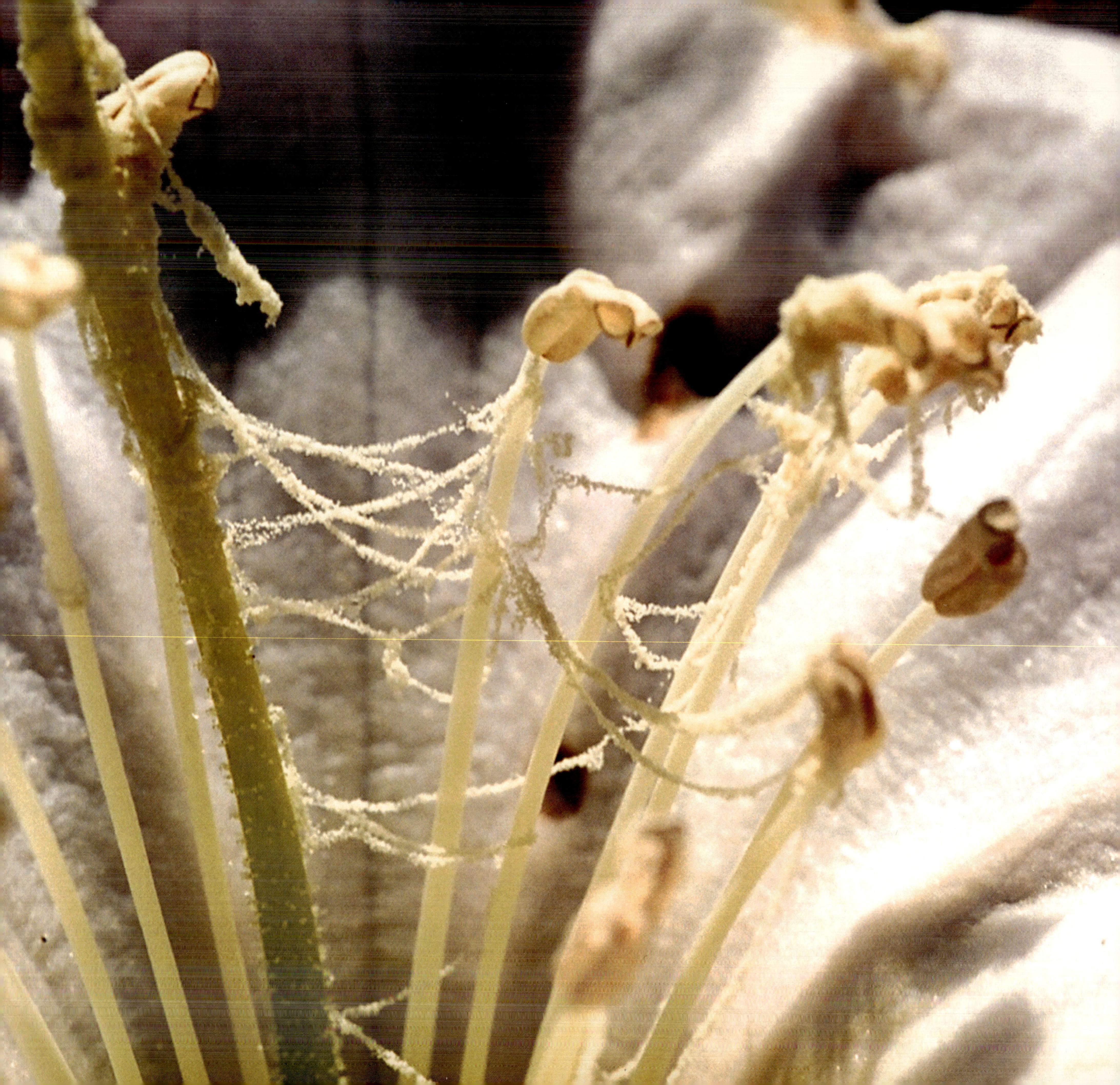

131

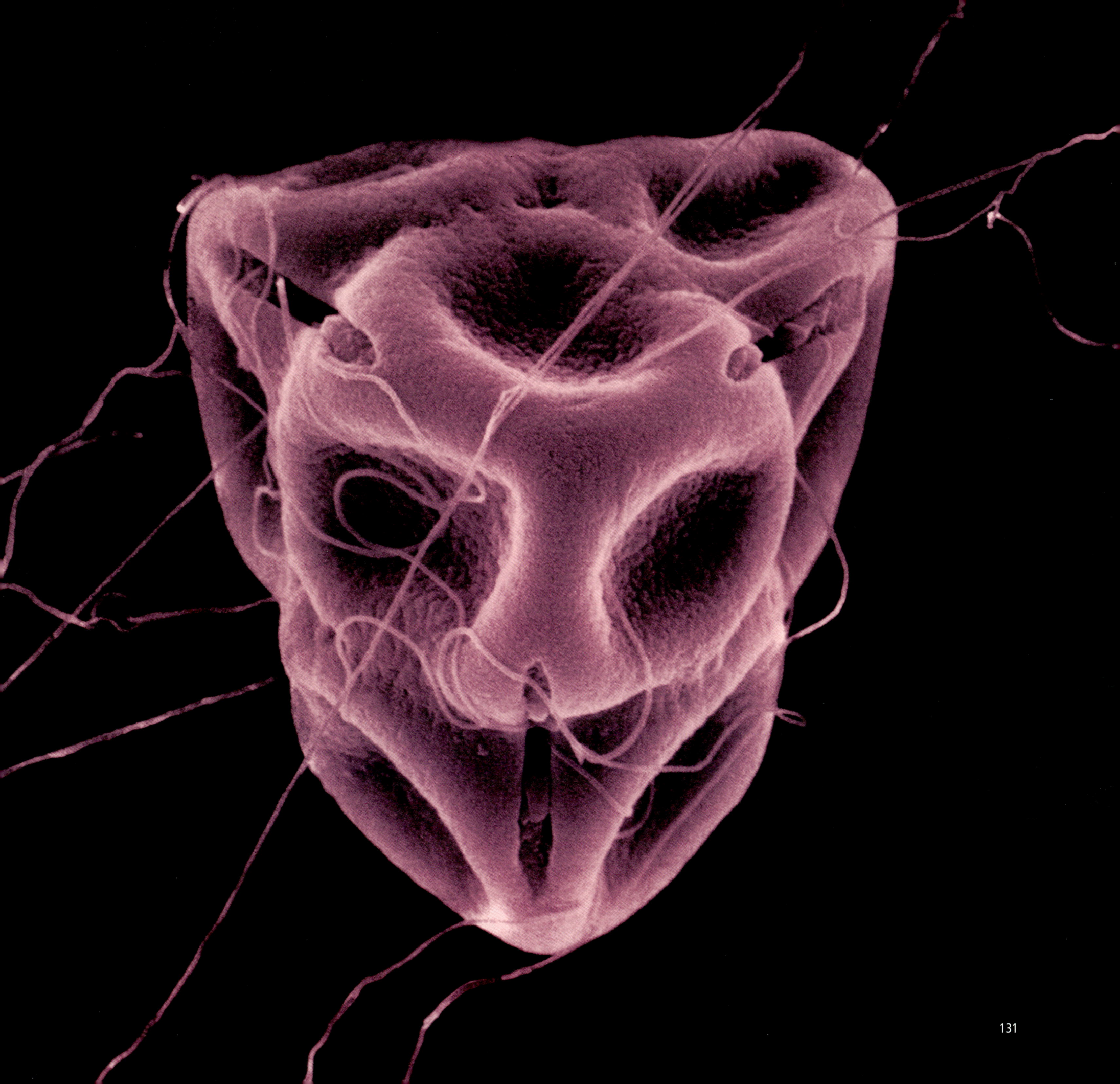

132

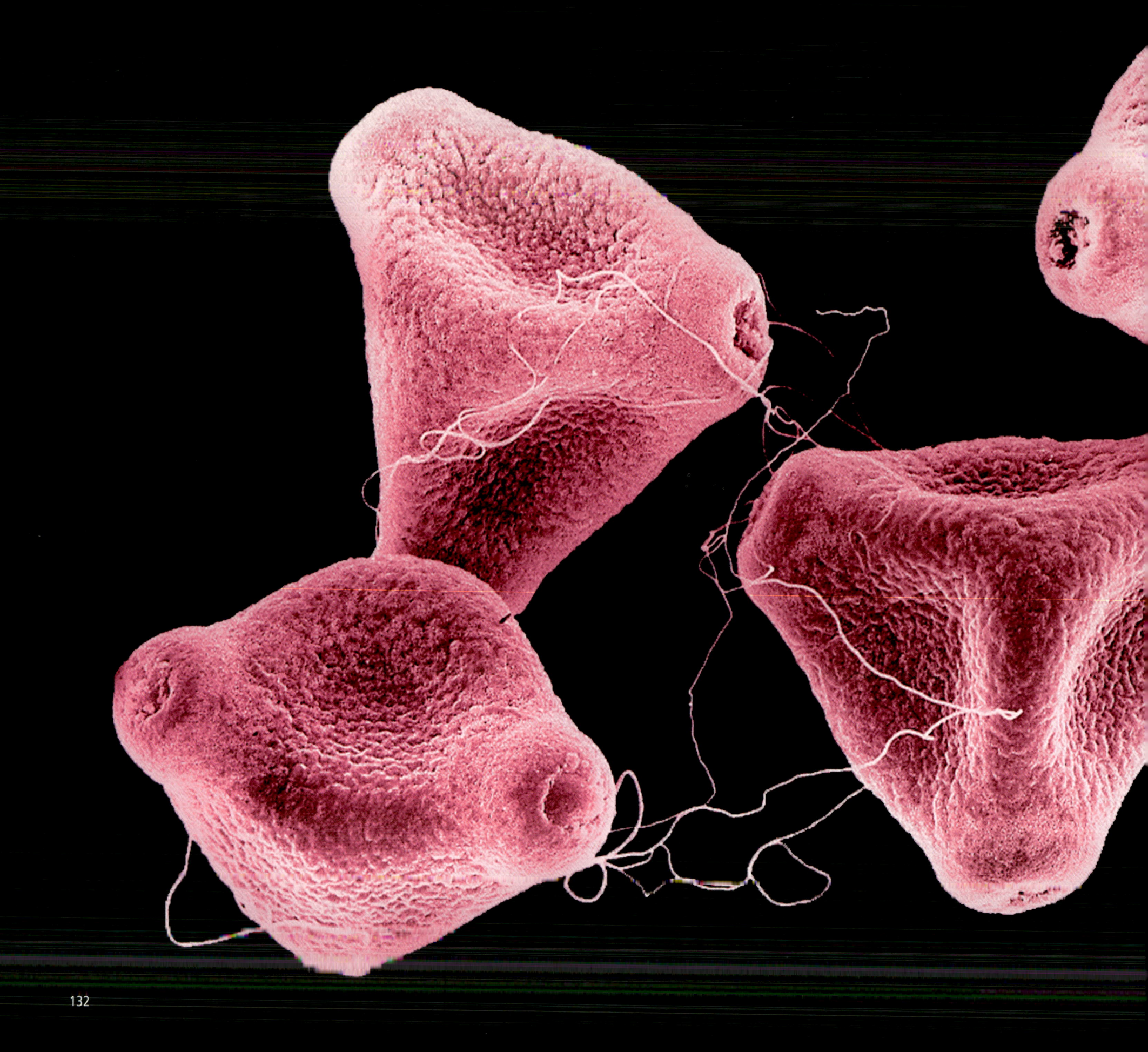

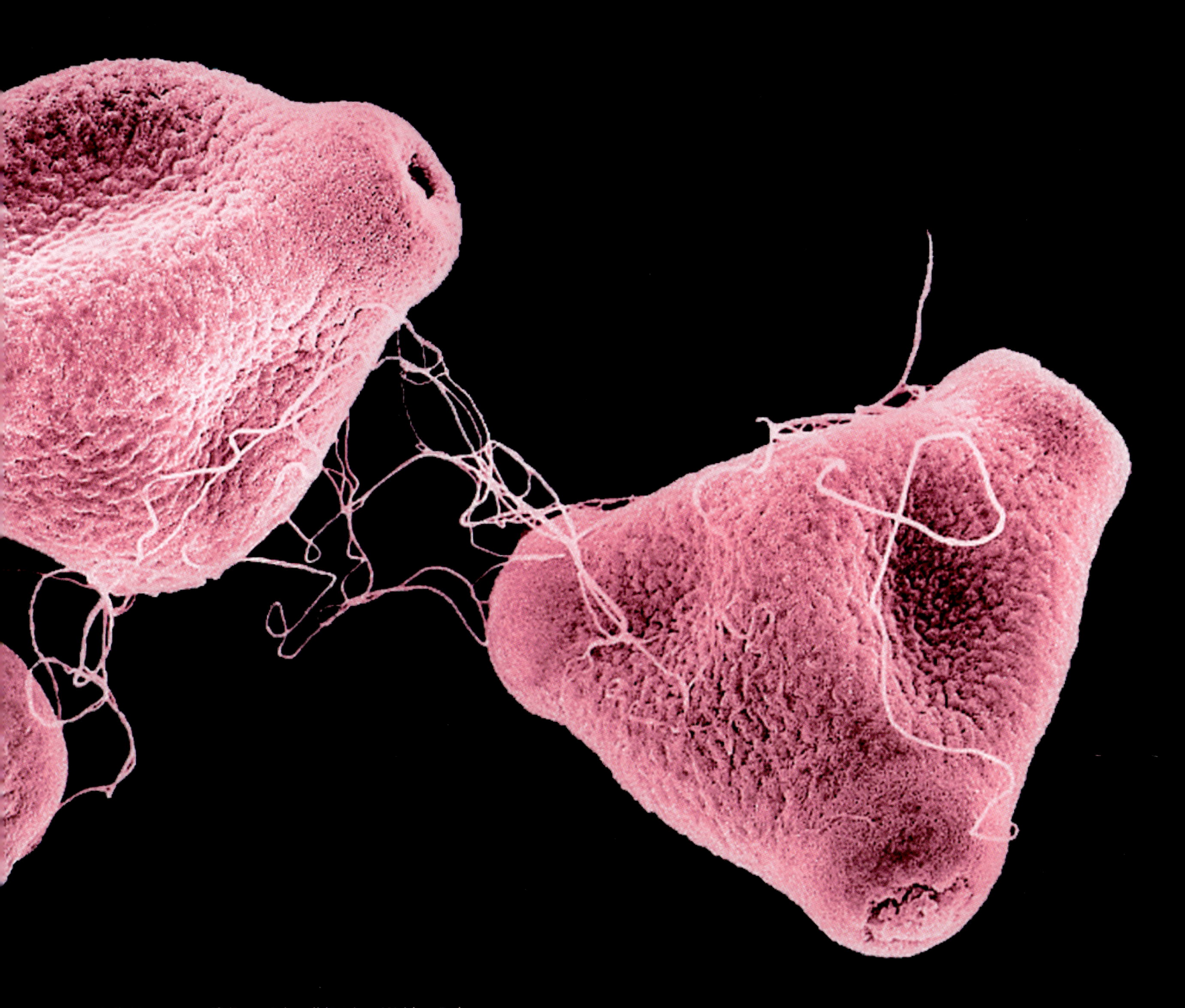

Epilobium angustifolium – Schmalblättriges Weidenröschen (Onagraceae) – nicht ausgereifte Pollenkörner, die lose durch lange Viszinfäden verbunden sind [REM x 400]

SEITE 130 *Rhododendron* cv. – 'Naomi Glow' (Ericaceae) – Nahaufnahme der Blüte; die Filamente (Staubfäden), die die Antheren tragen, werden von den vielen klebrigen Viszinfäden zusammengehalten, welche die Pollenkörner verbanden, als sie die Antheren verließen.

SEITE 131 *Rhododendron* cv. – 'Naomi Glow' (Ericaceae) – Teil einer Pollentetrade (vier zusammenhängende Pollenkörner), wie sie typisch sind für die Familie der Ericaceae, mit zahlreichen Viszinfäden. Pollenkörner in nicht ausgereiftem Zustand [REM x 1000]

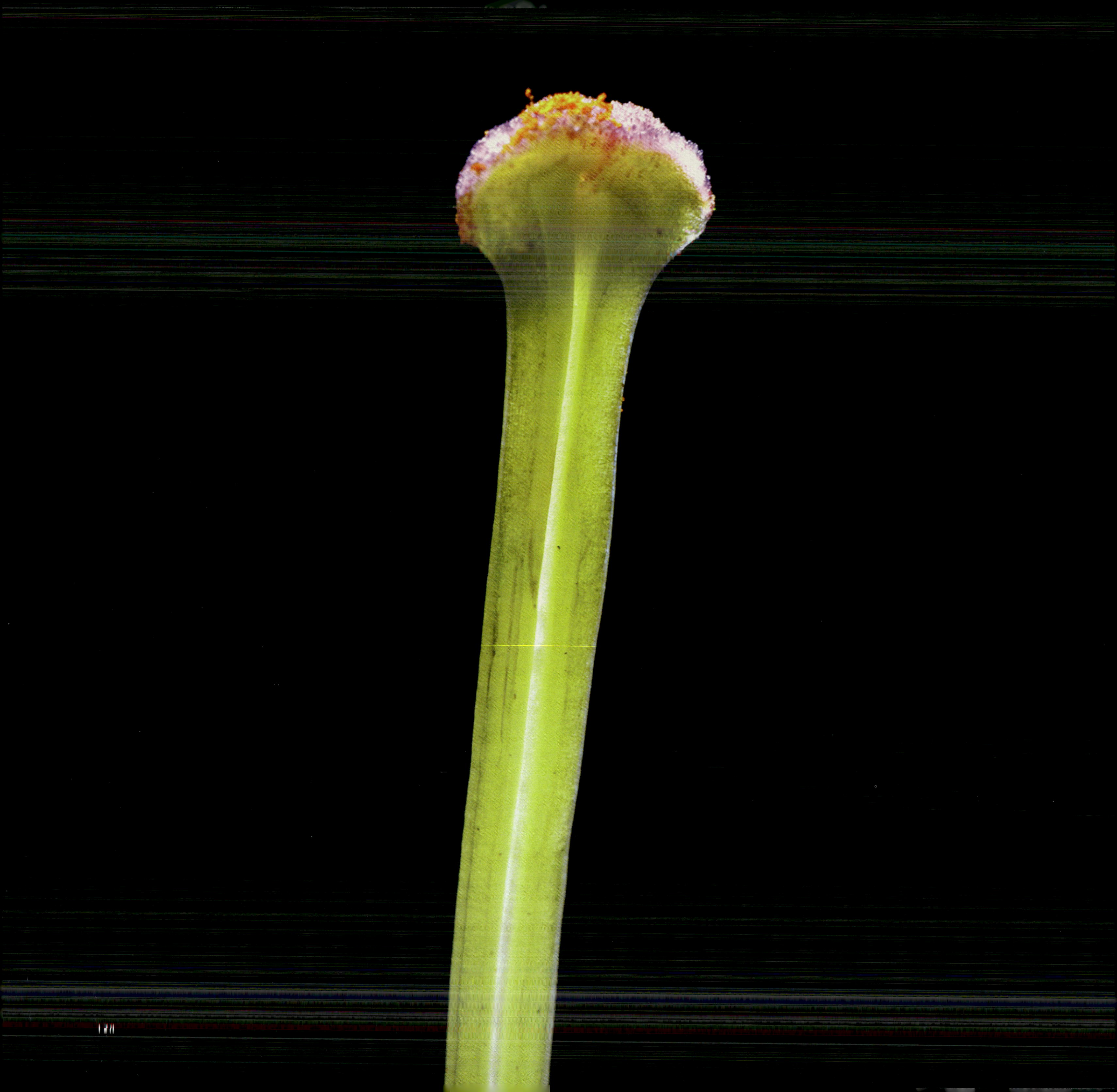

UNTEN LINKS Fortpflanzungsorgane einer Blüte; der Übersichtlichkeit halber wird nur eine der Samenanlagen gezeigt.

UNTEN RECHTS Ein Lilienpollenkorn, dessen Pollenschlauch durch die Aperturmembran auskeimt und in den Styluskanal hinunterwächst

LINKE SEITE *Lilium* cv. – Gärtnerlilie (Liliaceae) – Schnitt durch das Pistill mit dem Styluskanal in der Mitte des Stylus. Auf der Oberfläche des Stigmas befinden sich Pollenkörner.

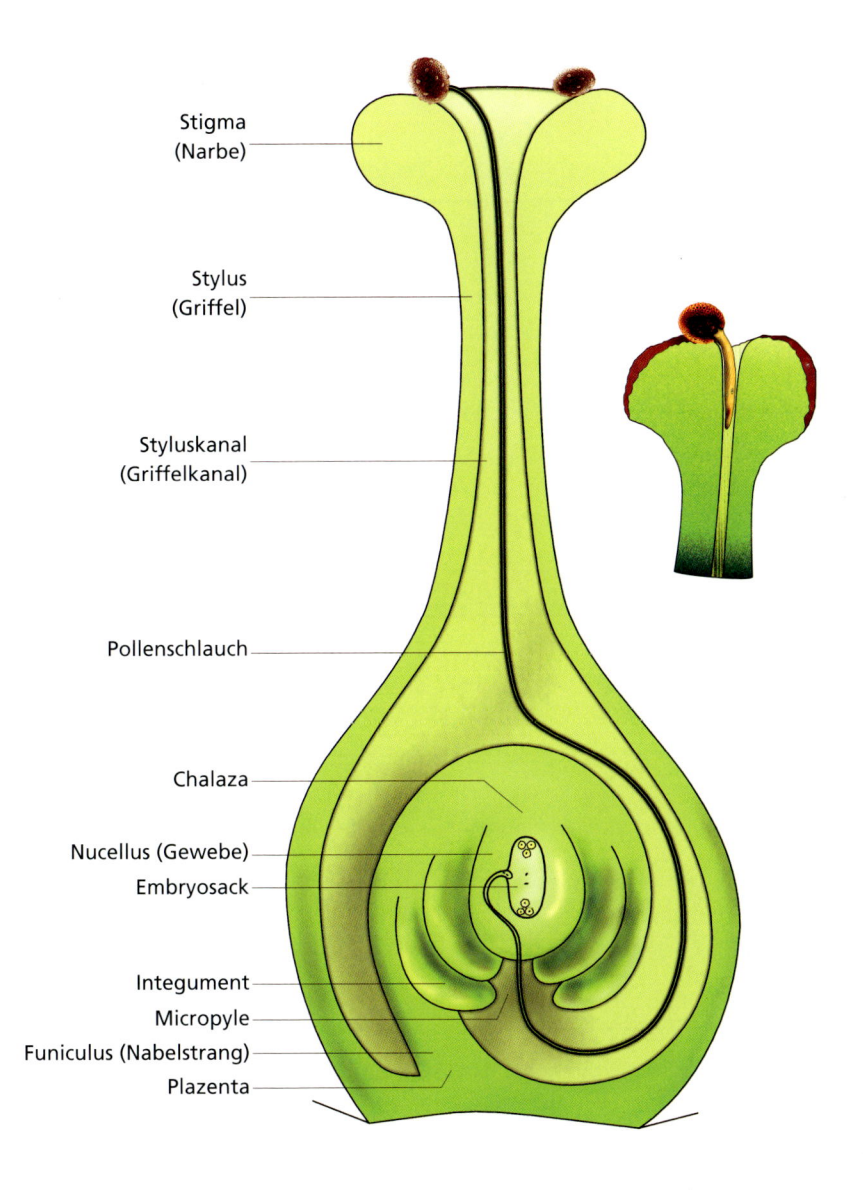

- Stigma (Narbe)
- Stylus (Griffel)
- Styluskanal (Griffelkanal)
- Pollenschlauch
- Chalaza
- Nucellus (Gewebe)
- Embryosack
- Integument
- Micropyle
- Funiculus (Nabelstrang)
- Plazenta

KEINE BLÜTEN – KEIN POLLEN, KEIN POLLEN – KEINE BLÜTEN

Blüten. Diese Blüten gelten als hoch entwickelt. Zu den wohlbekannten Beispielen zählen Orchideenblüten, die Fliegen-, Spinnen- oder Bienenarten imitieren, um Insekten zur Kopulation anzulocken. Orchideen gehören zu einer von zwei großen Familien, bei denen statt der Anthere das Pollinarium, ein Pollenpaket, den Pollen enthält. Pollinarien sind sehr klebrig; sie befinden sich nahe am Blütenrand, so dass sie dem Insekt beim Abflug an Kopf oder Körper kleben bleiben und von ihm zu einer anderen Blüte weitertransportiert werden. Andere zygomorphe Blüten mit einer besonderen Anpassung an Insektenbestäuber sind unter anderem Löwenmaul, Gauklerblume *(Mimulus)* und Fingerhut, wie auch andere Angehörige der Erbsen- (Leguminosae) und der Salbei-Familie (Lamiaceae).

Die Blütenstände oder Infloreszenzen einiger Arten der Feigen-Familie (Moraceae), deren Außenseite innen liegt, sind eine sehr nützliche Beziehung mit verschiedenen Spezies der Feigenwespe eingegangen. Die Infloreszenzen sind sehr ungewöhnlich aufgebaut: Das stark angeschwollene Receptaculum umschließt die winzigen Einzelblüten. Ein Schnitt durch eine Feige zeigt diesen Aufbau: Das äußere purpurne Fruchtfleisch ist das angeschwollene Receptaculum, der innere weiche, saftige, rosa gefärbte samenhaltige Bereich sind die gereiften Blüten. Im Blütenstadium führen die Wespen, wenn sie durch den kleinen narbenartigen Bereich an der Spitze der Feige (gegenüber dem Stängel) eindringen, zwei Aktivitäten aus: Zum einen bestäuben sie die Blüten, deren Pistille auf langen Styli angeordnet sind, zum anderen legen sie Eier in die Pistille der mit kurzen Styli ausgestatteten Blüten. Daraufhin bilden sich in den Blüten mit langen Styli Samen, während sich die Blüten mit kurzen Styli zu Gallen entwickeln, in denen die nächste Generation der Feigenwespen ausgebrütet wird.

Bei manchen Spezies sind die oft sehr kleinen Blüten in dichten Gruppen zusammengefasst. Einige Infloreszenzen sind tellerartig angeordnet und dienen als Landeplattformen für Insekten. Dazu gehören die Gänseblümchen (Compositae), bei denen ein äußerer Ring winziger Einzelblüten, jede mit einem gut entwickelten Petalum, einen inneren Bereich dicht gepackter Einzelblüten ohne Petalen umgibt. Viele Angehörige der Familie Umbelliferae, wie Mariengras, Bärenklau und Wiesenkerbel, aber auch der Holunder (Familie Caprifoliaceae) haben eher lose arrangierte Lande-

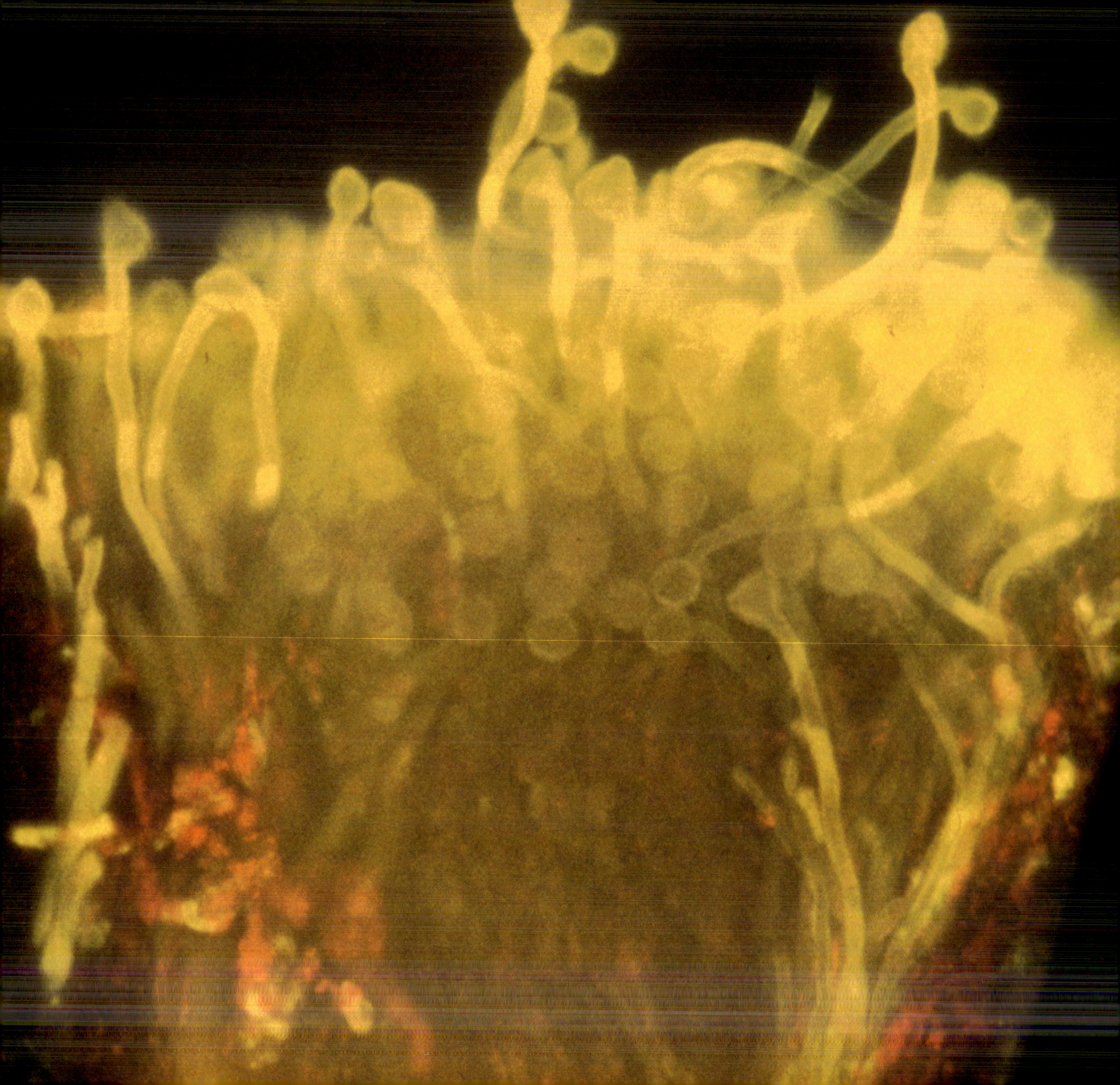

137

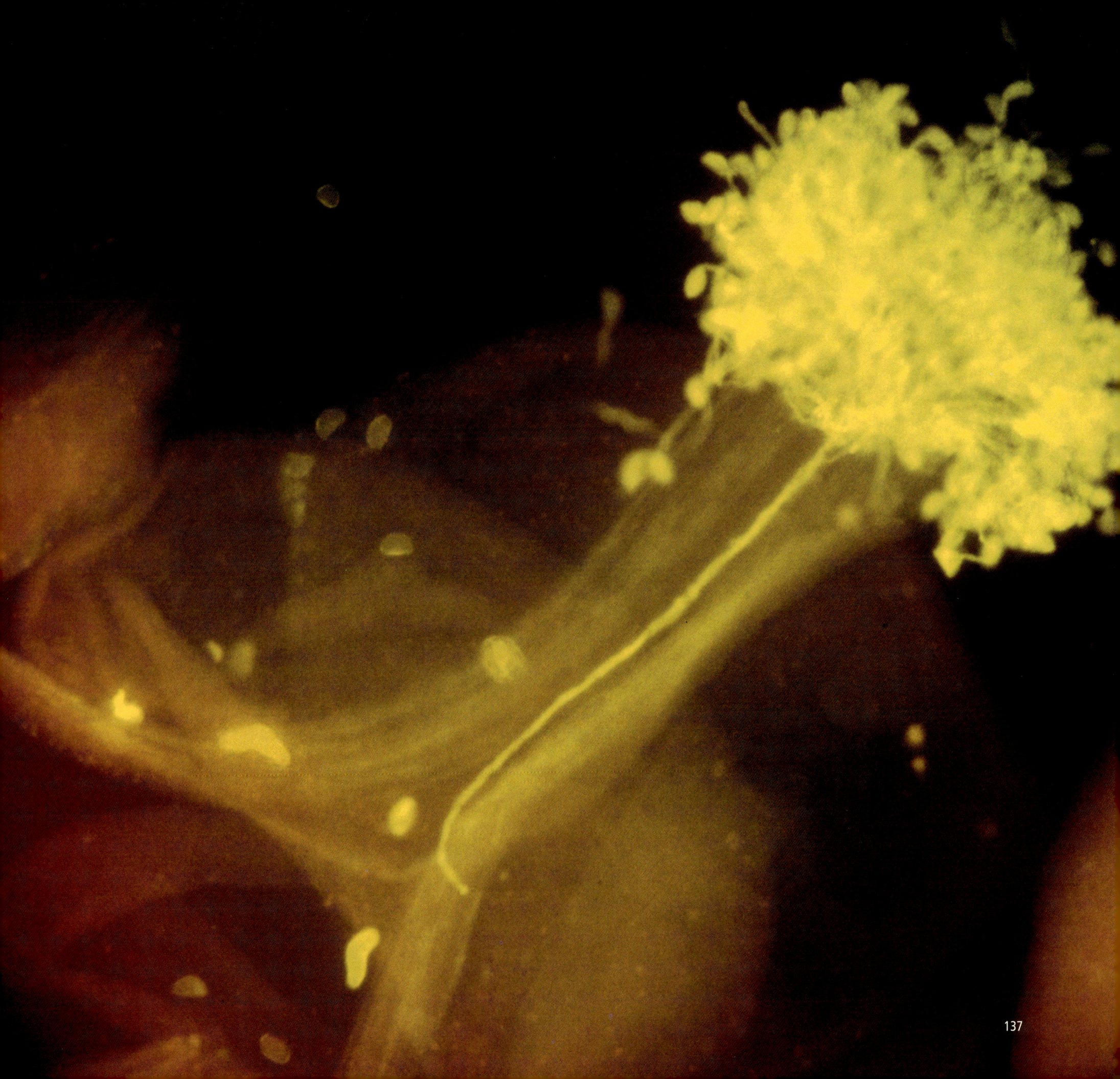

allerlei Insekten werden.

Nektar ist eine wichtige Belohnung für Bienen und andere Blütenbesucher. Kolibris und Honigfresservögel, wie auch viele Motten und Schmetterlinge, haben entweder lange Schnäbel oder lange Zungen entwickelt, um den Nektar am Grund der langen Corollenröhren (Blütenkronenröhren) zu erreichen. Viele Blüten tragen Markierungen auf ihren Petalen, die den Bestäubertieren den Weg zum Nektar weisen. Einige dieser Markierungen sind für das menschliche Auge sichtbar, meistens aber erkennt man sie nur im ultravioletten Licht, das Insekten wahrnehmen können. Für die Insekten sind diese Leitmarken also deutlich erkennbar.

Der Duft einer Blüte ist ein weiteres Lockmittel – Blüten, die abends und nachts einen starken Geruch aussenden, ziehen Motten und Nektar oder Früchte fressende Fledermäuse an. Aas- und Dungfliegen fühlen sich zu übelriechenden Blüten, wie denen einiger Kalla-Arten (Araceae), hingezogen. Durch den Duft angelockt, der dem Blütenkolben (Spadix) entströmt, werden die Fliegen im kesselförmigen Hochblatt der Blüte (Spatha) gefangen genommen und bestäuben beim Herauskrabbeln den Kolben.

POLLEN ALS LOCKMITTEL FÜR BESTÄUBER

Bei einigen Pflanzengruppen wie der Rhododendron- und Heidekraut-Familie (Ericaceae) und der Nachtkerzen- und Fuchsien-Familie (Onagraceae) haften den Pollenkörnern winzige fadenartige Strukturen (Viszinfäden) an. Diese aus Sporopollenin bestehenden Fäden schließen die Pollenkörner nicht nur in Gruppen zusammen, sondern binden sie auch an Insekten fest. Aufgrund ihrer äußeren Lipidschicht bleiben die Pollenkörner dann an den Körperteilen von Blütenbesuchern kleben. Außerdem verströmen die Lipide charakteristische Gerüche, die zur selben chemischen Klasse der Aromate gehören wie die Duftstoffe der Blüten.

Einen Nachteil hat das allerdings für den Pollen: Er wird manchmal gefressen! Bienen sind die wichtigste und die am besten erforschte Gruppe der Pollenkonsumenten. Für Bienen sind Pollenkörner die wichtigste Nahrungsquelle. Sie sammeln und nutzen Pollen als Futter für ihren Nachwuchs. Viele andere Insektenarten ver-

LINKE SEITE *Cucurbita pepo* – 'Patty-Pan'-Kürbis (Cucurbitaceae) – frühes Stadium der Pollenschlauchkeimung (Intinenausdehnung). Es ist erstaunlich, wie die Aperturdeckel der Exine durch die Ausdehnung der Intine (Aufquellen durch Wasserabsorption) aufgedrückt werden. Das Pollenschlauchwachstum wird sich wahrscheinlich auf eine der Ausdehnungszonen konzentrieren [LM x 20 – gefärbt mit einer Mischung aus Malachitgrün, Fuchsin und Orange G].

SEITE 136 *Cercis siliquastrum* – Gewöhnlicher Judasbaum (Leguminosae) – Pollenkörner keimen auf dem Stigma [LM x 150 – gefärbt mit Anilinblau, Aufnahme mit UV-Licht]. Mit freundlicher Genehmigung von Prof. Simon Owens

SEITE 137 *Tripogandra grandiflora* (Commelinaceae) – Pollenkörner keimen auf dem Stigma. Ein Pollenschlauch ist schon bis zum unteren Ende des Stylus hinabgewachsen [LM x 30 – gefärbt mit Anilinblau, Aufnahme mit UV-Licht]. Mit freundlicher Genehmigung von Prof. Simon Owens

140

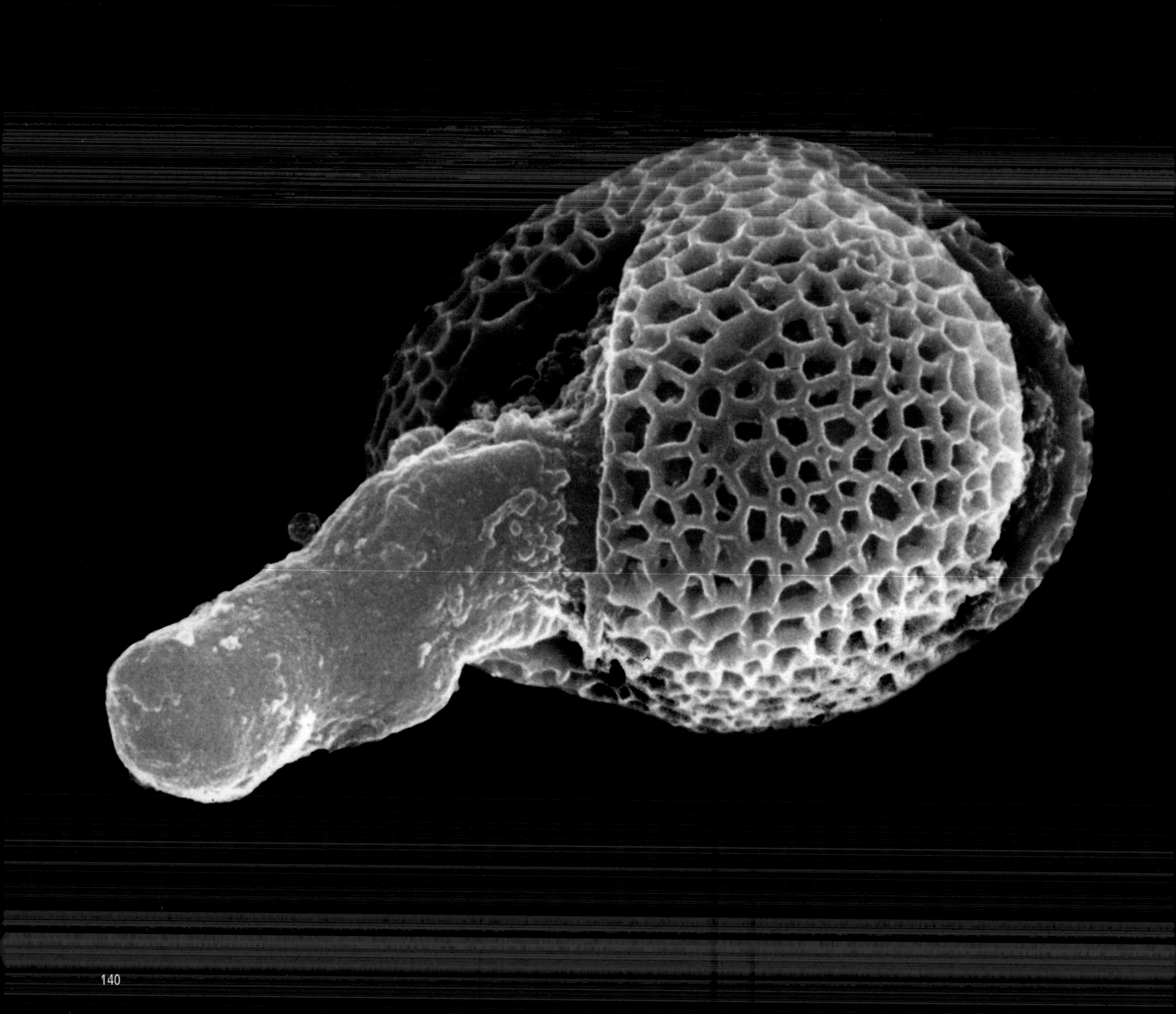

zehren ebenfalls regelmäßig Pollenkörner, darunter Käfer und Fliegen, aber auch einige Fledermäuse (Unterordnung Megachiroptera) und Kolibris sowie australische Honigfresservögel.

DER GESCHLECHTSAKT

Wenn sie ausgereift ist, durchläuft die generative Zelle (die männliche Fortpflanzungszelle) des Pollenkorns eine weitere Mitose und teilt sich, woraus zwei Spermazellen entstehen. Die Teilung findet entweder kurz vor dem Verlassen der Anthere oder irgendwann danach statt, aber auf jeden Fall spätestens kurz bevor der Pollenschlauch den Embryosack erreicht.

Wenn ein Pollenkorn auf der Oberfläche eines Stigmas landet, rufen Erkennungschemikalien auf oder in der Oberfläche des Pollenkorns ein negatives (Sporophyten-Inkompatibilität) oder ein positives Signal der Erkennungschemikalien hervor, die in der Oberfläche des Stigmas enthalten sind. Ein positives Signal bedeutet, dass das Pollenkorn kompatibel zu sein scheint, also von derselben Pflanzenspezies stammt.

Nachdem das Pollenkorn, gewöhnlich gleichzeitig mit Hunderten oder sogar Tausenden konkurrierender Pollenkörner, vom Stigma akzeptiert worden ist, wird es Teil eines erbitterten Rennens mit dem Ziel, als Erstes seine Spermienzellen zu einer Samenanlage zu bringen – zuerst jedoch müssen die Spermazellen durch eine der Aperturen in der Pollenhülle austreten. Das geschieht so: Wenn das Pollenkorn auf das Stigma auftrifft, absorbiert es Feuchtigkeit von dessen Oberfläche. Die dicke innere, nicht aus Sporopollenin bestehende Schicht der Pollenhülle, die Intine, beginnt dadurch, sich unterhalb der Aperturen, wo sie sogar noch dicker ist, auszudehnen. Die Aperturmembran reißt auf, und die Intine quillt durch diese Öffnung (ähnlich einer Kuchenglasur, die durch eine Konditorspritze gezwängt wird). Die austretende Intine – der Pollenschlauch – umgibt das Zellmaterial aus dem Pollenkorn, darunter die vegetativen Zellen und die Spermazellen. Die Rolle des vegetativen Nucleus ist noch nicht genau bekannt, aber man nimmt an, dass er mit dem Wachstum und der Entwicklung des Pollenschlauchs zu tun hat. Die Pollenschlauchzellen, die miteinander darum wetteifern, als Erste eine Samenanlage zu erreichen, sind die am schnellsten

LINKE SEITE *Hamamelis mollis* – Zaubernuss (Hamamelidaceae) – ein keimender Pollenschlauch tritt aus einer Apertur aus [KPT/REM x 4000].

FOLGENDE DOPPELSEITE *Prunus dulcis* – Mandelbaum (Rosaceae) – Pollenkörner keimen auf einem saccharosehaltigen Agar-Nährboden [REM x 1000]. Mit freundlicher Genehmigung von Dr. María Suárez-Cervera

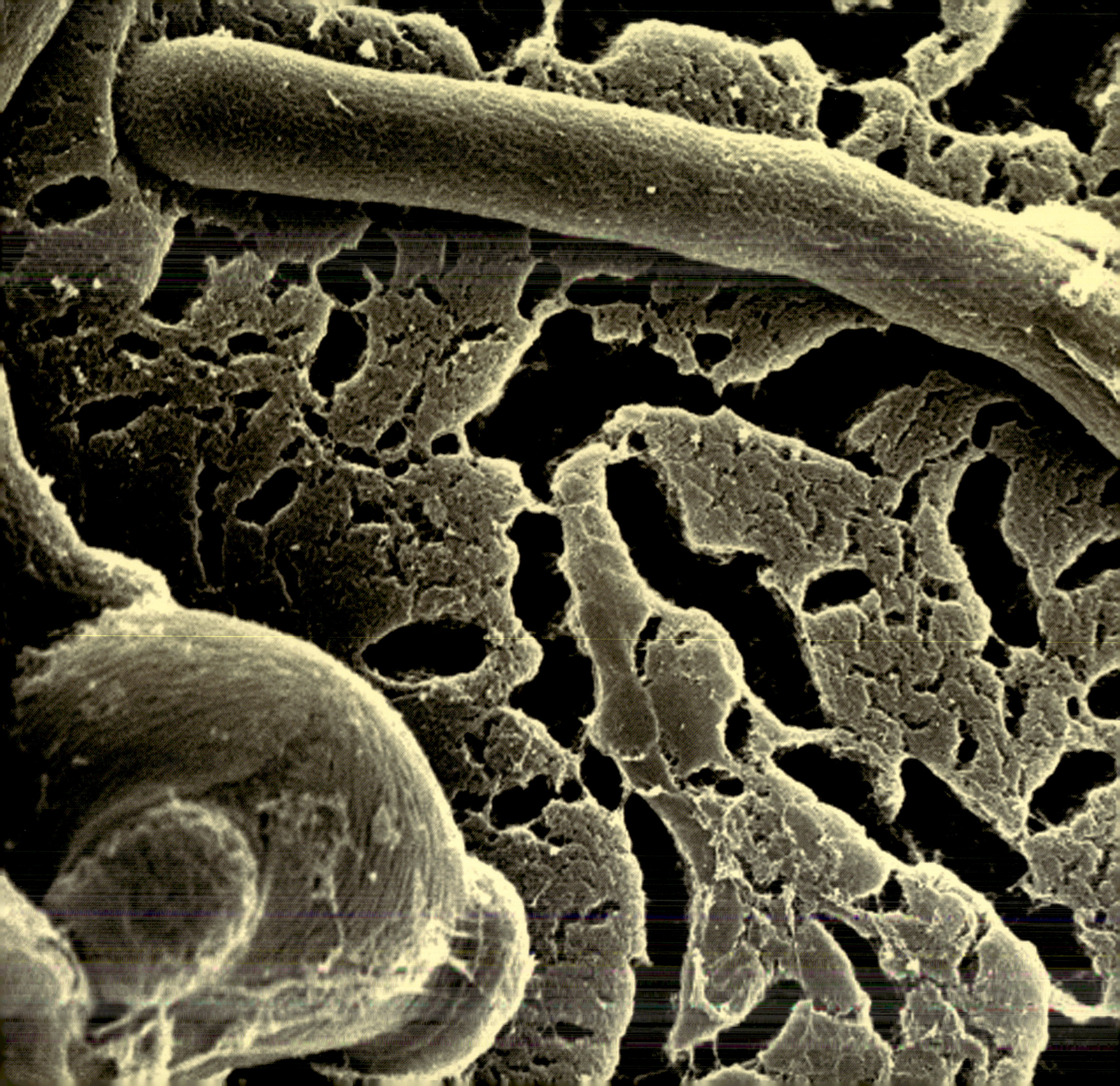

143

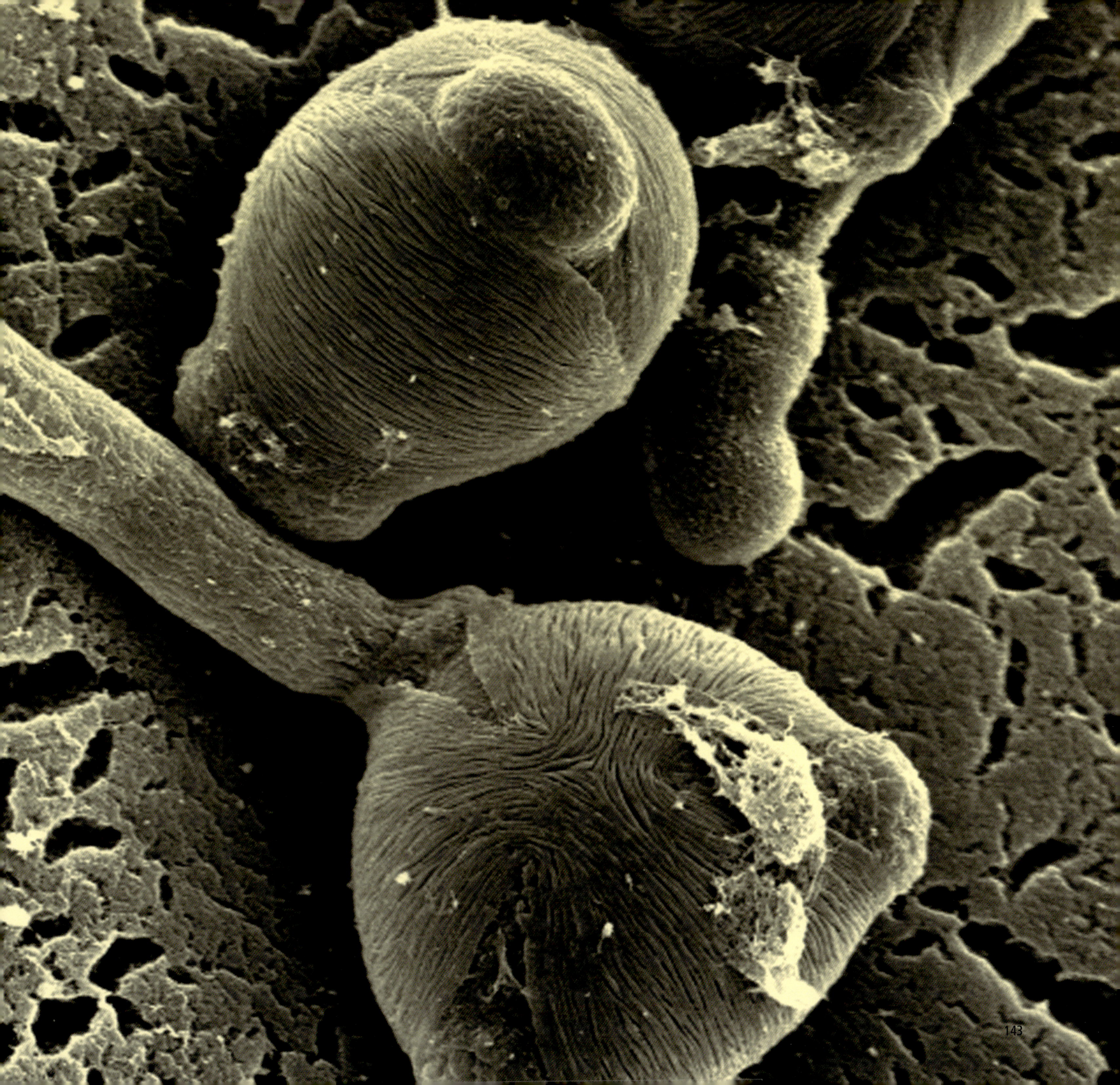

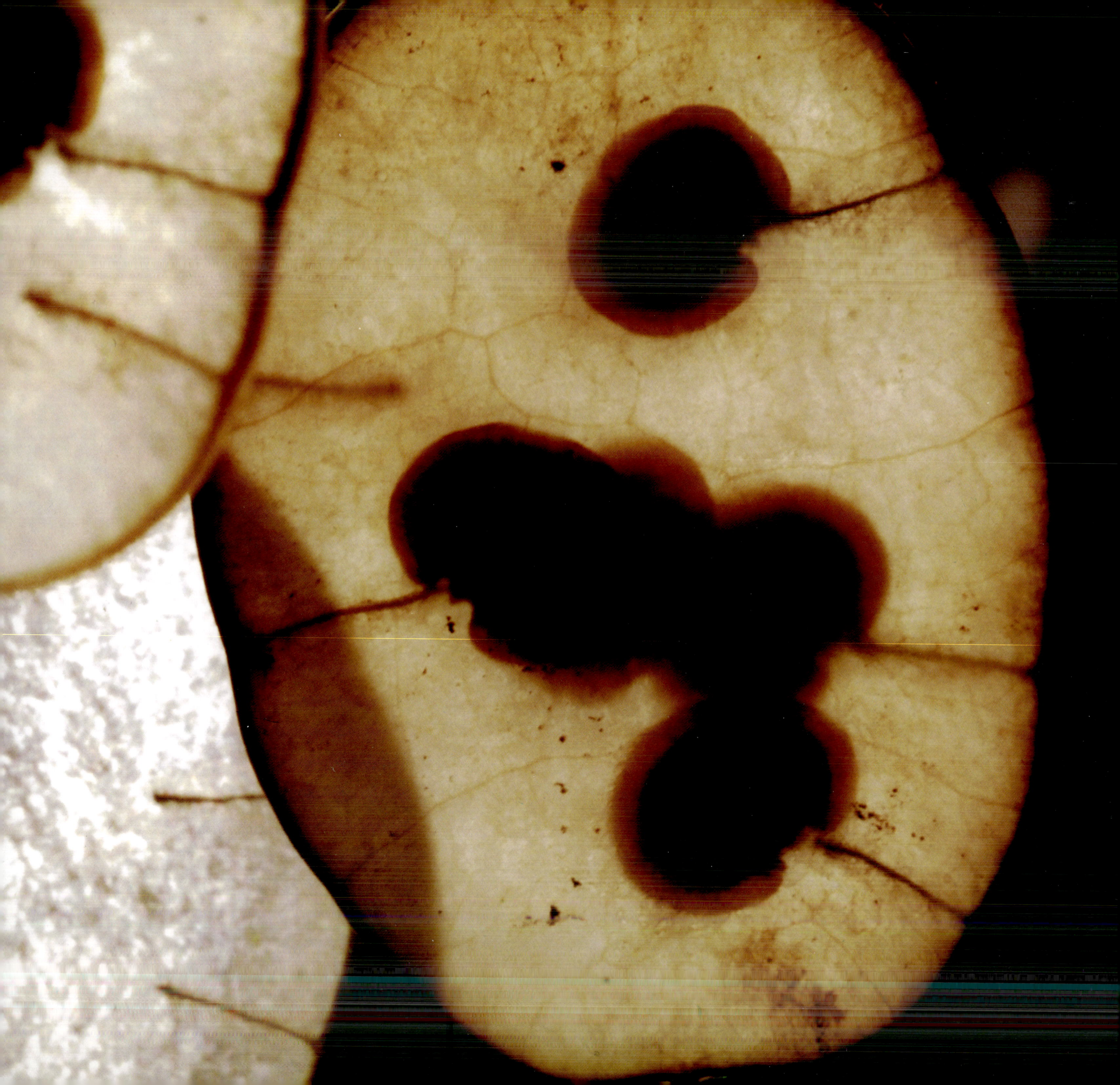

wachsenden Pflanzenzellen überhaupt. Die Schläuche wachsen rasant, wobei sie immer länger und dünner werden, während sie durch den Griffelkanal heruntereilen, um die Fächer des Ovars zu erreichen, in denen sich die Samenanlagen befinden. Die beiden Spermazellen werden dabei nahe der Spitze des sich verlängernden Pollenschlauchs mitgeführt; der vegetative Nucleus befindet sich unmittelbar davor. Der keimende Pollenschlauch muss vom Pistill akzeptiert werden, während er durch dessen Griffelkanal hinabwächst. Wenn der Pollen nicht von derselben Spezies stammt, wird er abgewiesen, bevor er die Samenanlagen erreicht (Gametophyten-Inkompatibilität), auch wenn er den Sporophyten-Inkompatibilitätstest an der Oberfläche des Stigmas bestanden hat. Bei der Ankunft im Ovar löst sich der vegetative Nucleus auf, und die Spermazellen werden aus dem Zytoplasma befreit, bevor sie sich in den Embryosack der Samenanlage weiterbewegen. Hier verschmilzt eine von ihnen mit dem Ovum (Einucleus), woraus der Embryo entsteht, und die andere mit den Polkernen, wodurch der triploide (einen dreifachen Chromosomensatz aufweisende) primäre Endospermnucleus gebildet wird, aus dem das Samennährgewebe, das Endosperm, hervorgeht. Diese doppelte Befruchtung ist typisch für Blütenpflanzen (Angiospermen).

Die wunderschöne äußere Hülle des Pollenkorns bleibt verschrumpelt und unbeachtet auf der Oberfläche des Stigmas liegen, wie Geschenkpapier nach dem Auspacken des Geschenks, ihrer Funktion beraubt. Das ist natürlich nicht das Ende der Geschichte, denn jetzt, nach der erfolgreichen Befruchtung durch das Pollenkorn, kann sich die Samenanlage zu einem reifen Samen entwickeln, der die volle Chromosomenausstattung in sich trägt, die notwendig ist, damit eine neue diploide Pflanze entstehen kann.

Lunaria annua – Einjähriges Silberblatt (Cruciferae) – Samenkapsel

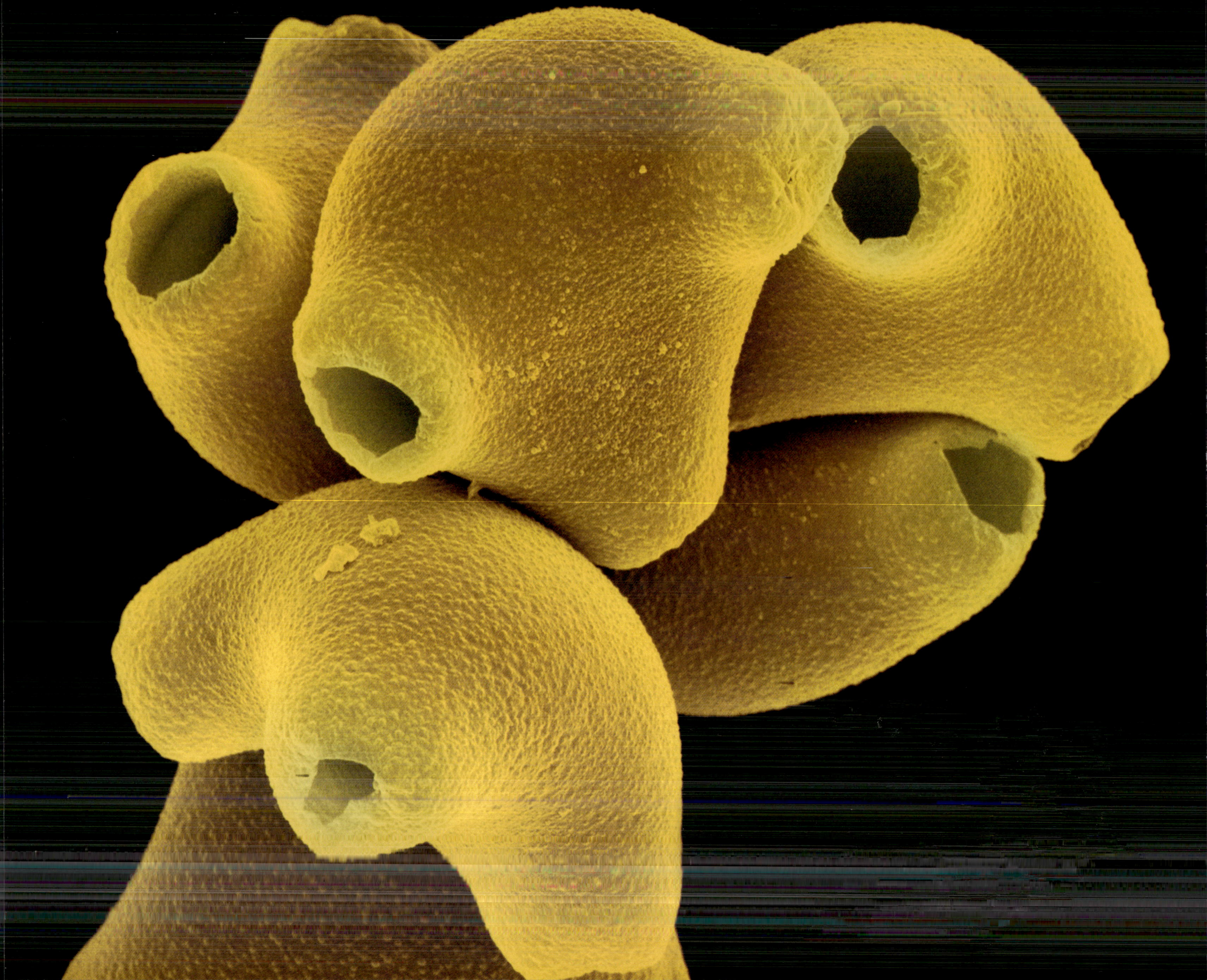

ABBILDUNG DES UNSICHTBAREN

ROB KESSELER

Persoonia mollis – Silberbaumgewächs (Proteaceae) – Gruppe
dreiporiger Pollenkörner [REM x 1000 nach Acetolyse]

Mallow
f. 14.
The spermatick Globulets in f. 13.

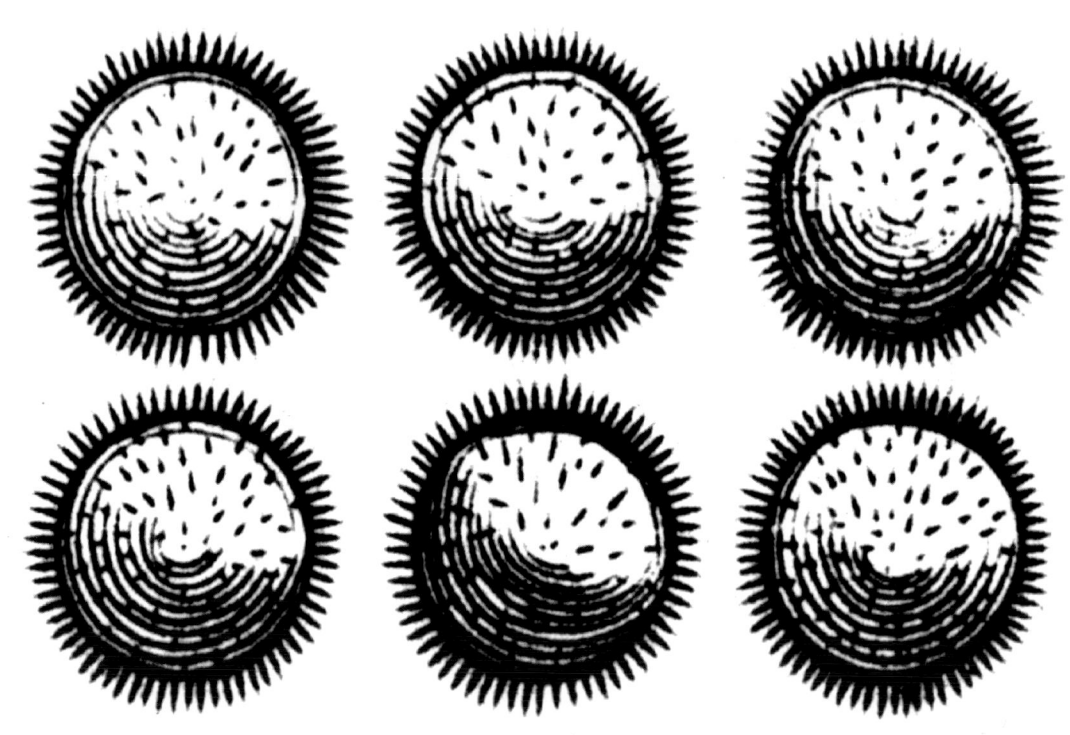

Nehemiah Grew (1682): »Spermakügelchen« – Pollenkörner von *Malva sylvestris* – Wilde Malve (Malvaceae) – aus *The Anatomy of Flowers, Prosecuted with the bare Eye, and with the Microscope*. Mit freundlicher Genehmigung der Bibliothek der Royal Botanic Gardens, Kew

SEITE 150 Schmetterling – *Polyommatus icarus* – Bläuling (Lycaenidae) auf *Onobrychis viciifolia* – Futter-Esparsette (Leguminosae)

SEITE 151 George Dionysius Ehret – Detail eines Hibiscus mit siebenfingrigen Blättern *(folus palmato-digitata Septemparitis [sic])*, (Malvaceae), Blüte, 1761. Aquarell. Mit freundlicher Genehmigung der Bibliothek der Royal Botanic Gardens, Kew

SEITE 152 Walter Hood Fitch – *Rhododendron arboreum* var. *limbatum* (Ericaceae), 1862. Man beachte die Poren der Antheren. Aus der Arthur Church Collection of Botanical Drawings. Mit freundlicher Genehmigung der Bibliothek der Royal Botanic Gardens, Kew

SEITE 153 *Rhododendron* cv. (Ericaceae) – Stamina mit Antheren, die zahlreiche Poren aufweisen

SEITE 154 James Sowerby – eine »bizarre« Tulpe. Tafel IV aus *Flora Luxurians*, 1789. Mit freundlicher Genehmigung der Bibliothek der Royal Botanic Gardens, Kew

SEITE 155 Gärtnertulpe mit den für Tulpen typischen Antheren und dem dreilappigen Stigma

ABBILDUNG DES UNSICHTBAREN

Die künstlerische Darstellung von Pollen sollte stets mit Blick auf die Blütenpflanzen und ihre Beziehung zur Kunst betrachtet werden. Der Drang, die Blumen und Pflanzen, die uns umgeben, abzubilden und zu verstehen, hat eine lange, wunderbare Geschichte. Schon auf den frühesten Töpferwaren erschienen Pflanzen als Ornamente, und der griechischen Architektur dienten sie als Inspiration für ihre Formen und Strukturen. Pflanzen werden in den farbenprächtigen Meisterwerken der niederländischen Maler gefeiert und sind Gegenstand genauester Beobachtung in botanischen Illustrationen. Pflanzliche Motive haben zu verschiedensten Gestaltungen und Designs angeregt und inzwischen jeden Bereich unseres Alltagslebens erobert. Man isst von Porzellan mit Pflanzenverzierung, man sitzt auf Blumenmustern oder schläft darin. Pflanzenornamente schmücken unsere Kleidung und unsere Wände. Sie sind zu kraftvollen Symbolen geworden, und es fällt schwer, sich einen Bereich des Lebens vorzustellen, in dem Pflanzenmotive nicht vorkommen.

Historisch gesehen verfeinerten und verbesserten sich mit den erzielten wissenschaftlichen Fortschritten in der Botanik auch die Methoden der Pflanzendarstellung. Ab dem 17. Jahrhundert ermöglichte die Entwicklung von Lupen und Mikroskopen das Studium der pflanzlichen Anatomie jenseits des menschlichen Sehvermögens und erschloss sowohl den Botanikern als auch Künstlern neue Untersuchungsobjekte. Schon 1676 beschrieb Nehemiah Grew (1641–1712) in seinem für die damalige Zeit ausgesprochen schlüpfrigen botanischen Werk *The Anatomy of Flowers, Prosecuted with the bare Eye, and with the Microscope* Form und Funktion des Pollens verschiedener Pflanzen in allen Einzelheiten. Er erkannte die Bedeutung des Pollens für die Fortpflanzung und nannte die Pollenkörner *spermatic globulets* (Spermakügelchen). Seine Stiche zeigen die pflanzlichen Genitalien im Detail. Um 1735 wimmelte es dann von sexuellen Metaphern: Carl von Linné (1707–1778) beschrieb die Petalen der Corolla als »Vorhänge des Brautbettes«. Für Linnés *Systema Naturae* illustrierte George Ehret die 24 verschiedenen Sexualpraktiken der Pflanzen, benannt nach der Anzahl der Stamina und Karpelle. Sie wurden wie Miniaturblumensträuße dargestellt, angeordnet in der Reihenfolge, die das Klassifikationssystem implizierte.

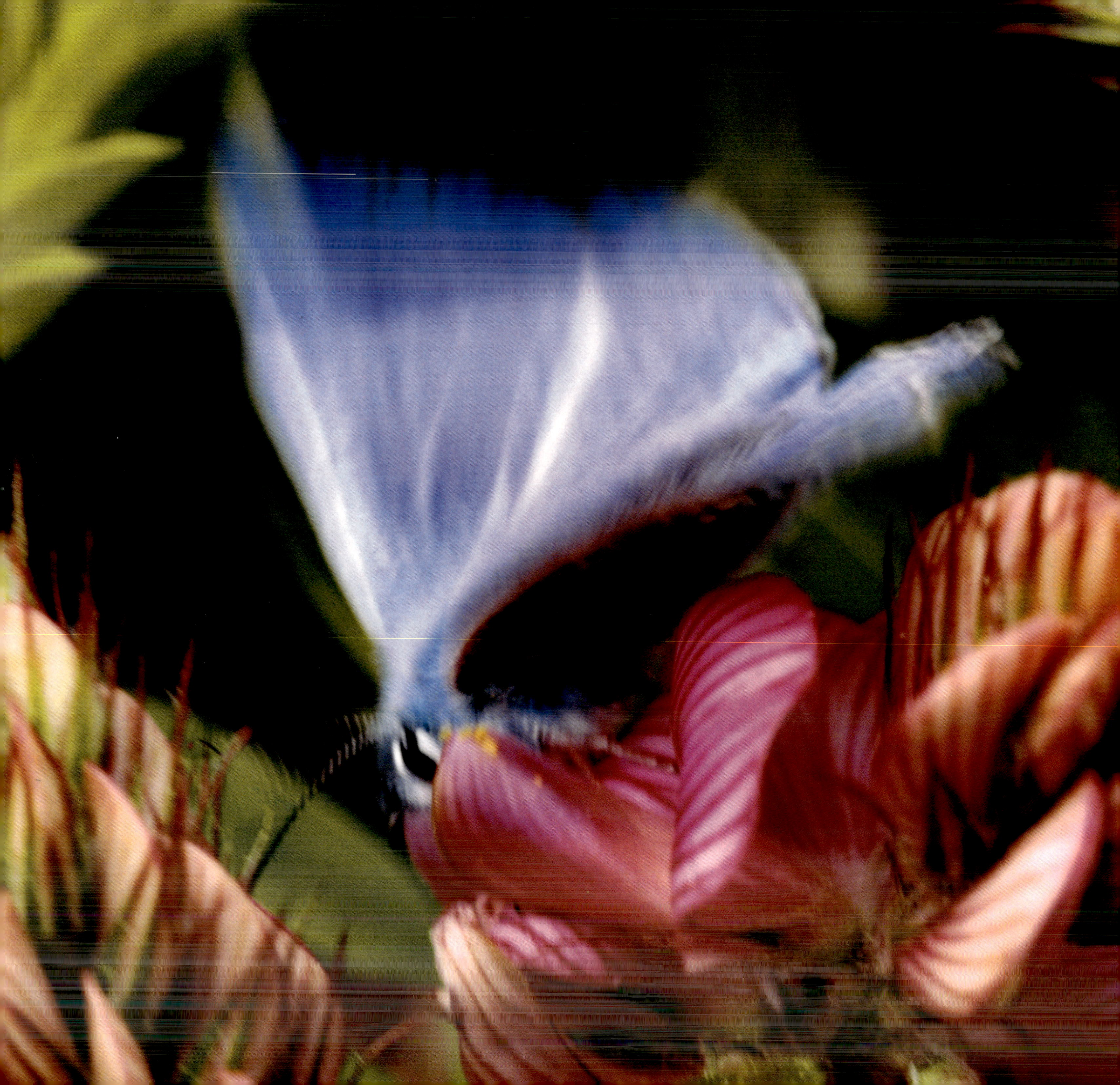

151

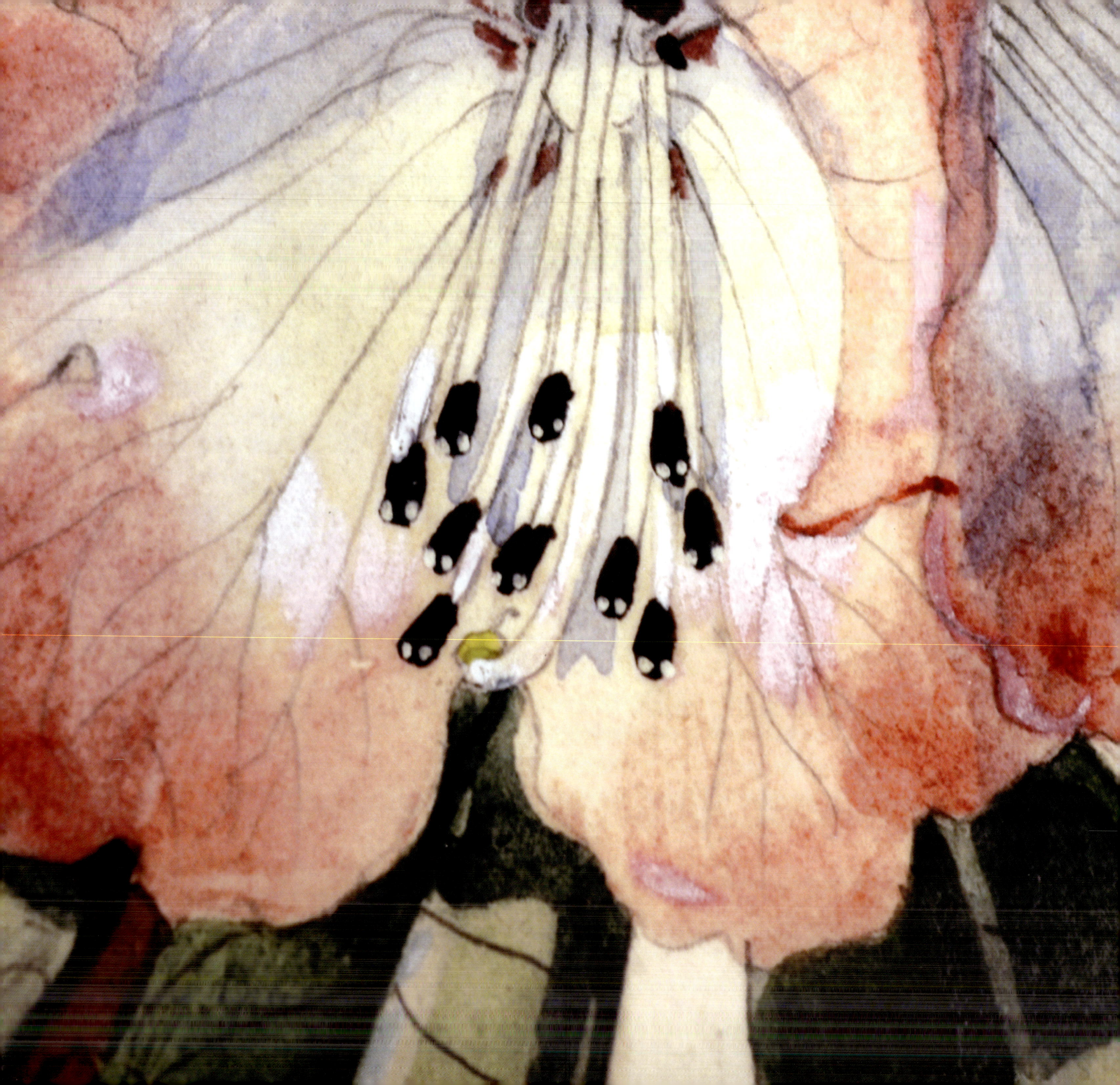

153

154

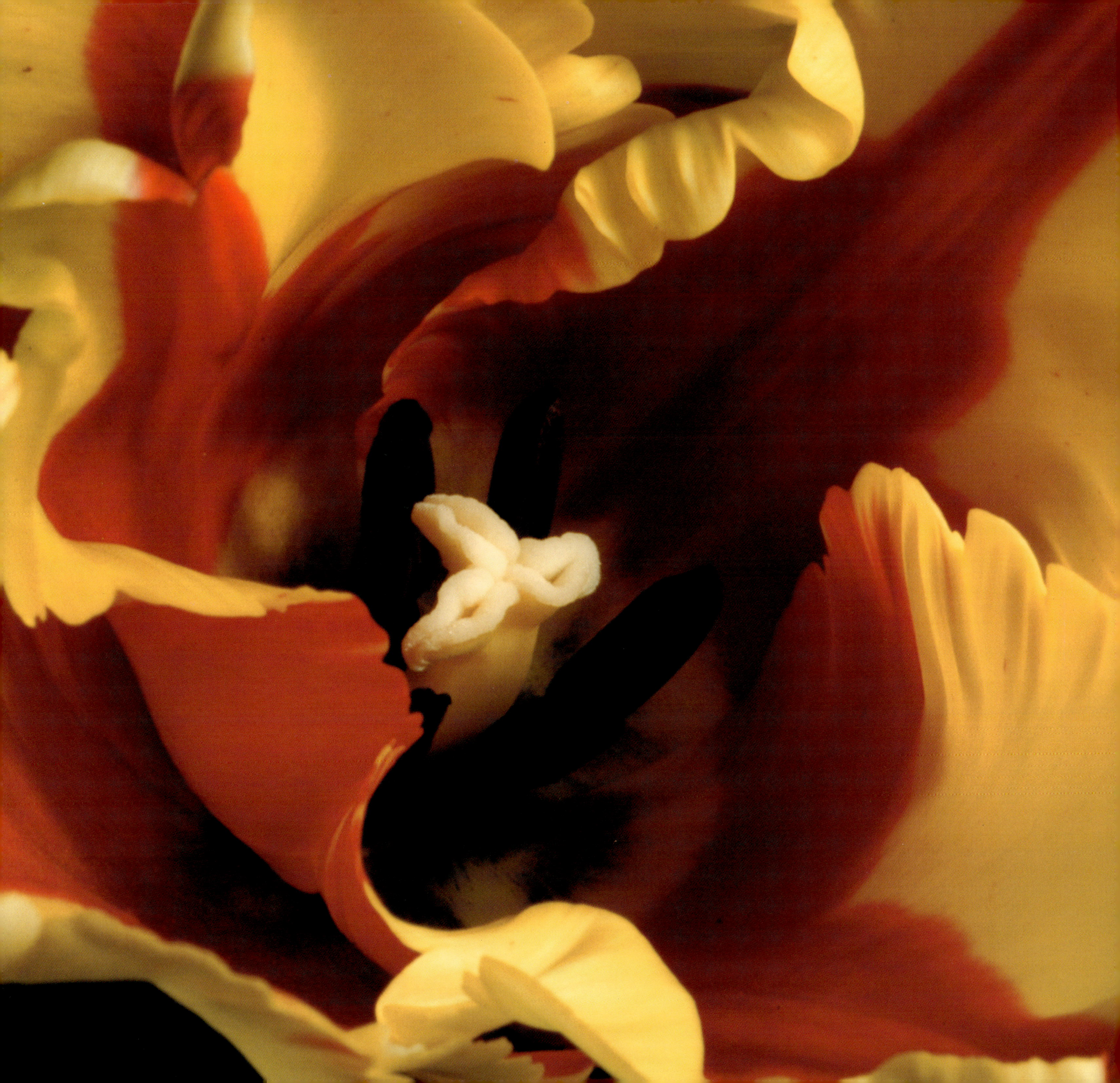

In Großbritannien förderte König George III. im frühen 18. Jahrhundert die Wissenschaften. Die Royal Society wurde gegründet, die sich innerhalb zahlreicher akademischer Gesellschaften der Förderung der Forschung und dem Gedankenaustausch innerhalb der Kunst- und Wissenschaften widmete. Diese Gesellschaften waren ursprünglich im Somerset House untergebracht, siedelten aber 1874 ins Burlington House nahe dem Piccadilly Square um. Die Society of Antiquaries, die Royal Society of Chemistry, The Geological Society, The Royal Astronomical Society, The Royal Academy und die Linnean Society verteilten sich auf die Gebäude rings um den Innenhof und bildeten eine aufgeklärte Gemeinschaft, in der fachübergreifendes Denken eine Selbstverständlichkeit war und die Grundlage für das Verständnis der Welt darstellte.

Es gibt die – allerdings umstrittene – Meinung, botanische Illustrationen hätten wenig mit Kunst zu tun. Ästhetische Gesichtspunkte gelten von diesem Standpunkt aus als irrelevant, die Anonymität des künstlerischen Ausdrucks als erstrebenswertes Ideal und Schönheit als netter, aber unwichtiger Nebeneffekt. Damit tut man jedoch nicht nur den Künstlern unrecht, man muss diese Illustrationen nur einmal einige Jahrhunderte zurückverfolgen, um einzusehen, dass es sich hier um eine unhaltbare Behauptung handelt. Sir Joseph Banks, der inoffizielle Direktor von Kew Gardens von 1772 bis zu seinem Tod 1820, hatte angeregt, dass Pflanzenmaler wie Ferdinand Bauer Pflanzenkundler auf ihren weltweiten Expeditionen begleiteten, und zwar als gleichberechtigte Partner beim Sammeln, Aufzeichnen und Vermitteln von Informationen über Pflanzen auf der ganzen Welt. Ferdinands Bruder Franz Andreas Bauer (1758–1840) verfügte wie alle wirklich guten botanischen Zeichner sowohl über großes künstlerisches Talent als auch über botanisches Wissen. Um mit der Lebendpflanzensammlung in Kew arbeiten zu können, erhielt er von Banks eine stattliche lebenslange Rente. Obwohl seine Zeitgenossen seine wissenschaftliche Neugier wenig zu schätzen wussten, trug seine Pionierarbeit über die Bedeutung der Pollenmorphologie für die Pflanzensystematik viel zum wachsenden Interesse an diesem Forschungsgebiet bei. Noch vor Franz Bauers Tod stieg das Interesse an der Pollenmorphologie sprunghaft an, und fast jeder Botaniker von Rang zeigte sich davon fasziniert. Die raschen Fortschritte im Mikroskopbau Anfang des 19. Jahrhunderts

Franz Bauer, *Passiflora caerulea*-Pollen, aus der Sammlung von Zeichnungen *Epidermis floris. Pollen grains, Monstrosities*. Mit freundlicher Genehmigung des Natural History Museum, London

RECHTE SEITE *Passiflora caerulea* – Passionsblume (Passifloraceae) – Pollenkorn in natürlichem Zustand [REM x 1000]

SEITE 158 Carl Julius von Fritzsche, handkolorierter Stich von *Alcea rosea* (Malvaceae), aus *Ueber den Pollen*, 1837. Mit freundlicher Genehmigung der Bibliothek der Royal Botanic Gardens, Kew

SEITE 159 *Malva sylvestris* – Wilde Malve (Malvaceae) – [REM x 4800 nach Acetolyse]

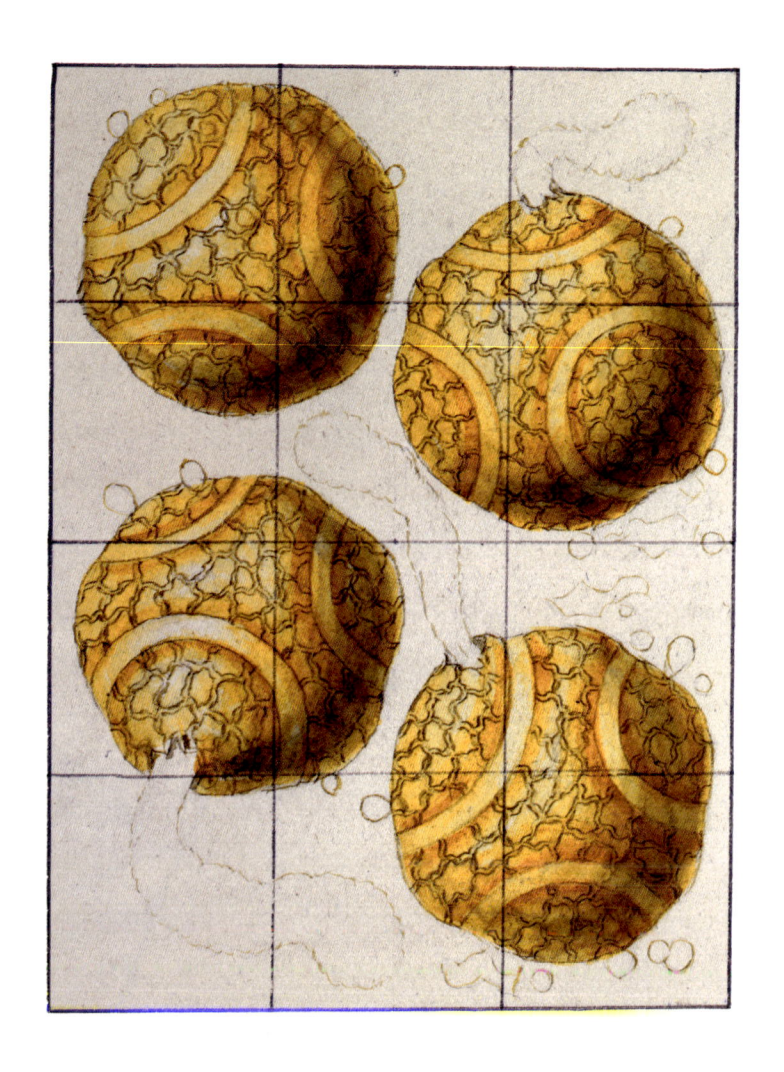

SEITE 160 Carl Julius von Fritzsche, handkolorierter Stich von *Passiflora* sp. (Passifloraceae), aus *Ueber den Pollen* (1837). Mit freundlicher Genehmigung der Bibliothek der Royal Botanic Gardens, Kew

SEITE 161 *Passiflora caerulea* – Passionsblume (Passifloraceae) – Pollenkorn in natürlichem Zustand [REM x 1000]

SEITE 162 Carl Julius von Fritzsche, handkolorierter Stich von *Morina persica* (Dipsacaceae), aus *Ueber den Pollen* (1837). Mit freundlicher Genehmigung der Bibliothek der Royal Botanic Gardens, Kew

SEITE 163 *Morina longifolia* (Dipsacaceae) – Pollenkorn [REM x 4800 nach Acetolyse]

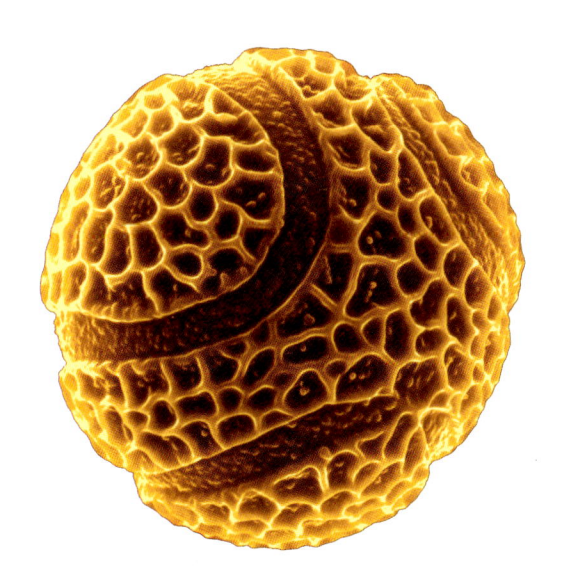

ermöglichten es Franz Bauer außerdem, äußerst genaue Studien vieler Pollentypen anzufertigen. Entstanden ist eine Sammlung detaillierter Zeichnungen und Aquarelle von Pollenkörnern, die sich jetzt in der Botanical Library des Natural History Museum in London befindet.

Die neue Methode der Mikroskopie regte zu neuen Forschungen an, und in kurzer Zeit wurden viele neue Erkenntnisse und Bilder zusammengetragen. 1837 veröffentlichte der Chemiker und Amateurbotaniker Carl Julius von Fritzsche (1808–1871) eine detaillierte Studie der Pollenmorphologie, *Ueber den Pollen*, in der er die vielfältigen, komplexen und detailreichen Oberflächenstrukturen der Pollenkörner veranschaulichte. Seine Studien zeigen große Kenntnis der formalen Besonderheiten und Unterschiede der Pollenkörner; zugleich aber konnte Fritsche – sei es aus dem Bedürfnis, die taxonomische Einordnung zu erleichtern, oder aus dem Drang, durch stilistische Konventionen Ordnung zu schaffen – nicht der Versuchung widerstehen, ihre Symmetrie und die Anordnung von Stacheln und Aperturen zu »verbessern«.

Dies war ein entscheidender Augenblick in der Geschichte der Botanik, denn gleichzeitig zur Veröffentlichung seines mit Handzeichnungen illustrierten Werkes experimentierte Carl Julius von Fritzsche auch mit dem neuen Verfahren der Fotografie. Mit Materialien, die er aus London bezog, gelangen ihm einfache Kontaktabzüge, durch Belichtung erzeugte Zeichnungen von Blattsilhouetten, auf denen die feinen Strukturen der Blattadern zu erkennen waren. Während 40 Jahren hatten zahlreiche Wissenschaftler aus ganz Nordeuropa mit ihren Experimenten das Fundament für diese neue Kunstform gelegt. Thomas Wedgwood (1771–1805), der Sohn des Kunsttöpfers Josiah Wedgwood (1730–1795), experimentierte mit Methoden zur mechanischen Bilderzeugung mithilfe von Licht und Silberverbindungen, und wäre er nicht so jung gestorben, hätte er bestimmt eine größere Rolle in der Entwicklung der Fotografie spielen können. In Frankreich suchte Joseph Nicéphore Niepce (1765–1833), Forscher und Lithograf, nach einem Verfahren, um Bilder direkt aus der Natur auf lithografische Platten zu übertragen, und stellte 1827 seine ersten *Heliographien* her. Überzeugt von ihrem Nutzen für Botaniker, nicht nur zur Darstellung, sondern auch zur Vervielfältigung und größeren Verbreitung, reiste er nach England, um seine Entdeckungen den dortigen Wissenschaftlern vorzustellen.

6.

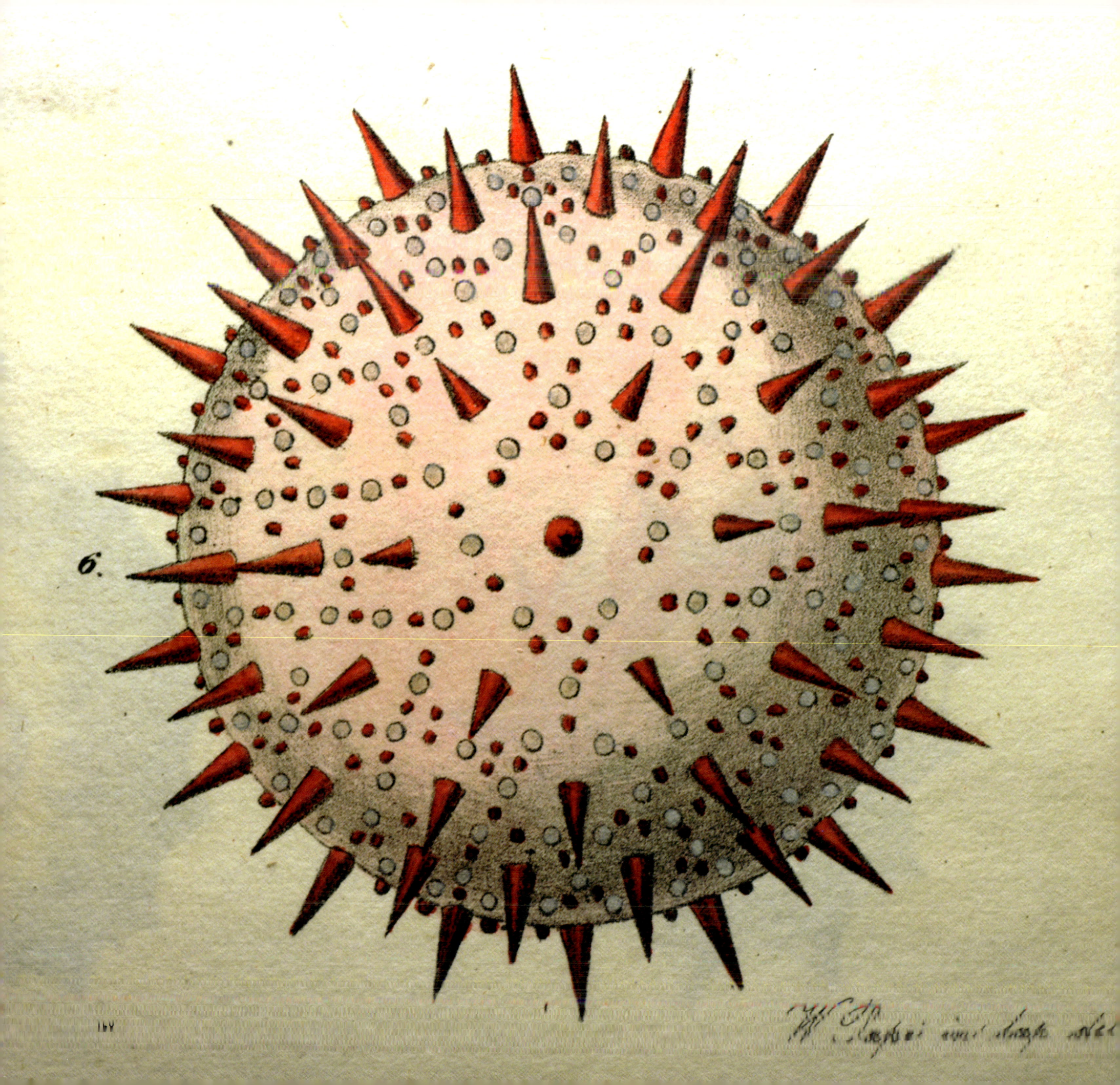

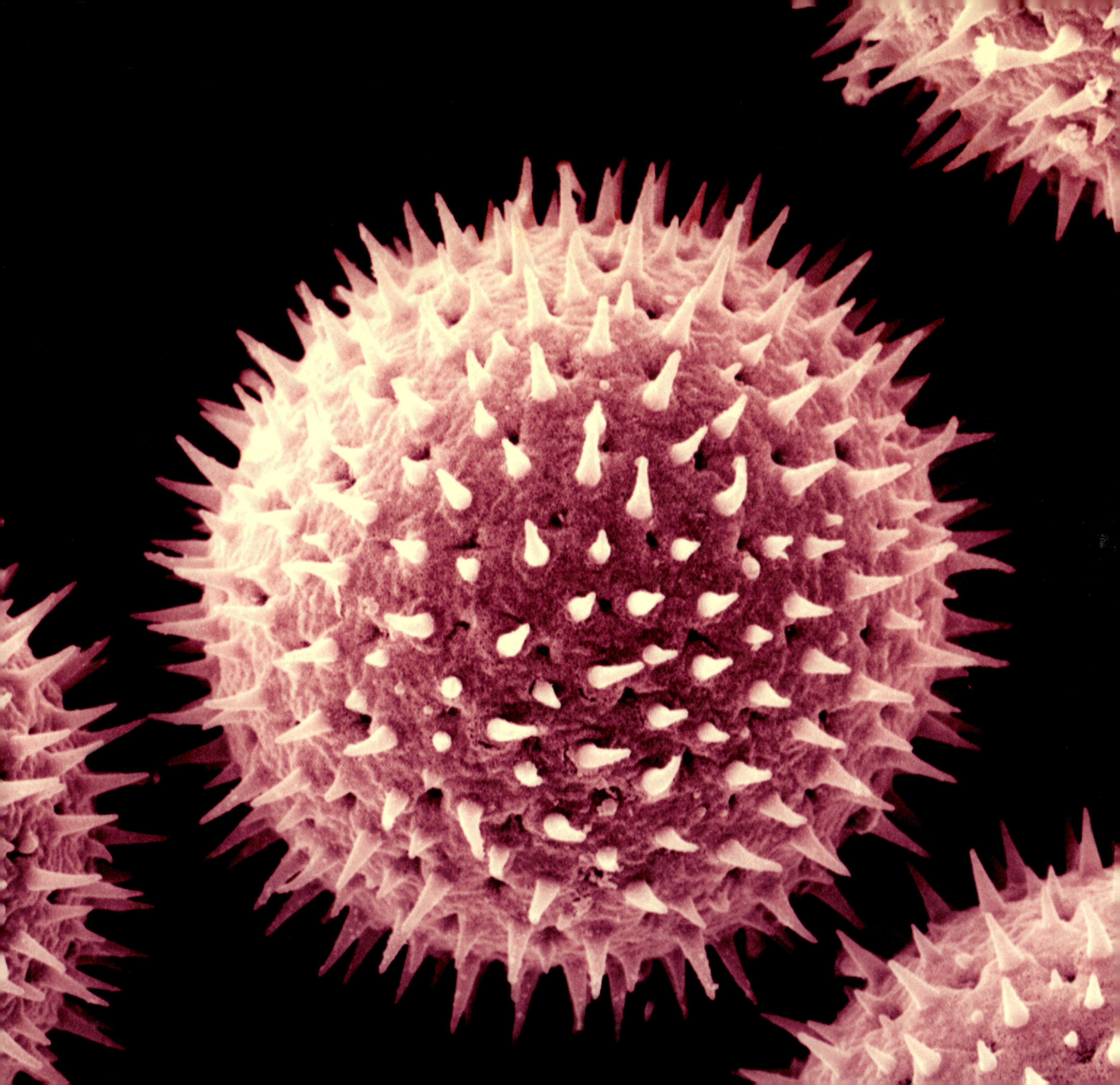

160

161

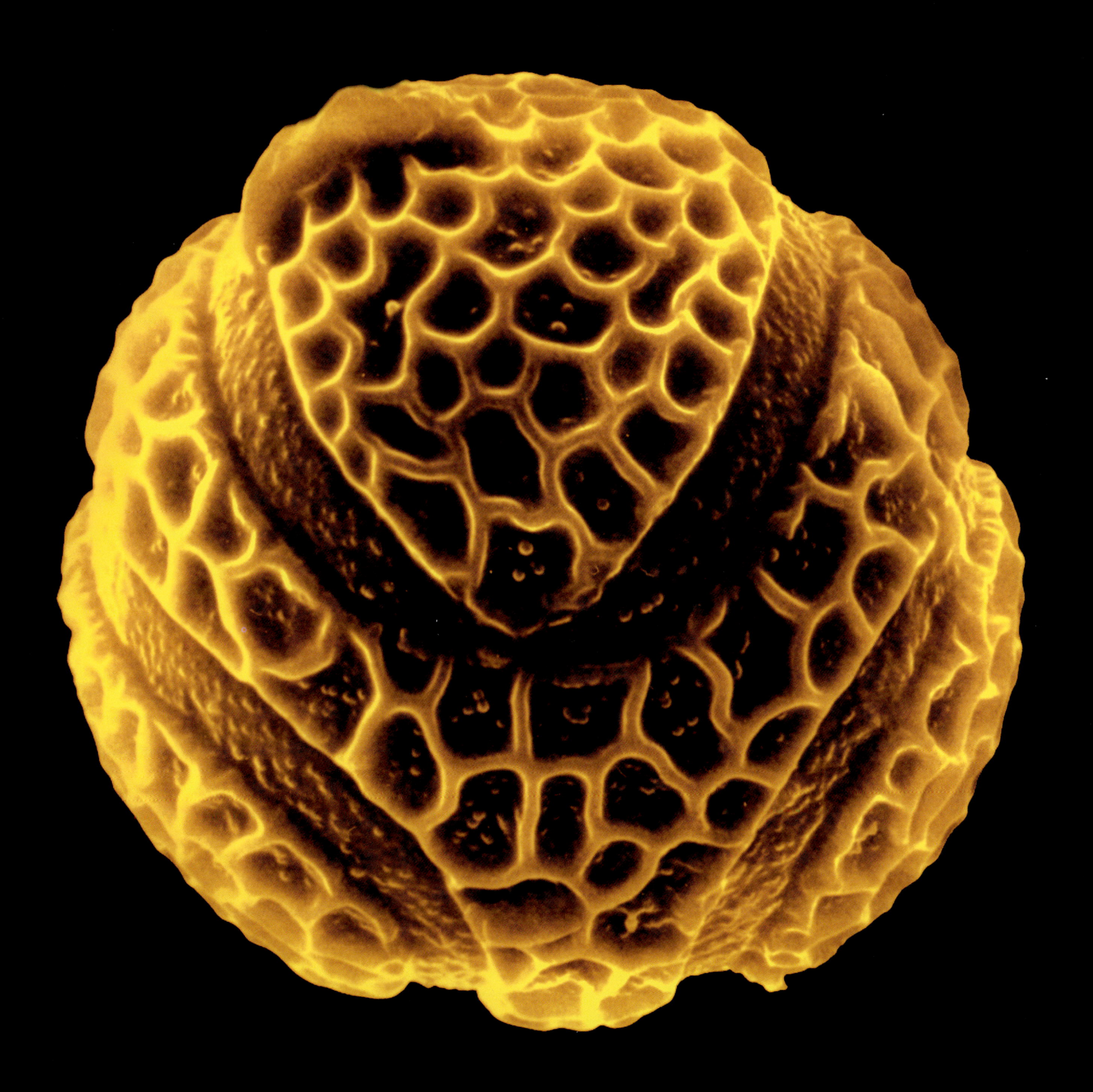

102

163

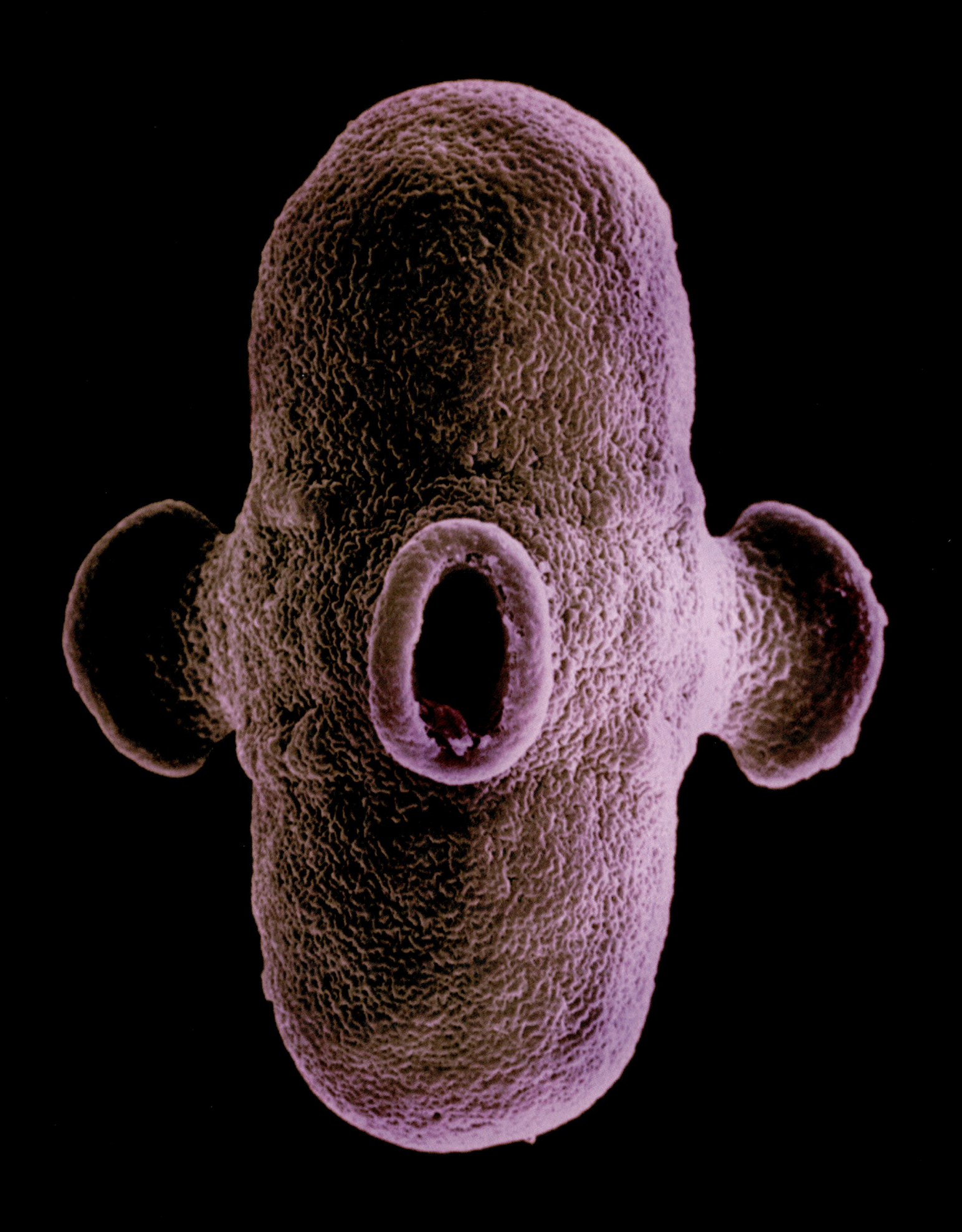

George Dionysius Ehret – Detail einer Granadilla *(Passiflora quadrangularis)*. Aquarell, 1757. Mit freundlicher Genehmigung der Bibliothek der Royal Botanic Gardens, Kew

RECHTE SEITE *Passiflora caerulea* – Passionsblume

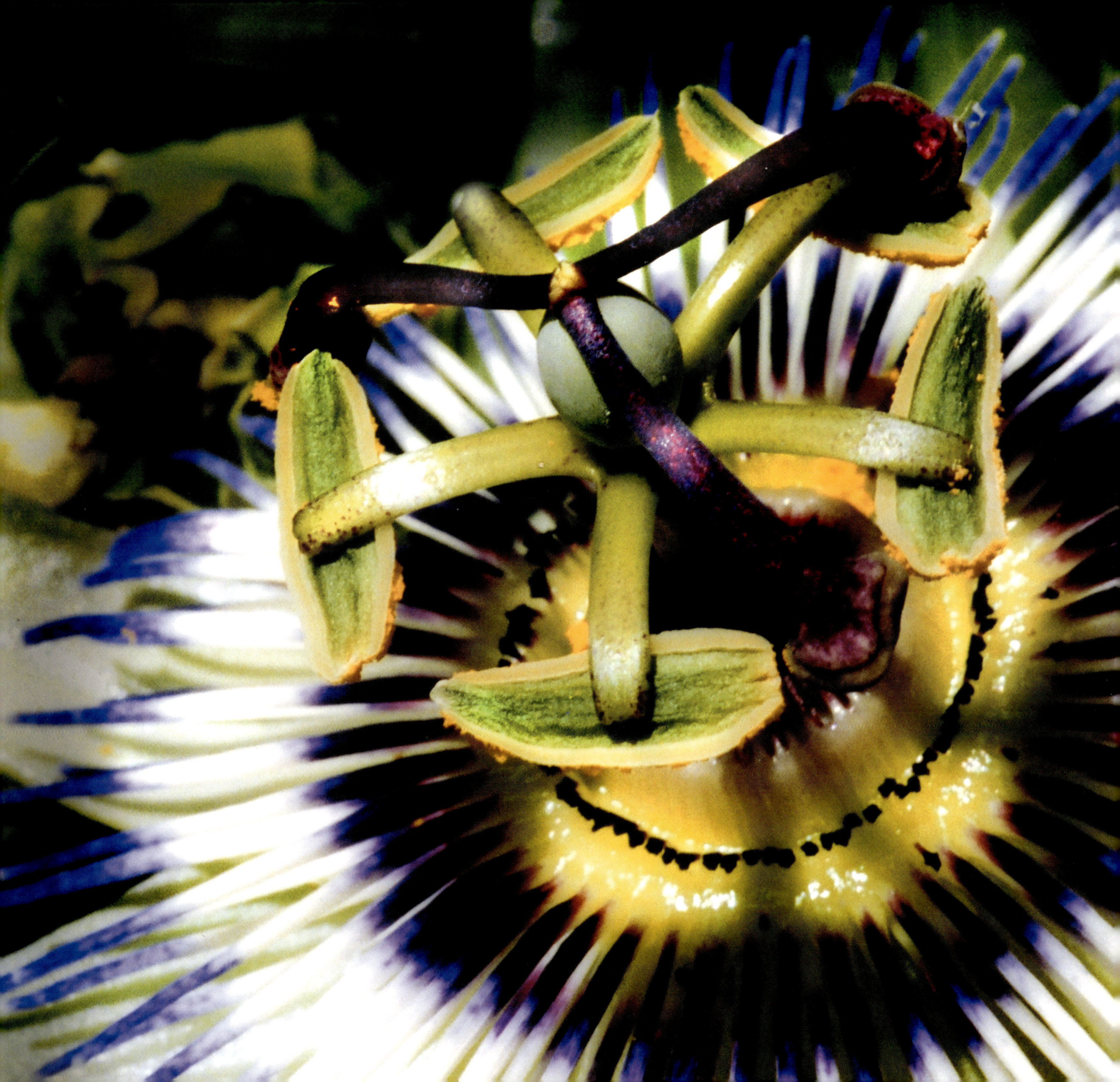

Mit Ausnahme von Franz Bauer in Kew, der sich sehr für sein Werk einsetzte, waren die meisten derjenigen, die ihn hätten fördern können, entweder nicht interessiert oder gerade nicht in der Stadt. Trotz Bauers Begeisterung für seine Entdeckungen fand Joseph Nicéphore Niepce wenig Unterstützung und kehrte enttäuscht nach Frankreich zurück. Dort ließ er die vor seiner Abreise nach England zustande gekommene Zusammenarbeit mit Louis Jacques Mandé Daguerre (1787–1851), damals als Erfinder des Dioramas bekannt, wieder aufleben. Niepce starb zwar bereits drei Jahre später, aber das unschätzbare Wissen, das Daguerre dieser Partnerschaft verdankte, ermöglichte es diesem, die Arbeiten fortzusetzen und 1839 die ersten verlässlichen fotografischen Aufnahmen herzustellen, sogenannte Daguerreotypien.

In Großbritannien war es damals schon üblich, optische Instrumente einzusetzen, um sehr kleine oder mikroskopische Details von Pflanzen und Blüten aufzuzeichnen. Botaniker wie Sir John Herschel (1792–1871), Anna Atkins (1799–1871) und William Henry Fox Talbot (1800–1877) wussten mit der Camera obscura und der Camera lucida umzugehen. Fox Talbot erkannte allerdings, dass diese Hilfsmittel, obwohl sie das Zeichnen erleichterten, nicht immer seine mangelnden zeichnerischen Fähigkeiten ausgleichen konnten. In der Absicht, Bilder direkt aus der Natur auf ein Blatt Papier zu bannen, experimentierte er mit Papier, das er mit Lösungen aus Salz und Silbernitrat beschichtete. Unter einer Glasscheibe und mit einem dazwischengelegten Pflanzenblatt wurde dieses Papier 15 Minuten dem Sonnenlicht ausgesetzt. Wo Licht auf das Silber traf, verwandelte sich dieses in Silberchlorid, und es entstand eine Schattenzeichnung des Blattes.

Innerhalb weniger Jahre wurde die Pionierarbeit von Daguerre und Fox Talbot zu einer etablierten Methode. Das Fachwissen und die benötigten Materialien waren nun weltweit verbreitet, so dass eine Flut von hoch entwickelten fotografischen Bildern aller nur denkbaren Gegenstände entstand. In der Botanik läutete die Geburt der Fotografie ein neues Zeitalter ein, in dem Kunst und Wissenschaft, beide mit ihren jeweiligen Zielen, eine untrennbare Vereinigung eingingen. Die Fotografie erweiterte die Tradition der Pflanzenillustration und deren Fähigkeit, das botanische Fach einem breiteren Publikum zugänglich zu machen. Auch der Pollen wurde zum Gegenstand dieser neuartigen Technik, zum Beispiel in den Forschungen von John

Sir John Herschel – *Experiment 512*: vier Blätter – wasserfixiert, 1839. Negativ einer sogenannten photogenen Zeichnung. Mit freundlicher Genehmigung des National Museum of Photography, Film & Television/Science & Society Picture Library

RECHTE SEITE Anna Atkins – *Sargassum bacciferum* – ein brauner, schwimmender Seetang aus der Sargasso-See, aus *Photographs of British Algae*, 1843. Cyanotypie-Photogramm. Mit freundlicher Genehmigung der Bibliothek der Royal Botanic Gardens, Kew

»Die Schwierigkeit, präzise Zeichnungen von so winzigen Objekten wie Algen anzufertigen, hat mich dazu angeregt, mich des wunderbaren Prozesses der Cyanotypie nach Sir John Herschel zu bedienen, um Abdrücke der Pflanzen selbst zu gewinnen, die ich nun mit großem Vergnügen meinen an der Botanik interessierten Freunden vorstelle.«

Anna Atkins,
Einführung zu *Photographs of British Algae*, 1843

Samuel Slater (1850–1911), einem Ingenieur aus Kalkutta. Nach seiner Pensionierung im Jahr 1904 kehrte Slater nach England zurück, wo er zahlreichen wissenschaftlichen Studien nachging und sich insbesondere auch mit Pollen beschäftigte. Er fotografierte Pollenkörner auf Glasplattennegative und projizierte die Bilder anschließend mit einer Laterna magica. Nach Slaters Tod wurde seine Sammlung von Pollenbildern den Royal Botanic Gardens in Kew übergeben.

Natürlich fanden naturwissenschaftliche Studien mithilfe des Mikroskops nicht nur in der Botanik statt. Gegen Ende des 19. Jahrhunderts beschrieb Ernst Haeckel (1834–1919), Professor für Zoologie in Jena und überzeugter Verteidiger des Darwinismus, über 4000 unterschiedliche Spezies mariner Radiolarien (Strahlentierchen). Bei einer solch erstaunlichen Vielfalt an Formen und komplexen Mustern (die denen von Pollen manchmal auf unheimliche Weise ähneln) überrascht es nicht, dass Haeckel die Hypothese vom »inhärenten künstlerischen Trieb« des Protoplasmas aufstellte. Die Muster und Arabesken der marinen Lebensformen, die er in seinen *Kunstformen der Natur* (1899–1904) abbildete, fanden Widerhall in den fließenden und verspielten Formen der Jugendstil-Architektur und -Dekoration. Fast ein Jahrhundert später wurden Haeckels Aufzeichnungen in der Skulpturenreihe *foraminifera* des Bildhauers Anthony Cragg (geboren 1949) vergegenständlicht. Cragg beschreibt die Erkenntnisse, die wir über die Natur gewinnen, als »wichtig, weil in diesem riesigen Speicher die Schlüssel zu den wesentlichen Vorgängen und zum Verständnis unserer Existenz liegen. Die Anwendung von Prinzipien und Modellen aus der Natur erzeugt eine Flora von Gebrauchsgegenständen, Umgebungen und Ereignissen, die dem Funktionalismus unterworfen ist.«[1]

Zu Beginn des 20. Jahrhunderts arbeitete in den Oxforder Botanic Gardens der Botaniker und Künstler Arthur Harry Church (1865–1937) an einer detaillierten Untersuchung der inneren Sexualorgane von Blüten, die für ihn »keine dekorativen Ergänzungen der westlichen Kultur« waren. Sie waren »Maschinen zur Sicherung der erfolgreichen Vermehrung von Pflanzen«.[2] Die Bilder, die er schuf, glichen Lehrbuchpräsentationen der Blütenanatomie, waren aber so suggestiv in der Form, deutlich im Detail, sinnlich in der Farbgebung und voyeuristisch in der Darstellung, dass sie ans Erotische grenzten. In dieser Hinsicht nahmen sie die Gemälde von Georgia

O'Keeffe (1887–1986) und die Fotografien von Robert Mapplethorpe (1946–1989) vorweg. Es entbehrt nicht einer leisen Ironie, dass Church seine Bilder zu einer Zeit anfertigte, als das Erbe der viktorianischen Prüderie noch nachwirkte, und möglicherweise trug dies zu seiner Ansicht bei, dass es sich bei seinen Bildern nur um Nebenprodukte seiner Forschung handele, die von geringem künstlerischem Wert waren.

Nebenprodukte können verschiedene Formen annehmen, und zur selben Zeit, als A. H. Church in Oxford tätig war, arbeitete Karl Blossfeldt (1865–1932) mit ähnlicher Begeisterung und Detailversessenheit an einer der einflussreichsten Dokumentationen pflanzlicher Lebensformen des 20. Jahrhunderts. Blossfeldt war Amateurfotograf, Handwerker und Dozent und hatte sich vorgenommen, ein umfangreiches Pflanzenarchiv als Lehrmaterial für zukünftige Designer an der Berliner Kunsthandwerksschule anzulegen, an der er unterrichtete. Dabei verzichtete er auf exotische Pflanzen wie Orchideen und Lilien: »Blossfeldt sammelte seine Pflanzen häufig an Feldwegen oder Eisenbahndämmen und anderen ähnlich ›proletarischen Orten‹. Für ihn waren oft die allgemein und zu Unrecht als Unkräuter verschrienen Pflanzen diejenigen mit den faszinierendsten Formen.«³ Zu diesem Zeitpunkt war die makroskopische Fotografie erst wenig entwickelt, aber mit den von ihm selbst gebauten Kameras konnte Blossfeldt Blütenköpfe, Knospen und Samen in Nahaufnahmen festhalten und die kleinsten Oberflächendetails hyperrealistisch abbilden. Vor einem einfarbigen Hintergrund traten Formsymmetrien mit einer Deutlichkeit hervor, die ihre Winzigkeit vergessen machte und sie ganz im Gegenteil monumental erscheinen ließ. Die gesammelten Bilder wurden 1928 zum ersten Mal veröffentlicht und entwickelten sich über Nacht zu einem Erfolg. Die Neugier und Faszination, die sie hervorriefen, brachten die enorme Begeisterung für die Naturforschung zum Ausdruck, die damals in Deutschland herrschte.

Die Entwicklungslinie der Fotografie kann von den nahezu surrealistischen Werken Man Rays (1890–1976) und Edward Westons (1886–1958) bis hin zu den seriellen Fotografien von Industriegebäuden von Bernd und Hilla Becher weiterverfolgt werden. Wie das von Haeckel wurde auch Blossfeldts Werk von Architekten geschätzt, aber nicht wegen der dekorativen Formen, sondern vielmehr wegen der strukturellen Komplexitäten, die es enthüllte.

John Samuel Slater – Pollenkorn von *Mirabilis jalapa* – Wunderblume (Nyctaginaceae), 1907 (LM). Negativplatte eines Diapositivs für die Laterna magica. Mit freundlicher Genehmigung der Abteilung für Pollenkunde der Royal Botanic Gardens, Kew

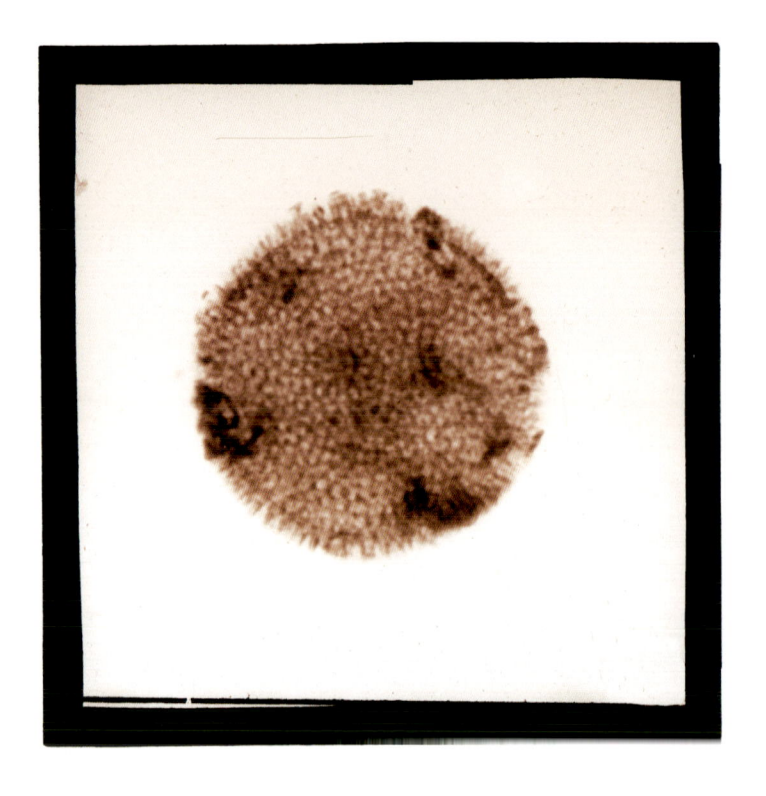

John Samuel Slater – Pollenkorn von *Geranium nodosum* – Knotiger Storchschnabel (Geraniaceae), 1907 (LM). Negativplatte eines Diapositivs für die Laterna magica. Mit freundlicher Genehmigung der Abteilung für Pollenkunde der Royal Botanic Gardens, Kew

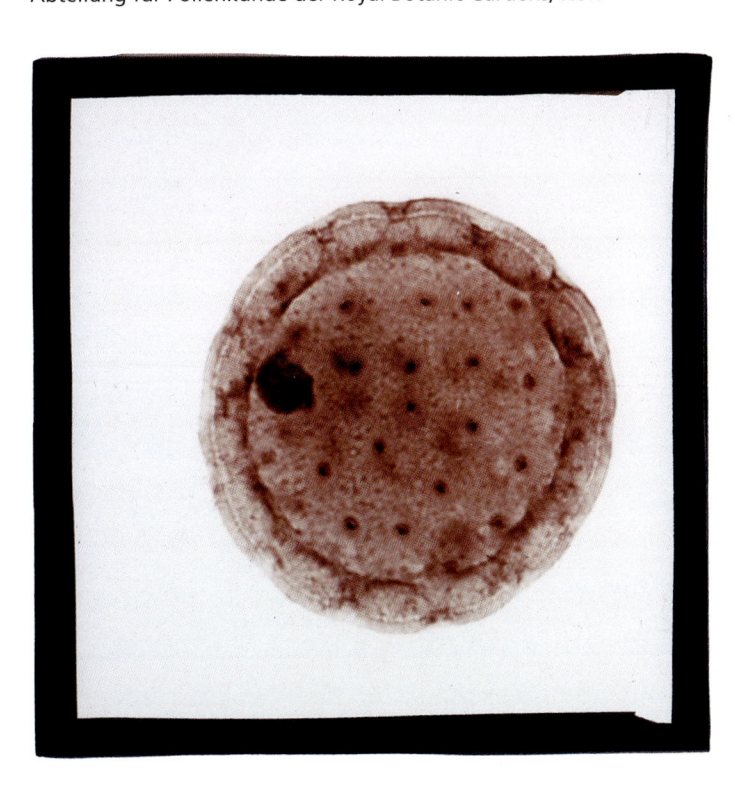

Im 18. und 19. Jahrhundert wurden neue Druckverfahren entwickelt. Insbesondere war der Fortschritt vom Kupferstich zur ausgereifteren Farblithografie entscheidend. Nun war es möglich, Sammlungen botanischer Drucke zu veröffentlichen, die ein begeistertes Publikum fanden. Während dieser Zeit versuchte auch die aufstrebende Keramik- und Textilindustrie, von der Beliebtheit botanischer Kunst zu profitieren. Es entstand eine Fülle an aufwendigem Geschirr wie auch an luxuriösen Stoffen, die mit Abbildungen aus botanischen Werken bedruckt waren. So leisteten die botanischen Illustratoren also nicht nur einen wichtigen Beitrag zur Pflanzenkunde, sondern steigerten auch die Beliebtheit von Pflanzen in der Gesellschaft: Ob exotisch oder vertraut, Bilder von Pflanzen wurden bald als Symbole von Wohlbefinden wahrgenommen.

Mit der *Great Exhibition* im Londoner Kristallpalast 1851, der ersten Weltausstellung, etablierten sich allmählich Regeln für den Gebrauch von Pflanzen als Vorlagen für die künstlerische Gestaltung, eine Grammatik der Ornamente. Für die bildenden und angewandten Künste legten sowohl Owen Jones (1809–1874), John Ruskin (1819–1900) als auch später William Morris (1834–1896) Theorien dar, die vorgaben, auf welche Art Muster und Ornamente aus Pflanzen abstrahiert werden sollten: Stilisierung sollte wichtiger sein als genaue Abbildung. Christopher Dresser (1834–1904), vermutlich der erste moderne Produktdesigner, arbeitete während seiner Studienzeit an der Government School of Design im Somerset House mit Pflanzen, die ihm wöchentlich aus den Kew Gardens geschickt wurden. Diese frühen Studien bildeten die Grundlage für seine Designs in allen Gebieten der bildenden Kunst: Möbel, Teppiche, Keramik, Silber, Schmiedeeisen, Tapeten, Glasmalerei. Dressers Fachkenntnis wurde anerkannt, indem man einen »Lehrstuhl für angewandte Botanik in den Schönen Künsten« im Department of Science and Art in South Kensington für ihn einrichtete. 1860 verlieh ihm die Universität Jena für seine Verdienste um die Botanik die Ehrendoktorwürde. Erneut als Inspirationsquelle für Designs dienten Pflanzen dann Ende des 19. Jahrhunderts in der von William Morris und anderen Künstlern initiierten Arts-and-Crafts-Bewegung in England, die sich aufmachte, gegen den verfallenden Publikumsgeschmack anzukämpfen, der sich zunehmend den industriellen Artefakten zuwandte.

Ernst Haeckel – Detail einer Tafel aus *Die Radiolarien*, Berlin 1862

RECHTE SEITE Anthony Cragg – *Envelope* (1998), Bronze.
Mit freundlicher Genehmigung von Anthony Cragg und der Lisson Gallery, London

Mit der Zeit wurden diese stilisierten Darstellungsformen durch die naturalistische Sichtweise des Jugendstils ersetzt, der eine organischere und durchdachtere Interpretation der natürlichen Erscheinungsformen implizierte. Doch dieser ausgeprägt sinnliche Kunststil wurde bald vom Modernismus verdrängt, und der österreichische Architekt Adolf Loos (1870–1933) gelangte sogar zur Ansicht, dass Ornamente ein Verbrechen seien. So blieb schließlich kaum noch Raum für die verschwenderische Exotik der Blumen. Ironischerweise zog das neue ›Maschinenzeitalter‹ keinen Nutzen aus den technischen Errungenschaften, mit denen der kreative Umgang mit der Botanik noch weiter hätte vorangetrieben werden können. Das hatte zur Folge, dass spektakuläre mikroskopische Pflanzenbilder den Botanikern vorbehalten blieben und Künstler das Material nur gelegentlich in Fachpublikationen zu sehen bekamen. So war es ihnen natürlich nicht möglich, auf den vielversprechenden Fortschritten der frühen Fotografie aufzubauen. Eine der wenigen Ausnahmen war die französische Fotografin Laure Albin-Guillot (1879–1962), die mit Unterstützung ihres Ehemanns, der Wissenschaftler war, das ästhetische Potenzial der Mikrofotografie nutzte, um ein neues Vokabular des Naturdesigns, *Micrographie décorative*, zu entwickeln. Albin-Guillot benutzte metallische Tinten für den Druck ihrer Photogravuren und verwandelte mikroskopische Pflanzen- und Mineralstrukturen in exotische geometrische Muster, die sehr dekorativ wirkten und mit ihrer abstrakten Ornamentik an das vorherrschende Art déco erinnerten.

Botanische Illustratoren spielten jedoch weiterhin eine wichtige Rolle bei der Bestimmung von Pflanzen. Mit ihrer Arbeit, selektiven und detaillierten Darstellungen sowie meisterhaften Kompositionen, konnten sie einzelne Merkmale der Pflanzen so betonen, wie es mit einer Kamera kaum möglich war. Zu Beginn des 20. Jahrhunderts allerdings verschob sich der Schwerpunkt hin zur Mikroskopie. Kamera- und Mikroskoplinsen wurden zügig verbessert, doch die fotografischen Abbildungen waren immer noch viel weniger aussagekräftig und detailreich als Zeichnungen nach konkreten Beobachtungen von Pollen und anderen Objekten unter dem Mikroskop. Das zeigt sich beispielsweise an den hervorragenden Tuschezeichnungen stark vergrößerter Pollenkörner, die der kanadische Biologe und Chemiker Roger Philip Wodehouse (1889–1978) anfertigte und die in seinem Standardlehr-

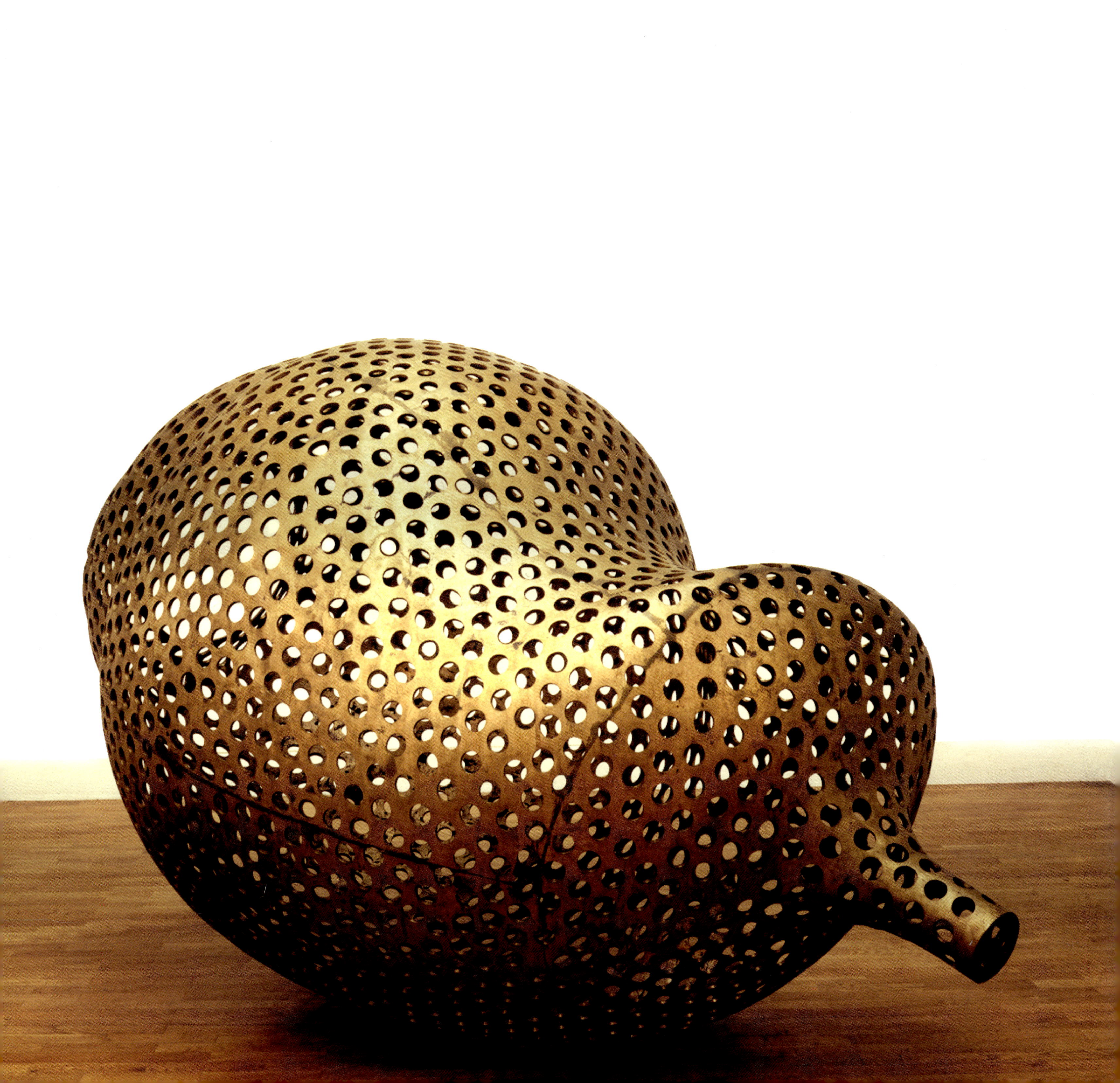

DIE GEHEIMNISVOLLE SEXUALITÄT DER PFLANZEN

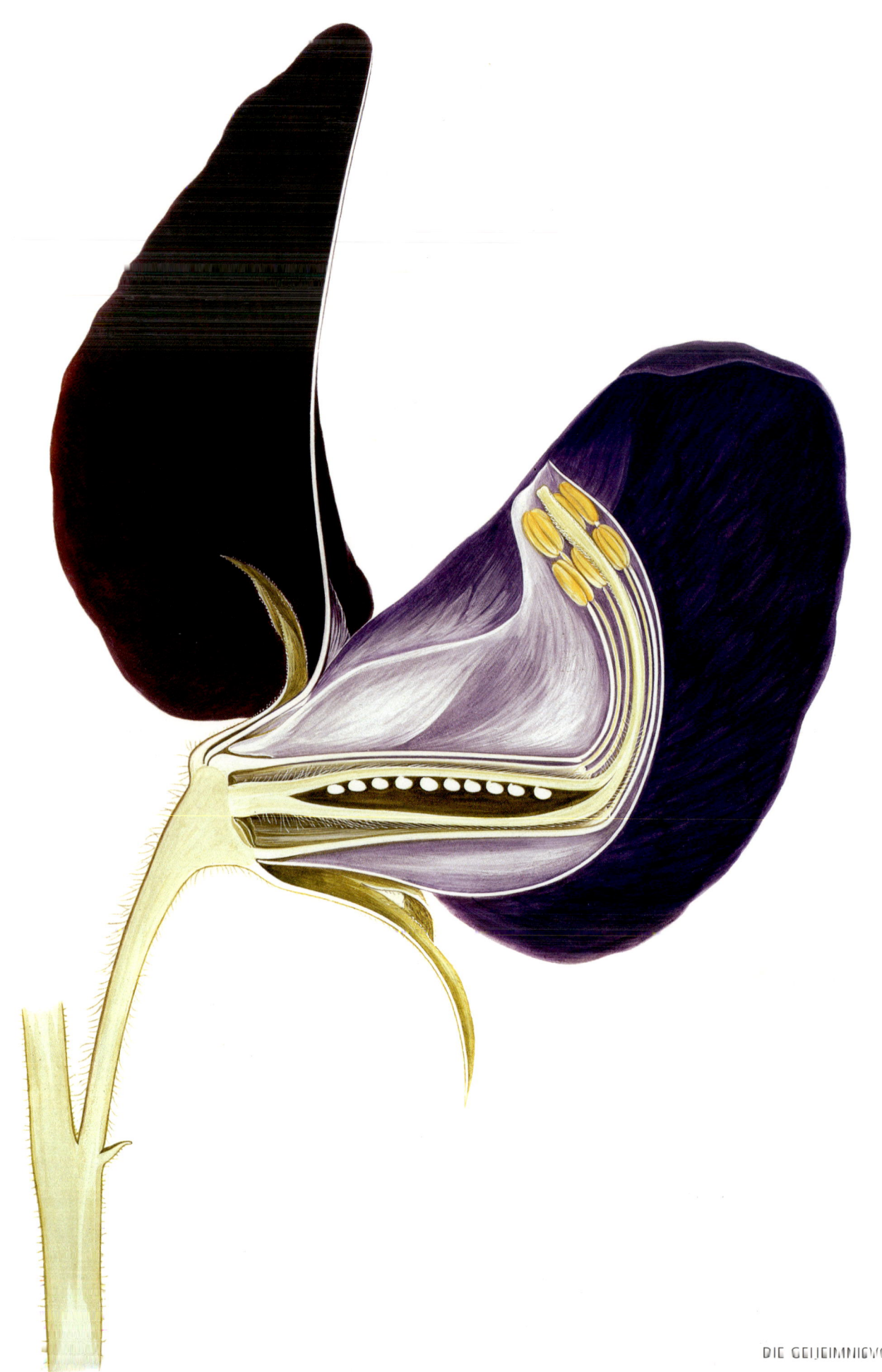

buch *Pollen Grains* von 1935 höchste Meisterschaft erreichten. Die Tradition der Pollenzeichnung wurde von dem schwedischen Botaniker Gunnar Erdtman (1897–1973) bis in die 1960er Jahre fortgesetzt. In seinem grafischen Werk zur Pollenmorphologie bildete Erdtman nicht nur ganze Pollenkörner ab, sondern auch Oberflächendetails der Exine und Schnitte durch die Pollenhülle. Sein Lehrbuch *Pollen Morphology and Plant Taxonomy* von 1952 wurde schnell zum unentbehrlichen Nachschlagewerk für Studenten und Fachleute und ist noch heute in Gebrauch. Noch vor Erdtmans Tod wurden bemerkenswerte Fortschritte in der Entwicklung der Elektronenoptik erzielt, die in den 1940er und 1950er Jahren in der Mikroskopie, also auch in der Biologie, ihren Niederschlag fanden. Damals, in der Nachkriegszeit, hielt man Handzeichnungen nicht länger für angemessen, weil die Hand kein Ersatz für hochauflösende Kameras sein konnte, die an Licht- oder Elektronenmikroskope angeschlossen wurden. Die Einführung der Raster- und Transmissionselektronenmikroskopie bewirkte eine noch größere Distanz zwischen Betrachter und Objekt als das Lichtmikroskop – eine Distanz, die vom Beobachter durch die Fotografie überbrückt wurde, die unpersönliche, naturgetreue Abbildungen hervorbrachte und die die Ansicht zementierte, dass die Kamera nicht lügt.

Die reiche Geschichte der botanischen Illustration zeigt, was für eine Anziehungskraft solch kraftvolle neue Bilder auf Künstler ausübte, die infolgedessen ihre ursprünglich botanisch orientierte Arbeitsweise zu erweitern begannen. Im Laufe der Zeit ist das umfangreiche Œuvre der botanischen Kunst eine wichtige Quelle der künstlerischen Inspiration und Abstraktion geworden und vermag sein äußerst aufgeschlossenes Publikum noch immer zu begeistern. Durch den Fortschritt der Technik im frühen 20. Jahrhundert entstand allerdings eine Lücke in der Zusammenarbeit zwischen Künstlern und Wissenschaftlern, eine Lücke, die jetzt zum beiderseitigen Nutzen überwunden wird. Zu dem Zeitpunkt, als zum ersten Mal eine Kamera auf ein Mikroskop montiert wurde, hatte sich die visuelle Darstellung botanischer Objekte in die Abgeschiedenheit der Labors zurückgezogen, zugänglich nur einer privilegierten Minderheit. Doch das Spezialistentum führte in die Isolation. Diese Entwicklung konnte in der letzten Zeit gestoppt werden, denn den Künstlern und Wissenschaftlern wird zunehmend bewusst, dass der offene Austausch mit Partnern aus dem

Arthur Harry Church – *Lathyrus odoratus* – Duft-Wicke (Leguminosae), 1903. Aquarell. Mit freundlicher Genehmigung des Natural History Museum, London

jeweils anderen Gebiet in einer anregenden Atmosphäre die Entstehung neuer Ideen fördert. Museen, Galerien und Agenturen spielen jetzt eine aktivere Rolle bei der Projektentwicklung und eröffnen Künstlern ganz neue Möglichkeiten. Eine wachsende Anzahl von Sci-Art-Initiativen fördert neue Diskussionen rund um die Wissenschaft und regt die Zusammenarbeit und Kommunikation mit der Kunst an. Kunst und Wissenschaft schreiten dadurch zwar nach wie vor nicht auf demselben Weg voran, aber die Errichtung von Brücken zwischen beiden Fächern kann sehr lohnenswert sein. Diese Einstellung teilt auch Ken Arnold, der Ausstellungsdirektor des Welcome Trust, der schreibt:

»Vielleicht fließt von entgegengesetzten Seiten des Erkenntnisspektrums zusätzliche Energie, wenn sie [Kunst und Wissenschaft] sich aufeinander einlassen. Was auch immer der Grund sein mag, es liegt nahe, daraus zu schließen, dass die zeitgenössische Wissenschaft und Kunst Lücken im jeweils anderen Gebiet gefunden haben, die geschlossen werden mussten.«[4]

Die Künstler selbst nehmen diese Gelegenheiten gerne wahr. Sie üben sich darin, ihr Blickfeld und ihre Kreativität zu erweitern, und werden sich zunehmend der Möglichkeiten bewusst, ein breiteres Publikum für ihre Arbeiten zu interessieren. Sie wissen, dass sie in diesem neuen Klima der Zusammenarbeit Zugang zu Gebieten erlangen können, die normalerweise wenigen Privilegierten vorbehalten sind. In diesem Sinne ist die Kunst eine Möglichkeit, sich den biologischen Fächern zu nähern. Gemäß der Annahme, dass geteiltes Wissen vervielfachtes Wissen ist, findet man inzwischen Künstler an der Seite von Neurologen, Bionikern, Automobildesignern, Toningenieuren, Zoologen oder Verhaltensforschern.

Man könnte leicht glauben, dass der Nutzen hier ganz auf der Seite des Künstlers liegt. Was, fragt man sich, hat der Forscher davon? Gemeinschaftsarbeiten von Künstlern und Wissenschaftlern werden oft naive und unpassende Erwartungen im Hinblick auf ihre Ergebnisse entgegengebracht. Wissenschaftliche Entdeckungen müssen hart erarbeitet werden, welche Rolle sollte dabei also der zeitgenössische Künstler spielen? Die Wissenschaftler, gefangen in einem System, das starken Druck auf sie ausübt und nur konkrete Ergebnisse gelten lässt, müssen vielleicht notwendigerweise den Fokus auf ihre Forschungen richten und haben wenig Zeit, über die Bedürfnisse ihrer Kollegen und Kunden nachzudenken. Der freie Künstler versteht zwar vielleicht die Theorien nicht ganz, und der Wissenschaftler weiß womöglich nicht viel mit der Philosophie des Künstlers anzufangen. Trotzdem kann eine zweckgerichtete Zusammenarbeit beider Disziplinen tiefe Einblicke in die wissenschaftliche Forschung gewähren und die Wissenschaft auf diese Weise einem breiteren Publikum zugänglich machen. Auch die Technologien beginnen zu verschmelzen: Die digitale Revolution hatte sowohl in den Künsten wie den Wissenschaften einen dramatischen Effekt, so dass inzwischen oft beide dieselben Werkzeuge benutzen. Im Atelier wie im Labor entstehen Bilder genauso häufig am Bildschirm wie auf Papier. Handgezeichnete und fotografische Abbildungen werden kombiniert, bearbeitet, umgewandelt, übertragen und können auch bei höchster Auflösung in wenigen Minuten reproduziert werden. Die elektronische Technologie bildet heute eine gemeinsame Grundlage der Wissenschaft und der Kunst. Diese Technologie hat sich so schnell verbreitet, dass sie zur Sprache der Spezialisten beider Bereiche geworden ist.

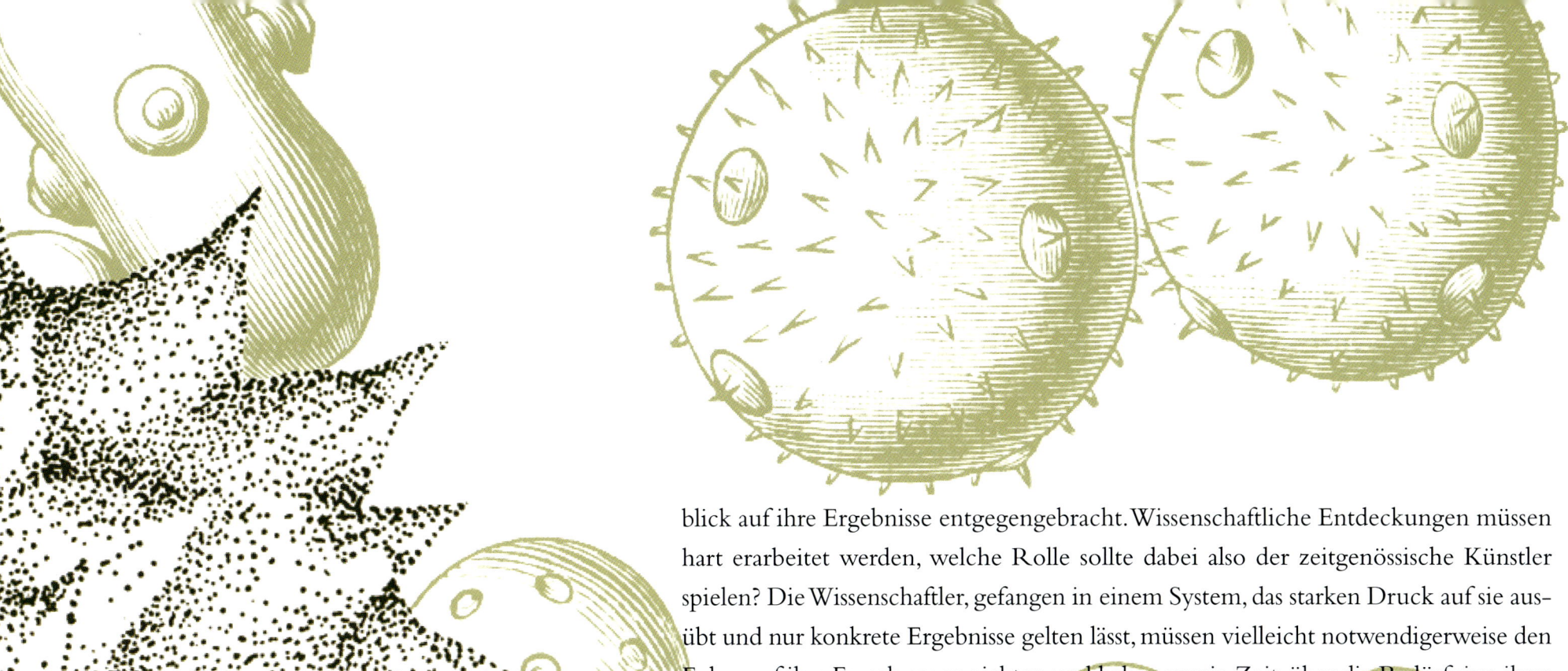

Die technischen Möglichkeiten stellen eine kraftvolle Sprache dar, die beträchtlichen Einfluss auf unsere Fähigkeit hat, komplexe Informationen und Ideen mitzuteilen. In unserer Kultur mit ihrer hohen Informationsdichte ist der Zugang zu Informationsquellen und Themen, die Einfluss auf unseren Alltag haben, selbstverständlich geworden. Daher wird es für Wissenschaftler immer wichtiger, eine professionelle visuelle Darstellung ihrer Arbeit zu entwickeln, die auch ein nicht vorgebildetes Publikum anspricht.

VORDERGRUND Roger Philip Wodehouse, Detail aus Tafel XI: *Catananche caerulea* – Amorpfeil (Compositae), aus *Pollen Grains*, 1935

HINTERGRUND A. Kerner und F. W. Oliver, Darstellung von Pollenkörnern aus *The Natural History of Plants*, 1903

Die leistungsstarke Elektronenmikroskopie, vielseitige Bildbearbeitungsprogramme, hochauflösende Drucker mit bemerkenswerter Reproduktionsqualität, digitale Projektoren und Plasmabildschirme verleihen den so erzeugten Bildern eine Schärfe und Deutlichkeit, dass Zweifel an der Notwendigkeit künstlerischer Eingriffe aufkommen. Man könnte spekulieren, dass der Künstler, der sich mit Botanik beschäftigt, Gefahr läuft, sich auf das mit bloßem Auge Sichtbare zu beschränken. Das würde aber bedeuten, die Rolle des Künstlers bei der Interpretation und Vermittlung dieser neuen Bilder zu ignorieren. Er zeigt in vielfältiger Weise, welch großen, wenn auch weitgehend unbemerkten Einfluss die unsichtbaren Teile der Natur, wie der Pollen, auf unser Leben ausüben.

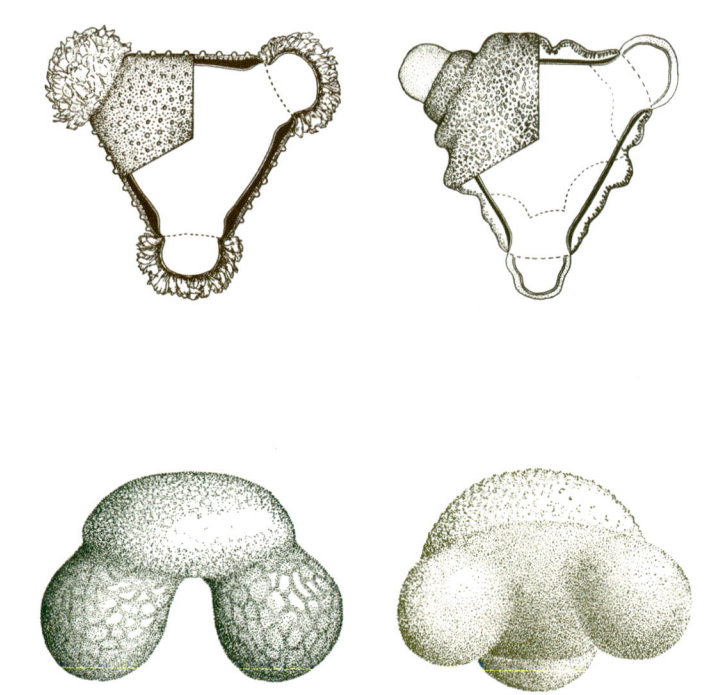

Fußnoten

[1] Anthony Cragg, »Vantage Point«, *Art Monthly*, 1988
[2] David Mabberley, *Arthur Harry Church, The Anatomy of Flowers*, Merrell 2000
[3] Hans Christian Adam, *Karl Blossfeldt*, Prestel 1999
[4] Ken Arnold, »Science and Art: Symbiosis or just good friends?«, in: *Welcome Trust News Supplement*, 2002

GANZ OBEN Gunnar Erdtman, Pollenkörner – LINKS aus Abb. 214: *Xylomelum angustifolium*; RECHTS aus Abb. 212: *Hakea ruscifolia* (Proteaceae). Aus *Pollen Morphology and Plant Taxonomy*, 1952. Mit freundlicher Genehmigung von Almqvist & Wiksell, Stockholm

OBEN Roger Philip Wodehouse, Ausschnitte aus Tafel II – LINKS *Pinus nigra* – Korsische Pinie (Pinaceae); RECHTS *Pherosphaera fitzgeraldii* (Podocarpaceae). Aus: *Pollen Grains*, 1935

RECHTE SEITE Roger Philip Wodehouse – Ausschnitt aus Tafel XII: *Barnadesia berberoides* (Compositae). Aus: *Pollen Grains*, 1935

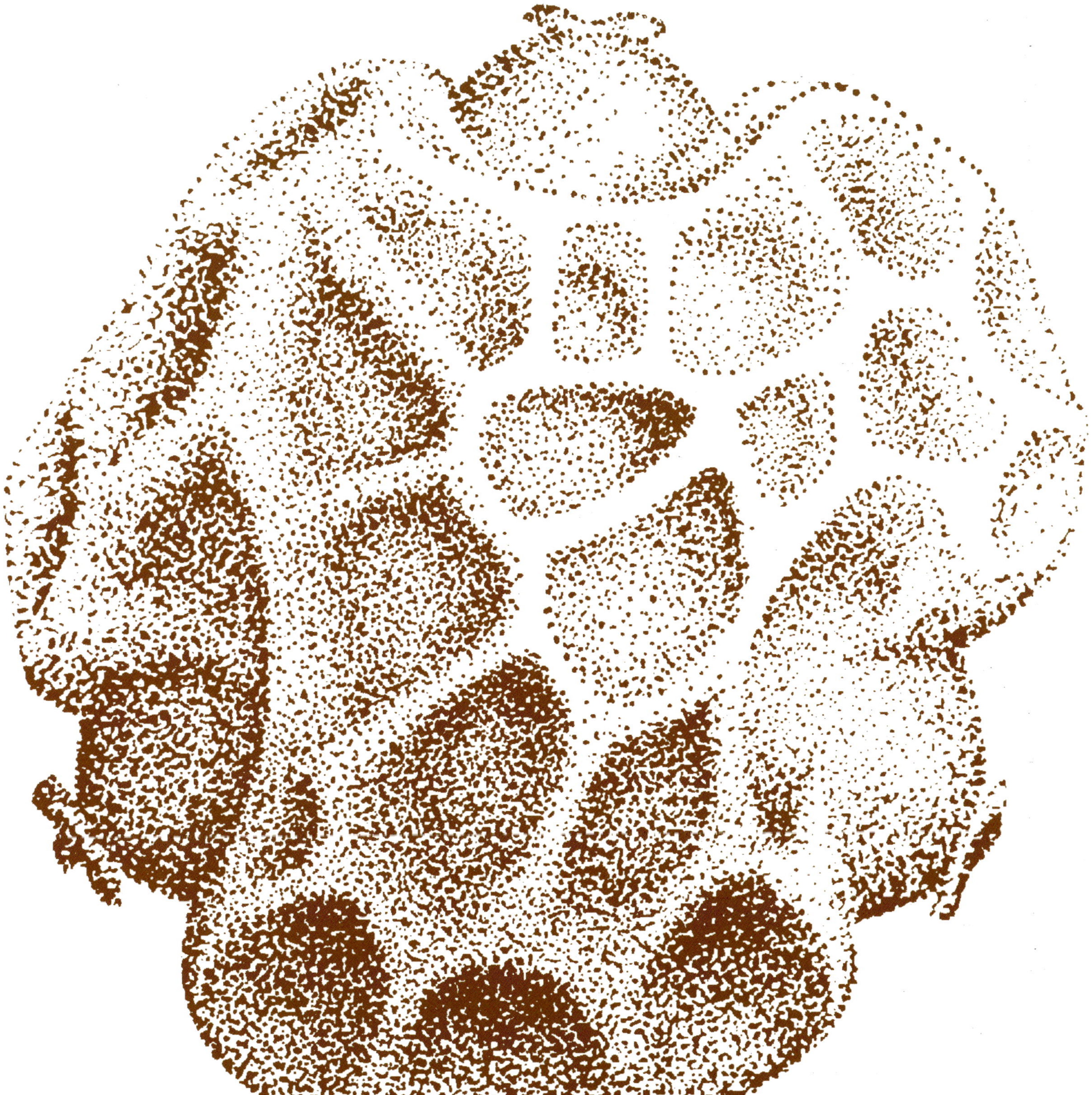

178

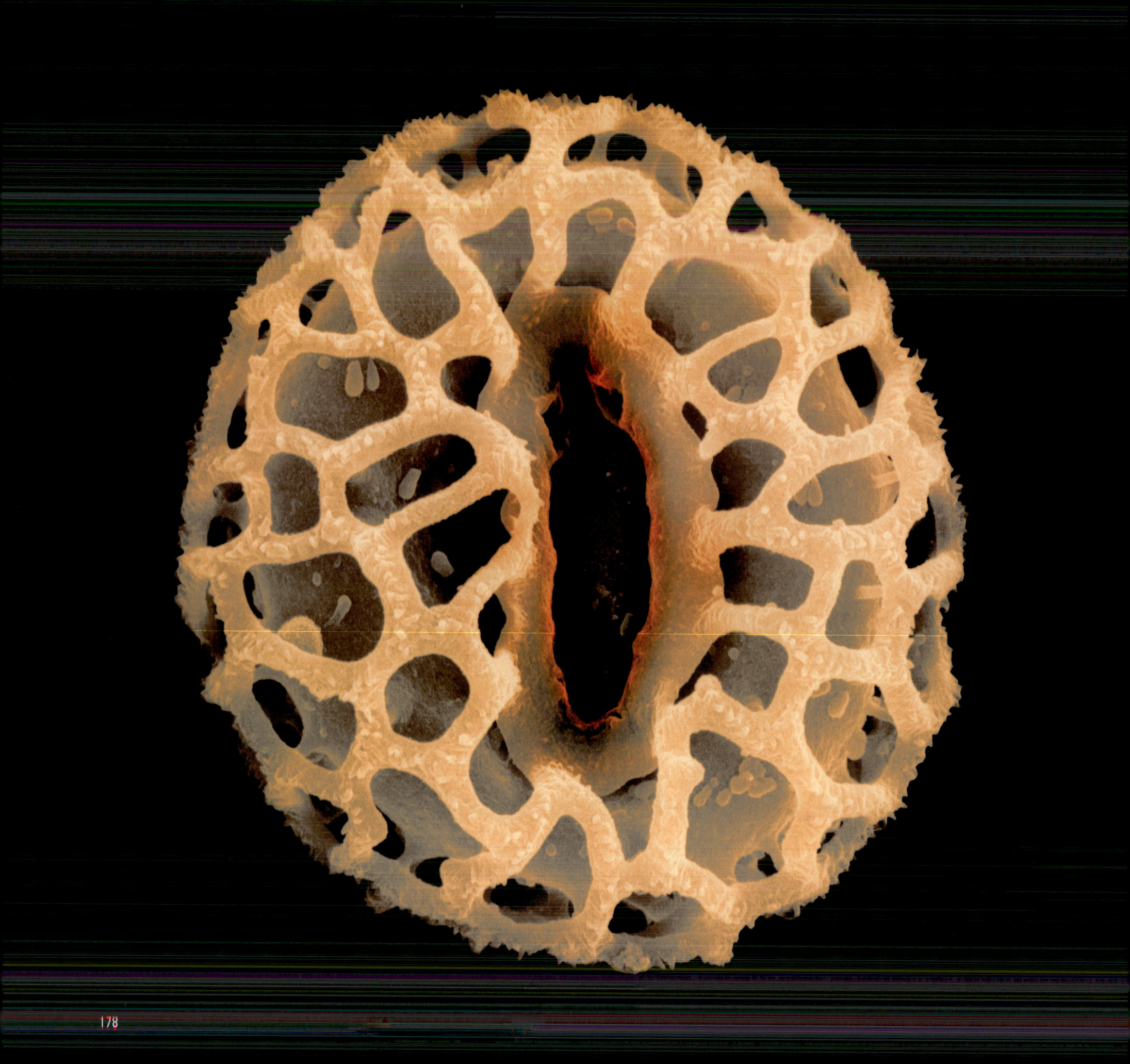

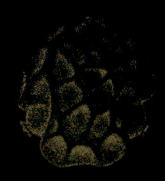

POLLEN – GANZ GROSS

ROB KESSELER

»Die Natur muss ›auf die Folter gespannt‹ und gezwungen werden,
ihre verborgenen Geheimnisse dem aufmerksamen Beobachter preiszugeben«

Francis Bacon
(1561–1626)

Nenga gajah – Pinang-Palme (Arecaceae) – Pollenkorn
[REM x 2000 nach Acetolyse]

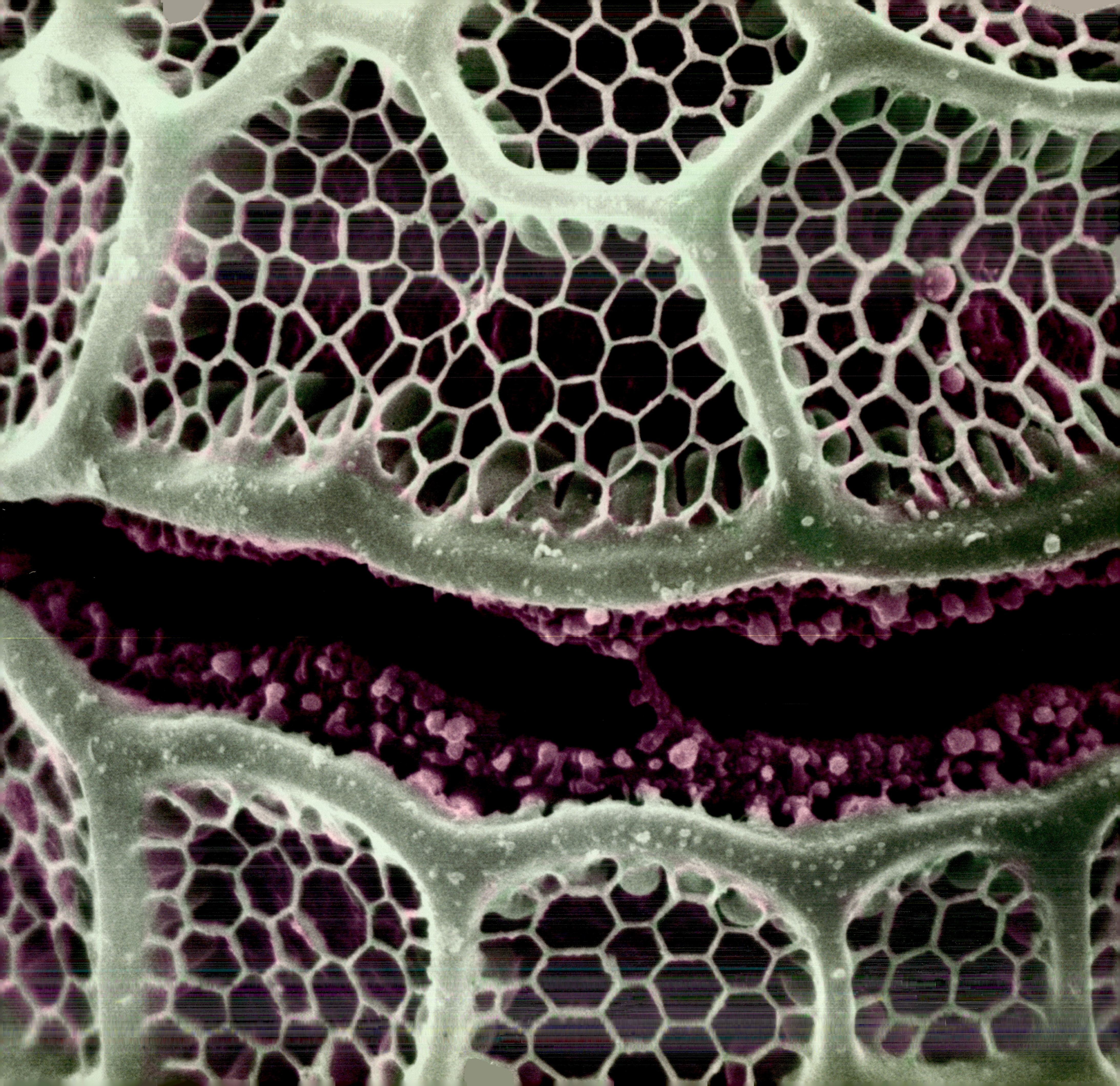

Süß ist dein Unterricht, Natur!
Wir auf der Forschung Bahn
Misstalten deine Schönheit nur
Und morden selbst nach Plan.

Genug von Kunst und Wissenschaft,
Schließ diese Blätter ein,
Und bring ein Herz, das voller Kraft
Empfänglich weiß zu sein!

William Wordsworth
Auszug aus *The Tables Turned*, 1798

Syncolostemon rotundifolius (Lamiaceae) – Nahaufnahme der außerordentlich feinen Netzstruktur der Exine des Pollenkorns [REM x 3000]

Fast zwei Jahrhunderte trennen die gegensätzlichen Standpunkte von Bacon und Wordsworth und die Spannungen, die zwischen den Rationalisten und den Romantikern bestanden. Weitere 200 Jahre danach hat sich wenig geändert: Die ausgedrückten Gefühle sind noch ebenso aktuell und die Meinungen ebenso geteilt. Künstler und Wissenschaftler sind sich der Ängste und des Interesses einer Öffentlichkeit bewusst, die die Natur mit einer widersprüchlichen Mischung aus Voyeurismus und Umweltbewusstsein betrachtet. Gleichwohl fahren sie fort, die Natur zu sezieren, angetrieben von den Maßgaben ihrer Fachgebiete und ihren persönlichen Zielsetzungen. Meinungsverschiedenheiten herrschen auch in der Pflanzenforschung vor. Auf die eine oder andere Weise sezieren, untersuchen, analysieren, modifizieren und transformieren beide Fachrichtungen, die sich mit Pflanzen befassen, ihre Objekte. Ihre Ergebnisse werden auf verschiedenen Kommunikationswegen vermittelt. Sie erweitern nicht nur unseren wachsenden Wissensschatz und helfen uns, die Vielfalt der Arten zu bewahren und zu schützen, sondern tragen auch, in weiterem Kontext, zu den Debatten um unseren Umgang mit den natürlichen Ressourcen bei.

Angefangen bei den Schriften des Dioskurides aus dem 1. Jahrhundert und dem byzantinischen Text *Codex Aniciae Julianae,* über die medizinischen Eigenschaften von Pflanzen und Mineralien aus dem 5. Jahrhundert über die niederländischen Blumengemälde des 17. Jahrhunderts bis zu den sexuell aufgeladenen Blumenfotografien Robert Mapplethorpes im späten 20. Jahrhundert sind sich die Künstler der enormen visuellen Wirkung ihres Materials stets bewusst gewesen. Pflanzenbilder ziehen uns geradezu magnetisch an: Sie informieren, regen zum Nachdenken an, erfreuen und verführen uns. Bildmotive aus der Botanik scheinen ständig erfolgreich neues Publikum anzulocken. Detailaufnahmen von Pflanzen, gewonnen mit Rasterelektronenmikroskopen und digitalen Kameras, setzen eine Tradition der engen Zusammenarbeit von Botanikern und Künstlern fort, die das gemeinsame Ziel der Pflanzenbeschreibung verfolgen. Die digitale Welt, in der wir uns bewegen, bietet dabei einen fruchtbaren Boden für gemeinsame künstlerisch-wissenschaftliche Unternehmungen.

Die Erfindung des Lichtmikroskops ermöglichte die Forschungen Robert Hookes (1635–1703), der die Zellen in Pflanzen entdeckte, und Anton van Leeuwenhoeks

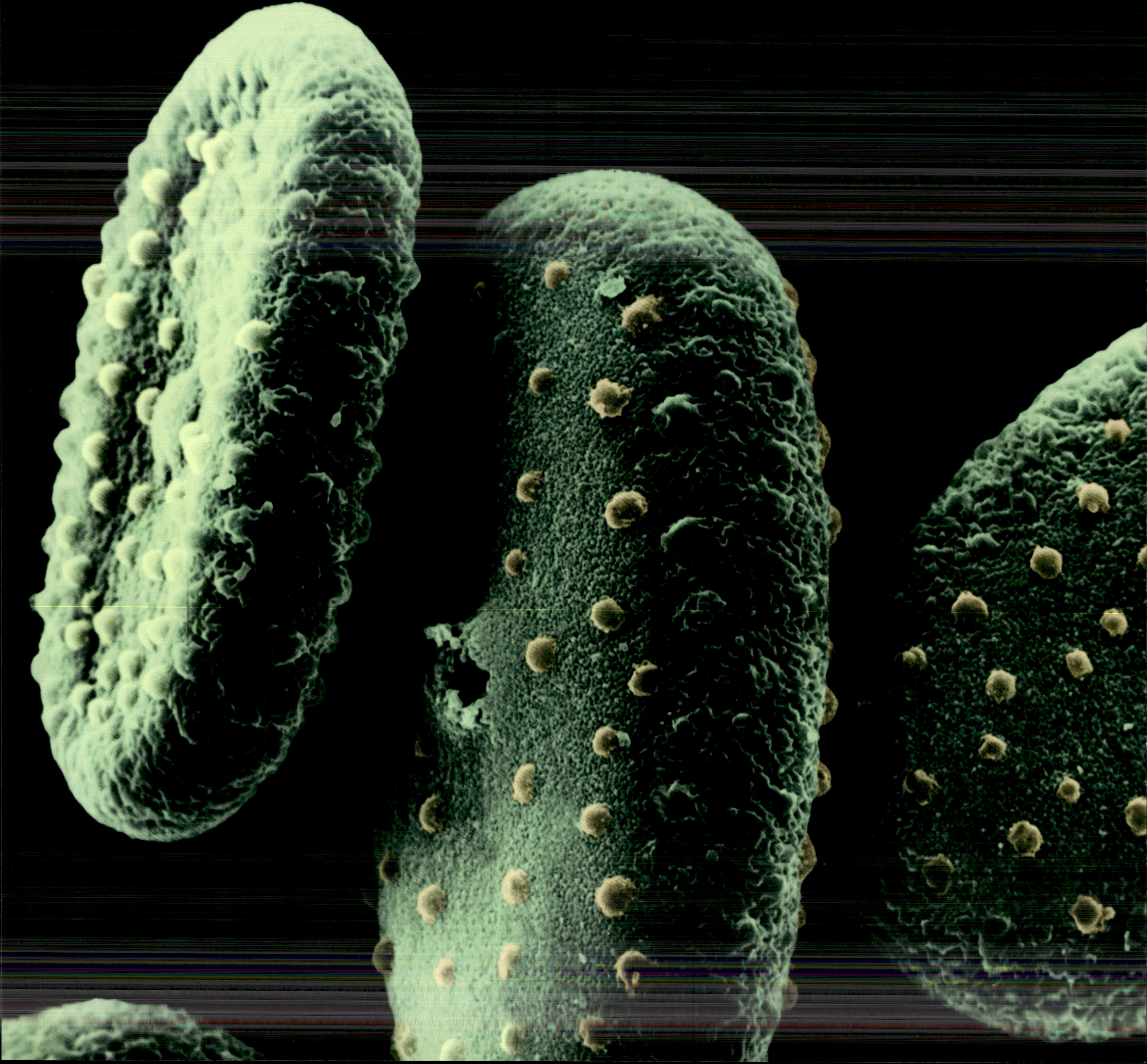

(1632–1723), des Begründers der Mikrobiologie. Die visuelle Aussagekraft des untersuchten Materials war derart groß, dass es nicht lange dauern sollte, bis das Mikroskop auch außerhalb der wissenschaftlichen Forschung eingesetzt wurde. 1761 begann der Stadtgerichtsprokurator Martin Frobenius Ledermüller (1719–1769) in Deutschland damit, Publikum mit sogenannten »Mikroskopischen Gemüths- und Augenergötzungen« zu unterhalten. Dabei wurden in einem verdunkelten Raum Glasbehälter voll Wasser vor einem Sonnenmikroskop aufgestellt, das spektakuläre Bilder der darin enthaltenen Mikroorganismen, die dem Auge normalerweise verborgen bleiben, projizierte.

Die Augenergötzung würde in unserer heutigen Zeit vielleicht als »Porno« für die Augen bezeichnet, ein abwertender Begriff, der in einer mit Bildern übersättigten Gesellschaft für schnelle, einfache visuelle Befriedigung steht. Allerdings ist das auch ein plumper Begriff, der den Akt und die Erfahrung des Betrachtens entwertet und die Macht bestimmter Bilder nicht anerkennt, auf der Netzhaut bestimmte Reaktionen auszulösen, die jeder kulturellen Vermittlung vorausgehen. Vorstellungen von Schönheit und Erhabenheit wirken verloren in einer postmodernen Gesellschaft, die von wirkungsvollen, aber ihrer ursprünglichen Aura beraubten Bildern überschwemmt wird. Unsere Aufmerksamkeit ist geschwächt und unsere Erfahrung überlagert von endlosen Schichten kultureller Aneignung, denn wir nehmen die Natur mit den Augen anderer wahr. Vielleicht haben wir die Gewohnheit des einfachen Schauens und das Vergnügen daran verloren und damit die Grundvoraussetzung für ein tieferes Verständnis des Erblickten.

Die detaillierte Erforschung der Anatomie von Blüten bringt unvorstellbare Vielfalt zum Vorschein. Jenseits des mit bloßem Auge Sichtbaren eröffnet die winzige, erstaunliche Variation von Form, Struktur und Oberflächenbeschaffenheit der Pollenkörner eine neue Stufe visueller und wissenschaftlicher Komplexität, eine Welt, die den meisten Menschen verborgen bleibt. Wir können noch so viel sezieren, aber Schönheit bleibt, wie die Unendlichkeit, unfassbar. Es ist bemerkenswert, dass etwas so Kleines wie ein Pollenkorn gleichzeitig von solch zentraler Bedeutung für den Erhalt der pflanzlichen Artenvielfalt ist. Dass es dabei auch noch schön ist, erhöht unsere Faszination umso mehr.

Macrorungia pubinervia (Acanthaceae) – Pollenkorn
[REM x 1200 nach Acetolyse]

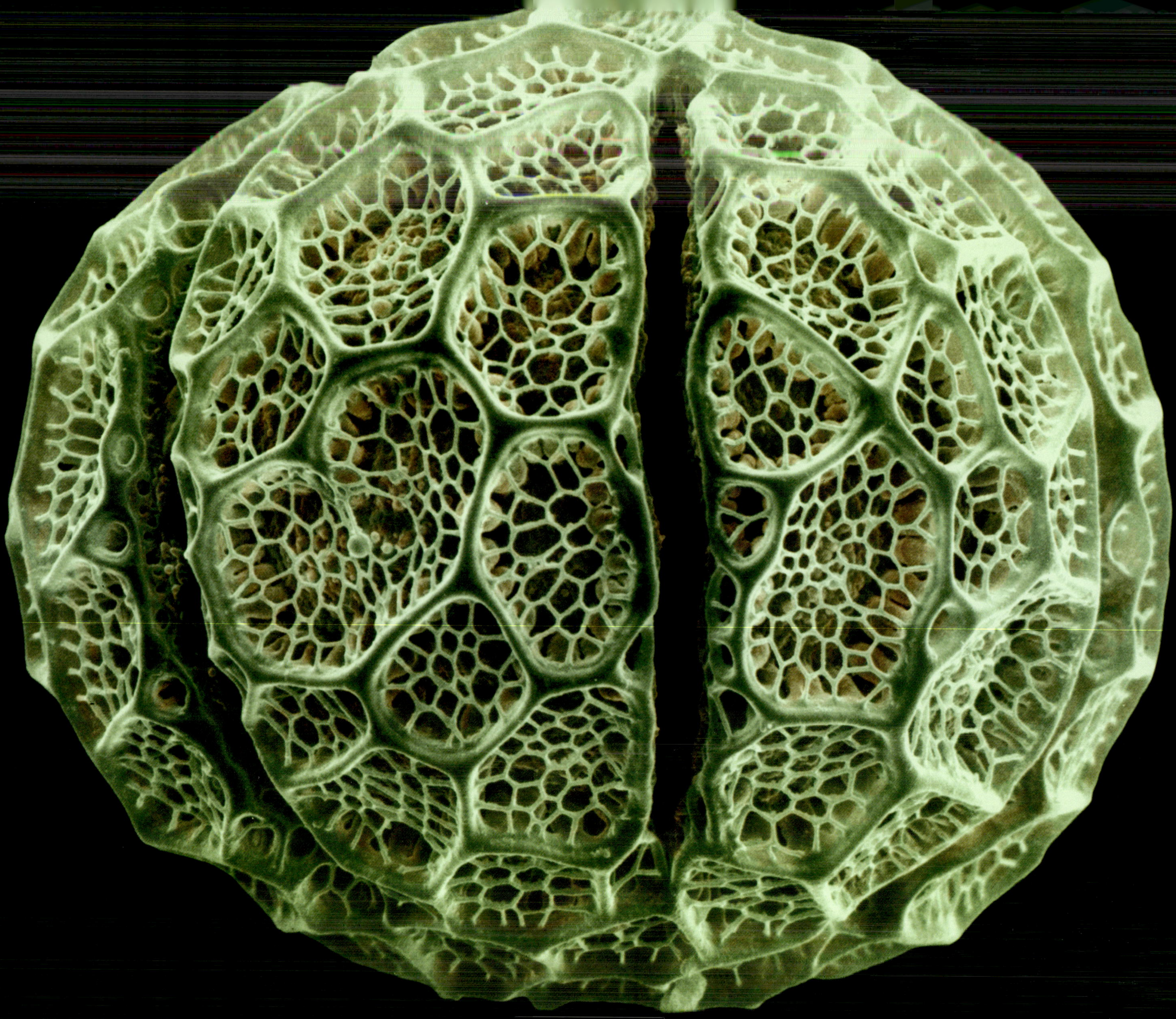

Frühe Sammler und Pflanzenmaler unternahmen oft weite Reisen und erduldeten große Strapazen, um spektakuläre Exemplare bisher unbekannter Pflanzen aus der ganzen Welt zu sammeln, zu beschreiben und mitzubringen. Diese Reisen absolvieren wir heute häufig im Sitzen: Auf unseren neuartigen Entdeckungsfahrten werden die Blumen selbst zu Kontinenten, Mikroskope und Computer zu Navigationsgeräten. Seit Pflanzen kultiviert werden, haben sich Züchter wissenschaftlicher Erkenntnisse bedient, um neue Pflanzenvarietäten hervorzubringen. Sie waren quasi die Hebammen für spektakuläre Blüten und neue Farbgebungen. Auch die Künstler wollen an diesem Akt botanischer Schöpfung teilhaben, indem sie eine exotische Verschmelzung wissenschaftlicher Erkenntnis und künstlerischer Interpretation in ein persönliches *phytopia* verwandeln.

Hemizygia transvaalensis (Lamiaceae) – hexacolpates (sechs Colpi, längliche Aperturen bzw. Keimfalten, aufweisendes) Pollenkorn [REM x 1500 nach Acetolyse]

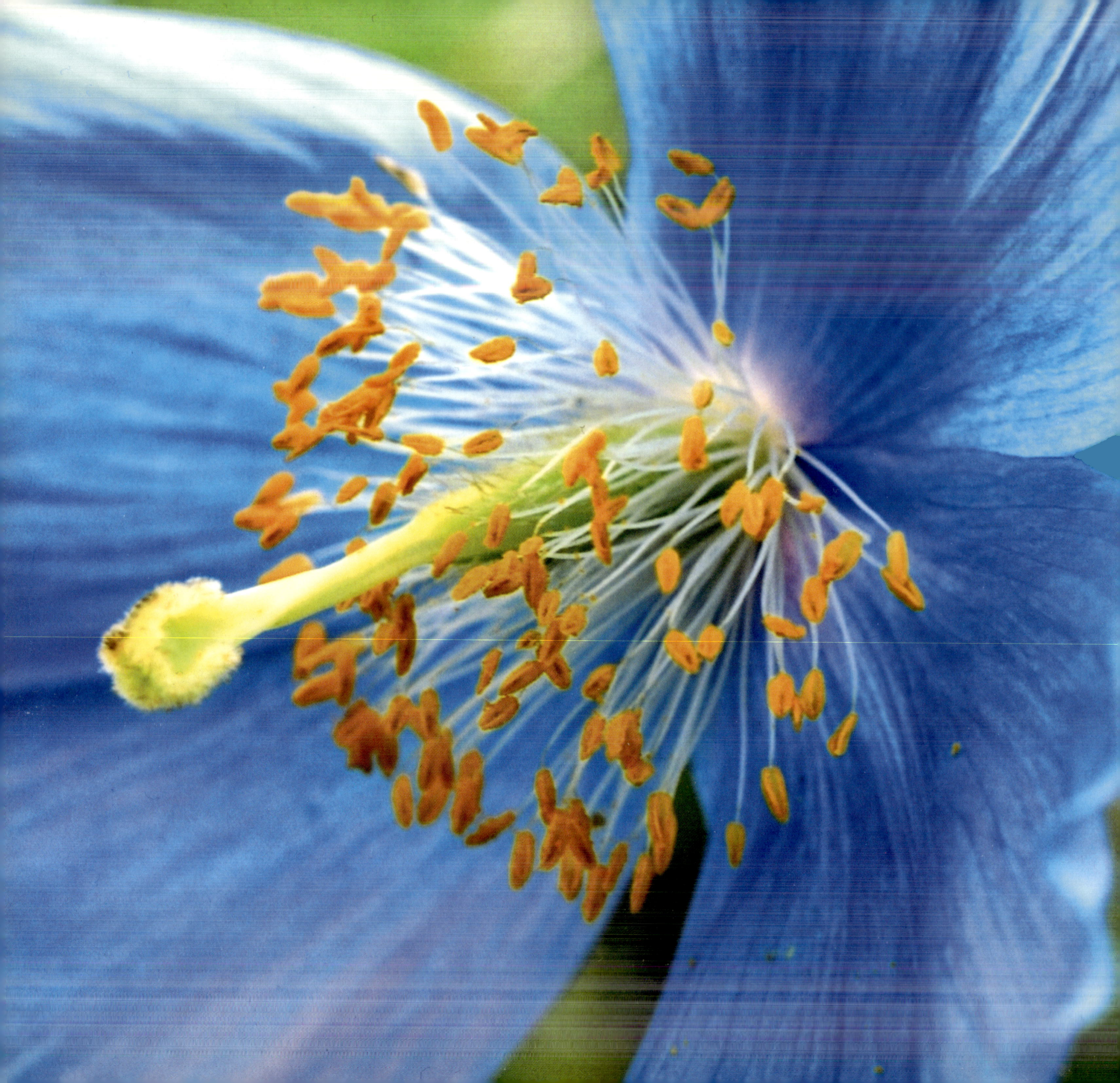

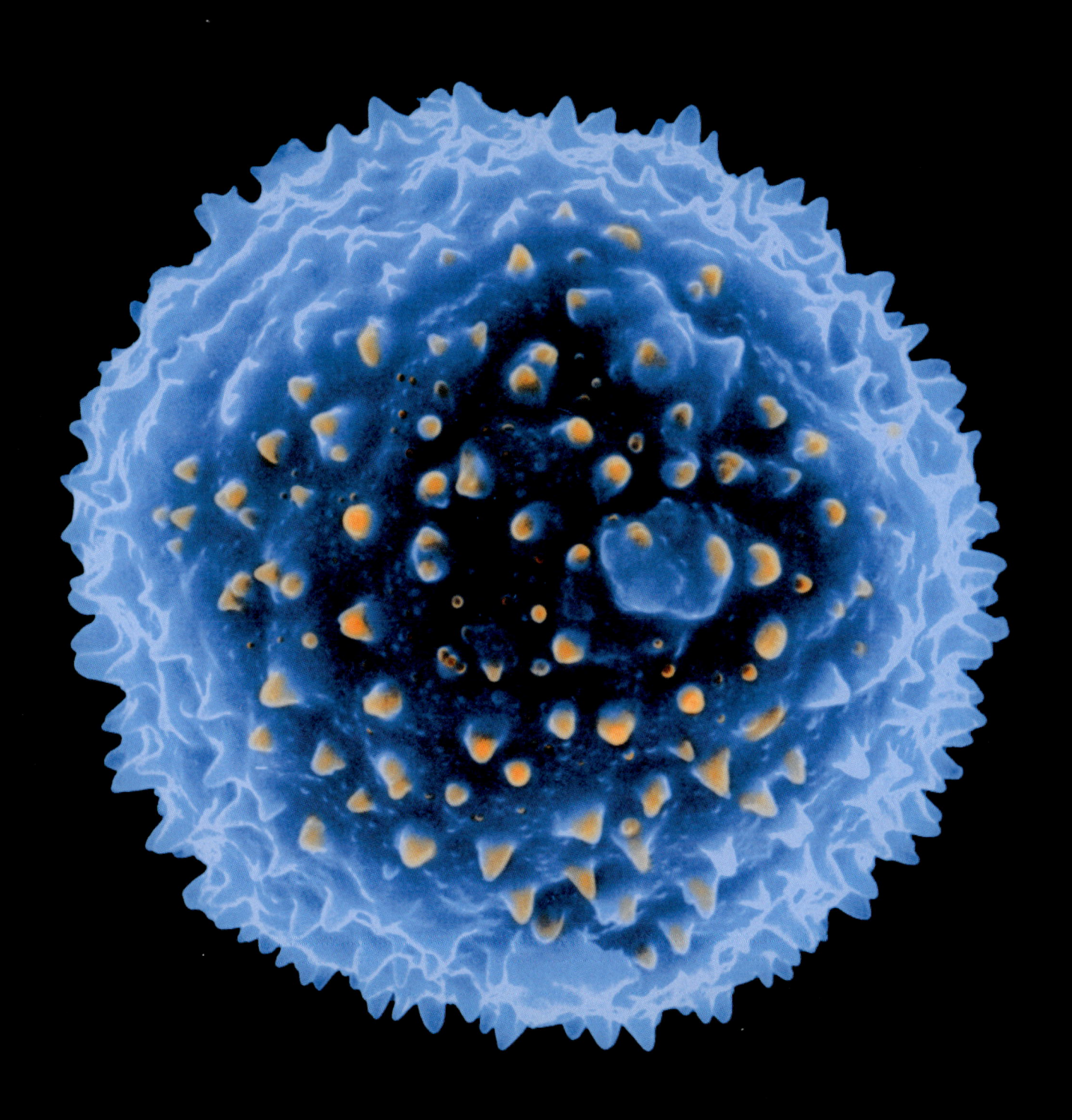

Meconopsis grandis – Großer Scheinmohn (Papaveraceae) – Pollenkorn, halbausgereift [REM x 1500]

LINKE SEITE *Meconopsis grandis* – Großer Scheinmohn (Papaveraceae) – geöffnete Blüte. Die zahlreichen Stamina sind typisch für Mohnblüten.

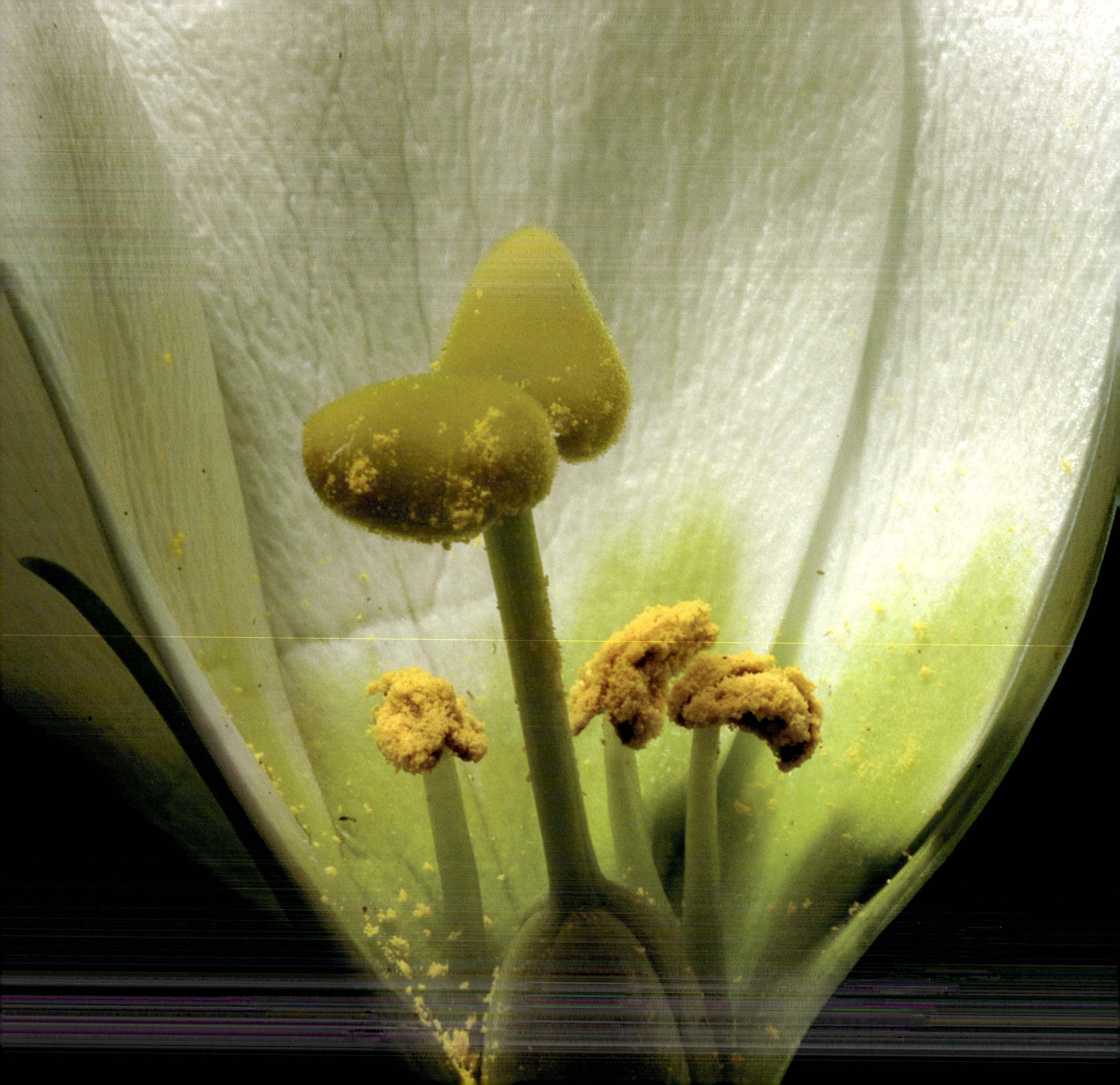

Eustoma grandiflorum – Großblütiger Prärieenzian (Gentianaceae) – Pollenkörner, dehydriert [REM x 600]

LINKE SEITE *Eustoma grandiflorum* – Großblütiger Prärieenzian (Gentianaceae) – Inneres der Blüte mit drei der fünf Stamina, aus deren geöffneten Antheren der Pollen austritt. Das Stigma oben auf dem Stylus ist mit Pollen bestäubt. Am unteren Ende des Stylus befindet sich ein Ovar mit fünf Fächern.

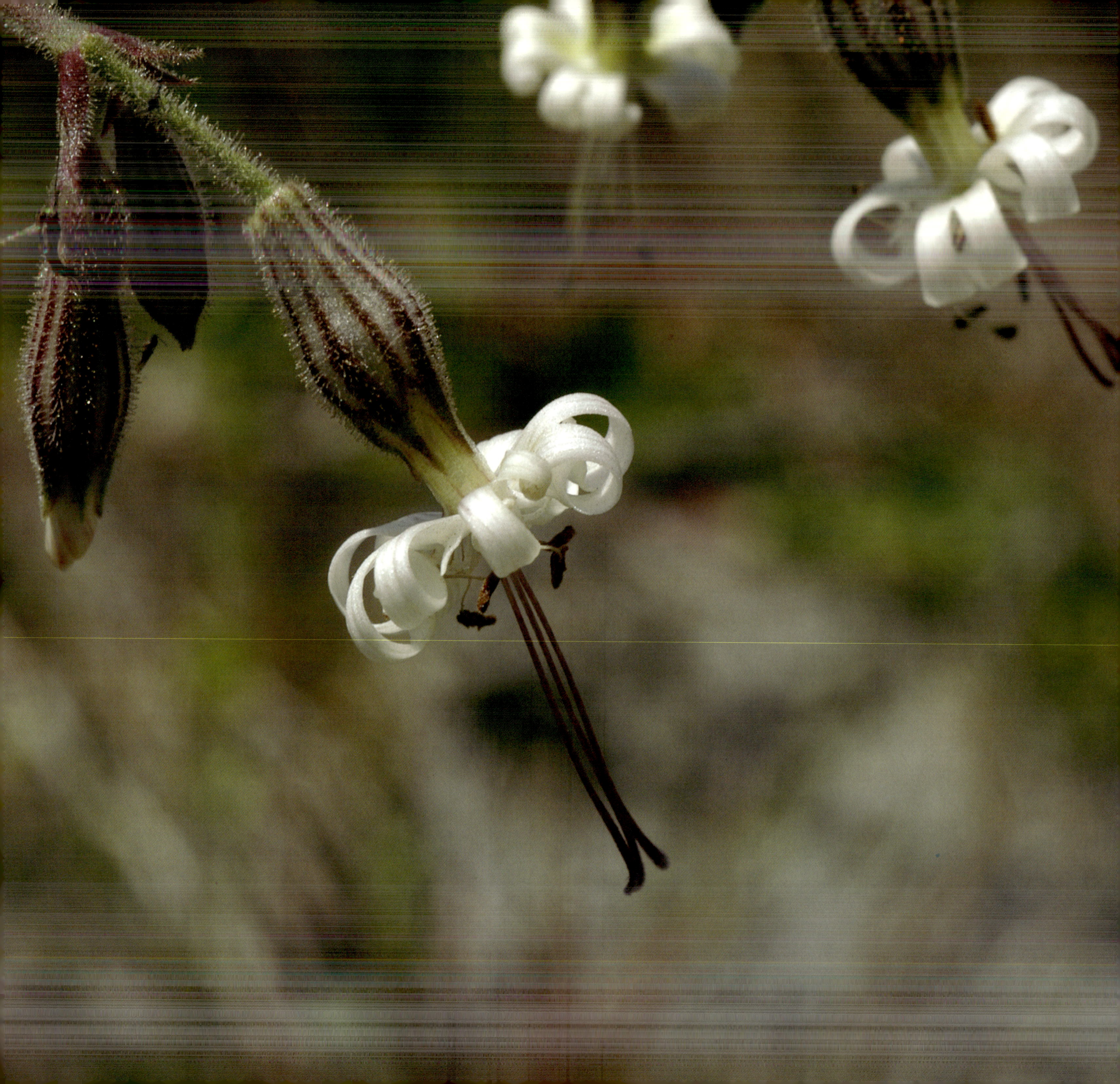

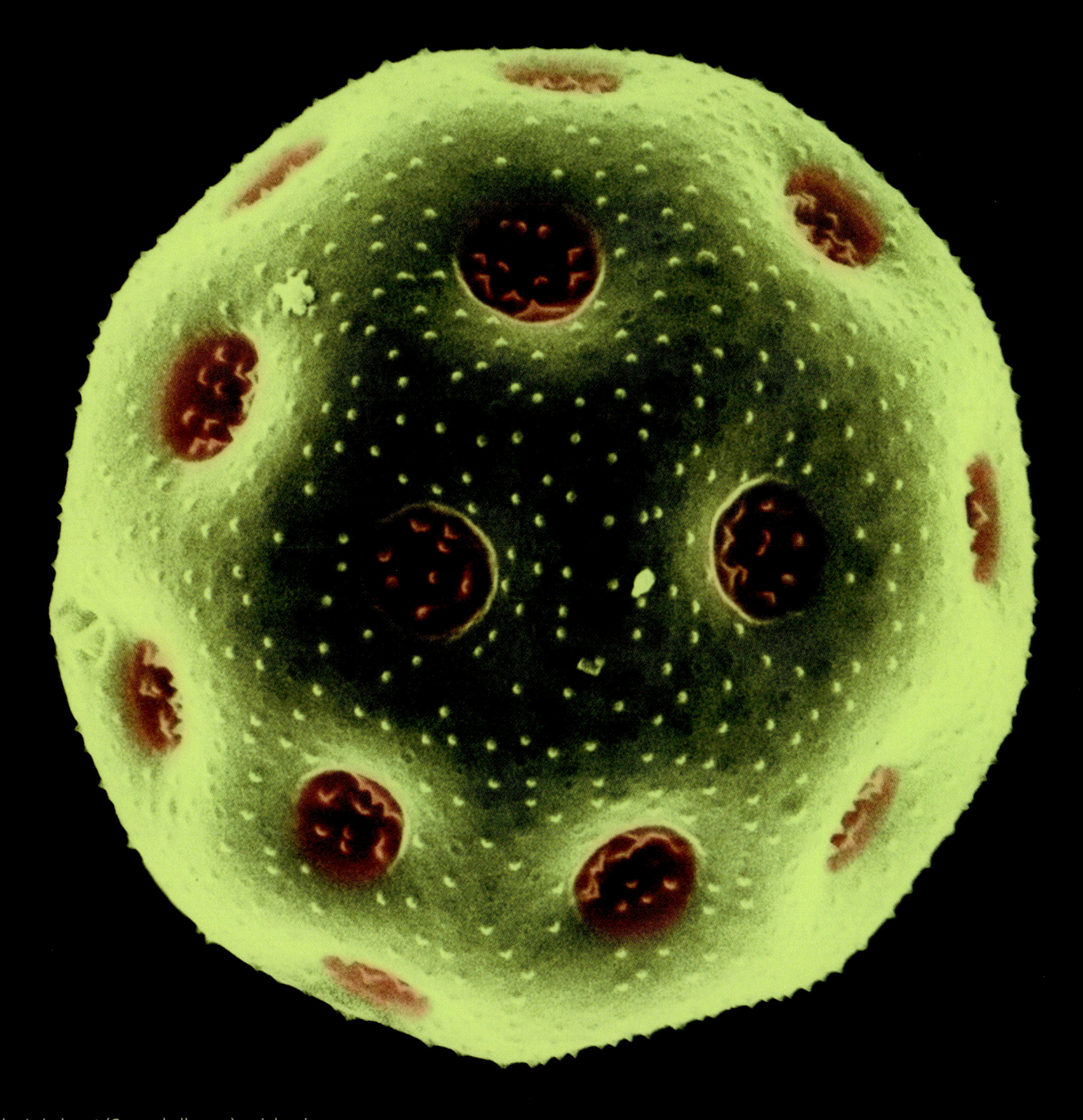

Silene nutans – Nickendes Leimkraut (Caryophyllaceae) – vielporiges Pollenkorn. Jede Pore ist eine Apertur, durch die der Pollenschlauch auskeimen kann [REM x 1500].

LINKE SEITE *Silene nutans* – Nickendes Leimkraut (Caryophyllaceae). Die Stamina ragen deutlich über die Petalen hinaus.

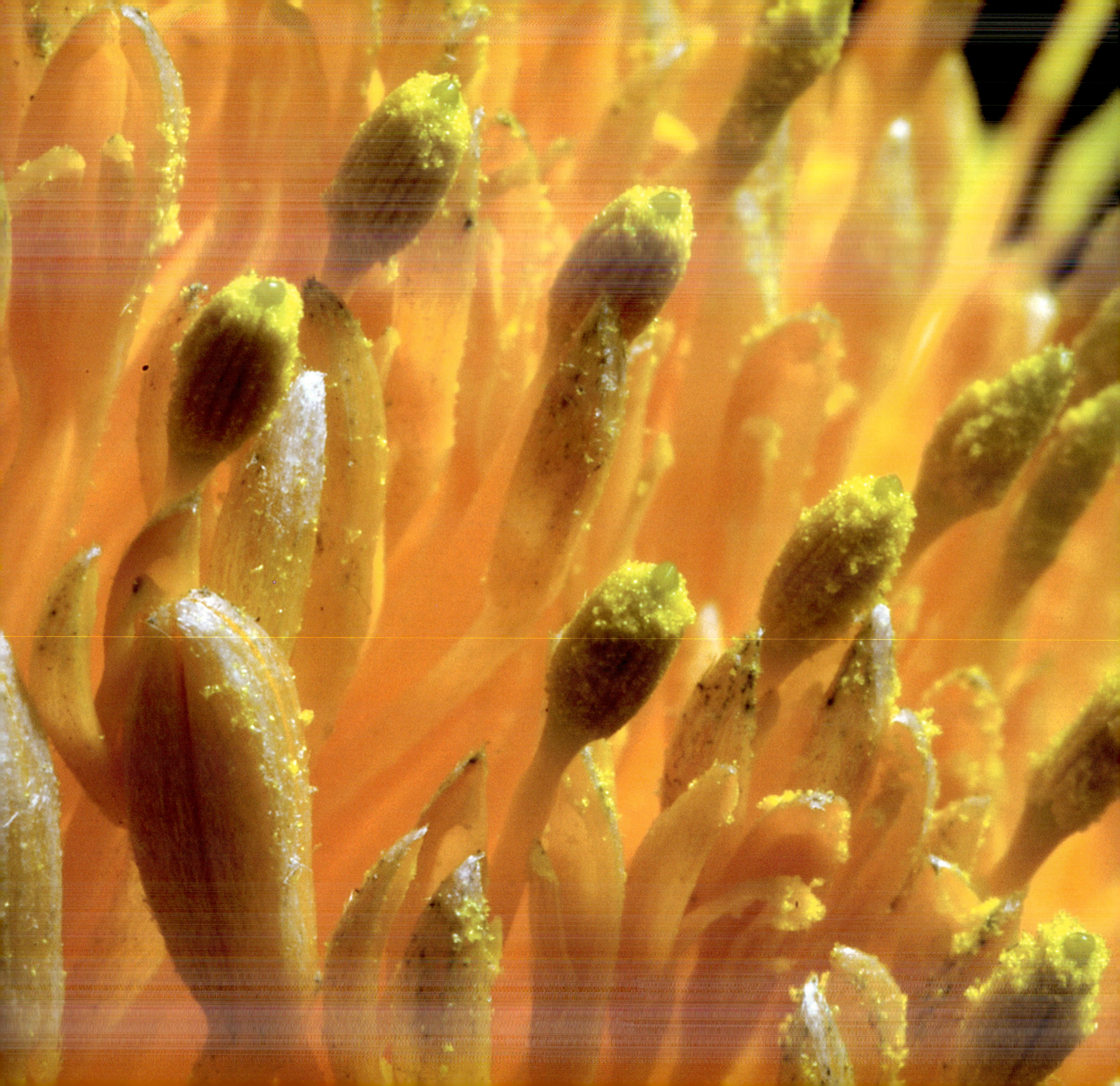

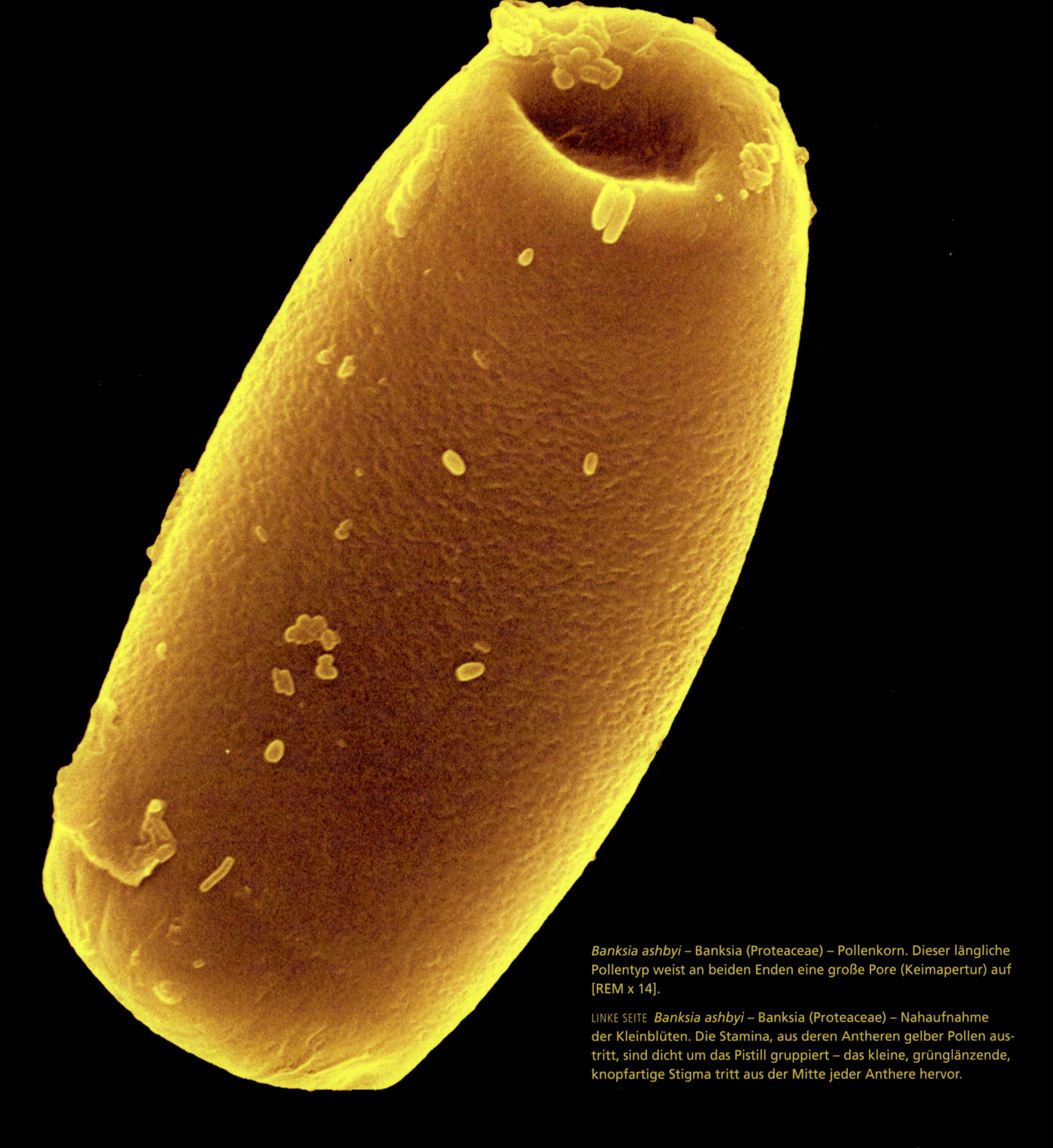

Banksia ashbyi – Banksia (Proteaceae) – Pollenkorn. Dieser längliche Pollentyp weist an beiden Enden eine große Pore (Keimapertur) auf [REM x 14].

LINKE SEITE *Banksia ashbyi* – Banksia (Proteaceae) – Nahaufnahme der Kleinblüten. Die Stamina, aus deren Antheren gelber Pollen austritt, sind dicht um das Pistill gruppiert – das kleine, grünglänzende, knopfartige Stigma tritt aus der Mitte jeder Anthere hervor.

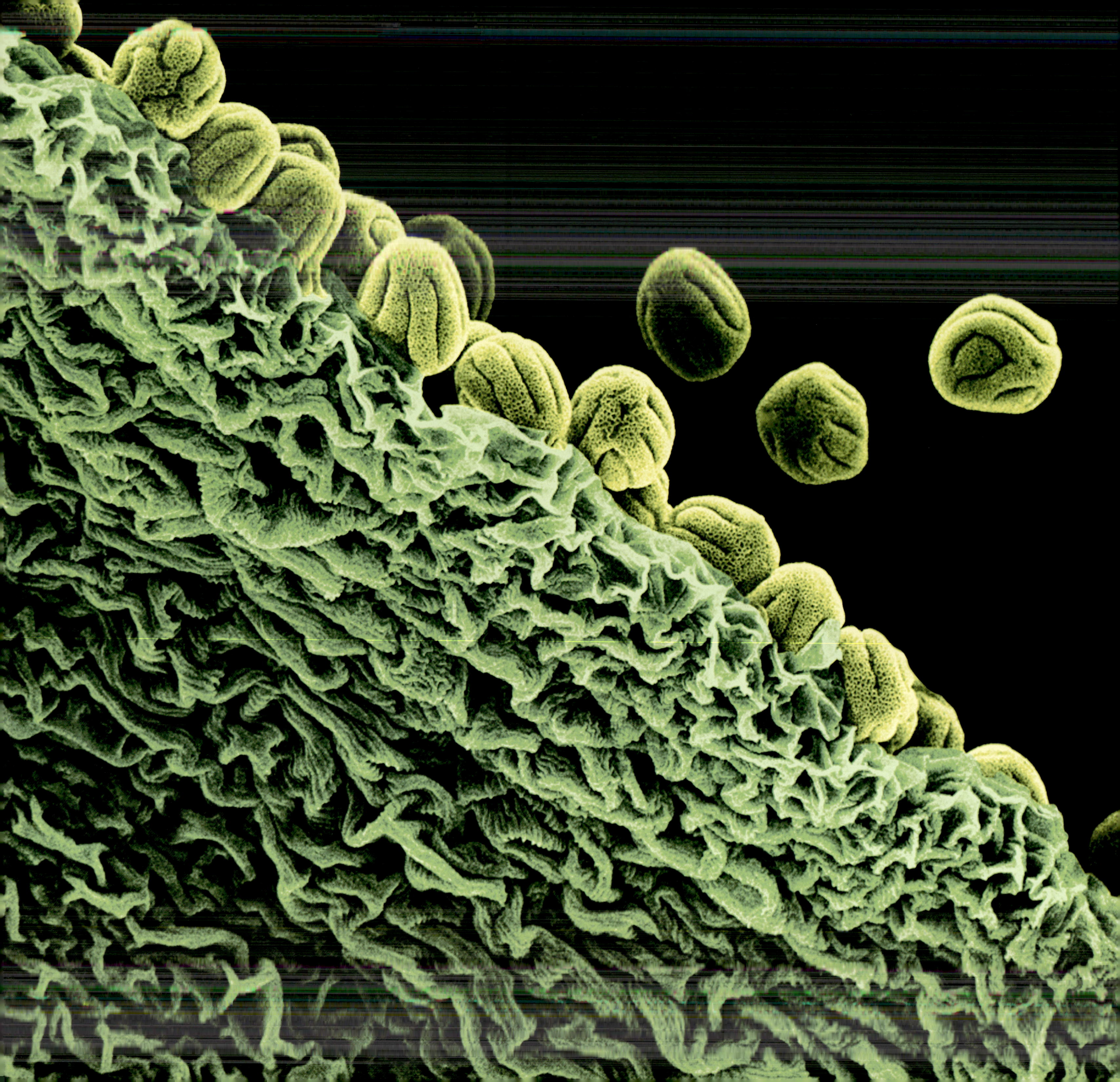

schmutzigen Pollenspuren oder die Frische des Pistills verraten, kann zweifellos nicht angemessen durch Sprache ausgedrückt werden; es ist allerdings sinnlos, diese unausdrückbare reale Präsenz zu ignorieren (wie es allgemein geschieht) und bestimmte Versuche der symbolischen Interpretation als kindische Absurditäten zurückzuweisen.

Georges Bataille

Die Sprache der Blumen, Documents 3, 1929

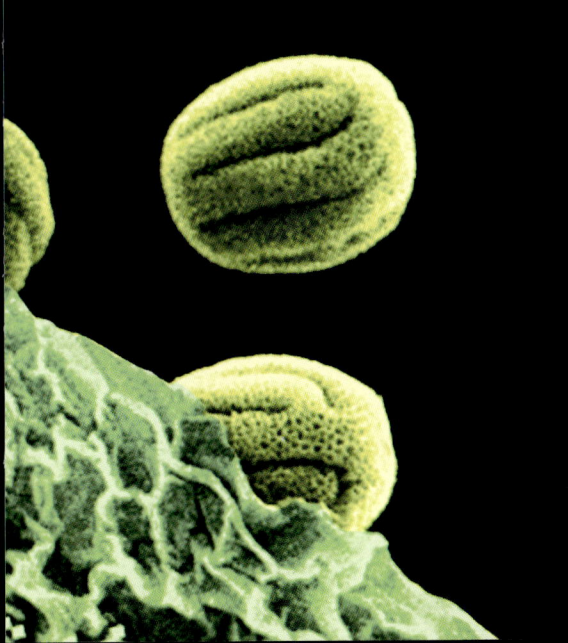

Primula veris – Schlüsselblume (Primulaceae) – Pollenkörner am offenen Rand einer Antherentheke, in der sie gebildet werden [REM x 3000]

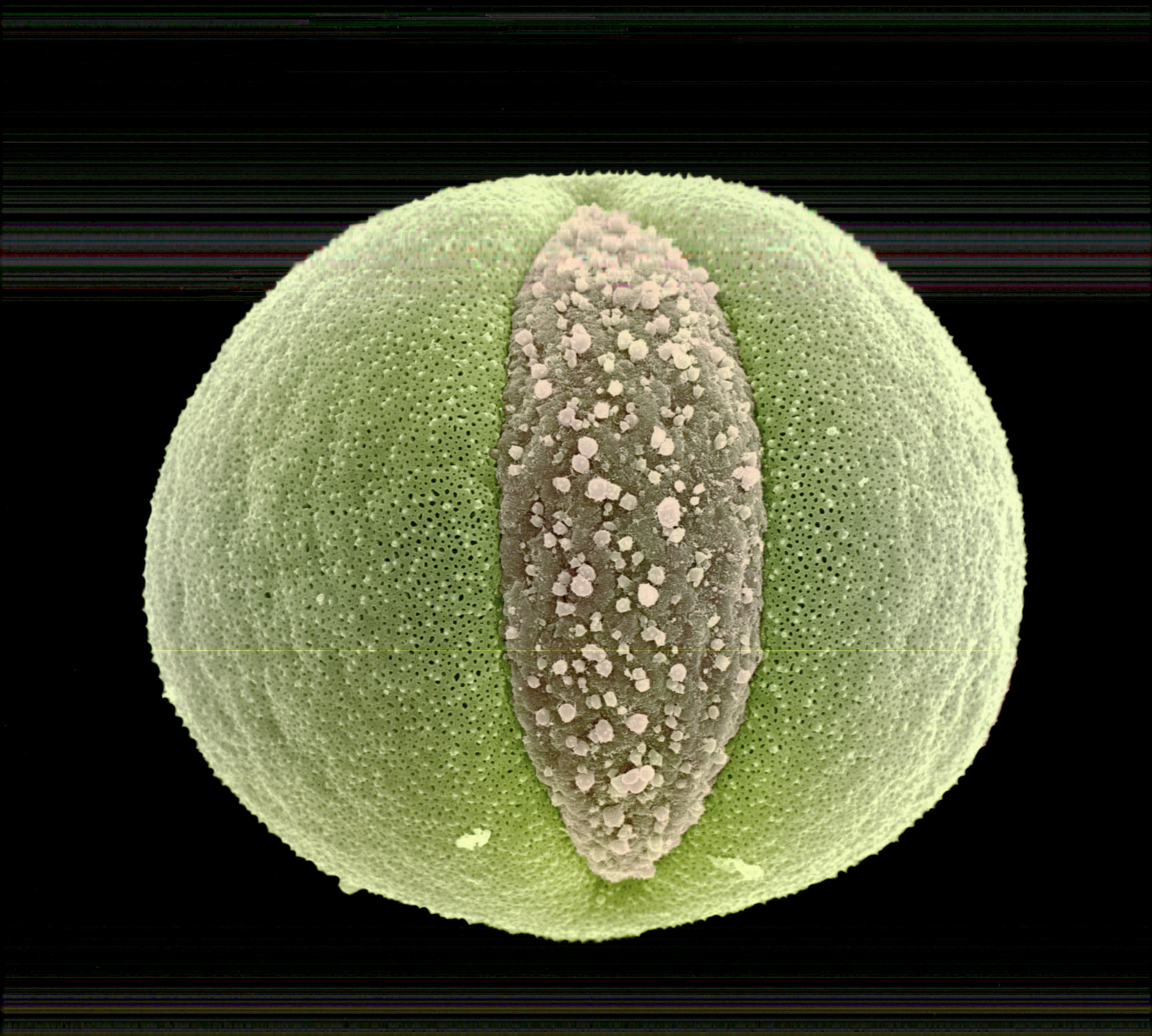

Convolvulus arvensis – Acker-Winde (Convolvulaceae) mit Schwebfliege

LINKE SEITE *Convolvulus arvensis* – Acker-Winde (Convolvulaceae) – Pollenkorn, eine der drei Keimaperturen ist sichtbar [REM x 1300].

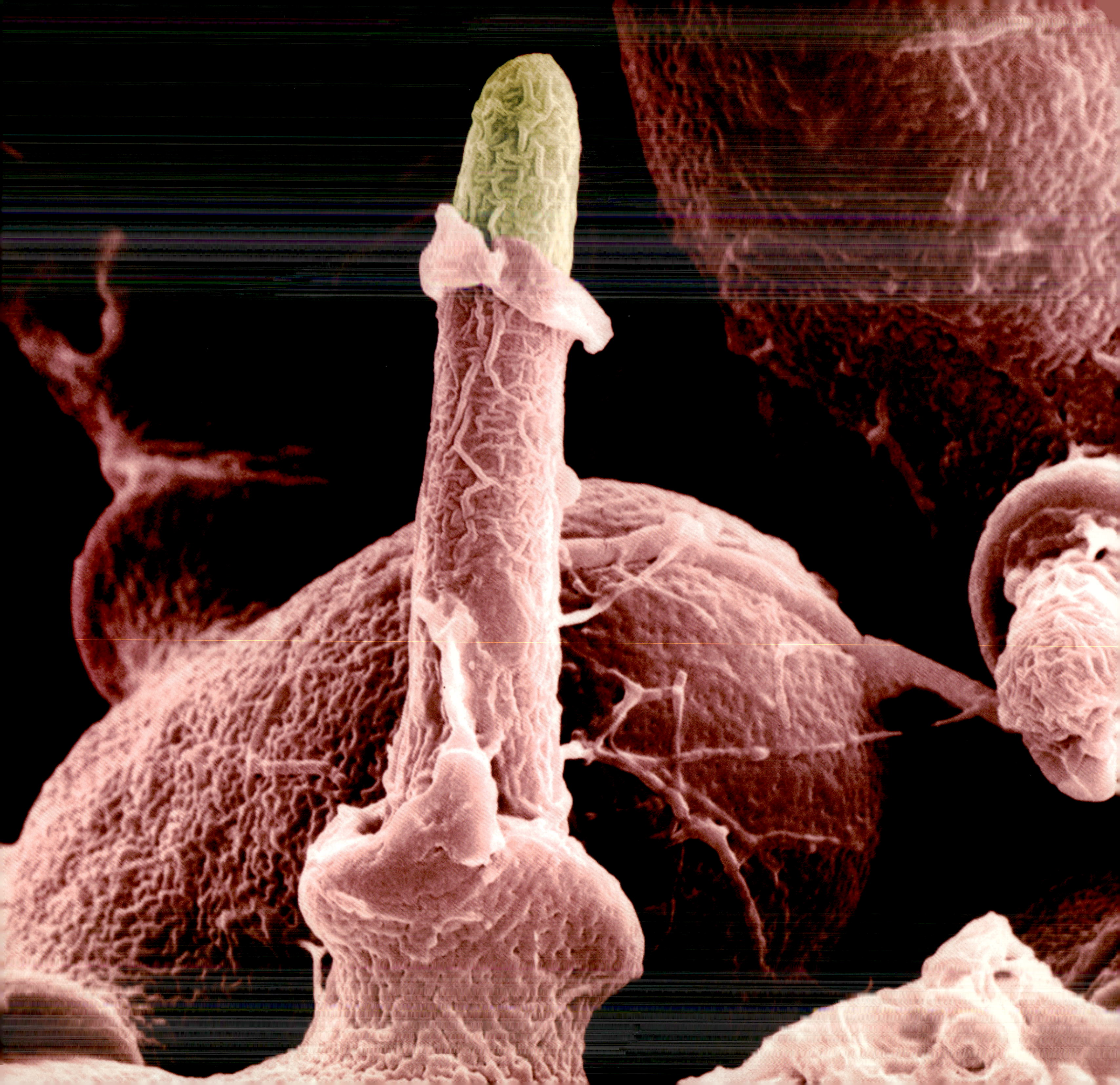

Lass die geschlossenen *Petalen* vor nächtlicher Kälte

Den jungfräulichen *Stylus* in seidenen Vorhängen schützen,

Schüttele in sichtlose Luft den Morgentau

Und halte ins Licht ihre schillernden Farben;

Während von hoch oben die berstenden *Antheren* warfen

In milde Brisen ihren reichen Staub;

Oder sich verzückt über die Schönheit der Mitte bögen,

Ihre Stunde der Liebe weihen und ihr Leben in Luft auflösen.

Ihre Stunde der Liebe weihen. Die Leidenschaft pflanzlicher Liebe ist aufs Angenehmste in der Blüte der Paranassia zu erkennen, in welcher die Männchen sich den Weibchen abwechselnd nähern und sich von ihnen entfernen, und bei den Blüten des Schwarzkümmels, auch Gretel im Busch genannt, deren hohe weibliche Blüten sich herniederbeugen, um ihre Ehemänner als Zwerge erscheinen zu lassen. Heute morgen aber beobachtete ich mit großer Überraschung in Sir Brooke Boothbys wertvoller Pflanzensammlung zu Ashbourn den offenbaren Ehebruch mehrerer Weibchen der Pflanze Collinsonia, die sich zu den Männchen anderer Exemplare derselben Pflanze in ihrer Nachbarschaft hinübergebeugt hatten, wobei sie ihre eigenen ganz vernachlässigten.

Erasmus Darwin

The Botanic Garden, 1791

Morina longifolia – Duftsteppendistel (Dipsacaceae) – Pollenkorn mit austretendem Pollenschlauch, natürlich getrocknet [REM x 8600]

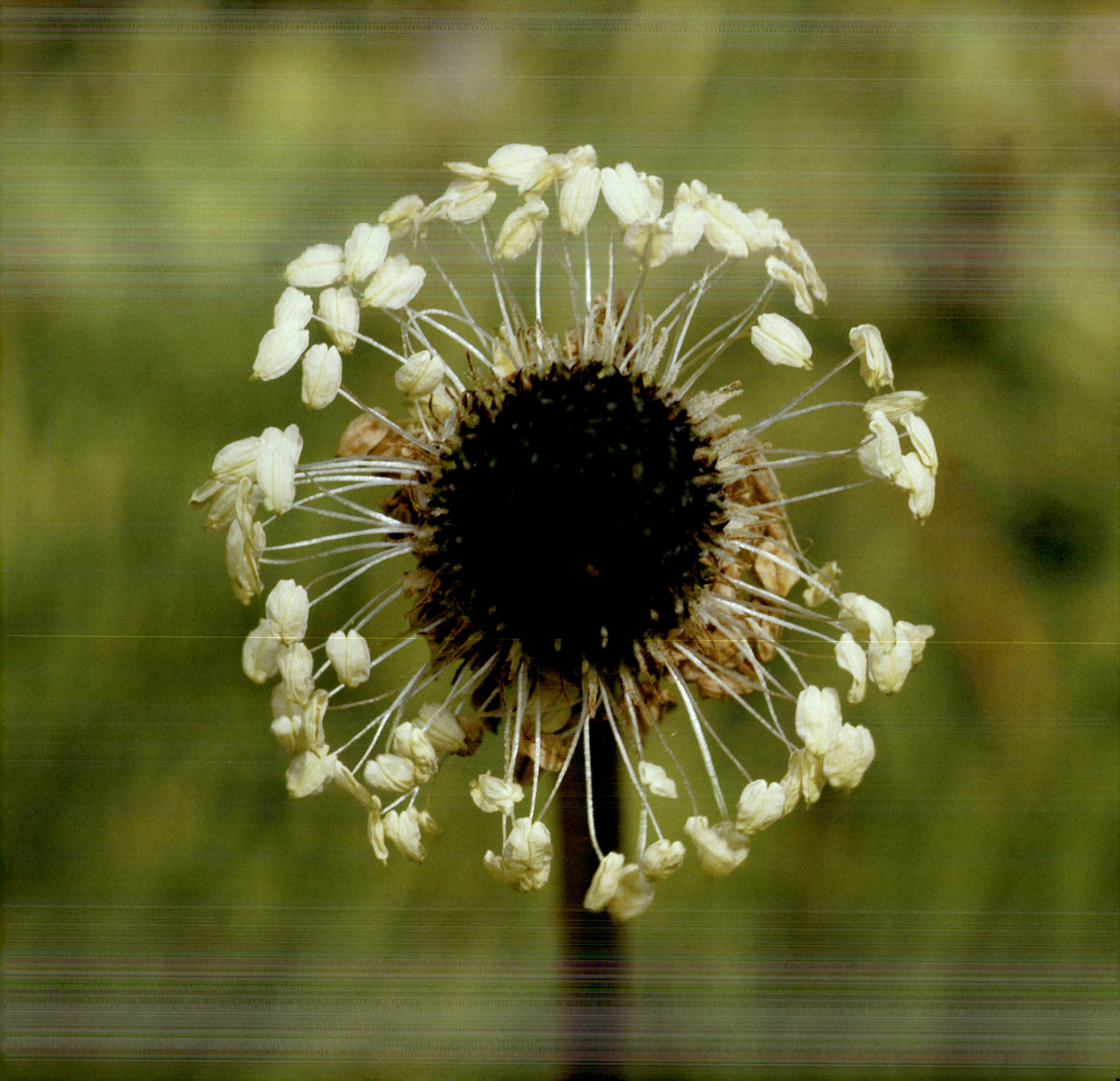

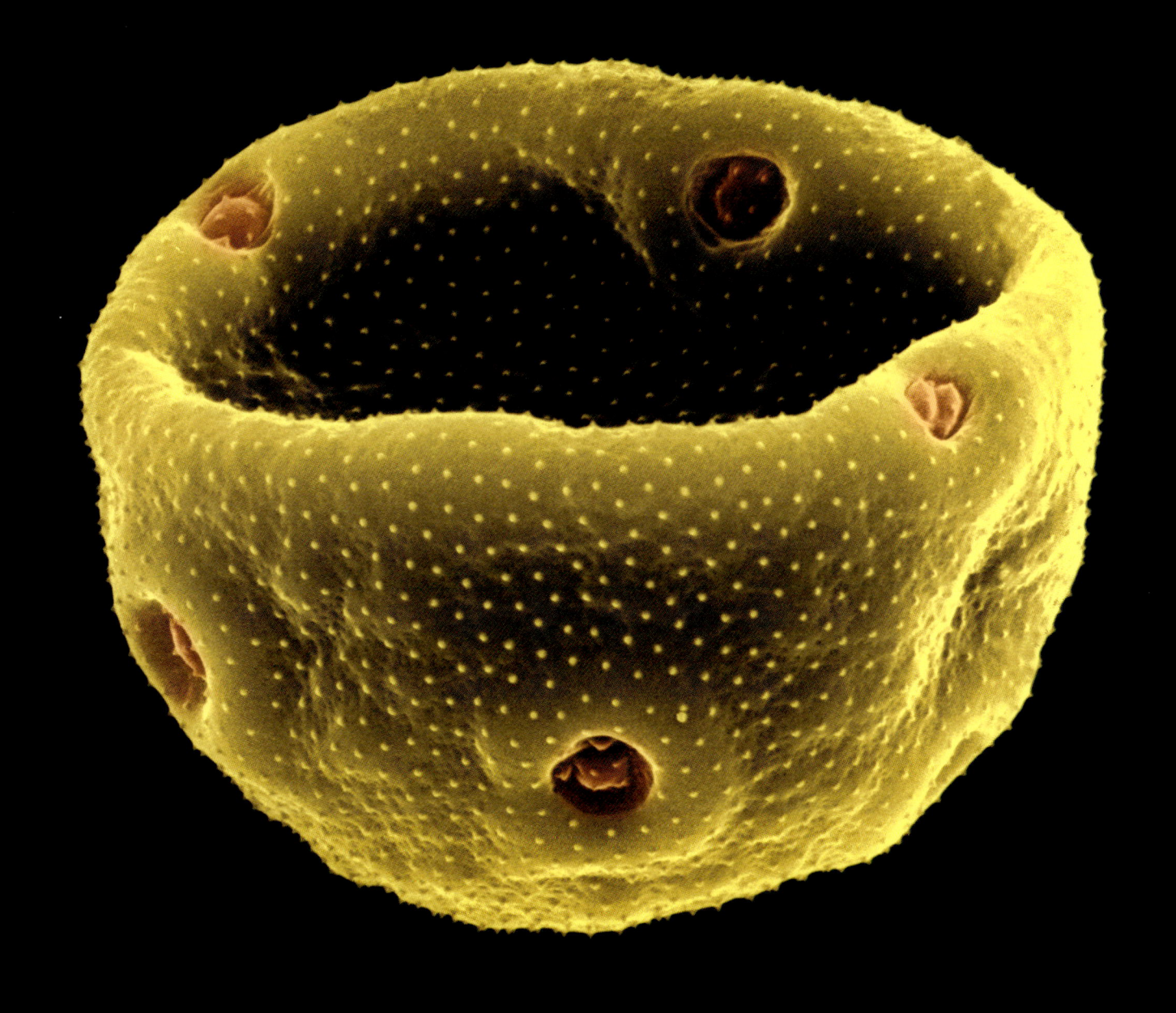

Plantago lanceolata – Spitzwegerich (Plantaginaceae) – vielporiges Pollenkorn, das vollkommen dehydriert und wie ein Ball ohne Luft in sich zusammengefallen ist [REM x 3000]

LINKE SEITE *Plantago lanceolata* – Spitzwegerich (Plantaginaceae) – Blütenstand von oben gesehen. Auffällig sind die schlanken Filamente der Stamina, die, wie die Stamina von Gräserblüten, die Antheren in den Wind halten.

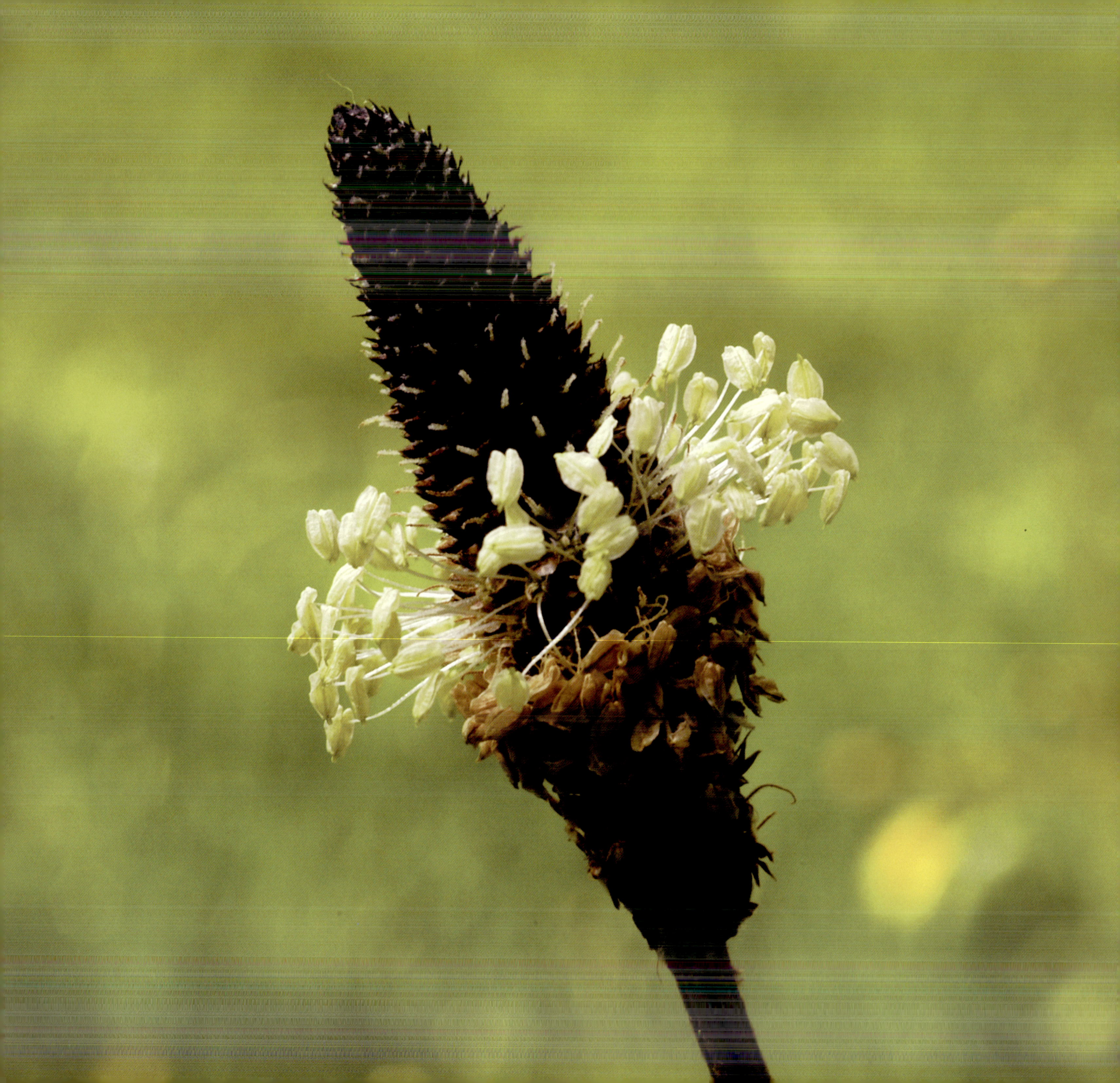

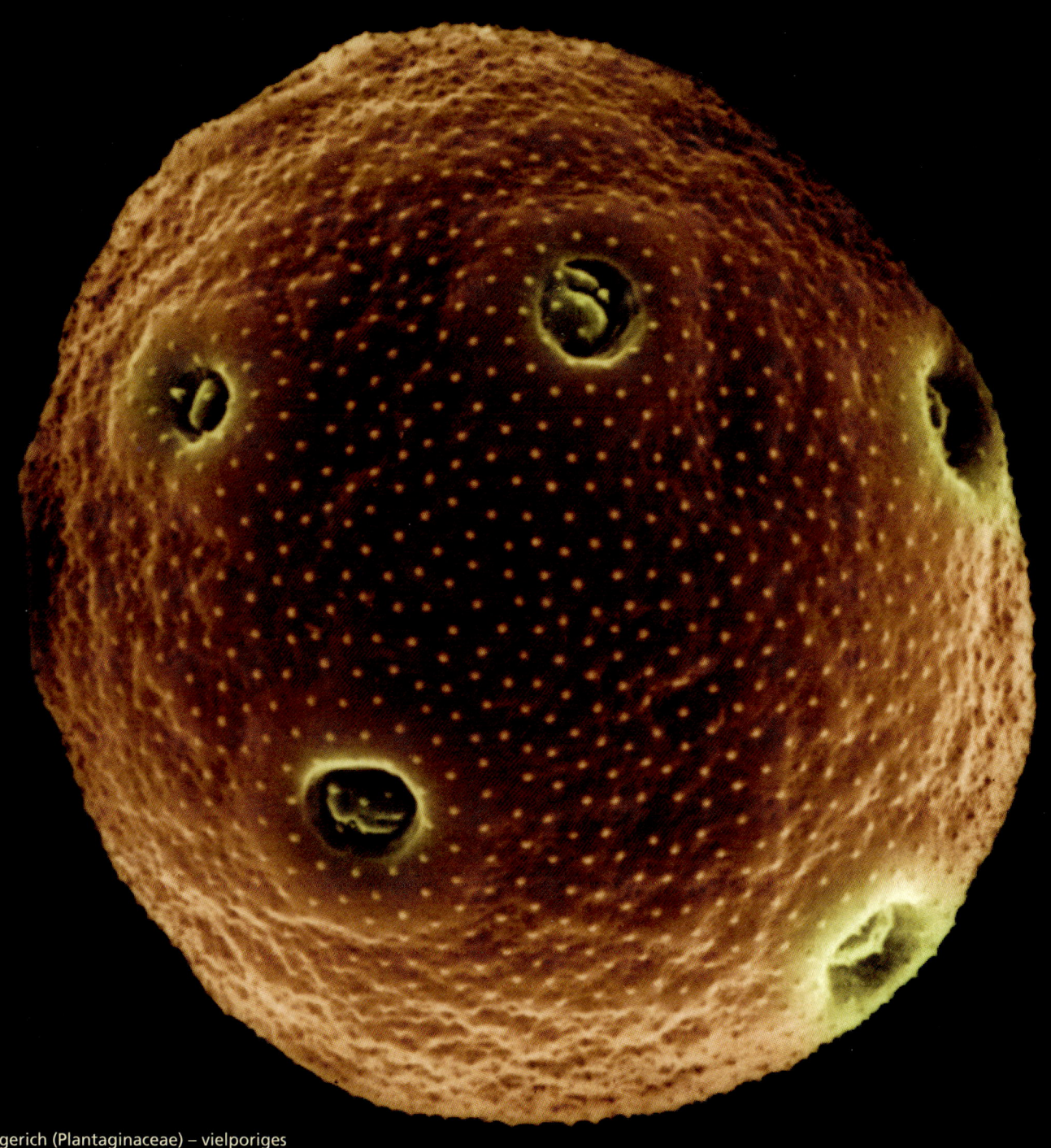

Plantago lanceolata – Spitzwegerich (Plantaginaceae) – vielporiges Pollenkorn, halbdehydriert. Britische Wegericharten gehören zu den windbestäubten Pflanzen, deren Pollen Heuschnupfen auslösen kann [REM x 3000].

LINKE SEITE *Plantago lanceolata* – Spitzwegerich (Plantaginaceae) – Blütenstand, von der Seite gesehen

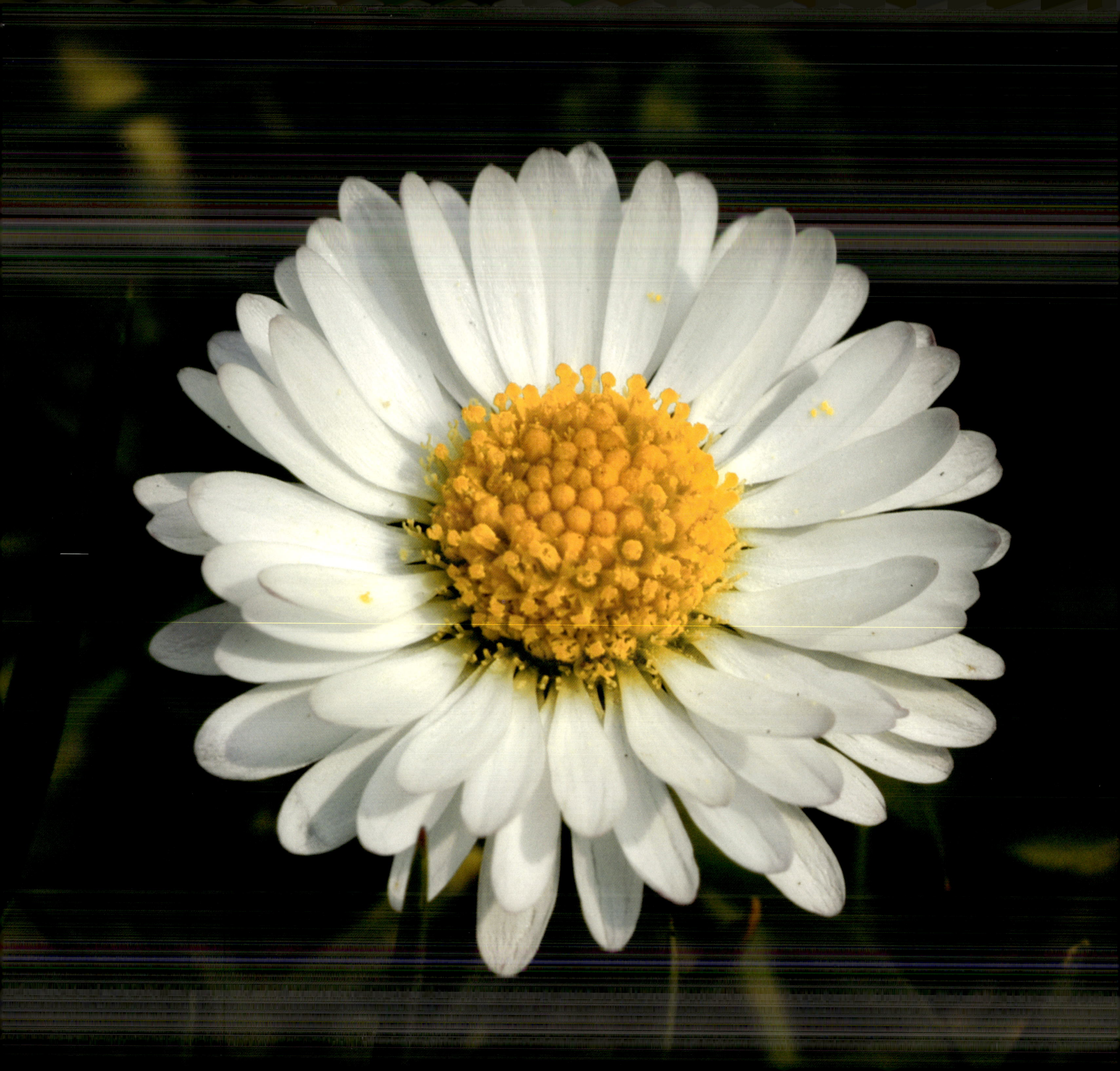

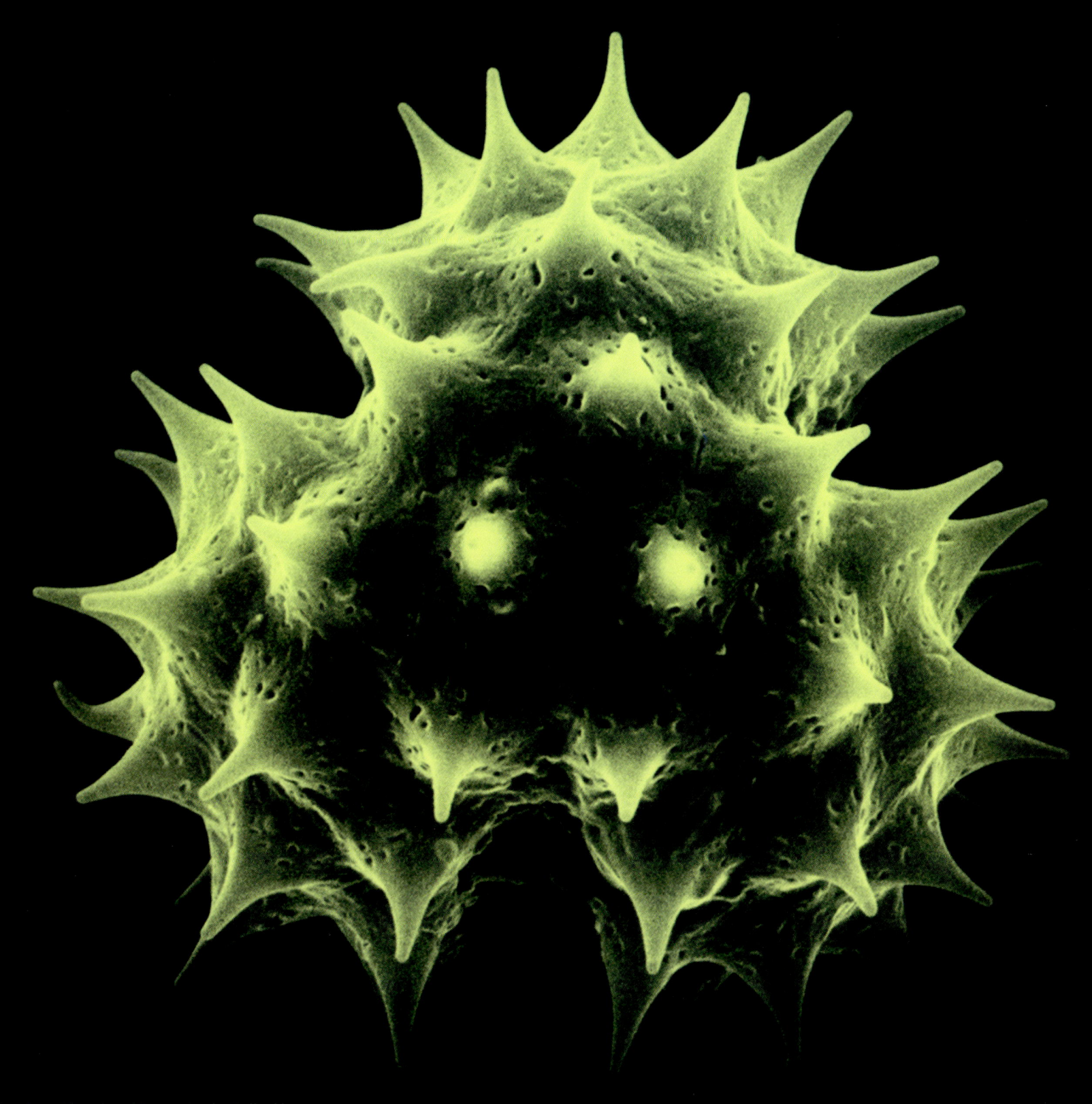

Bellis perennis – Gänseblümchen (Compositae) – Pollenkorn
[REM x 3000]

LINKE SEITE *Bellis perennis* – Gänseblümchen (Compositae) –
ganze Blüte

POLLEN – GANZ GROSS

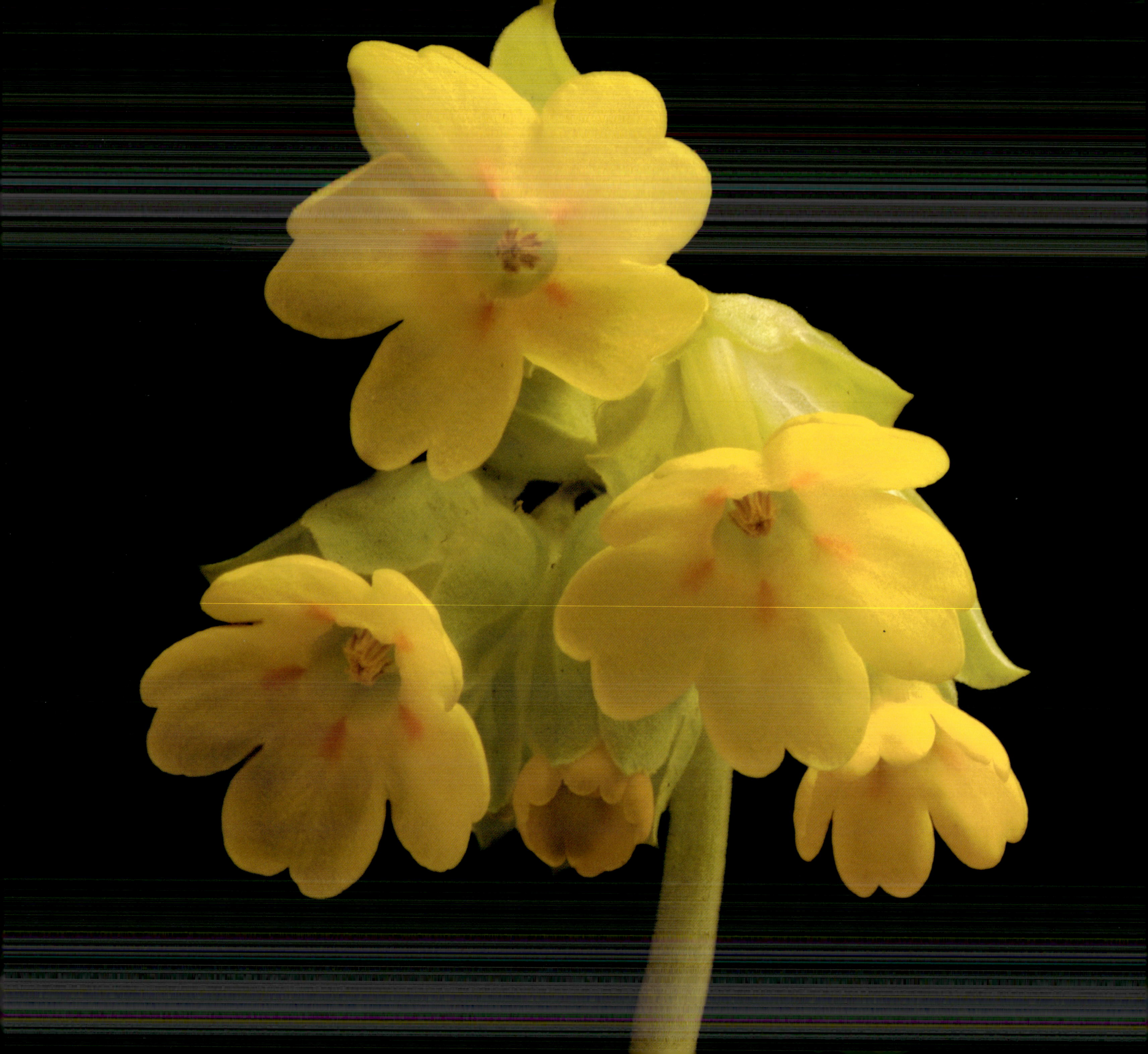

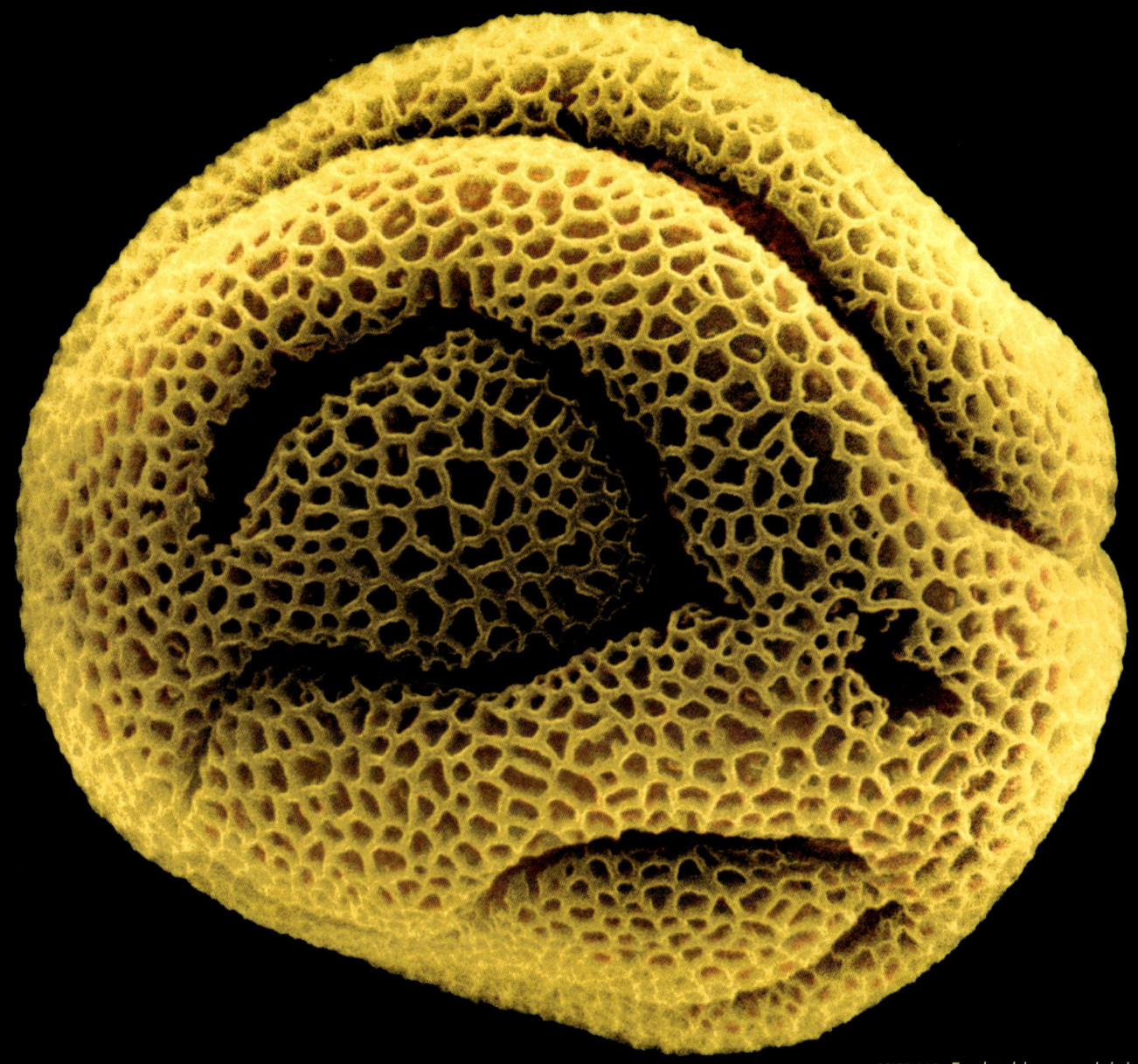

Primula veris – Schlüsselblume (Primulaceae) – dieses Pollenkorn ist nicht normal entwickelt und weist daher nicht die übliche Anordnung der Aperturen auf [REM x 3000].

LINKE SEITE *Primula veris* – Schlüsselblume (Primulaceae) – Infloreszenz (Blütenstand), kurzgrifflige Blüte (Antheren ragen weiter hervor als das Pistill)

SEITE 208 *Euphorbia amygdaloides* – Mandelblättrige Wolfsmilch (Euphorbiaceae) – Infloreszenzen. Die großen äußeren, petalartigen, nierenförmigen Gebilde sind Bracteen oder Prophyllen (Deckblätter). Sie umgeben ein offenes Cyathium (Scheinblüte), das von einem Paar junger, ungeöffneter Bracteen flankiert wird. Das Cyathium besteht aus einer äußeren schalenartigen Struktur, die vier hufeisenförmige Drüsen auf dem Rand trägt. Innerhalb der Schale befindet sich eine Gruppe kondensierter Blüten, die einen Ring männlicher Blüten umfassen, von denen jede nur aus einem einzelnen Stamen besteht. Eine weibliche Blüte in der Mitte weist ein Ovar mit drei verzweigten Stigmen auf einem Stängel auf.

SEITE 209 *Euphorbia amygdaloides* – Mandelblättrige Wolfsmilch (Euphorbiaceae) – drei Pollenkörner [REM x 1000]

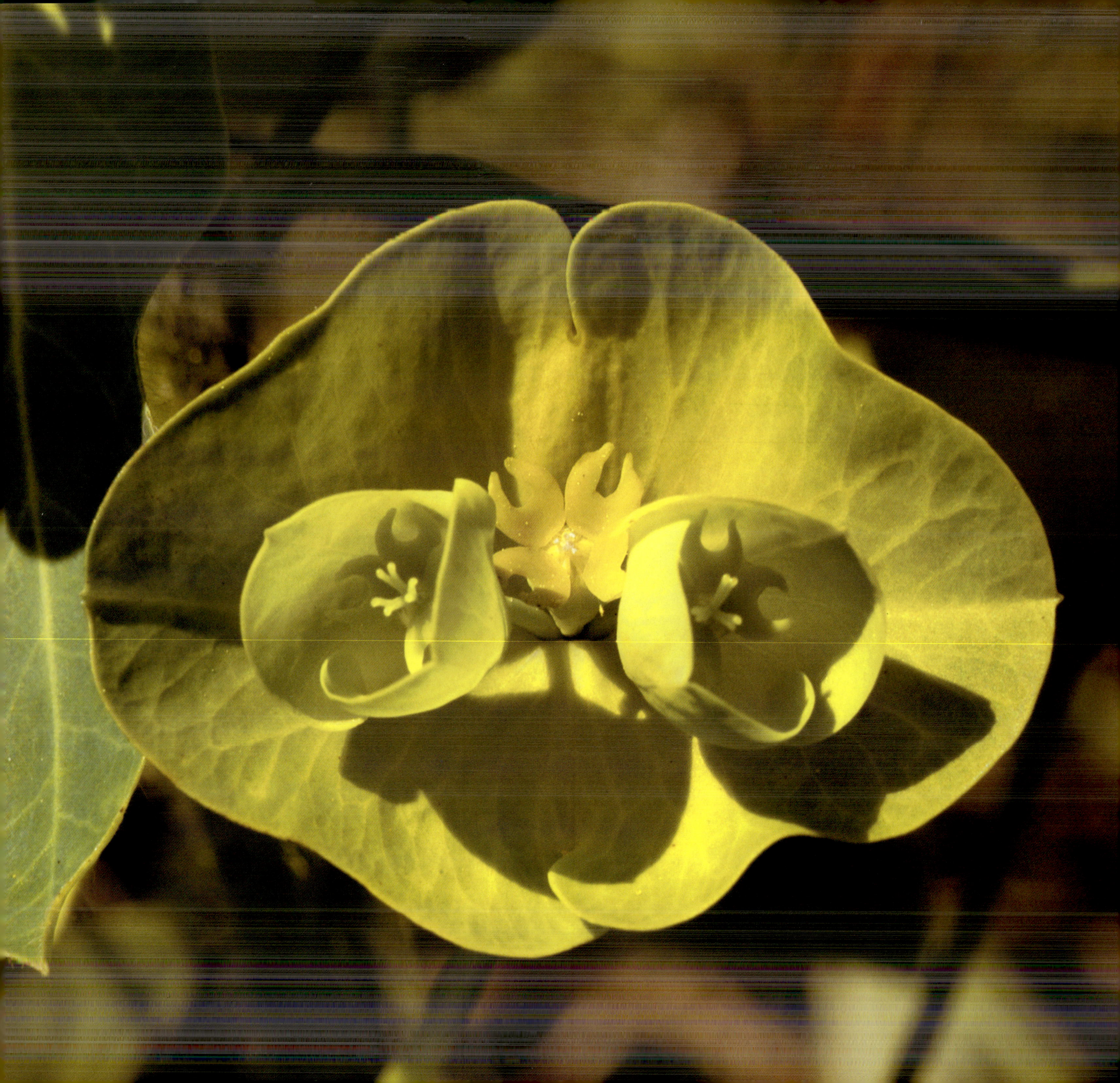

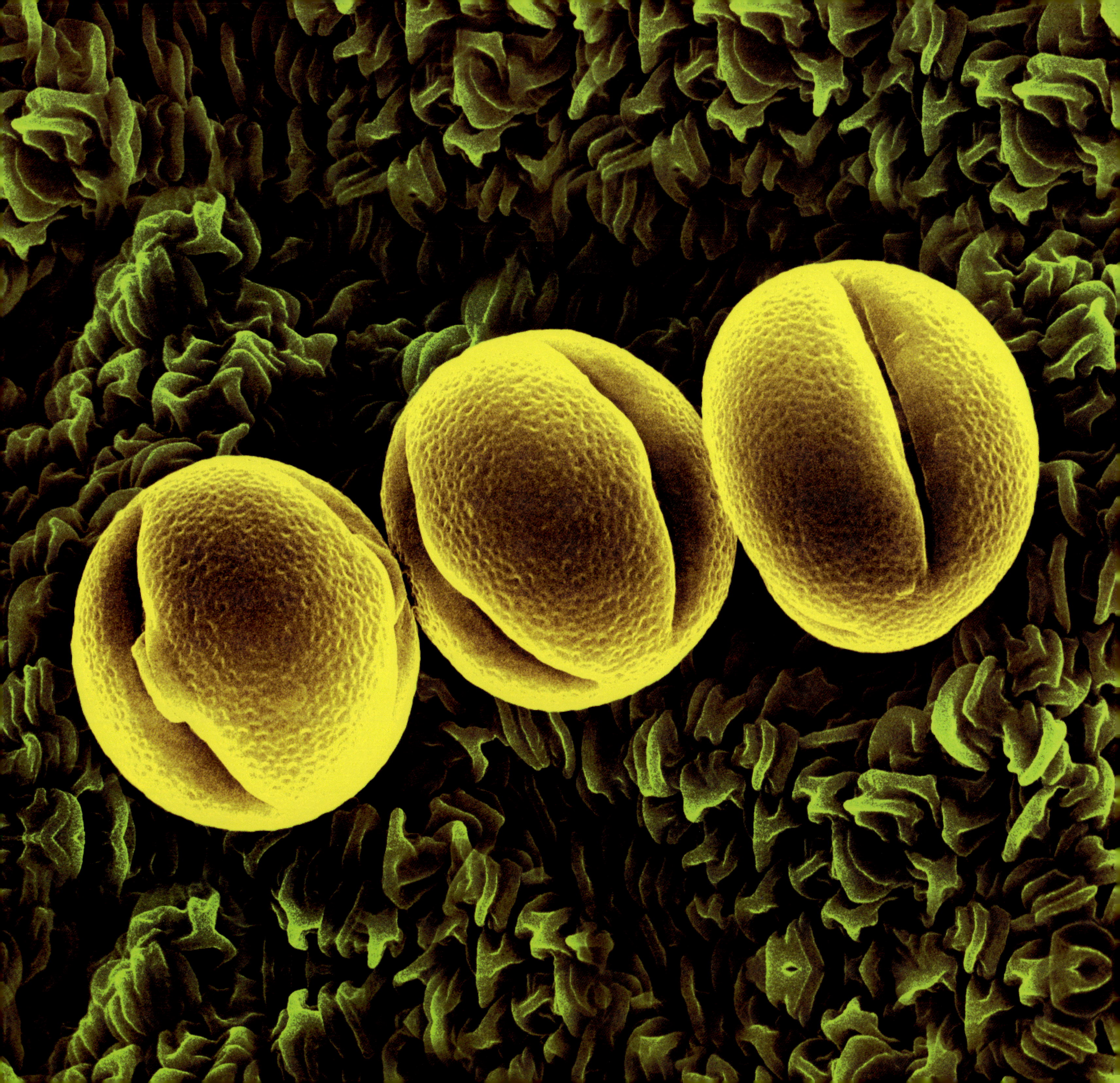

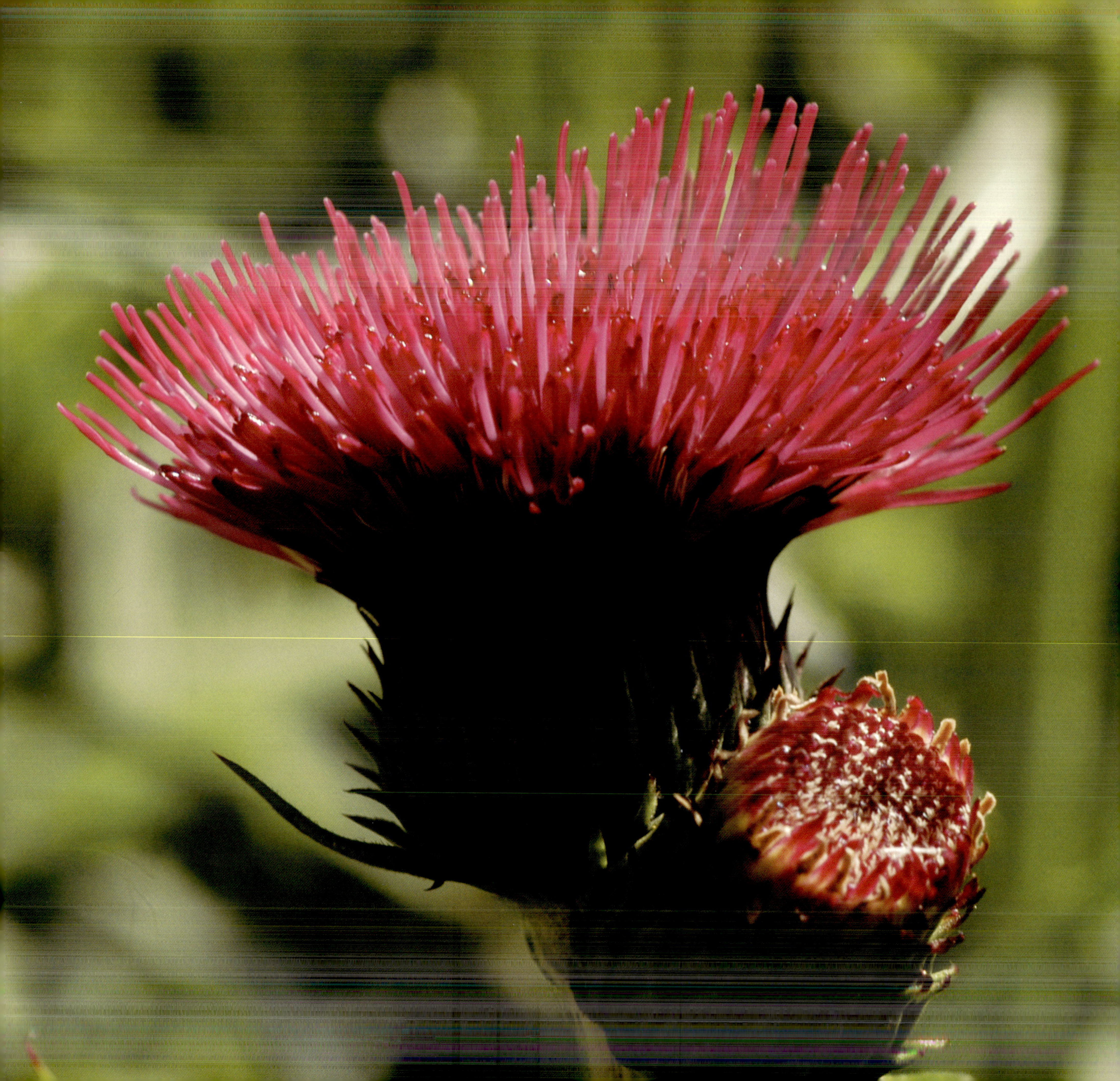

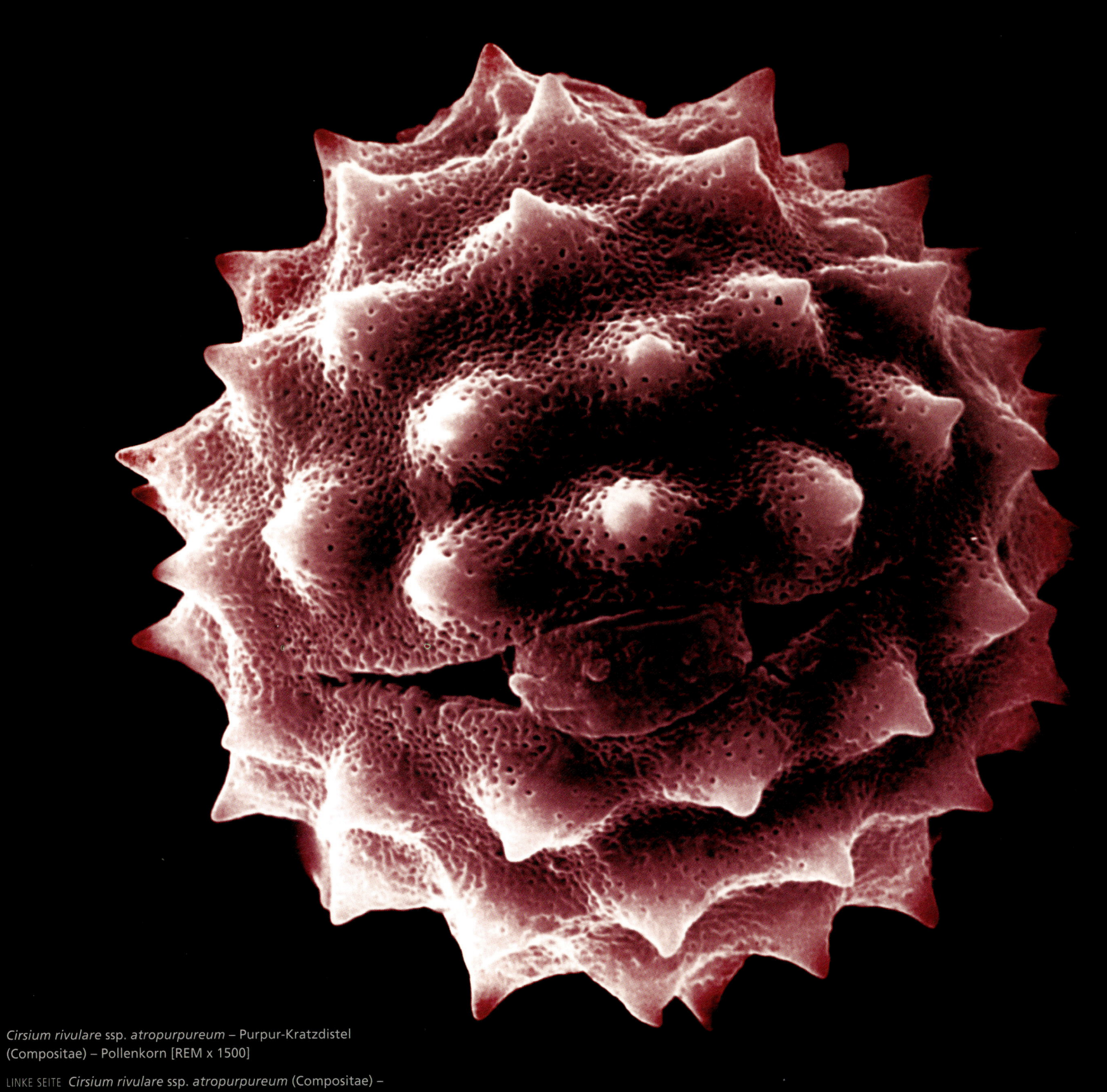

Cirsium rivulare ssp. *atropurpureum* – Purpur-Kratzdistel
(Compositae) – Pollenkorn [REM x 1500]

LINKE SEITE *Cirsium rivulare* ssp. *atropurpureum* (Compositae) –
ganze Blüte

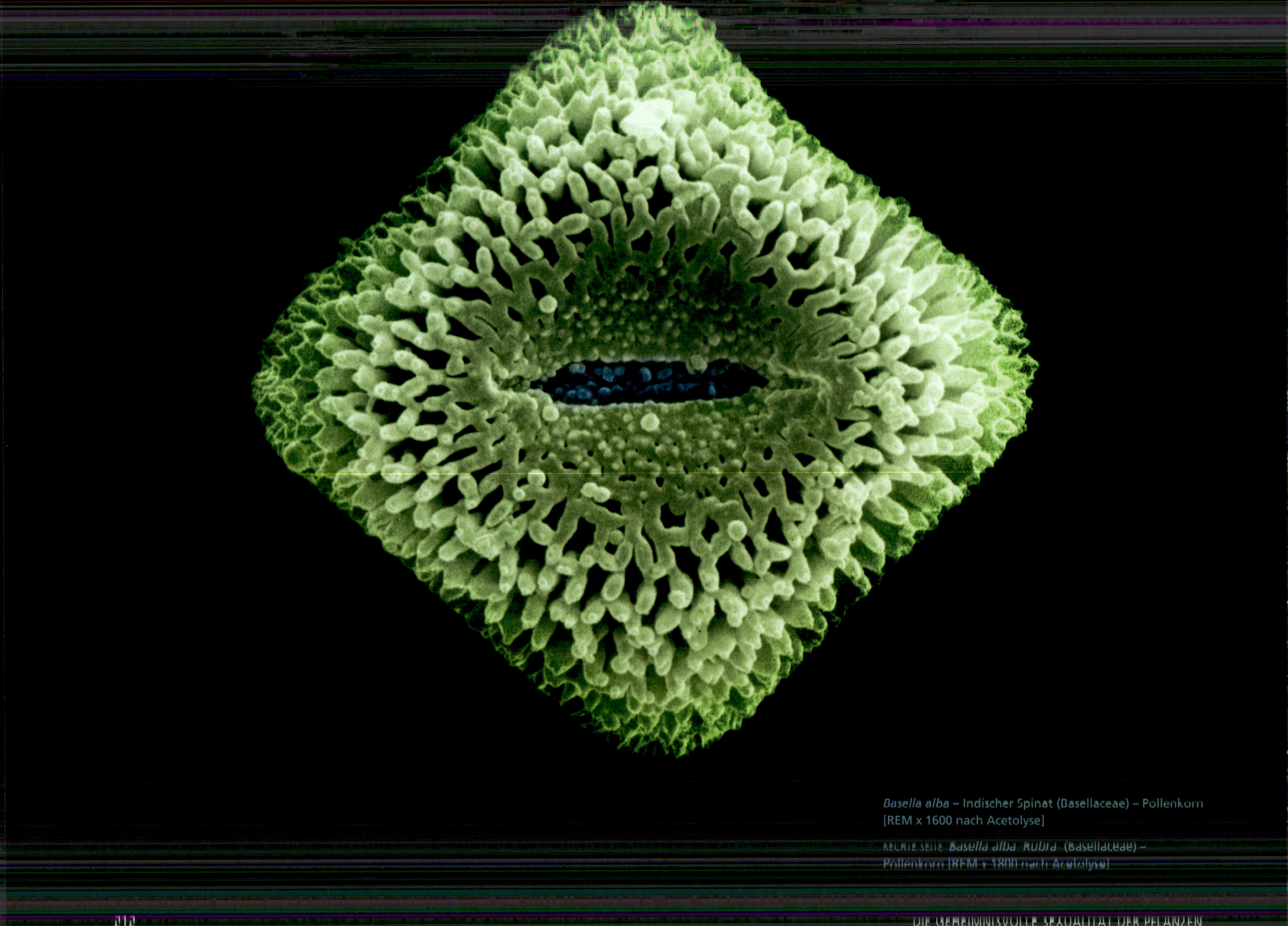

Basella alba – Indischer Spinat (Basellaceae) – Pollenkorn
[REM x 1600 nach Acetolyse]

RECHTE SEITE *Basella alba* 'Rubra' (Basellaceae) –
Pollenkorn [REM x 1800 nach Acetolyse]

SEITE 214 *Aesculus hippocastanum* – Rosskastanie (Hippocastanaceae) – Nahaufnahme einer Einzelblüte aus einem großen Blütenstand

SEITE 215 *Aesculus hippocastanum* – Rosskastanie (Hippocastanaceae) – Pollenkorn [REM x 3000]

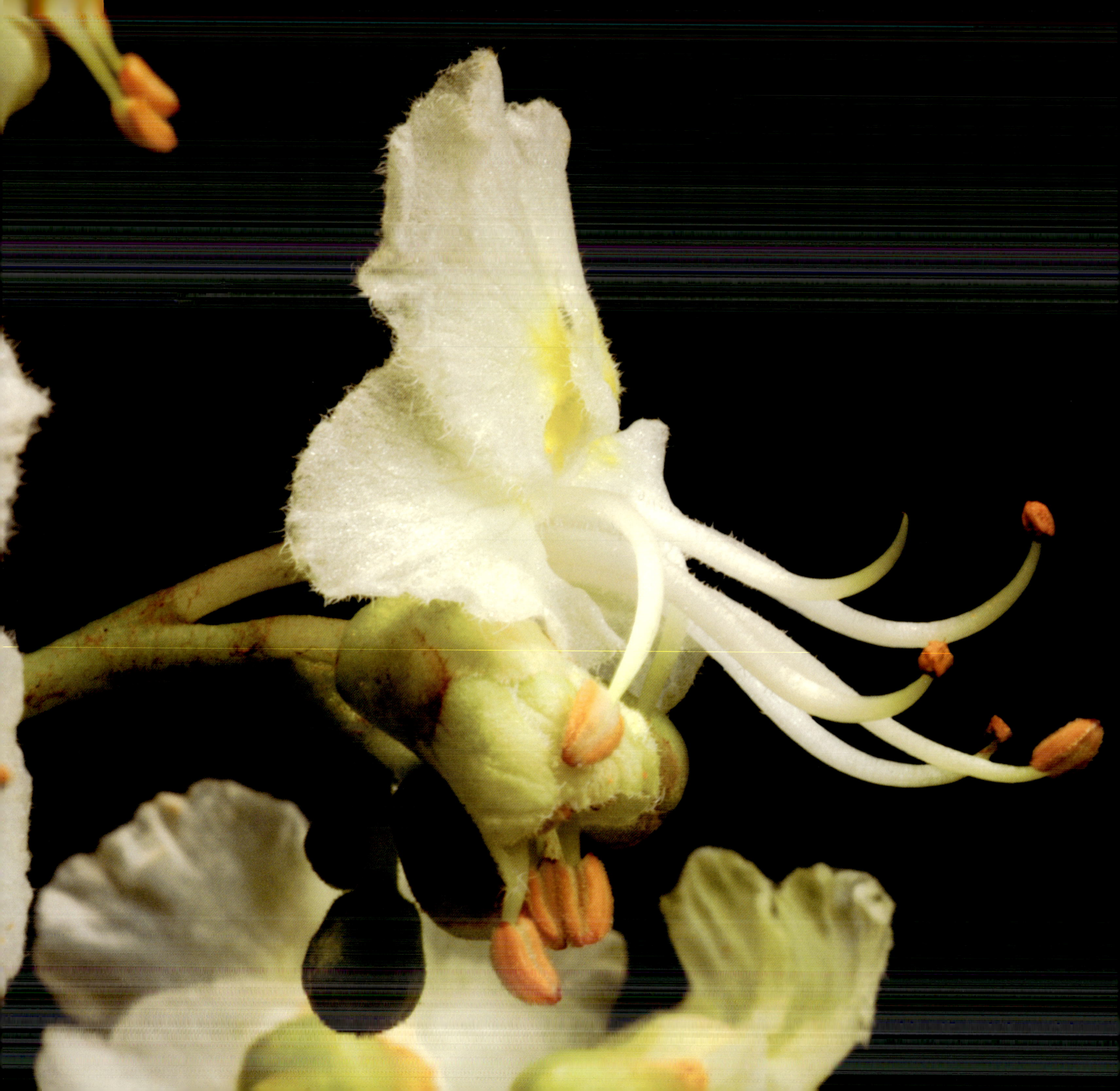

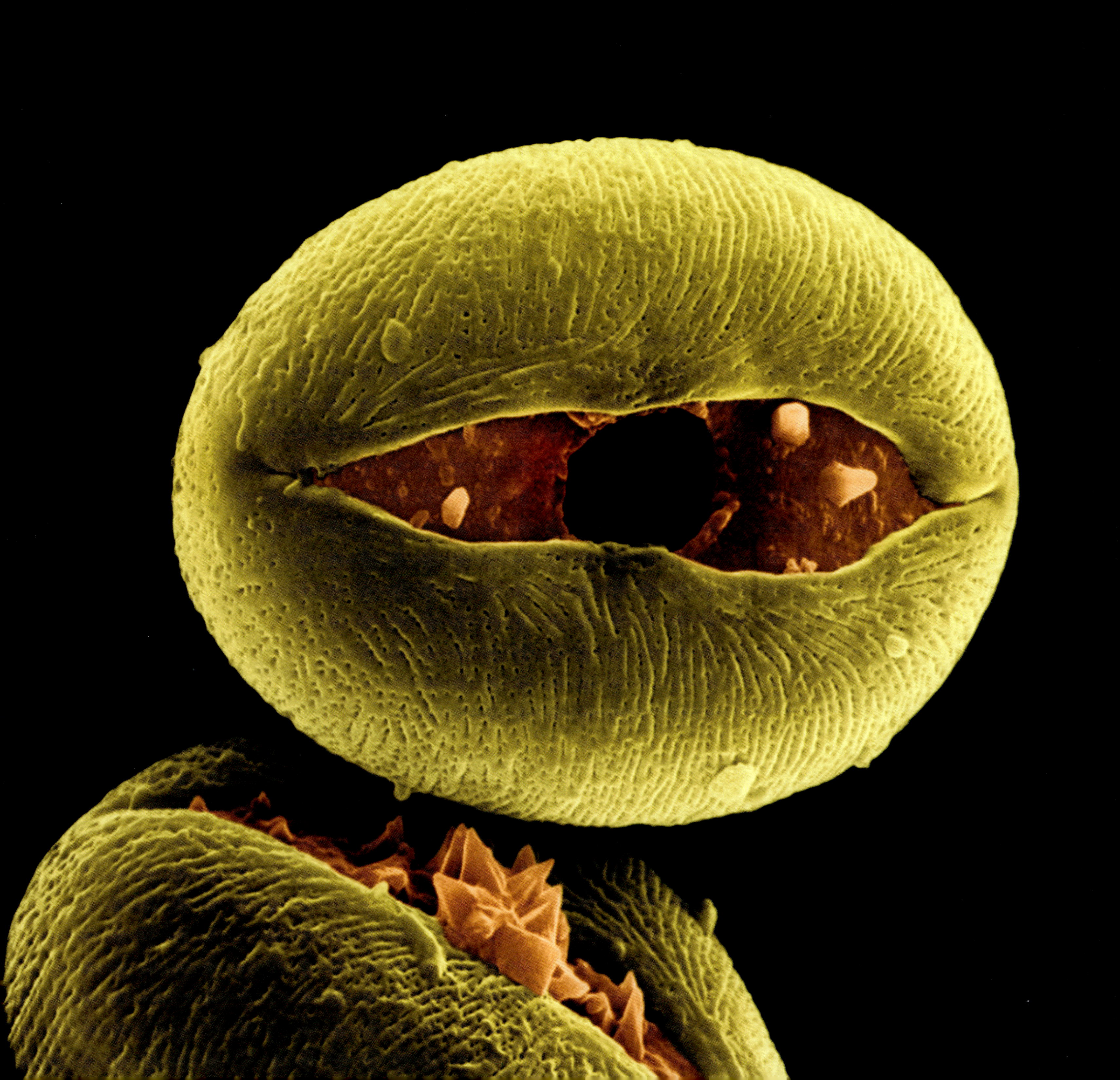

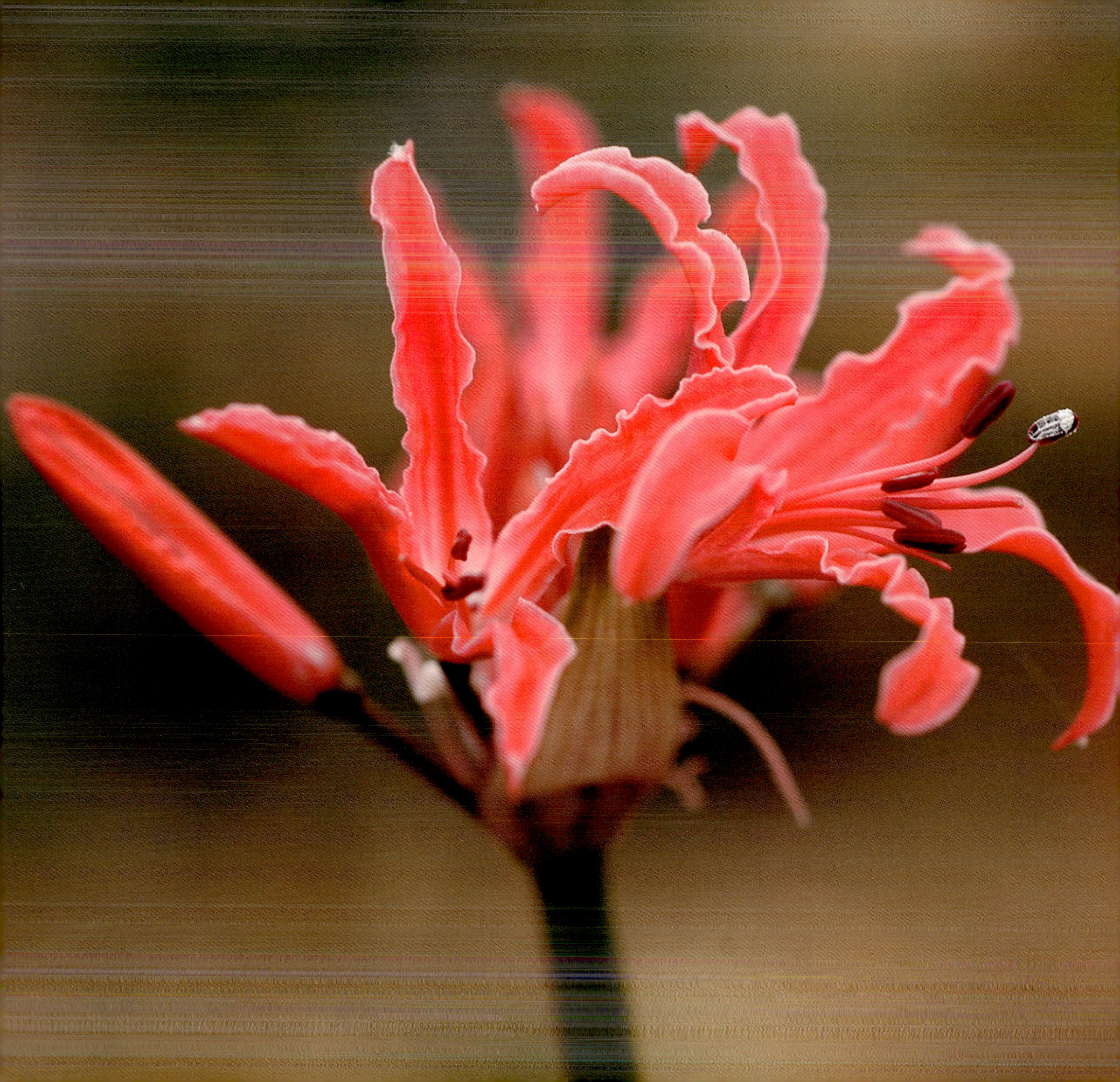

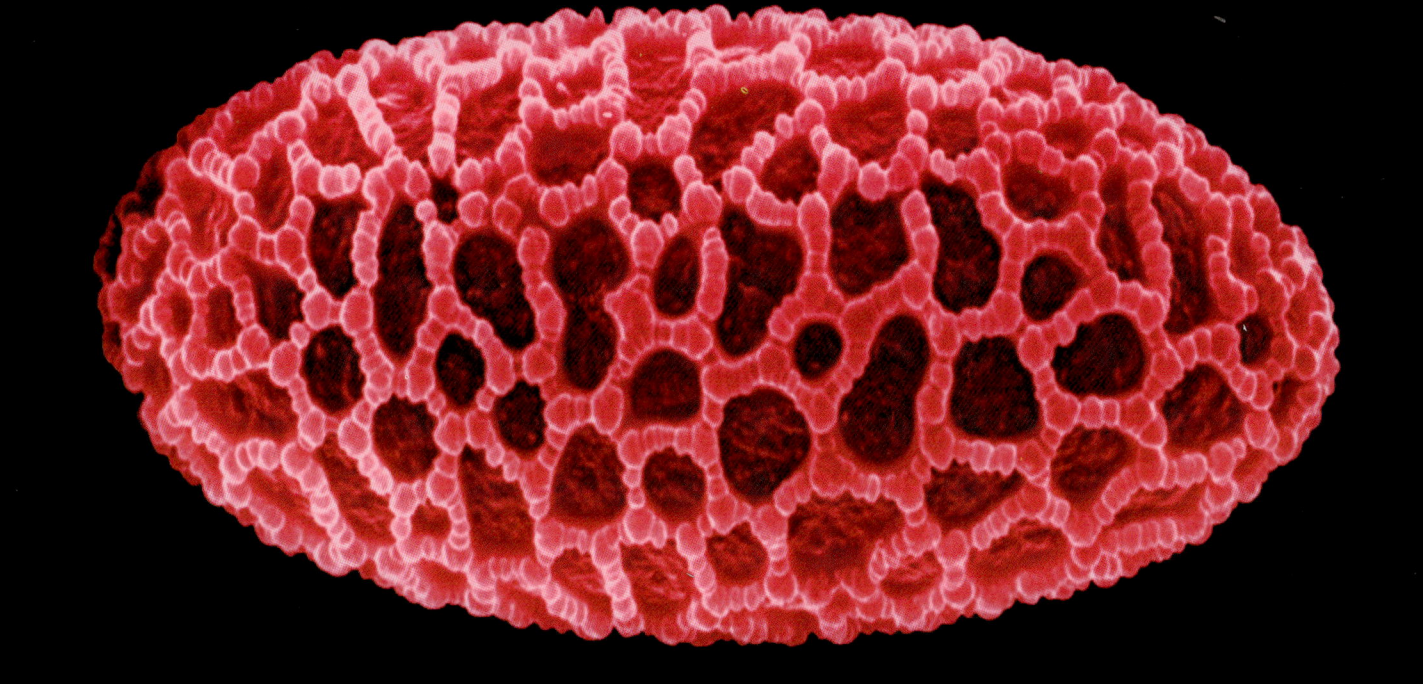

»Die Natur erzeugt keine Kunstwerke.
Wir sind es, die mit unserer Fähigkeit zur Interpretation, die dem menschlichen Geist
eigen ist, Kunstwerke erblicken.«

Man Ray

Nerine bowdenii – Nerine (Amaryllidaceae) – Pollenkorn [REM x 1000]

LINKE SEITE *Nerine bowdenii* – Nerine (Amaryllidaceae) – Blütenstand

SEITE 218 *Asphodelus microcarpus* – Affodill [in Griechenland] (Asphodelaceae) – Einzelblüte einer Dolde

SEITE 219 *Narthecium ossifragum* – Beinbrech (Nartheciaceae) – Pollenkorn, halbdehydriert [REM x 5000]

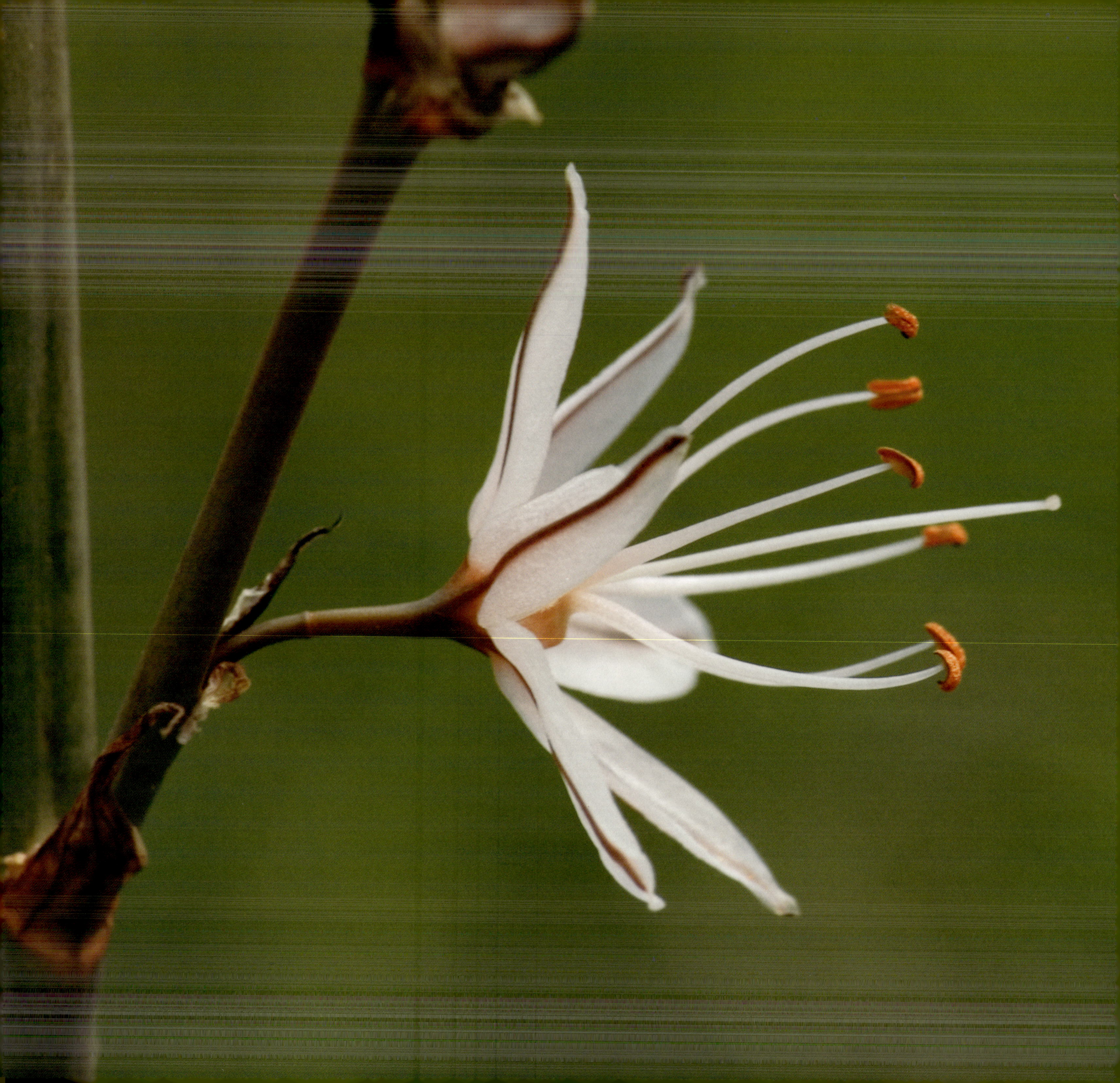

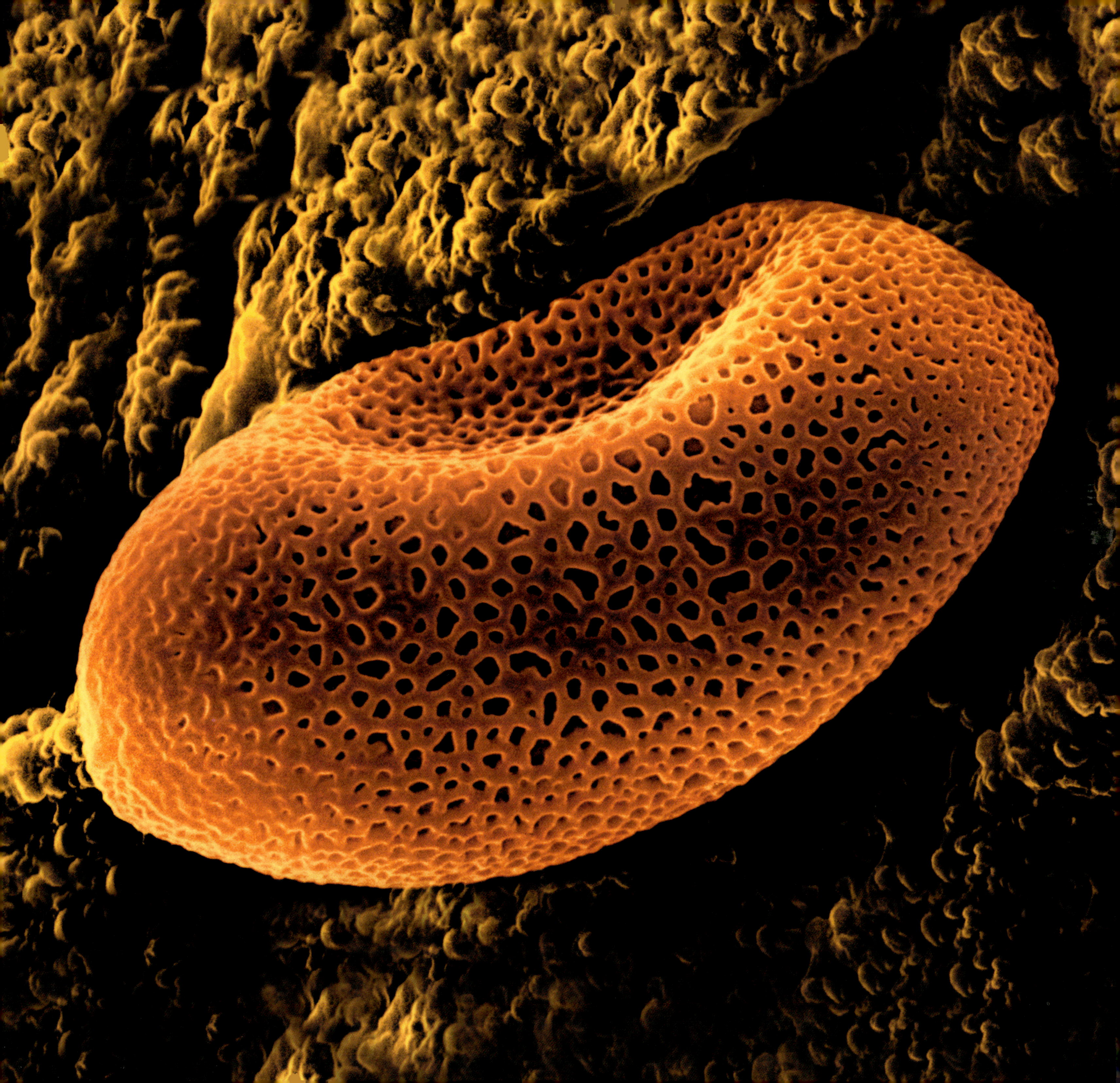

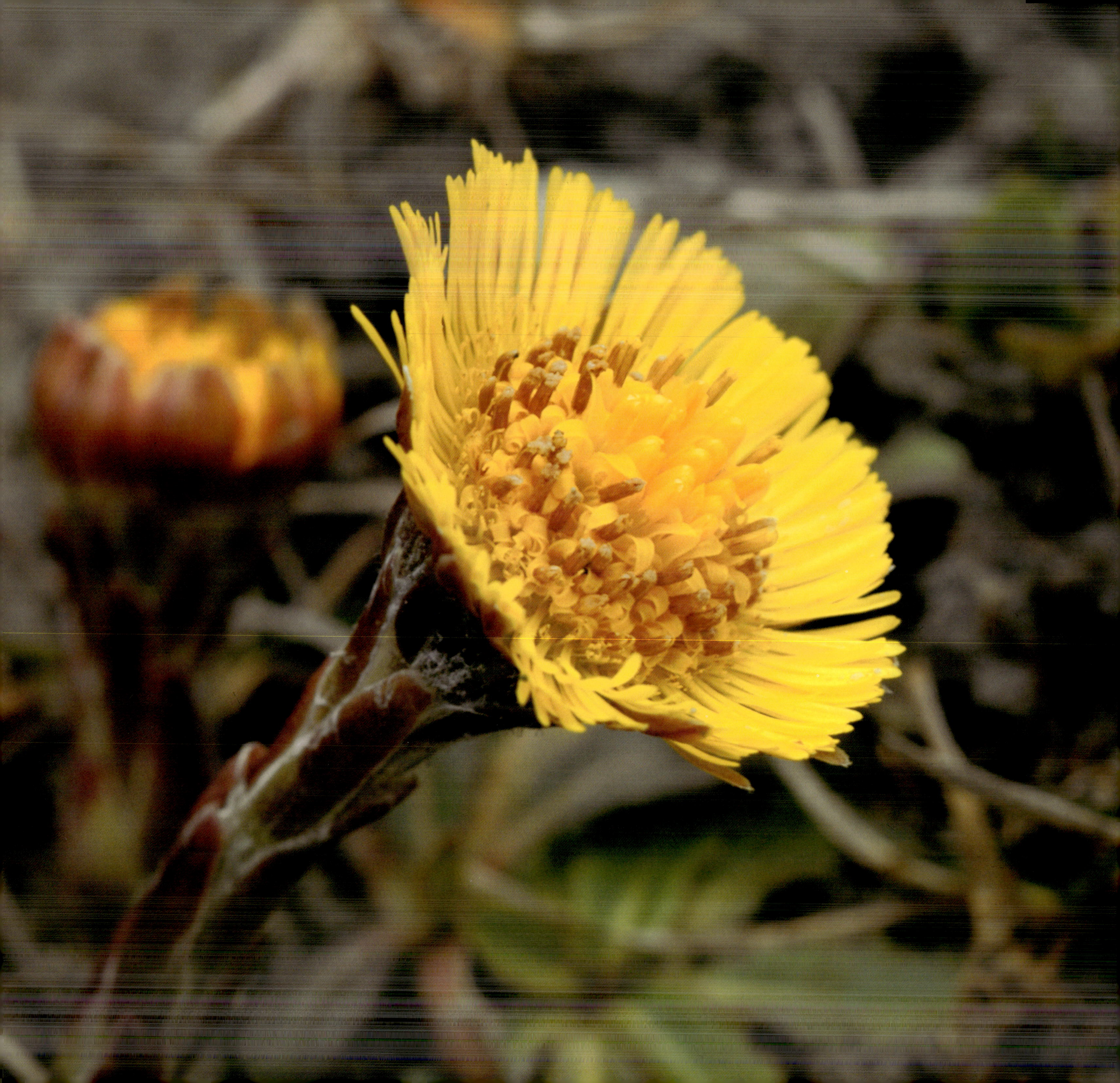

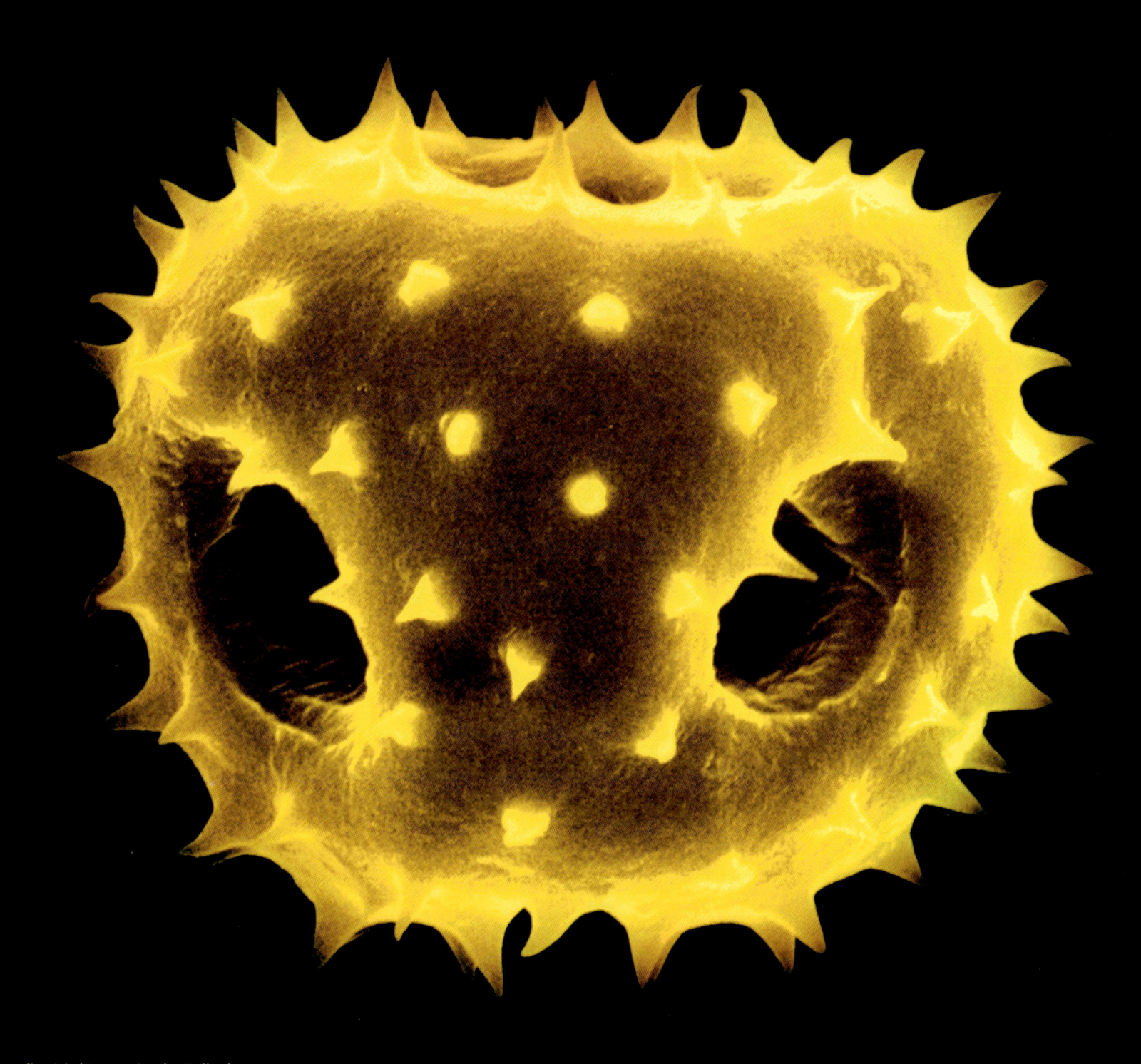

Tussilago farfara – Huflattich (Compositae) – Pollenkorn, halbdehydriert [REM x 1500]

LINKE SEITE *Tussilago farfara* – Huflattich (Compositae) – ganze Blüte

POLLEN – GANZ GROSS

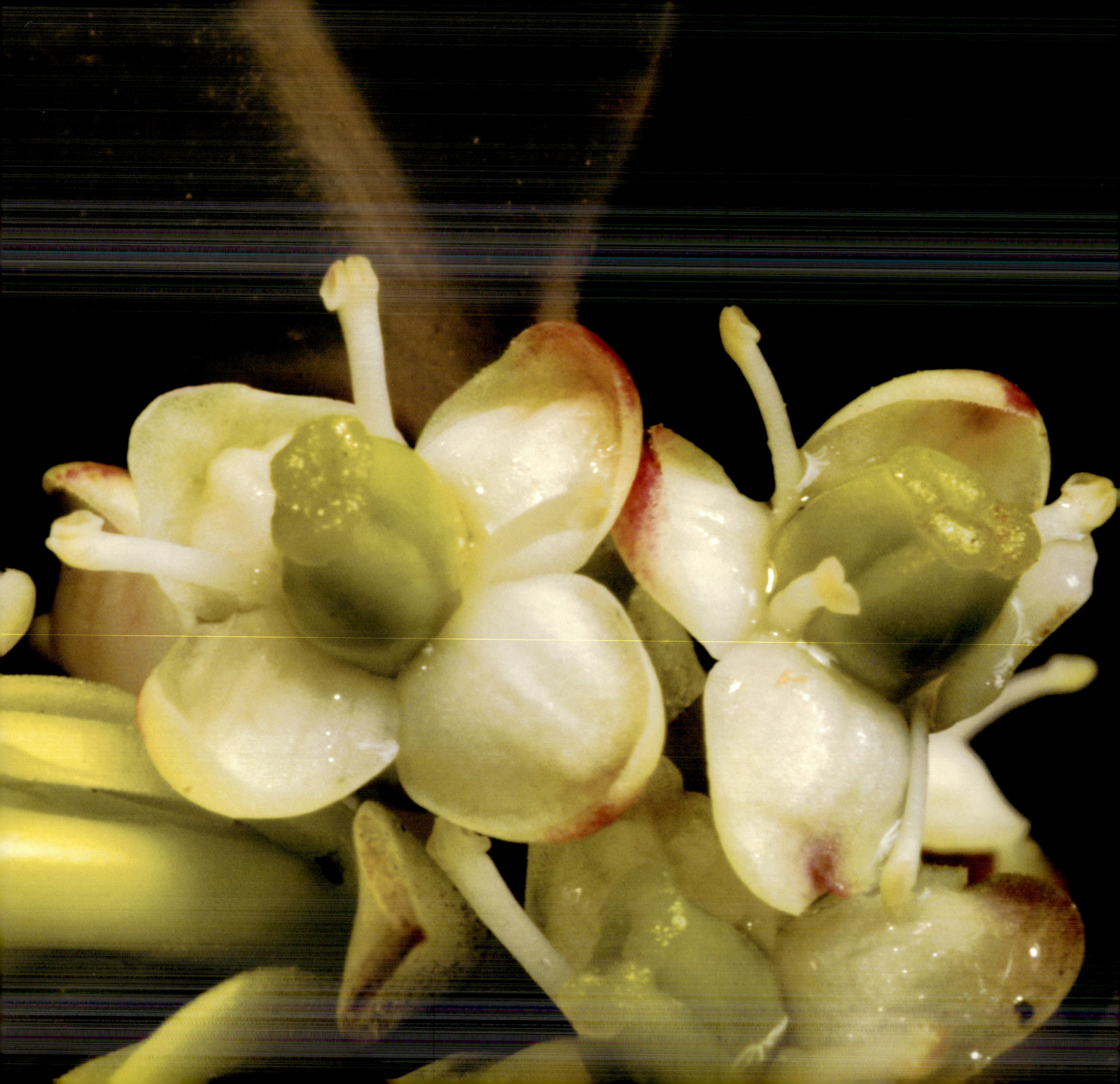

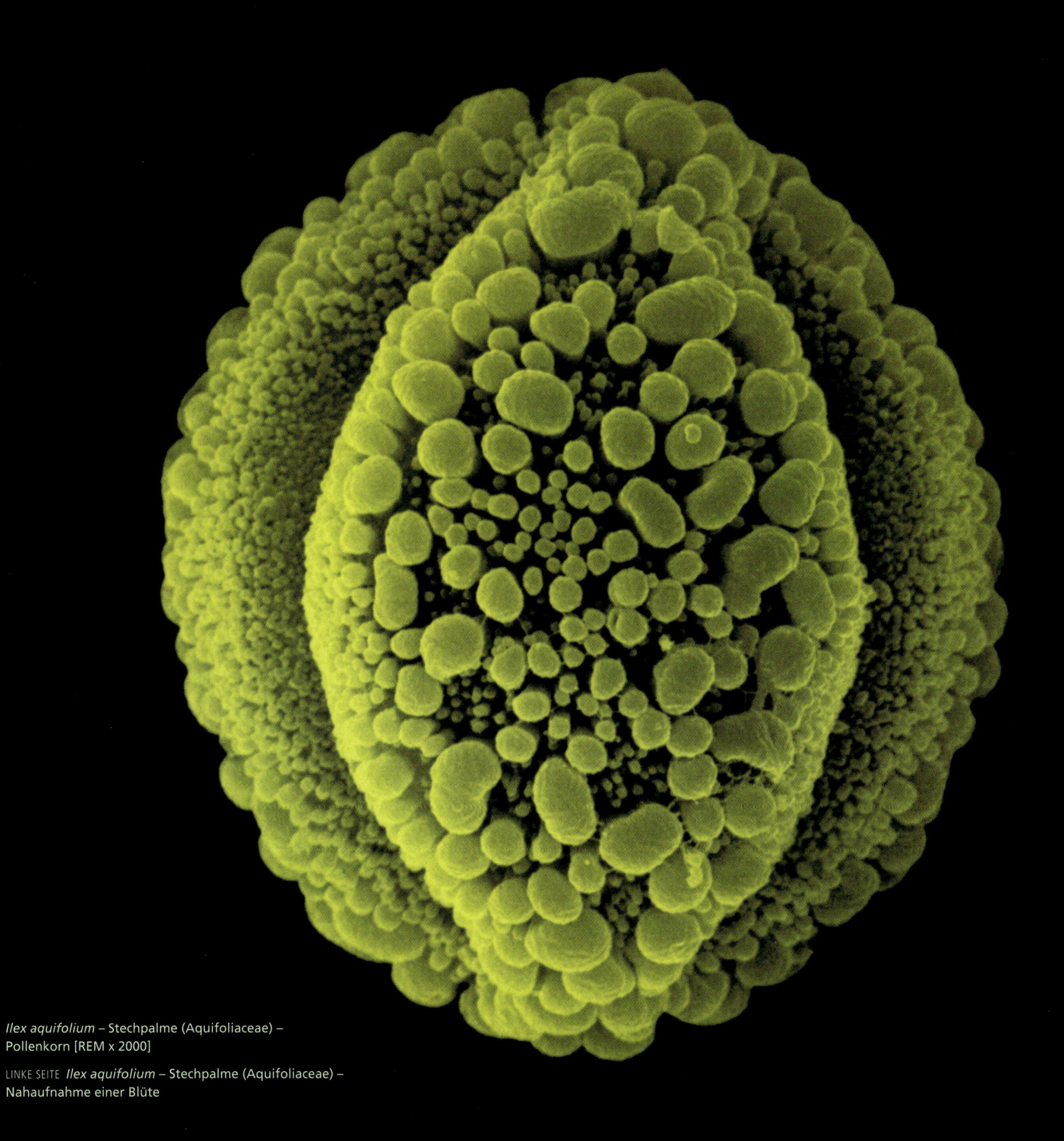

Ilex aquifolium – Stechpalme (Aquifoliaceae) –
Pollenkorn [REM x 2000]

LINKE SEITE *Ilex aquifolium* – Stechpalme (Aquifoliaceae) –
Nahaufnahme einer Blüte

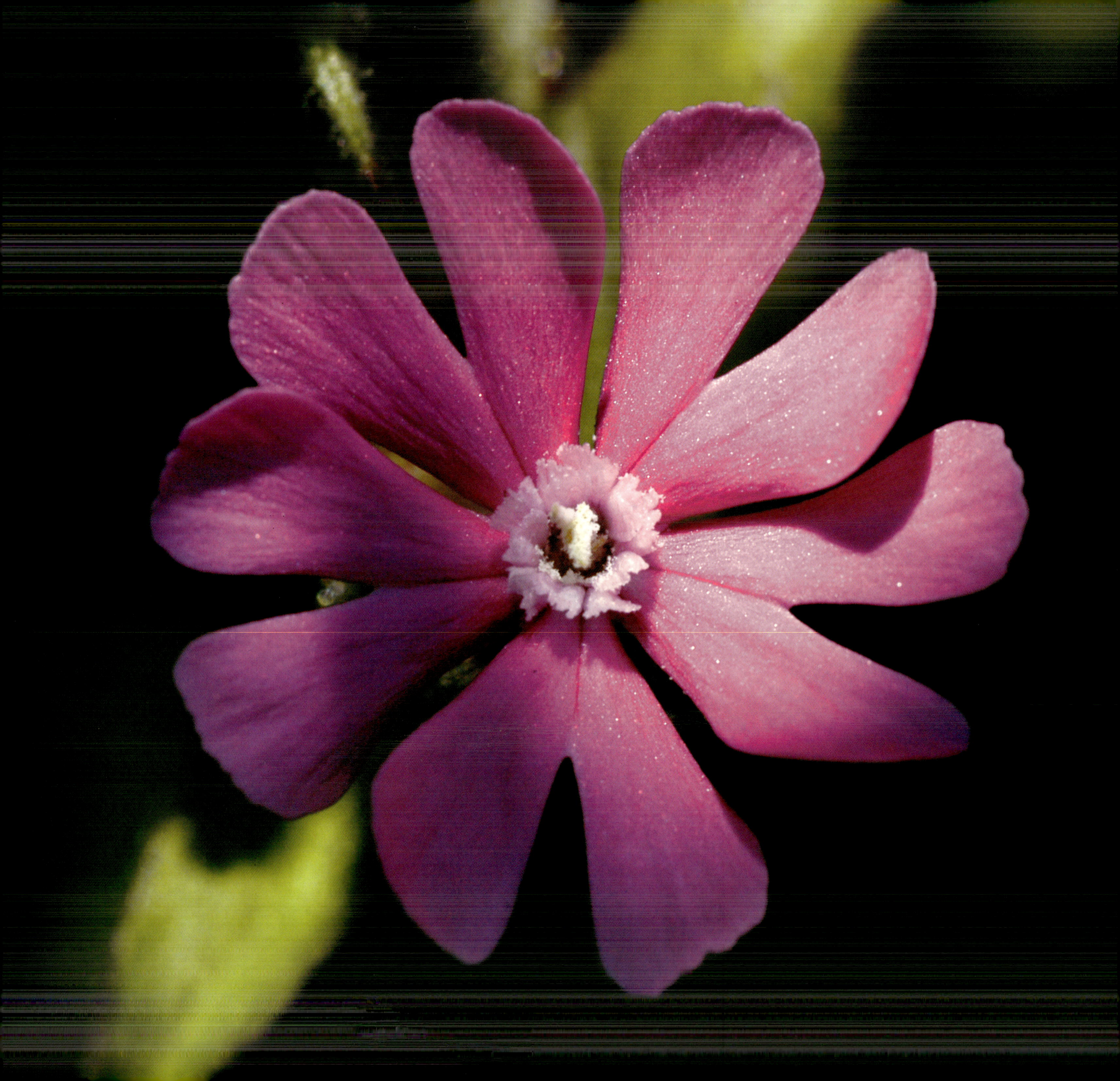

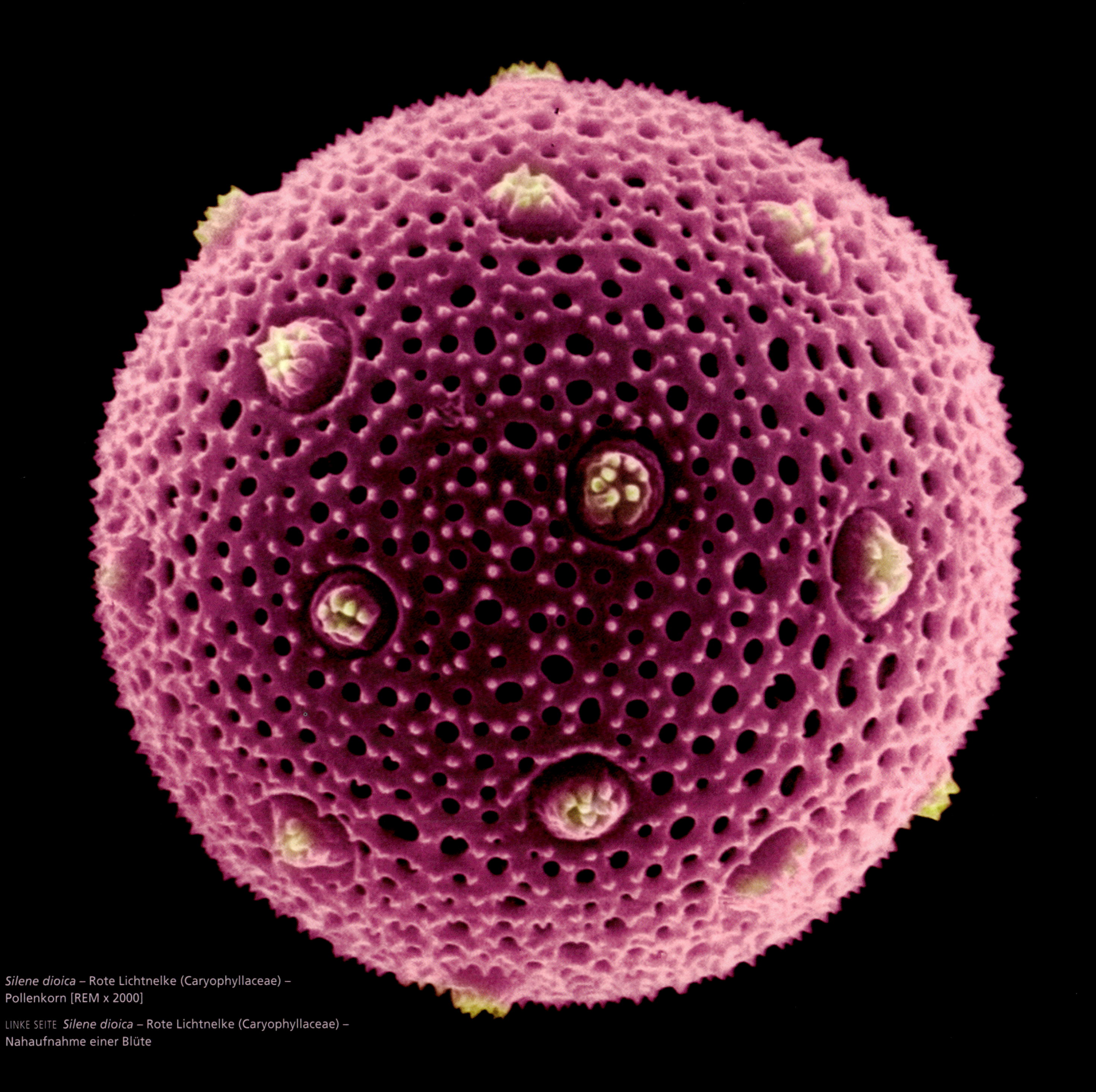

Silene dioica – Rote Lichtnelke (Caryophyllaceae) –
Pollenkorn [REM x 2000]

LINKE SEITE *Silene dioica* – Rote Lichtnelke (Caryophyllaceae) –
Nahaufnahme einer Blüte

POLLEN – GANZ GROSS

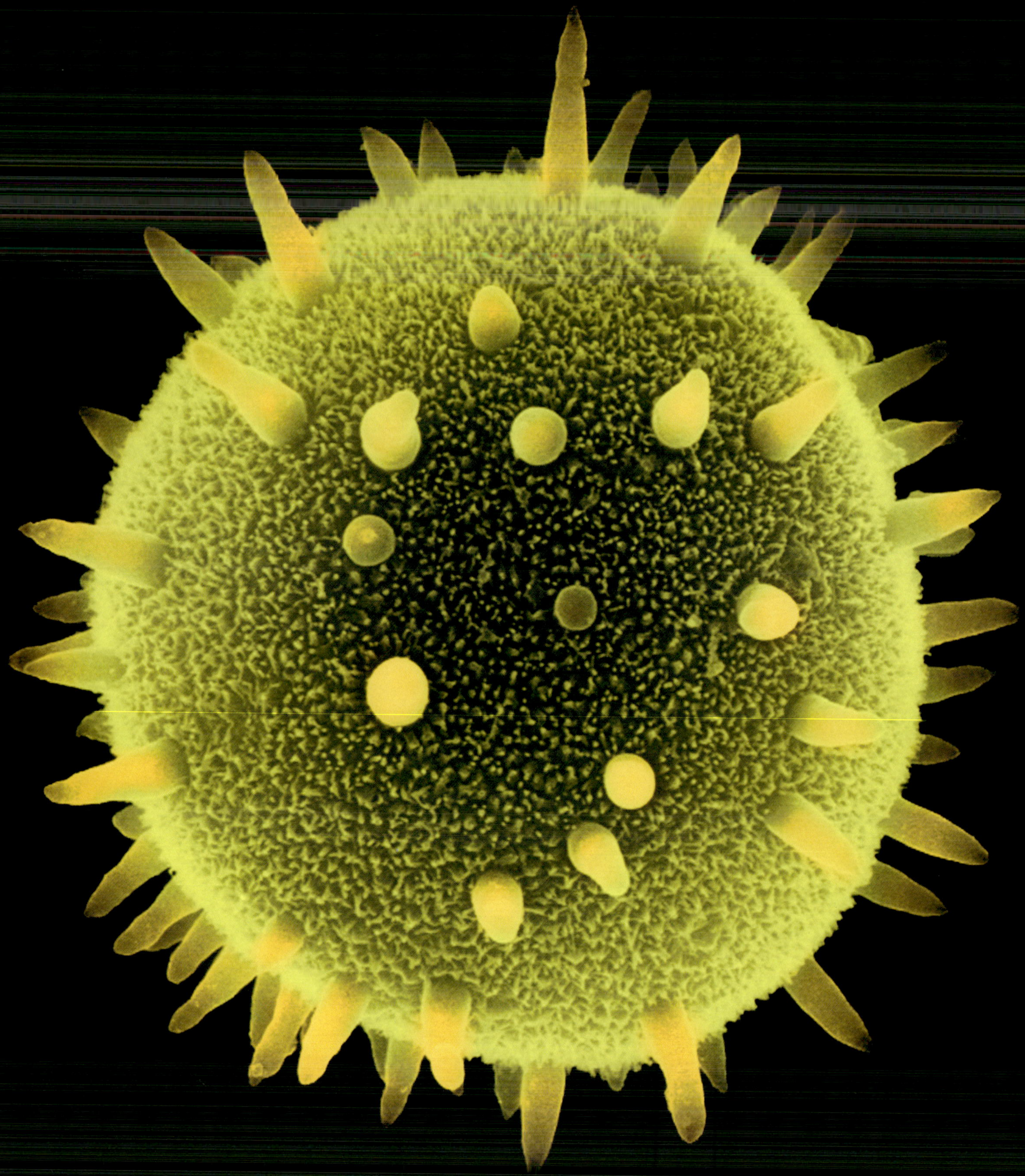

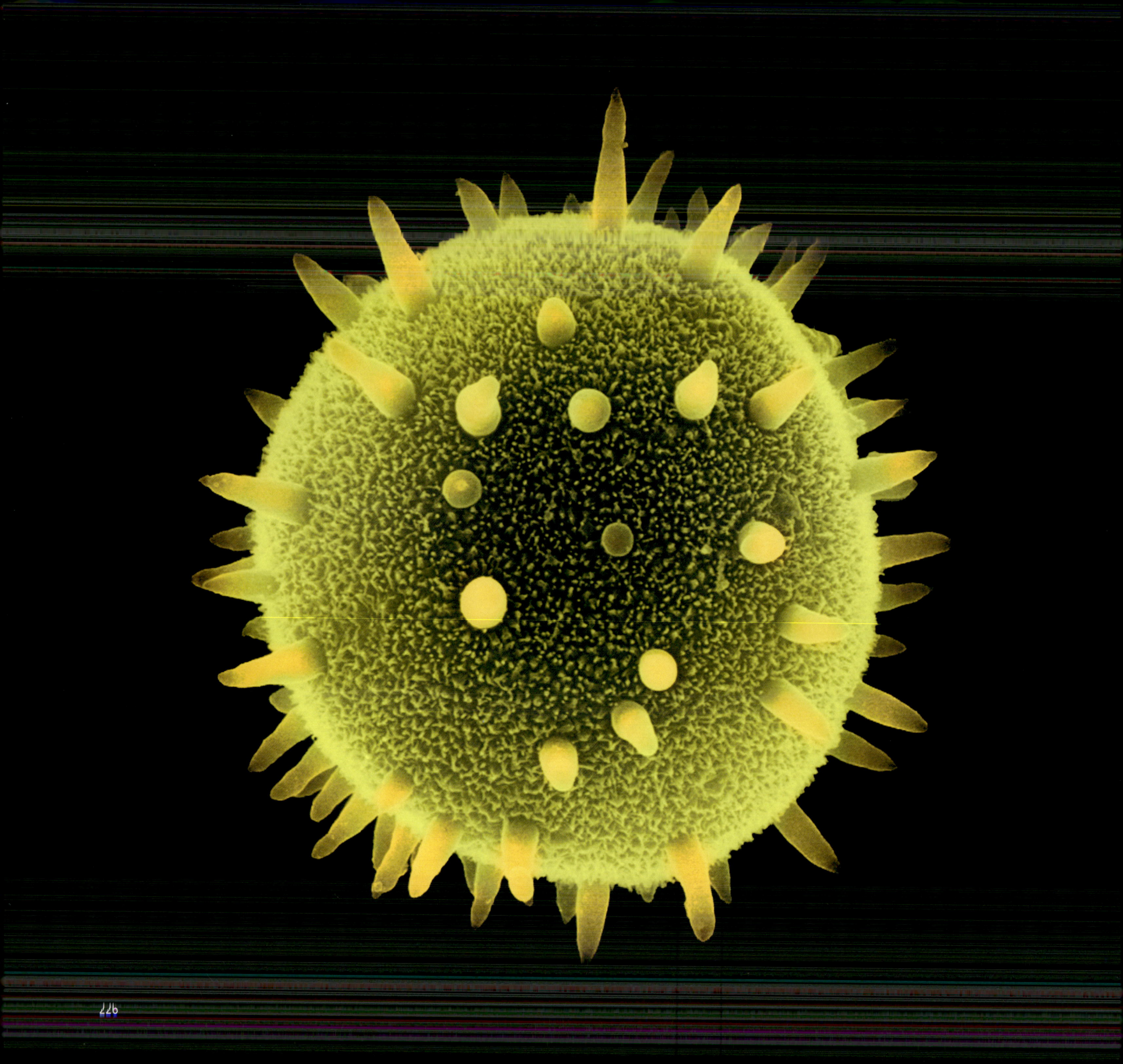

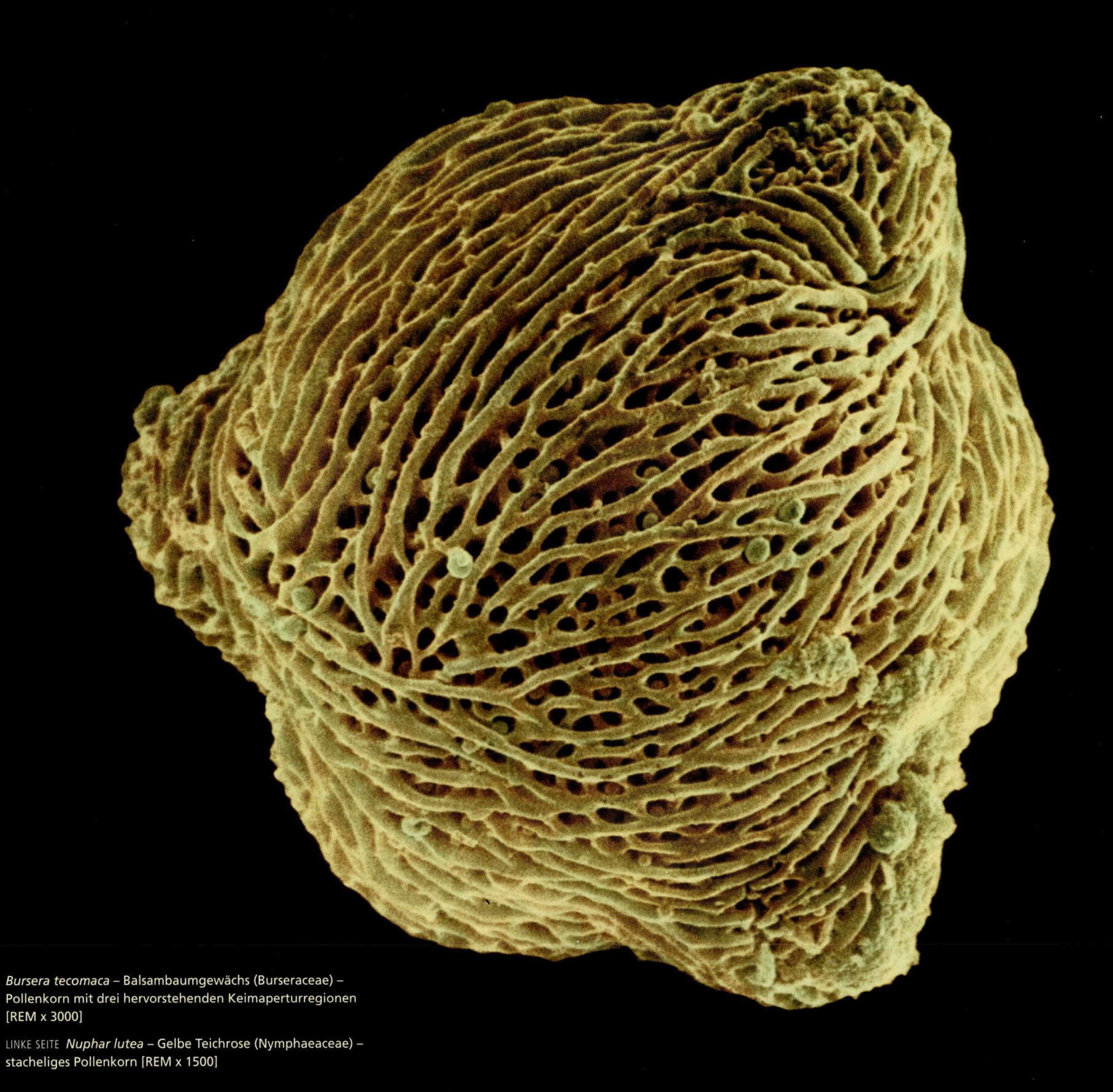

Bursera tecomaca – Balsambaumgewächs (Burseraceae) –
Pollenkorn mit drei hervorstehenden Keimaperturregionen
[REM x 3000]

LINKE SEITE *Nuphar lutea* – Gelbe Teichrose (Nymphaeaceae) –
stacheliges Pollenkorn [REM x 1500]

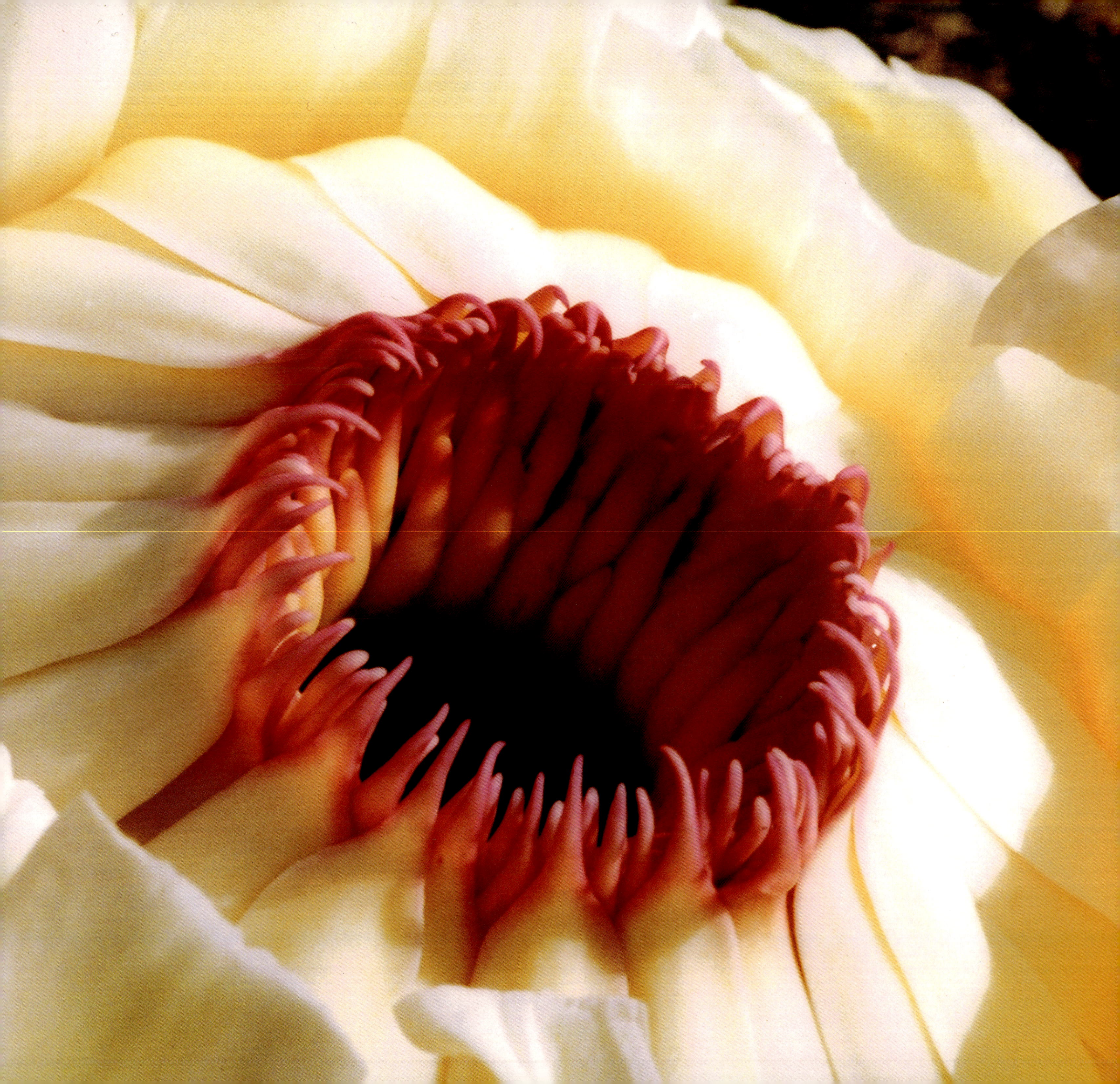

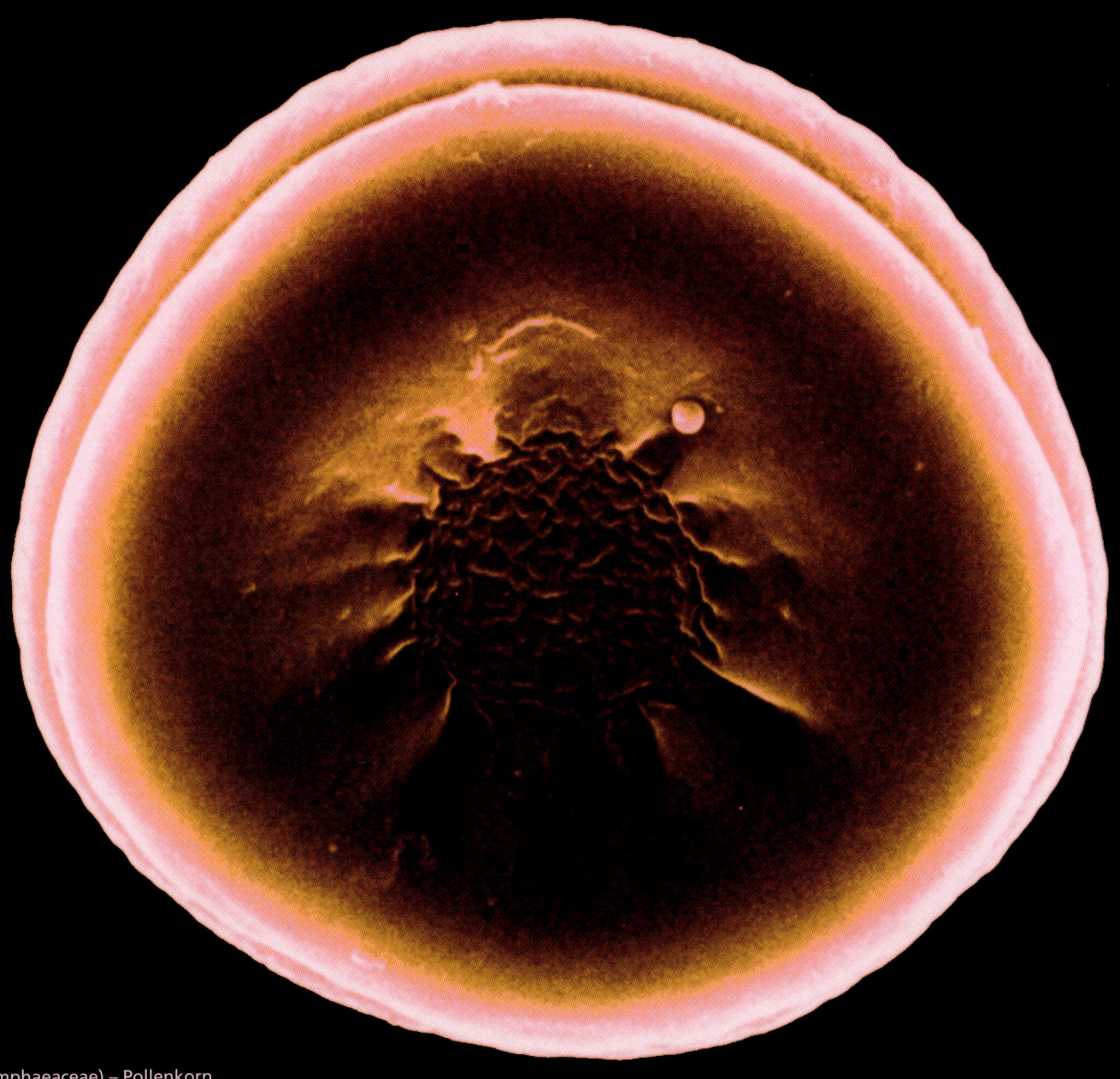

Nymphaea cv. – Seerose (Nymphaeaceae) – Pollenkorn, leicht dehydriert. Dieser Pollentyp hat eine glatte Exine und eine ringförmige Apertur um das Korn herum; er sieht aus wie ein Hamburgerbrötchen. Der mittlere runzelige Bereich ist dünner als die glatte Exine, die ihn umgibt (im Bild nicht deutlich erkennbar). Wenn das Pollenkorn austrocknet, zieht sich dieser dünnere Bereich zusammen [REM x 1500].

LINKE SEITE *Nymphaea* cv. – Seerose (Nymphaeaceae) – Blüte. Die Krone der kleinen inneren Petalen geht in die zahlreichen zentralen Stamina über.

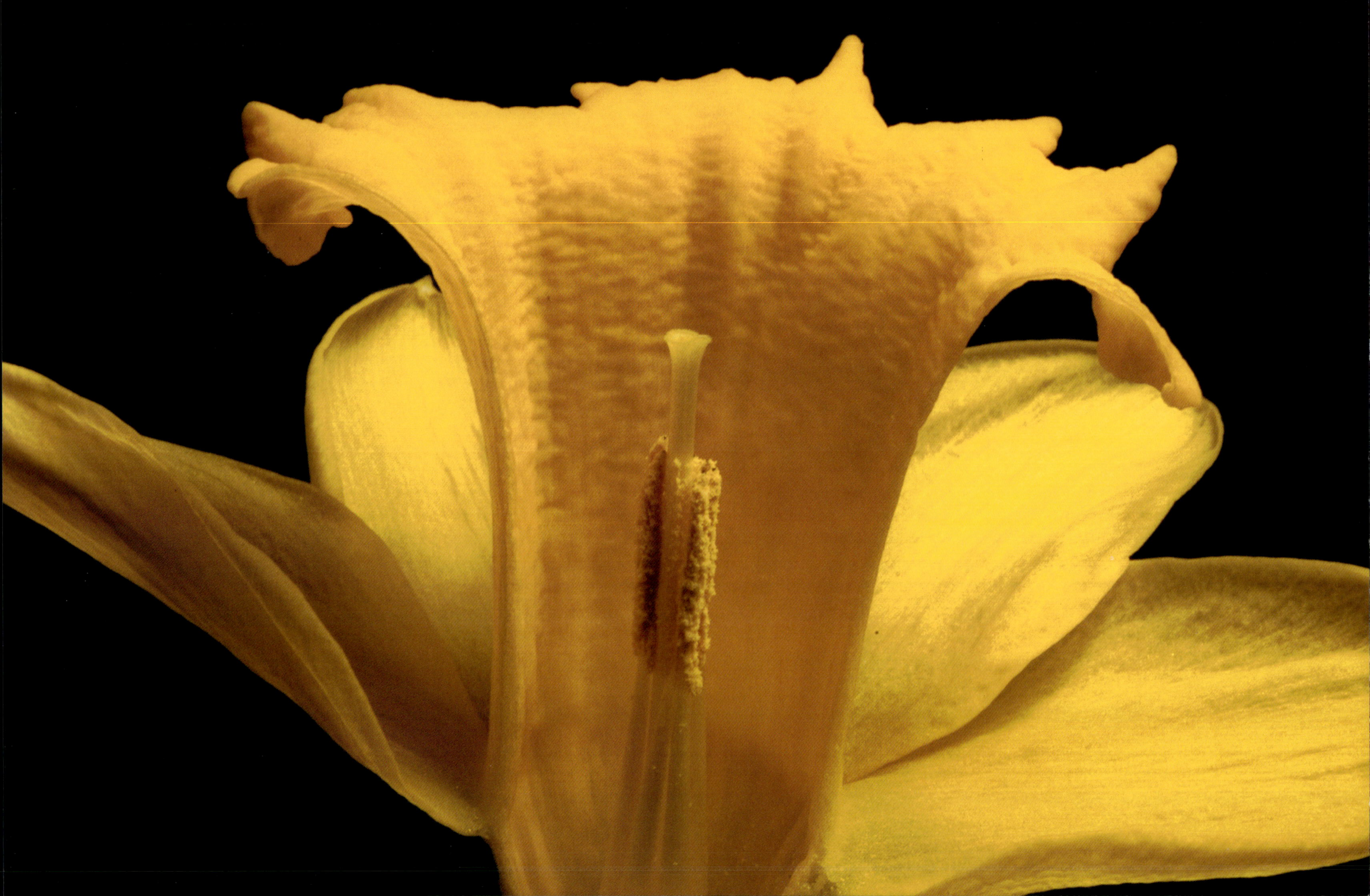

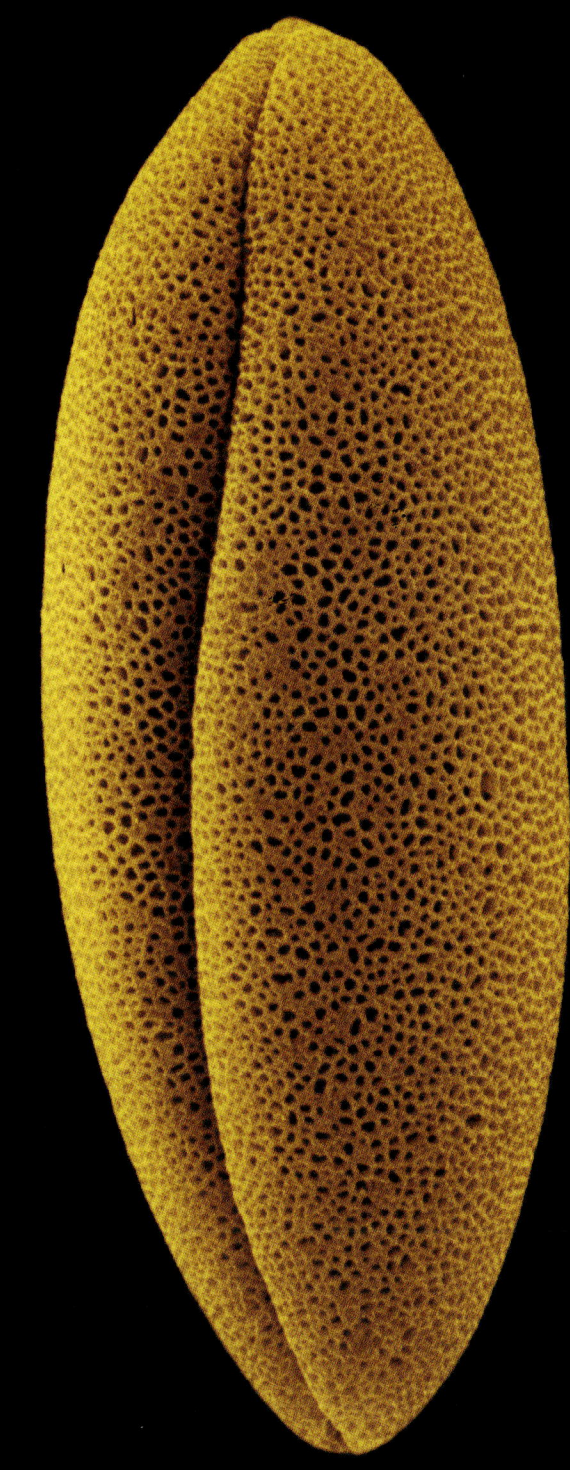

Narcissus cv. – Narzisse (Amaryllidaceae) – Pollenkorn, dehydriert.
Die einzige, spaltartige Apertur ist nach innen gefaltet [REM x 2000].

LINKE SEITE *Narcissus* cv. Division 1 'Trumpet' – Narzisse (Amaryllidaceae) –
senkrechter Schnitt durch eine Blüte

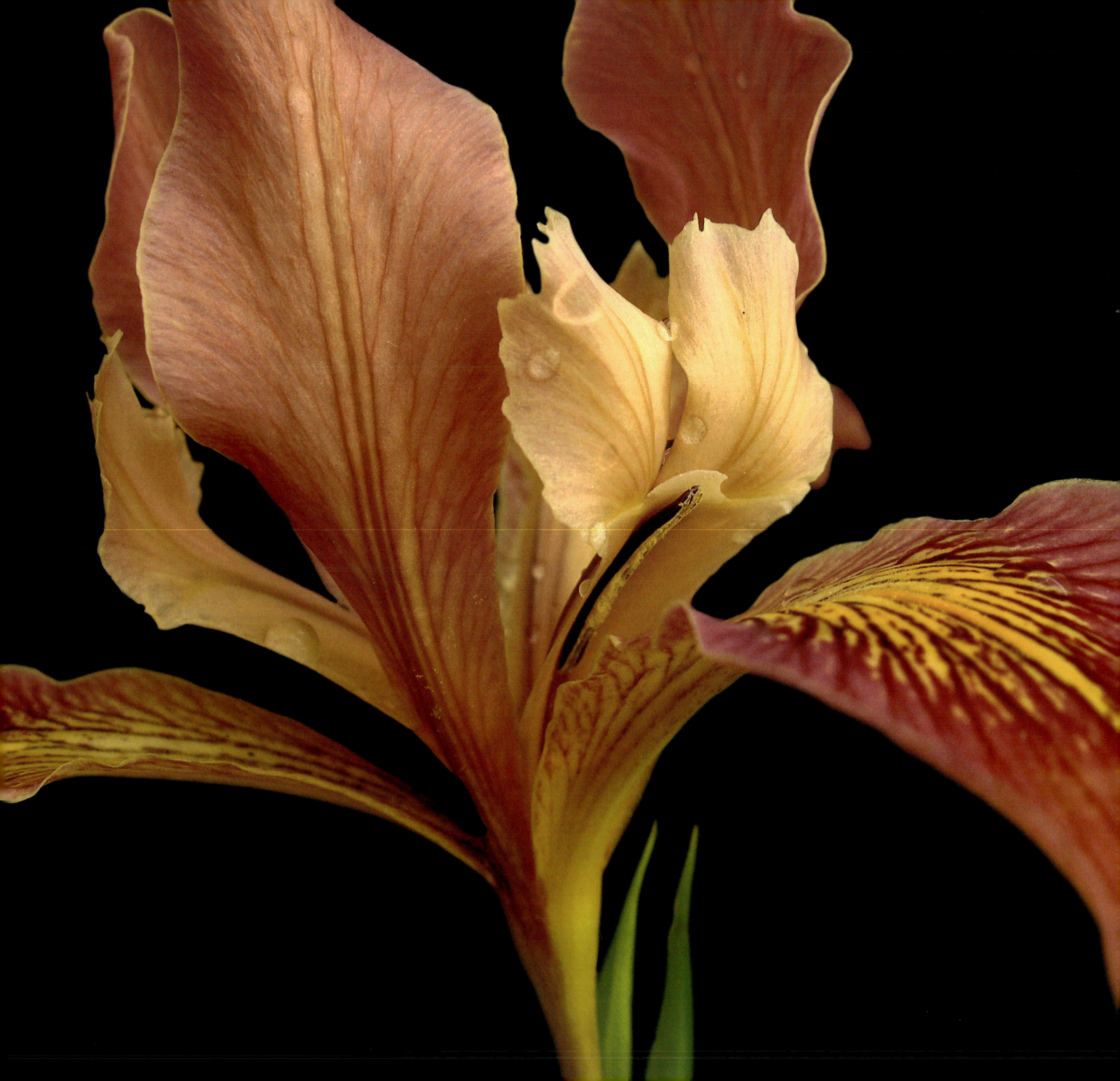

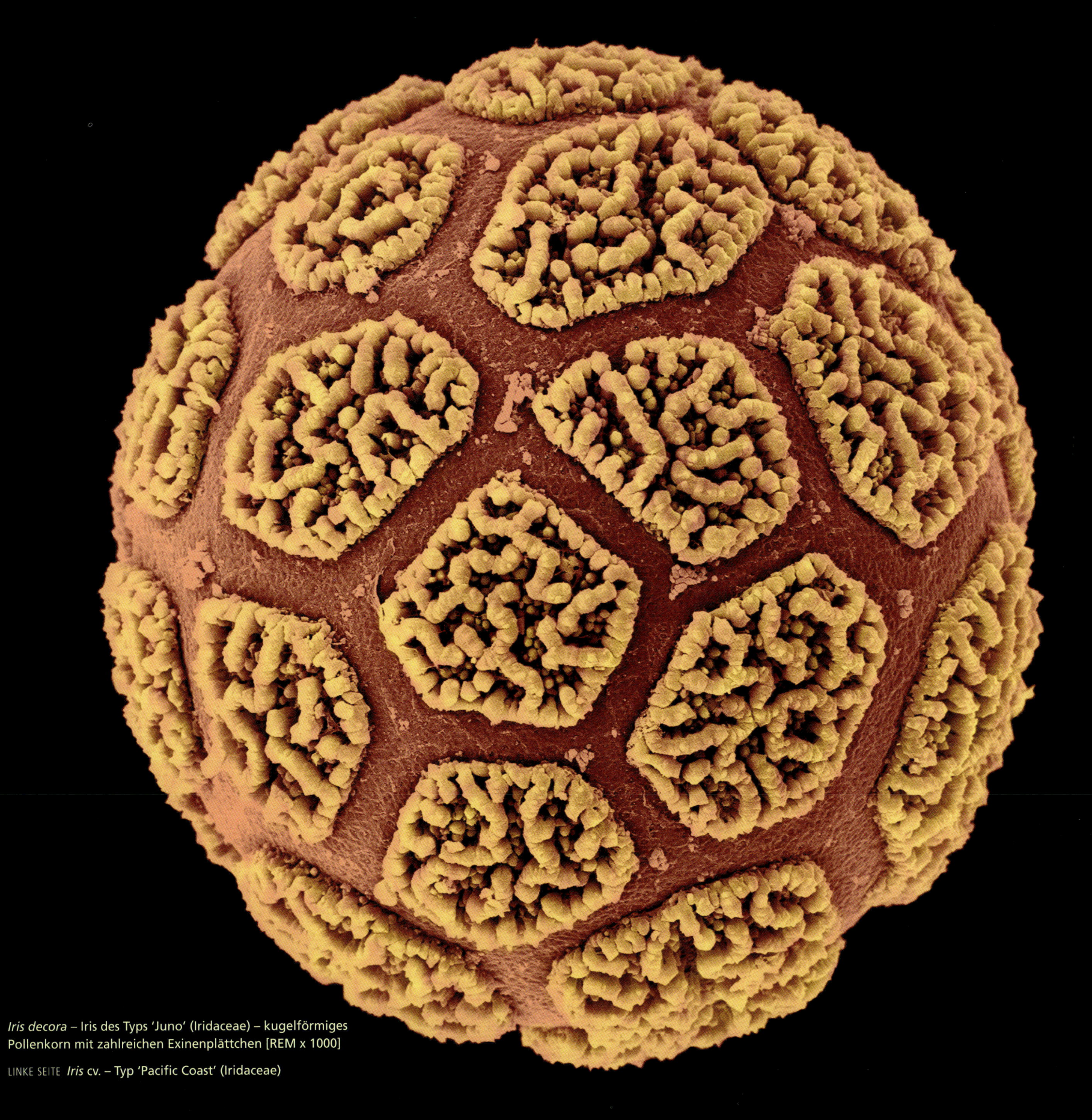

Iris decora – Iris des Typs 'Juno' (Iridaceae) – kugelförmiges Pollenkorn mit zahlreichen Exinenplättchen [REM x 1000]

LINKE SEITE *Iris* cv. – Typ 'Pacific Coast' (Iridaceae)

POLLEN – GANZ GROSS

Über Matisse

Die Vergangenheit, mit der er die Zukunft ausdrückt
Er wird nie müde, über Wunder zu staunen
Er schläft so wenig
Und sie wecken ihn
Andauernd
Und von ferne kommt
Ein weiser König, der Wind genannt wird
Um ihm zu Füßen den Pollen der Zukunft zu legen.

Henri Matisse in seinem hundertsten Jahr
Aragon, 1968

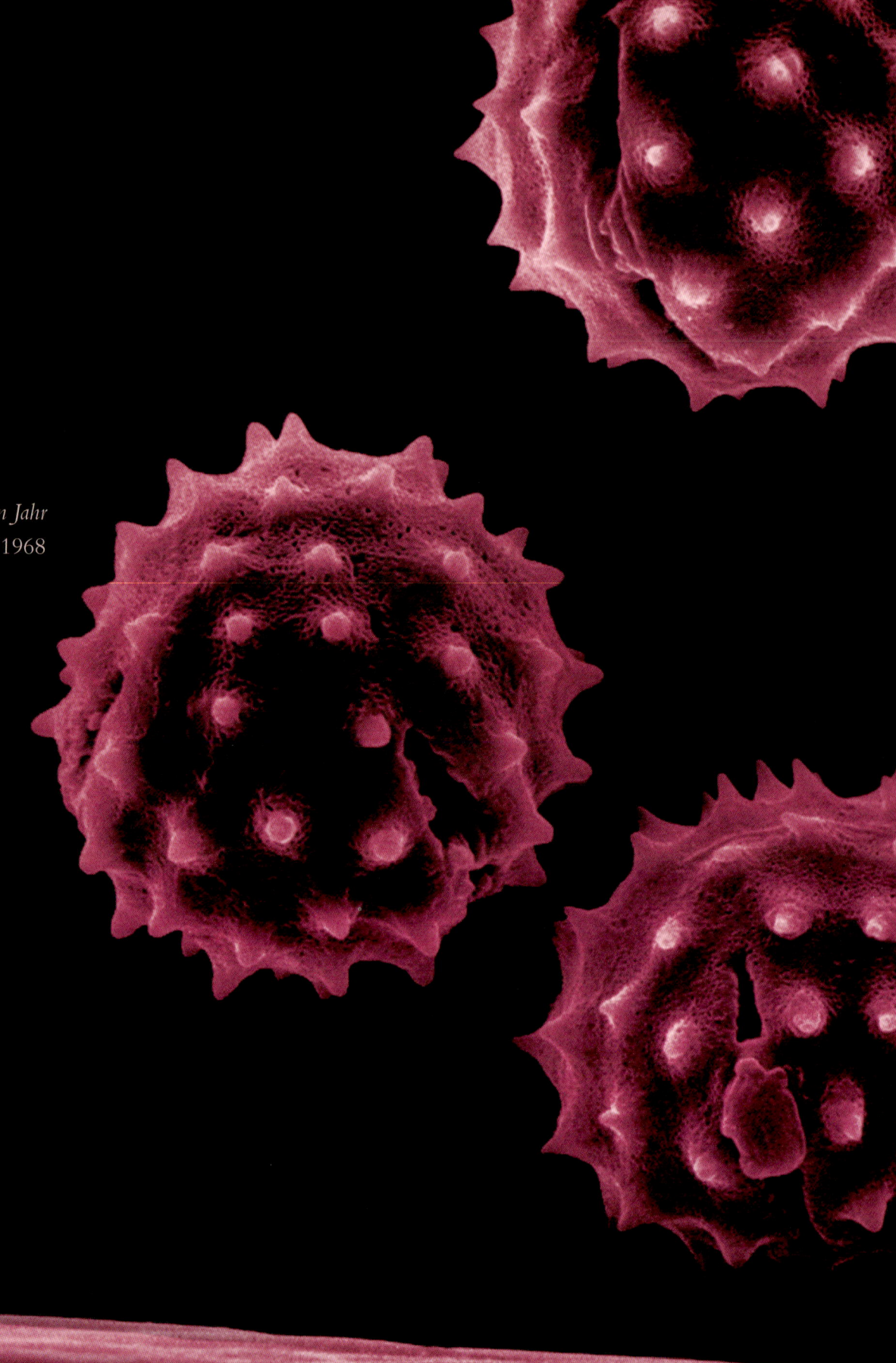

Cirsium rivulare ssp. *atropurpureum* – Purpur-Kratzdistel (Compositae) – Pollenkörner [REM x 600]

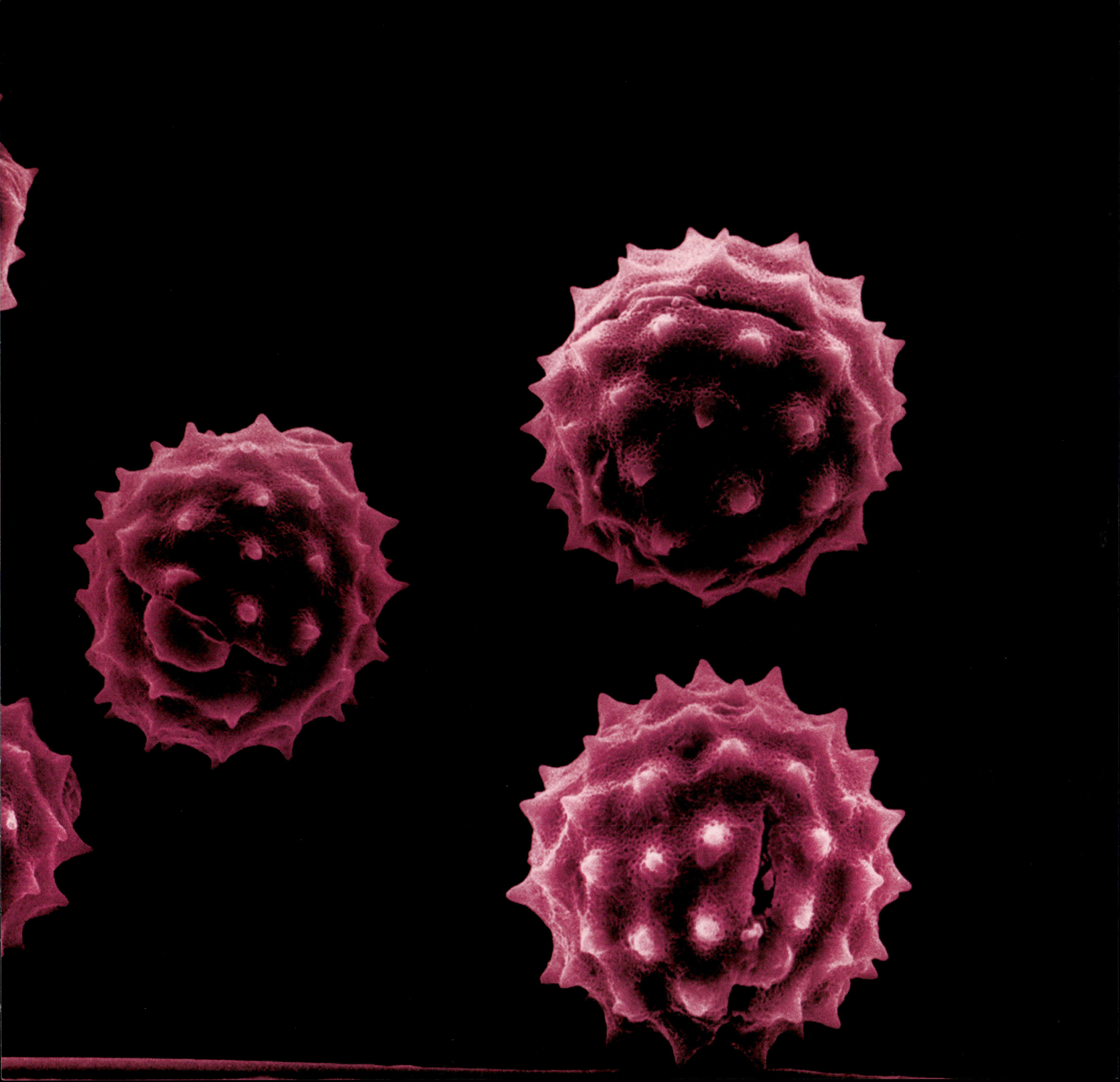

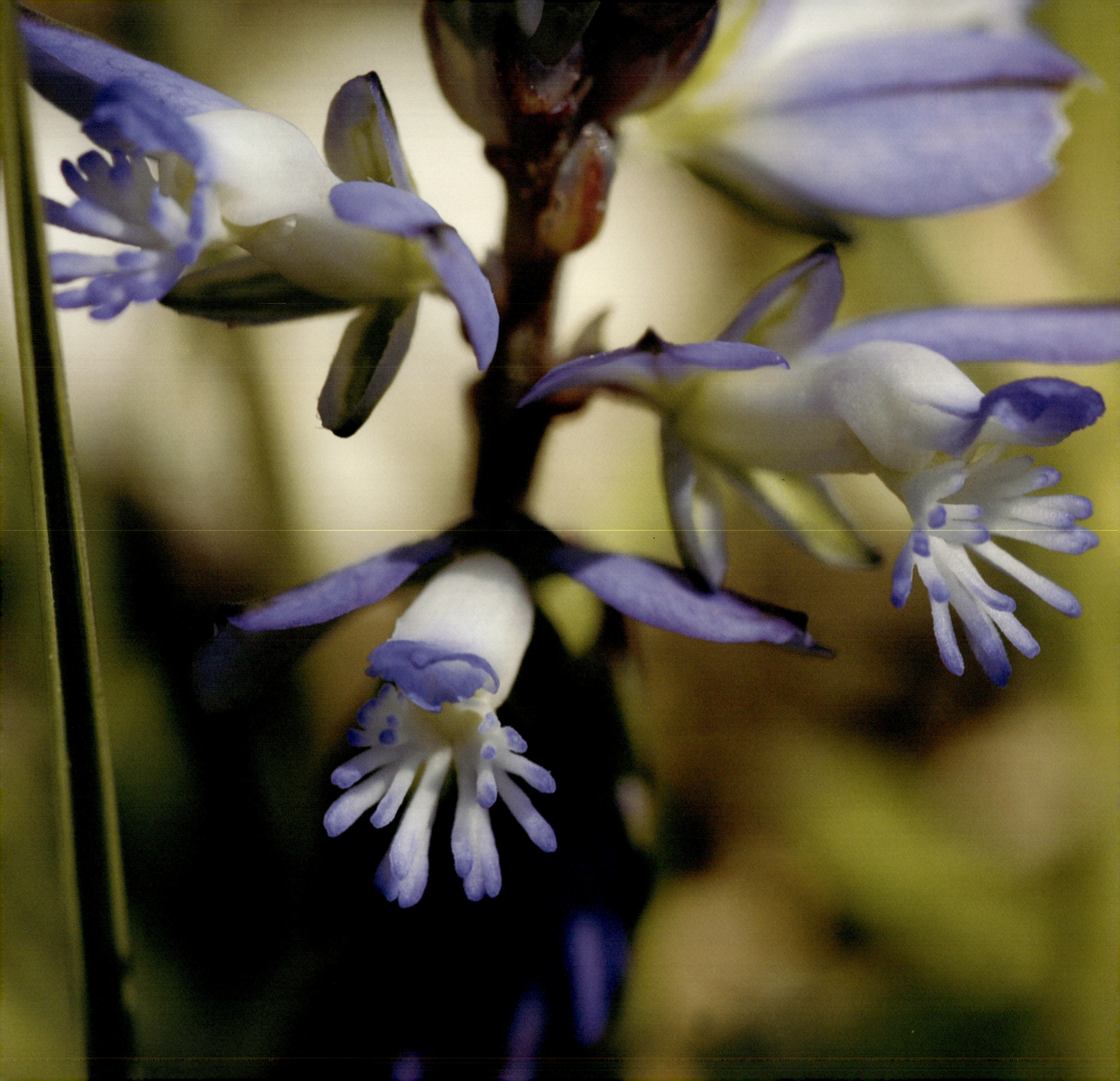

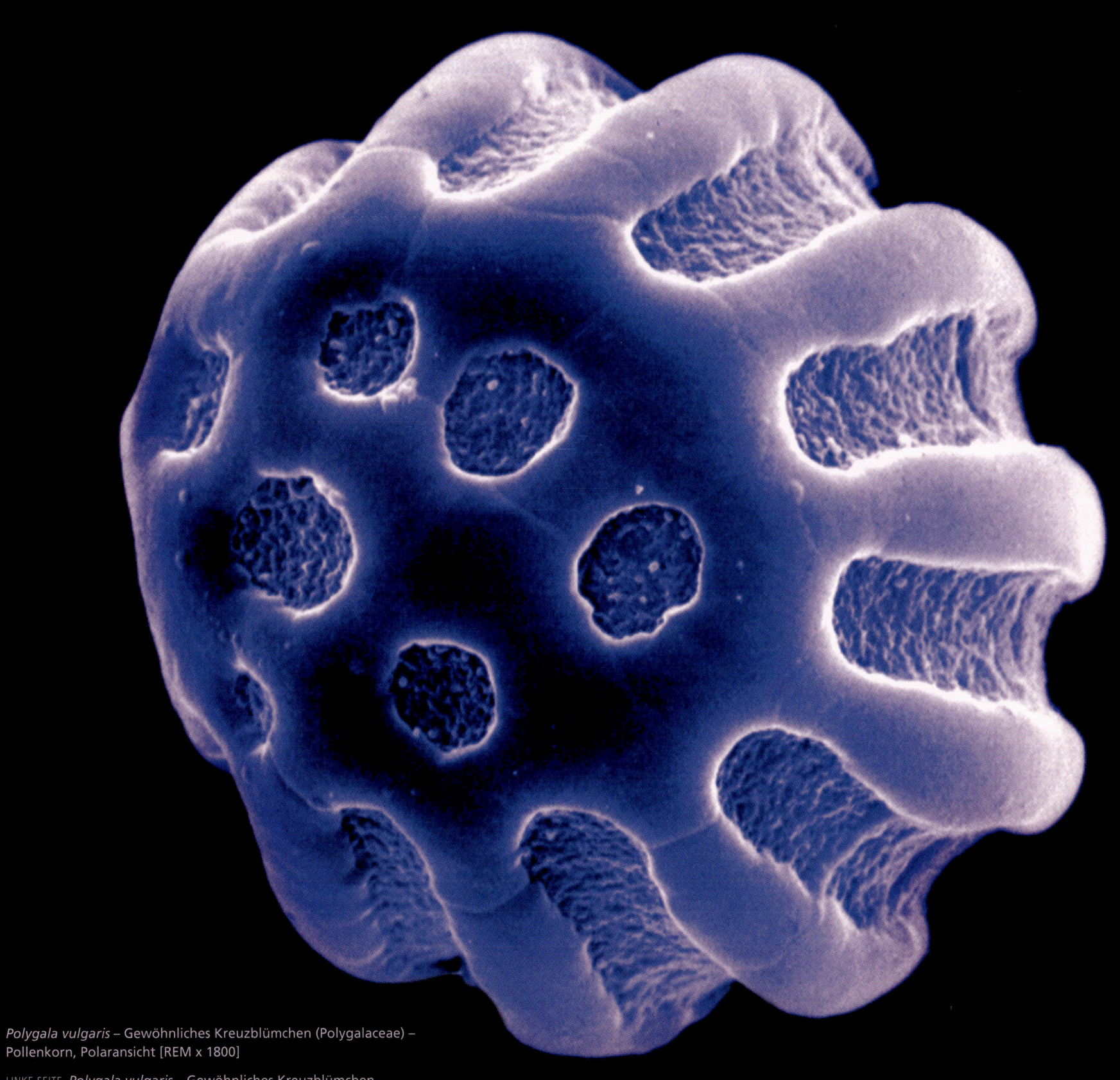

Polygala vulgaris – Gewöhnliches Kreuzblümchen (Polygalaceae) –
Pollenkorn, Polaransicht [REM x 1800]

LINKE SEITE *Polygala vulgaris* – Gewöhnliches Kreuzblümchen
(Polygalaceae) – Teil eines Blütenstands

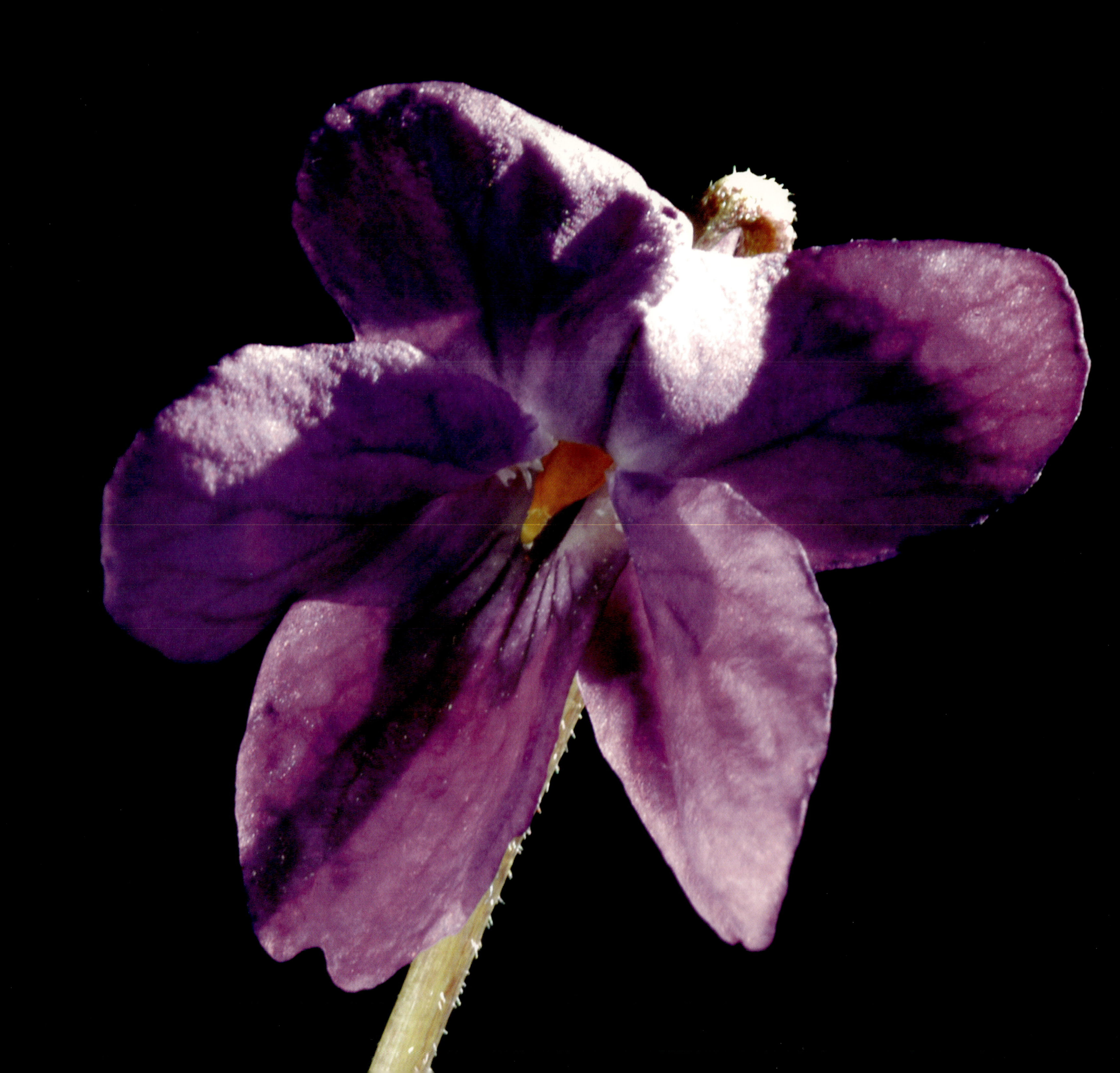

Blüte aus Veilchenpollen – künstlerische Darstellung

LINKE SEITE *Viola odorata* – Märzveilchen (Violaceae) – von vorne gesehen. Veilchen sind monosymmetrisch (zygomorph).

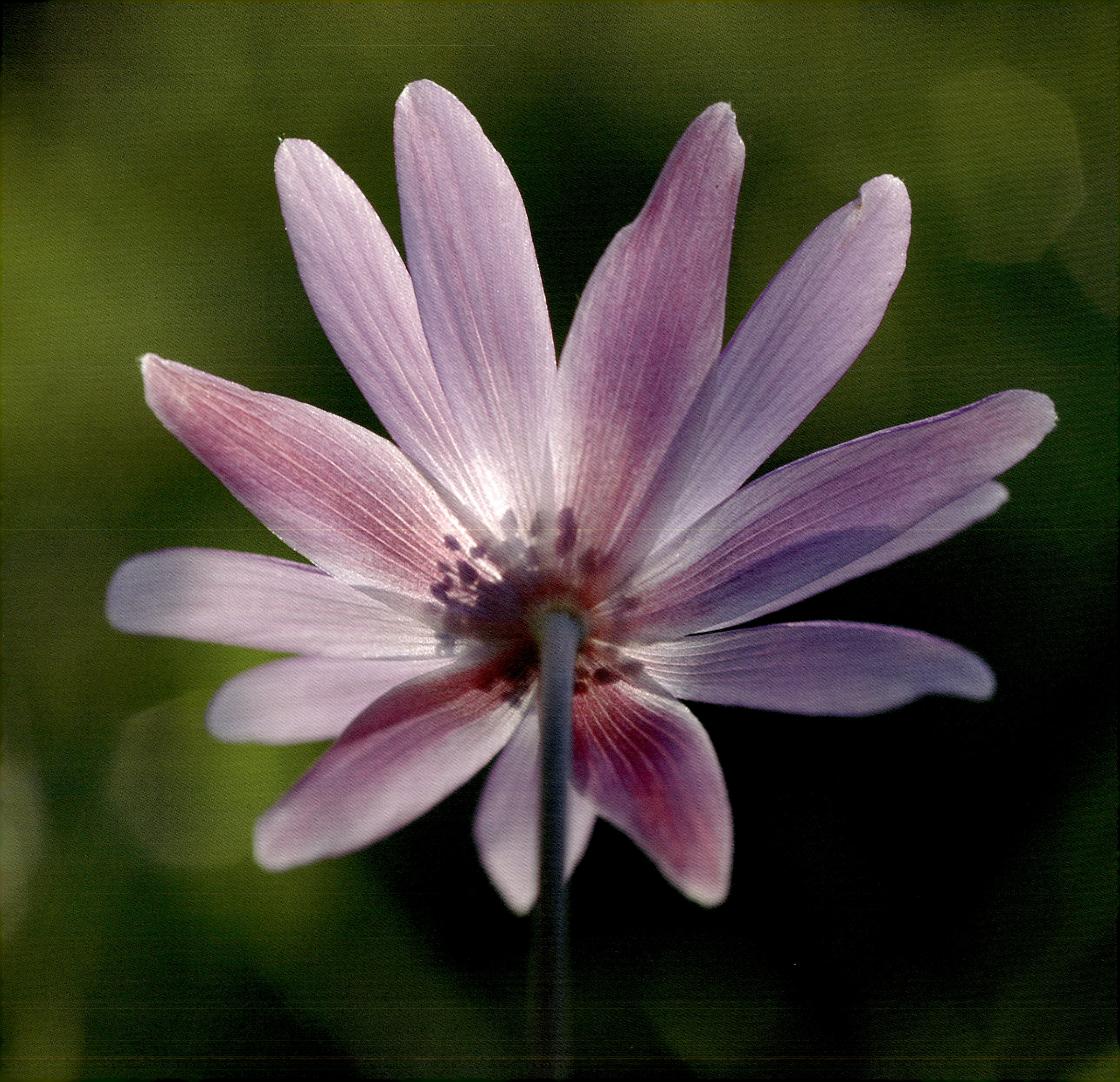

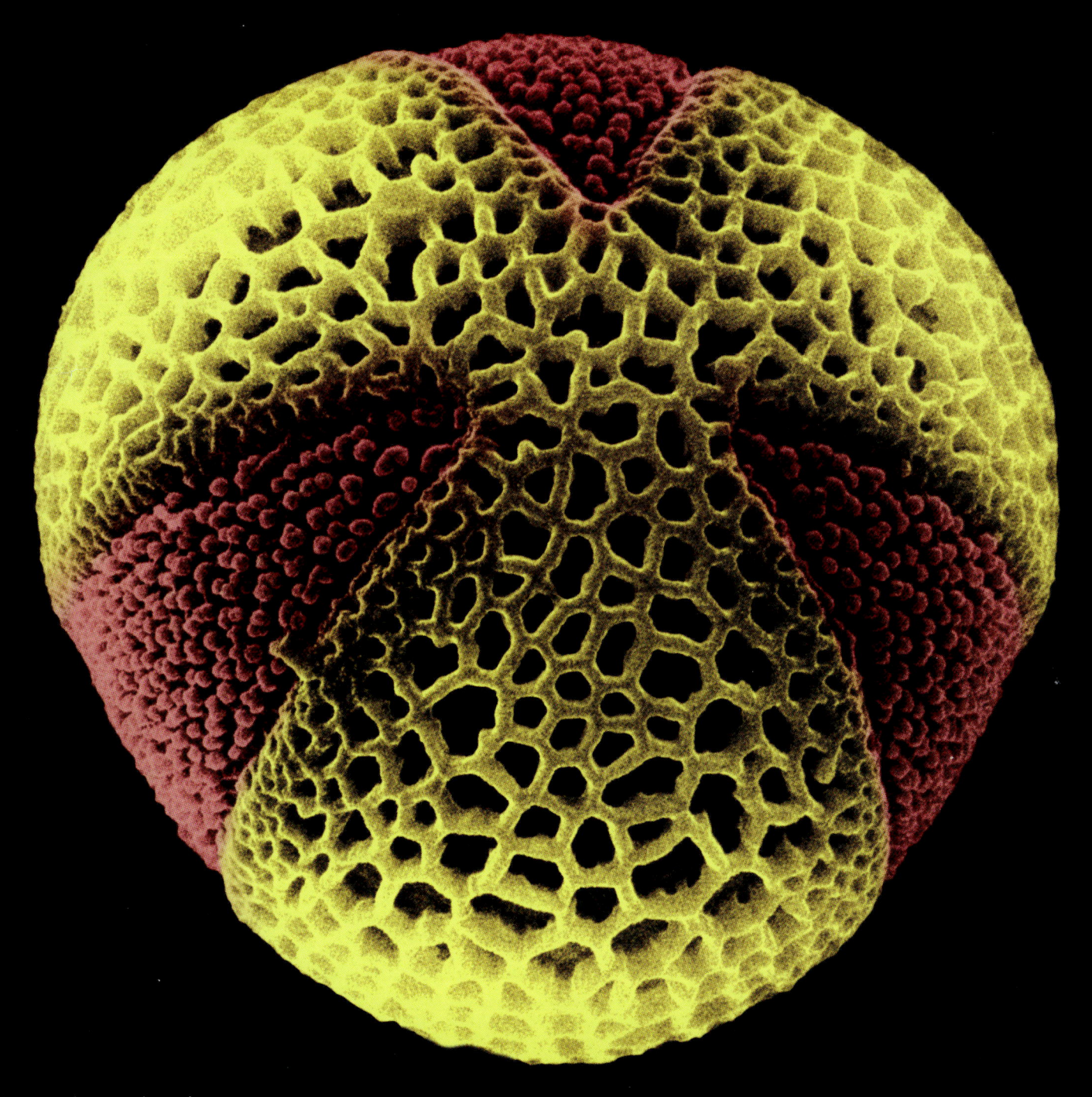

Helleborus orientalis – Christrose (Ranunculaceae) –
Pollenkorn in Polaransicht [KPT/REM x 2000]

LINKE SEITE *Anemone pavonina* (Ranunculaceae) – von unten
fotografierte Blüte. Das Sonnenlicht betont die Ränder
der Stamina.

POLLEN – GANZ GROSS

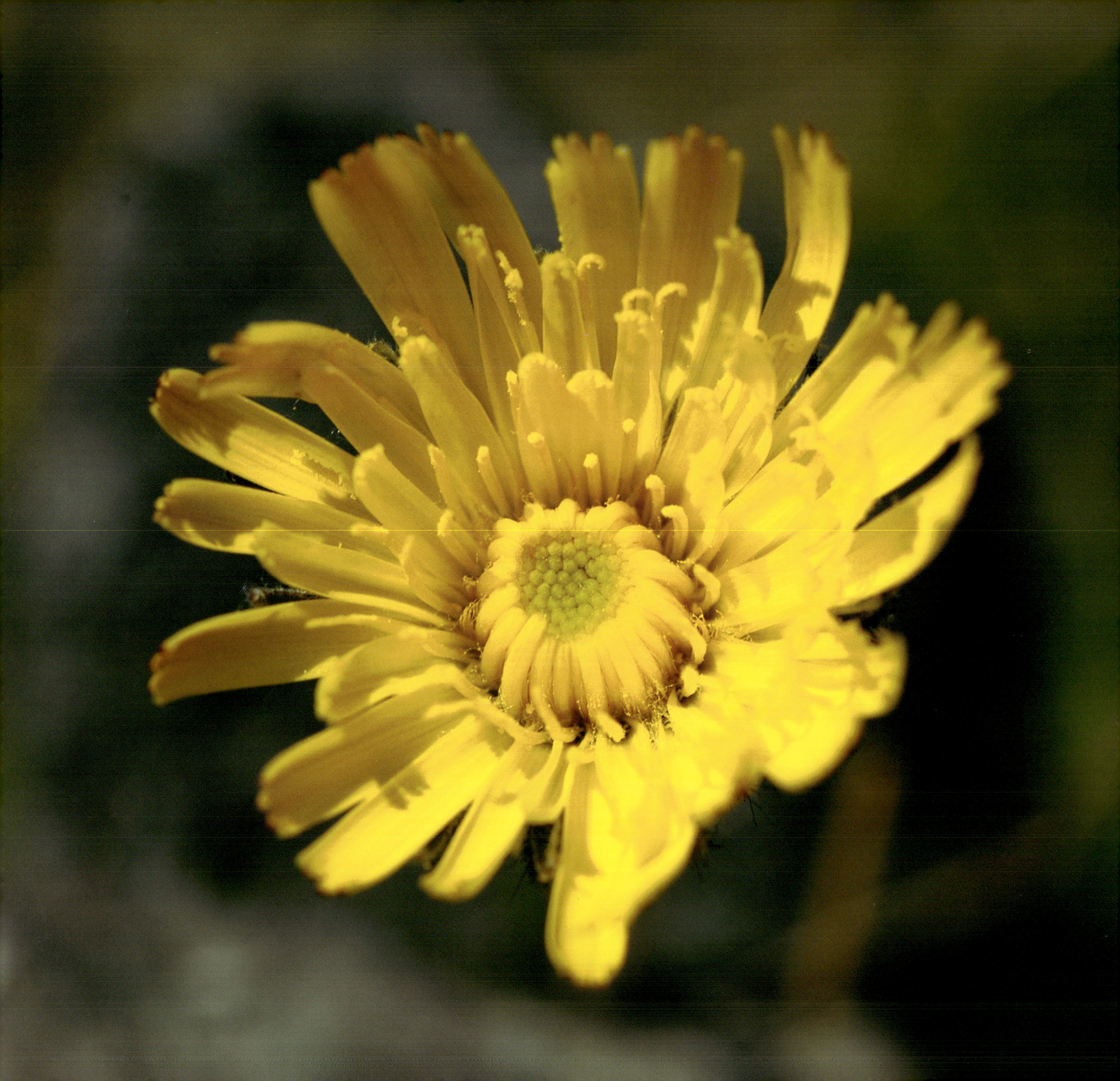

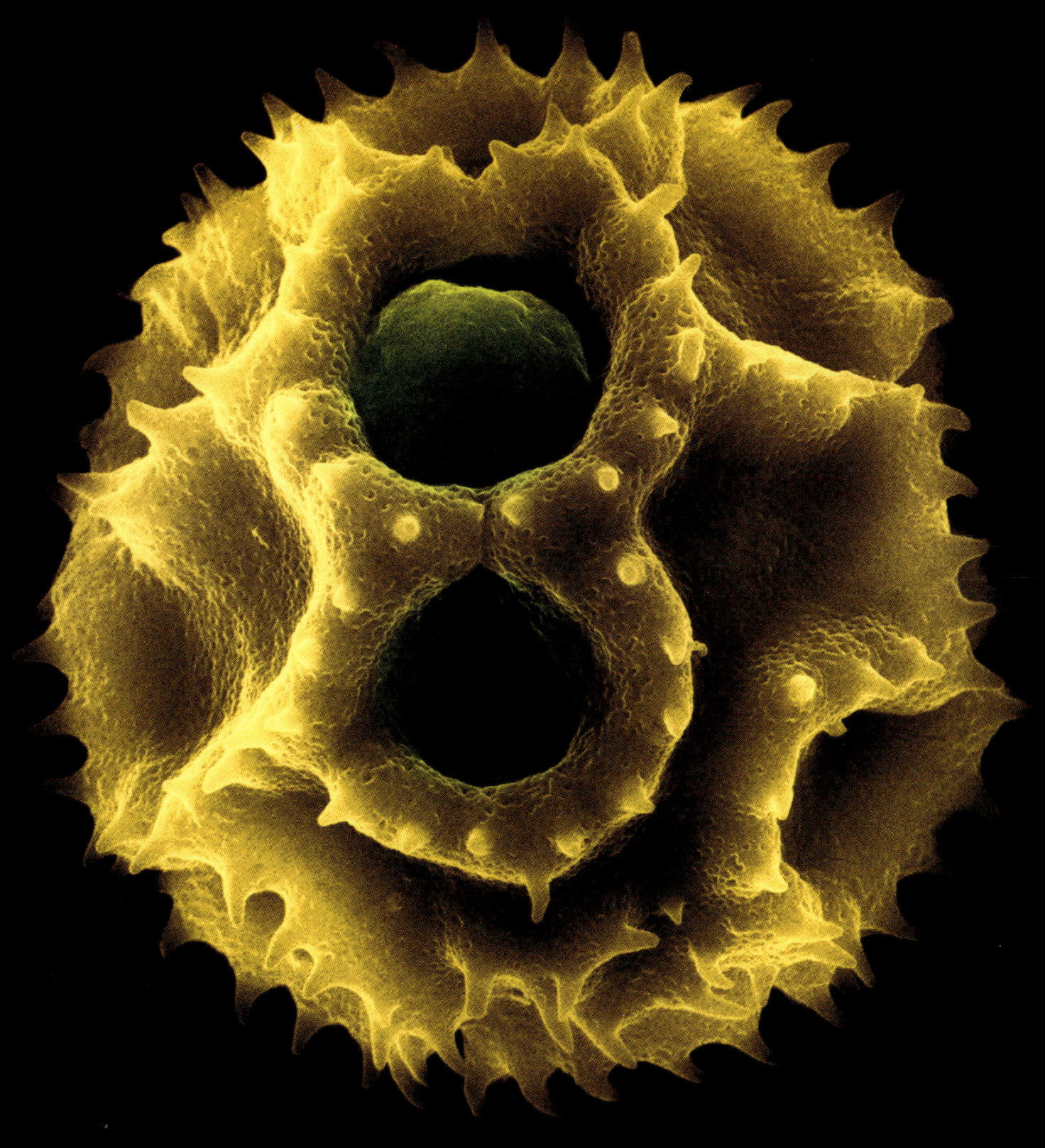

Hieracium pilosella – Kleines Habichtskraut (Compositae) – Pollenkorn in Äquatorialansicht [REM x 2000]

LINKE SEITE *Hieracium pilosella* – Kleines Habichtskraut (Compositae) – ganze Blüte, von oben gesehen

POLLEN – GANZ GROSS

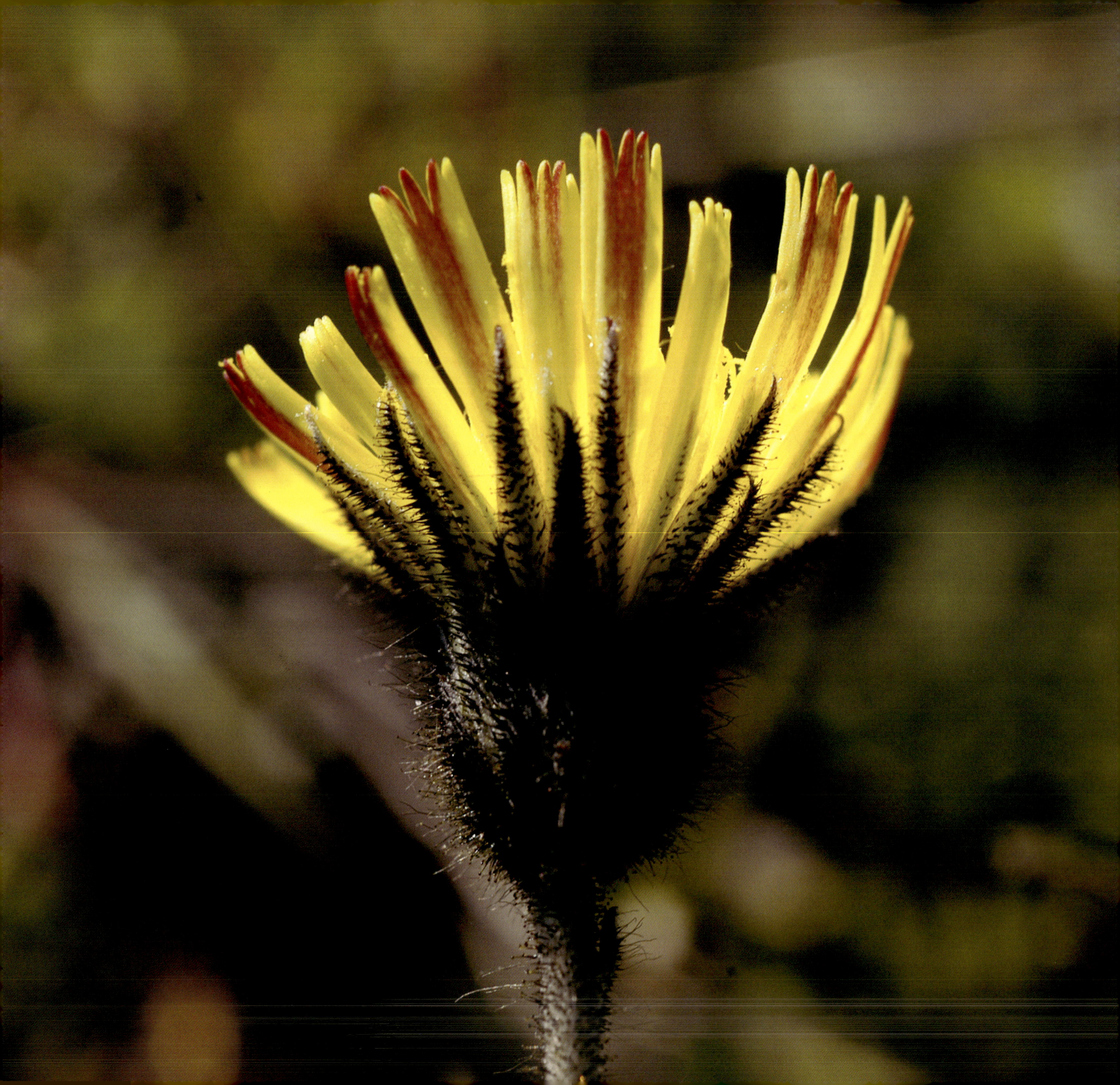

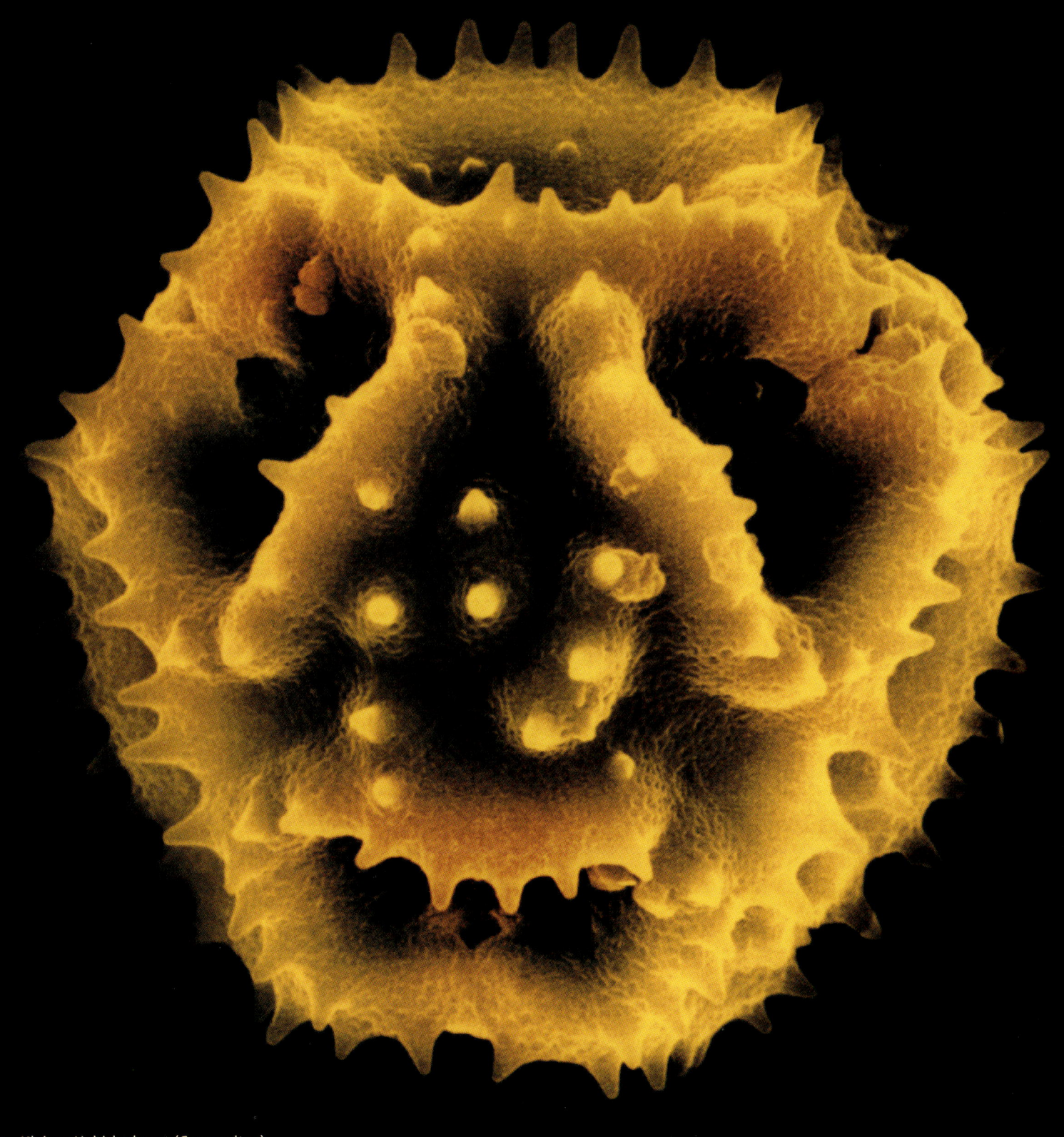

Hieracium pilosella – Kleines Habichtskraut (Compositae) –
Pollenkorn in Polaransicht [REM x 2000]

LINKE SEITE *Hieracium pilosella* – Kleines Habichtskraut (Compositae) –
ganze Blüte in Seitenansicht

POLLEN – GANZ GROSS

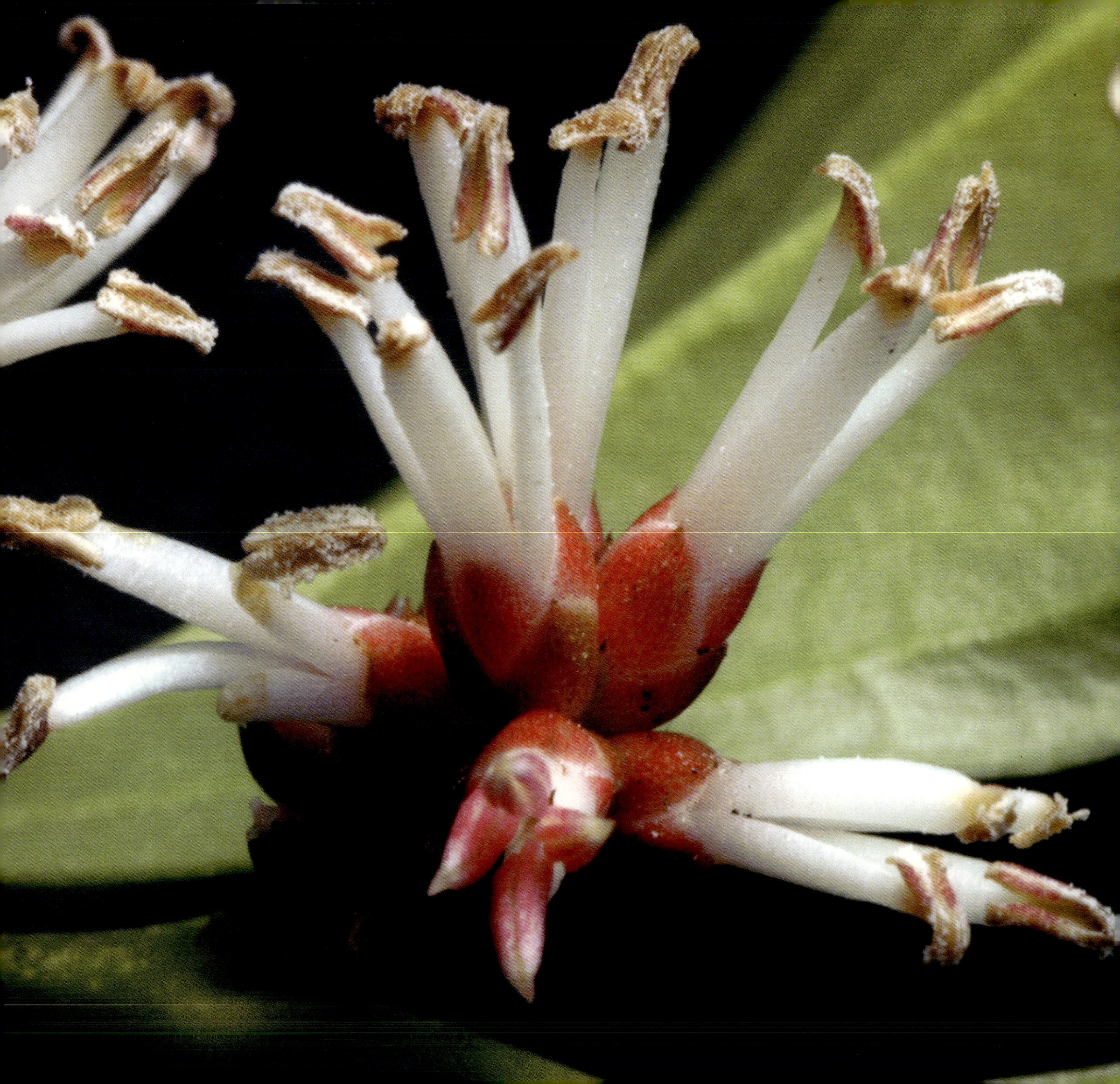

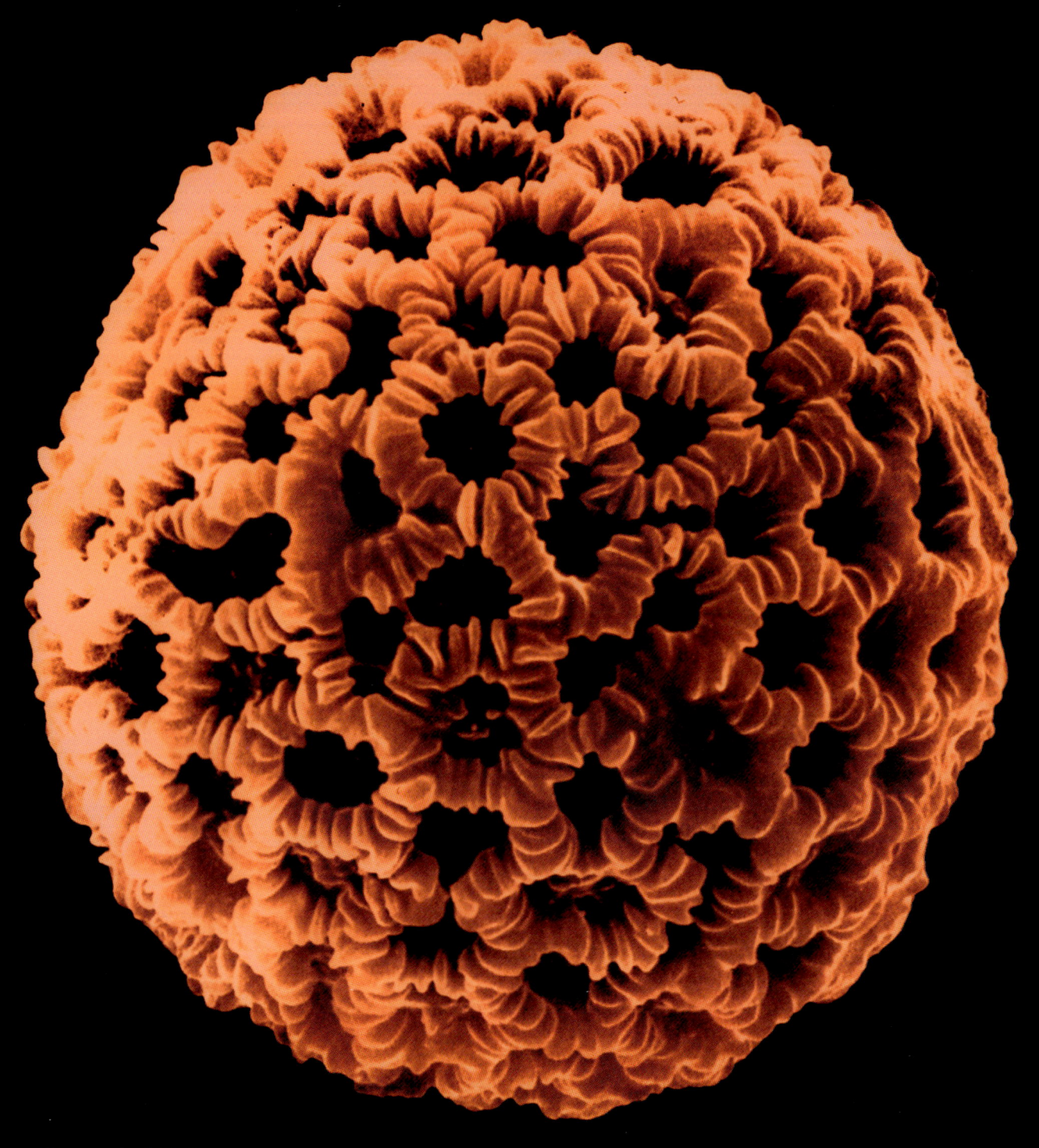

Sarcococca confusa – Fleischbeere (Buxaceae) – Pollenkorn
[REM x 2000]

LINKE SEITE *Sarcococca confusa* – Fleischbeere (Buxaceae) –
Nahaufnahme der Blüte mit gruppenweise angeordneten Stamina

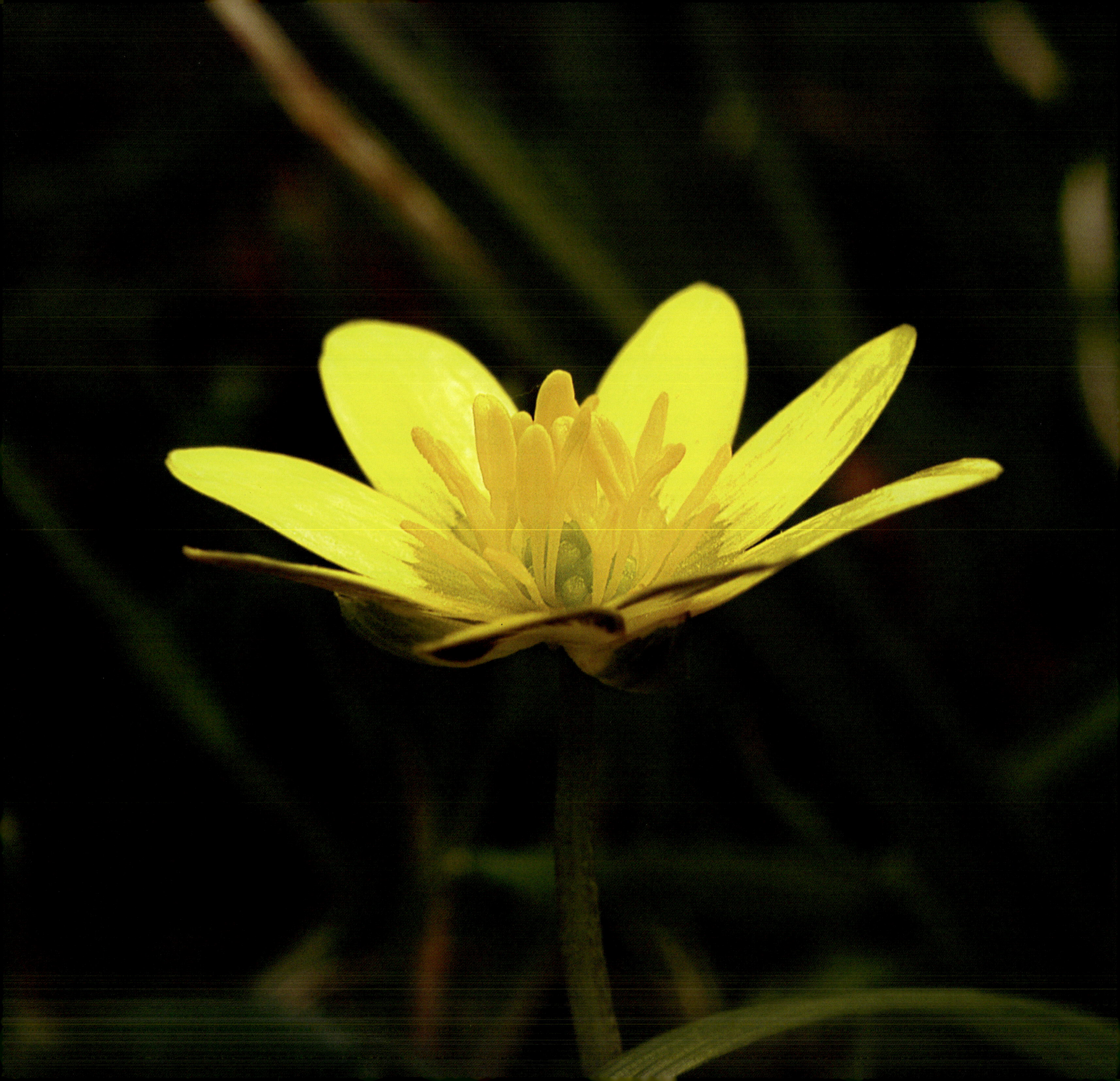

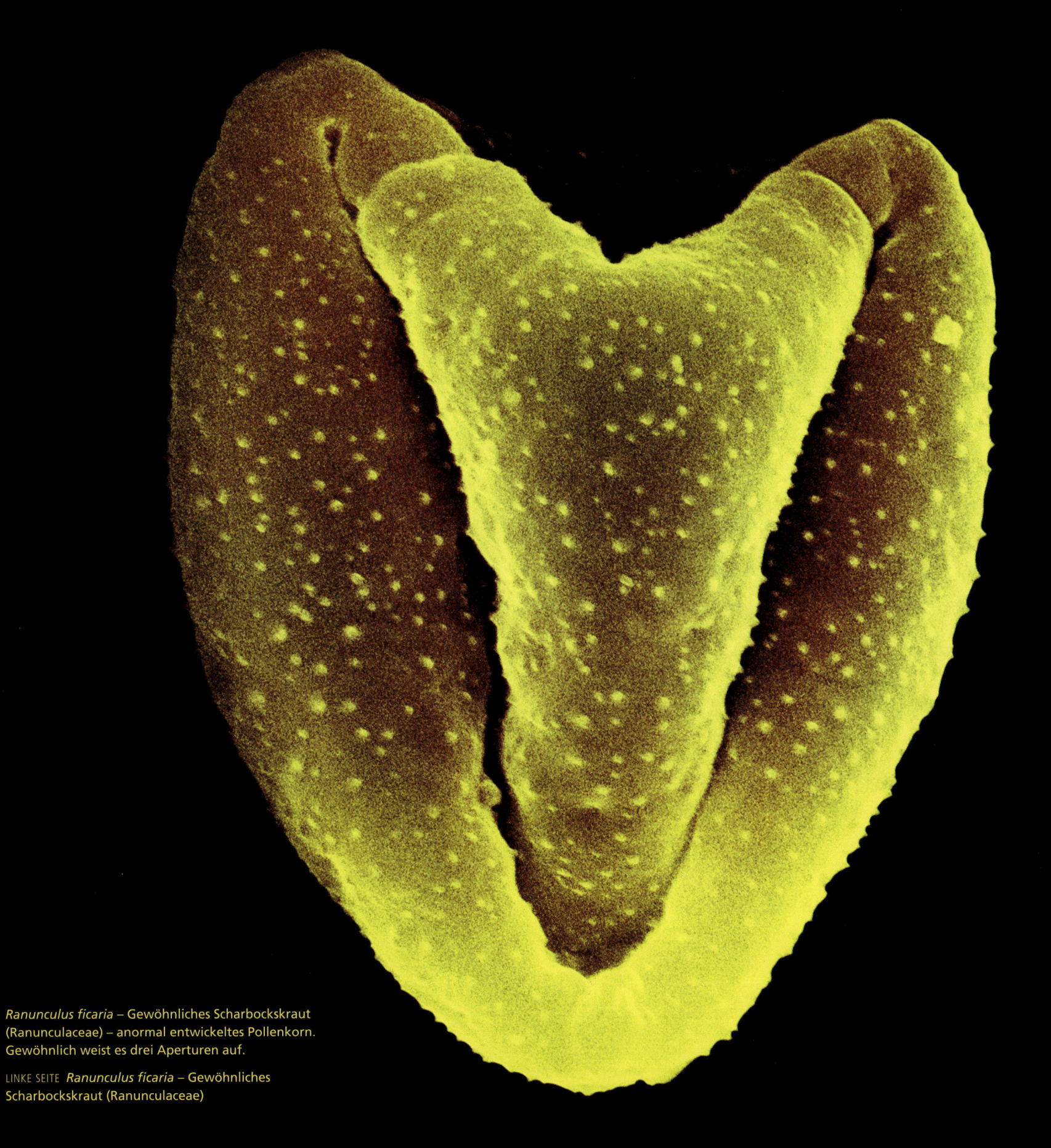

Ranunculus ficaria – Gewöhnliches Scharbockskraut (Ranunculaceae) – anormal entwickeltes Pollenkorn. Gewöhnlich weist es drei Aperturen auf.

LINKE SEITE *Ranunculus ficaria* – Gewöhnliches Scharbockskraut (Ranunculaceae)

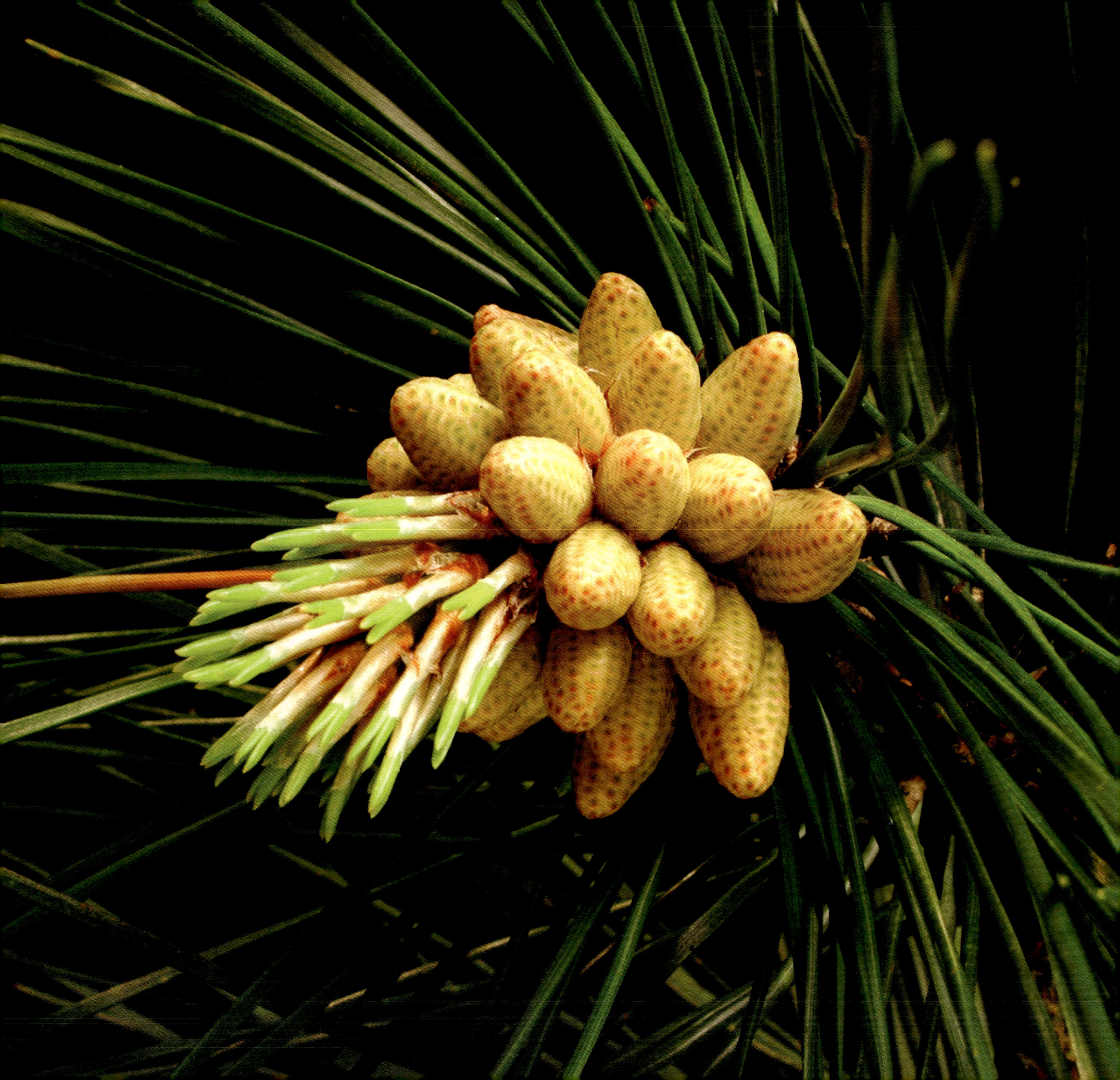

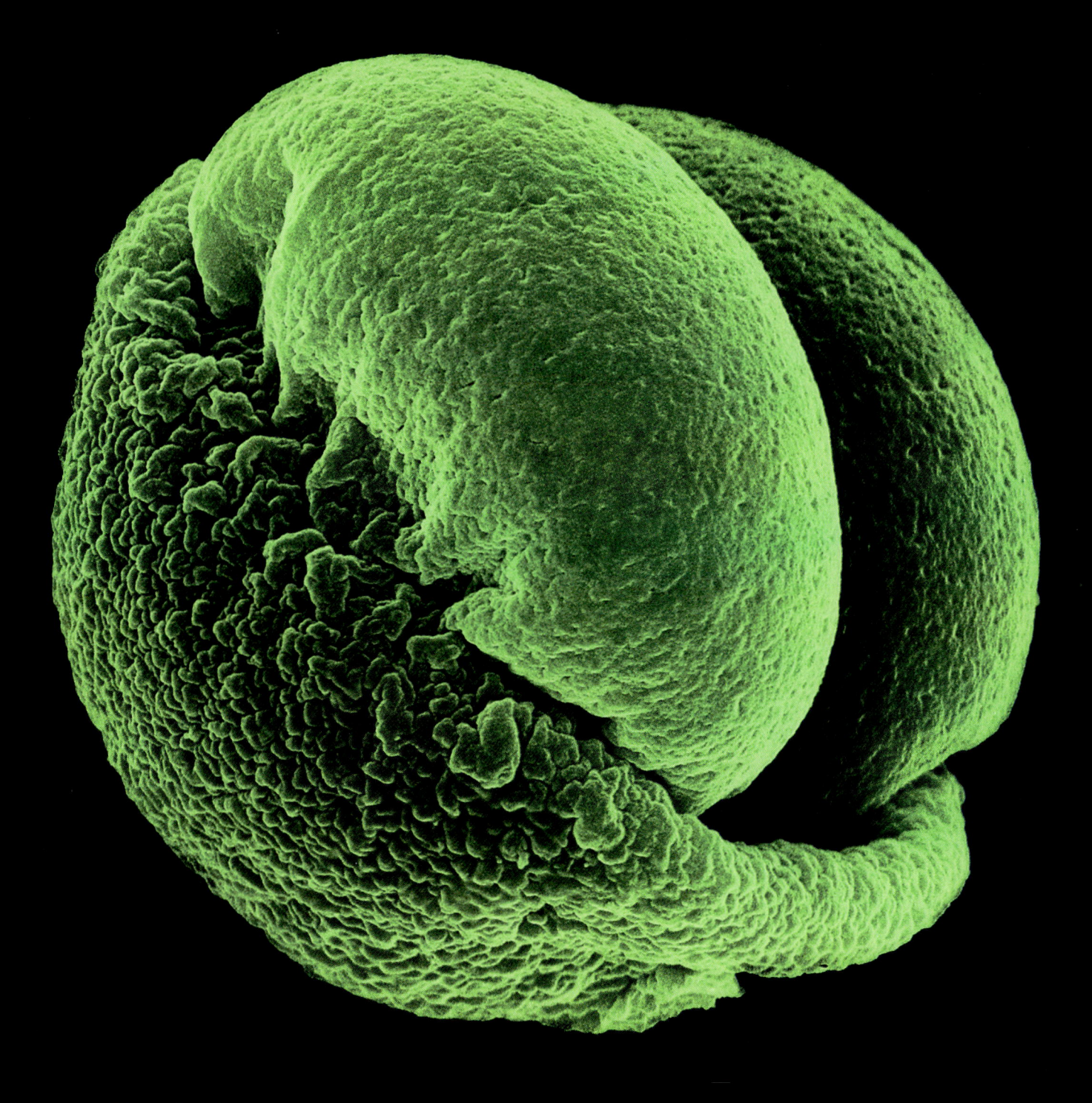

Pseudotsuga menziesii – Douglasie (Pinaceae) – Pollenkorn, nicht ausgereift. Man beachte die Luftsäcke [REM x 2000].

LINKE SEITE *Pinus tabuliformis* – Chinesische Rotkiefer (Pinaceae)

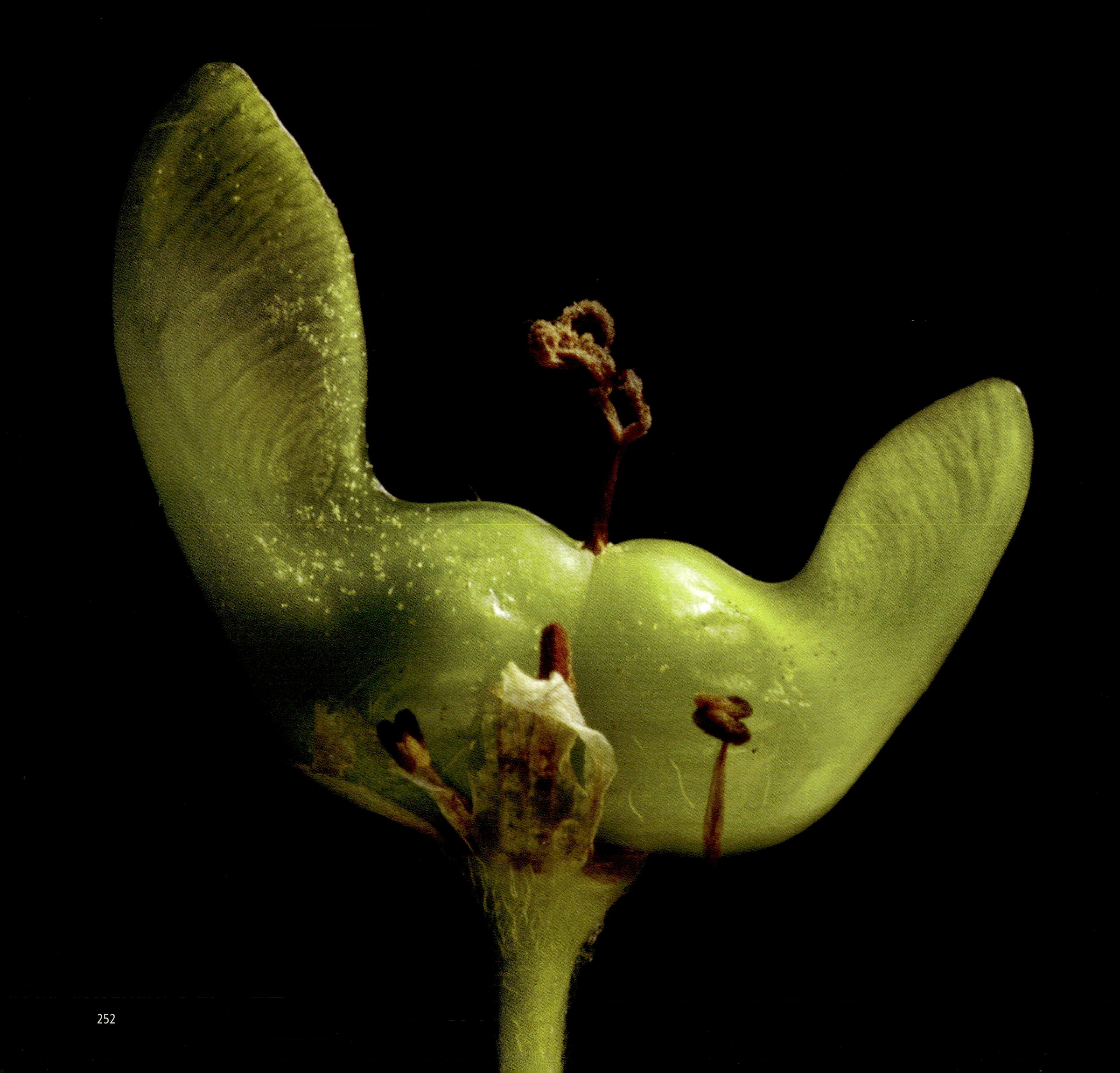

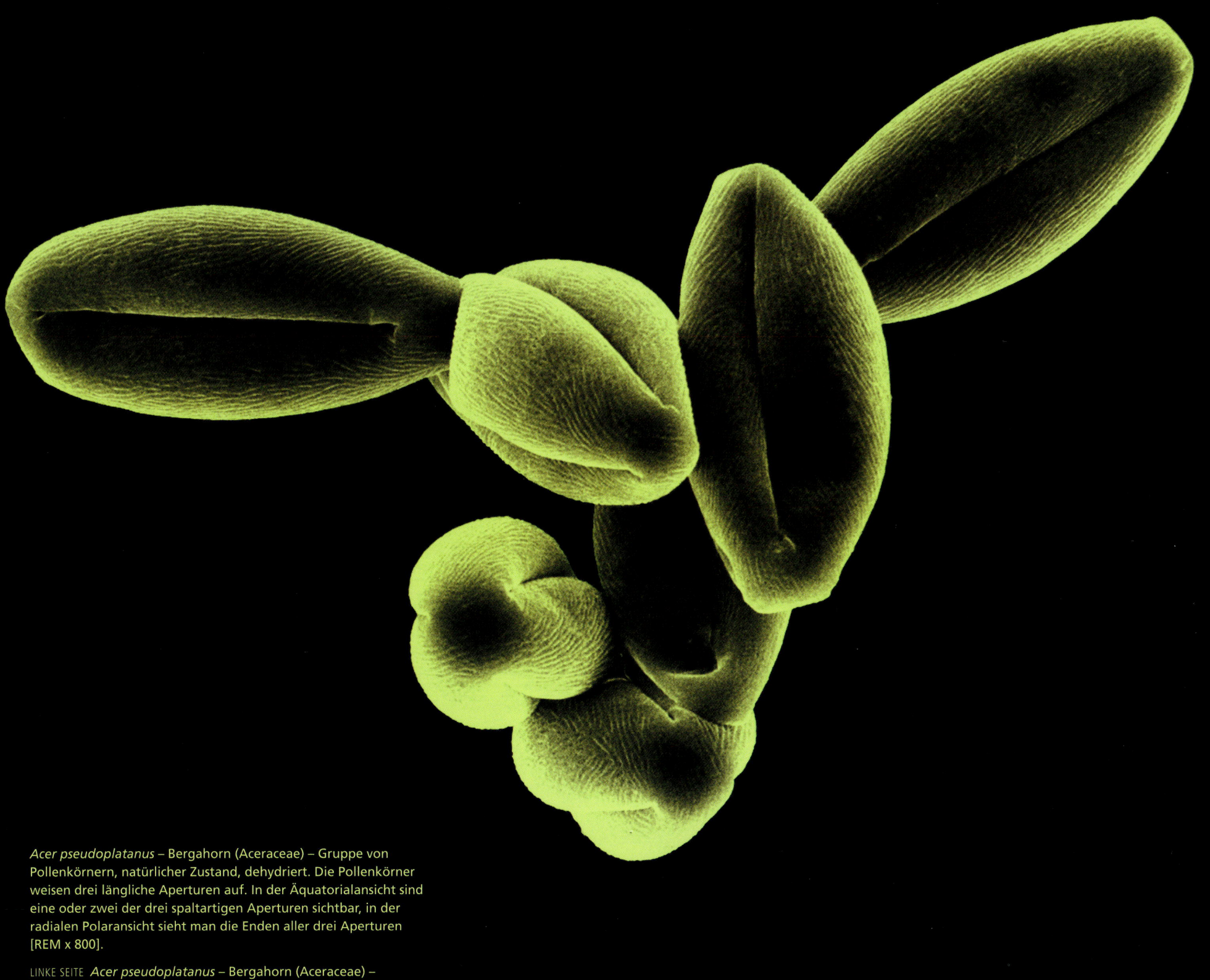

Acer pseudoplatanus – Bergahorn (Aceraceae) – Gruppe von Pollenkörnern, natürlicher Zustand, dehydriert. Die Pollenkörner weisen drei längliche Aperturen auf. In der Äquatorialansicht sind eine oder zwei der drei spaltartigen Aperturen sichtbar, in der radialen Polaransicht sieht man die Enden aller drei Aperturen [REM x 800].

LINKE SEITE *Acer pseudoplatanus* – Bergahorn (Aceraceae) – die geflügelten Samen reifen heran.

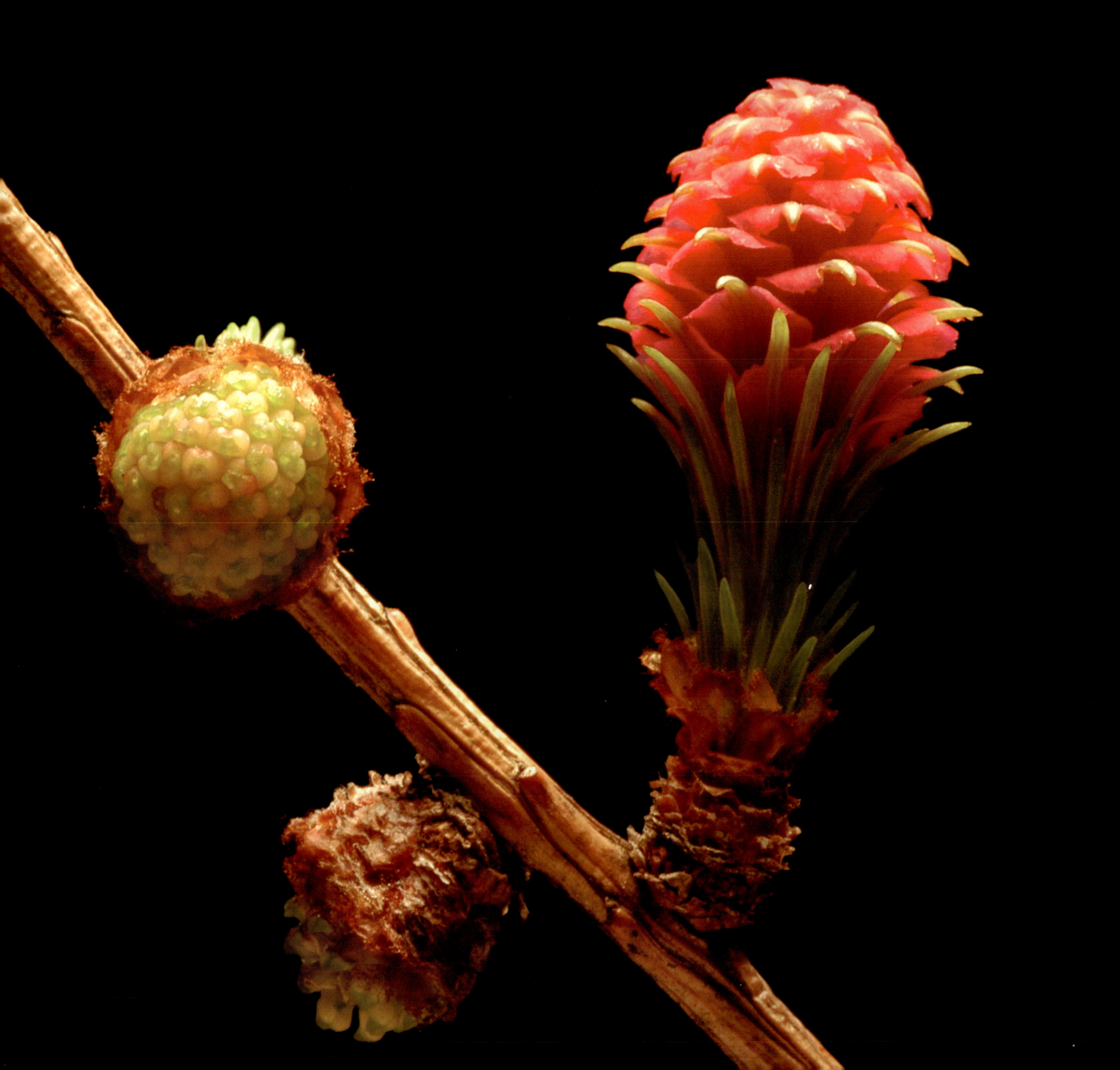

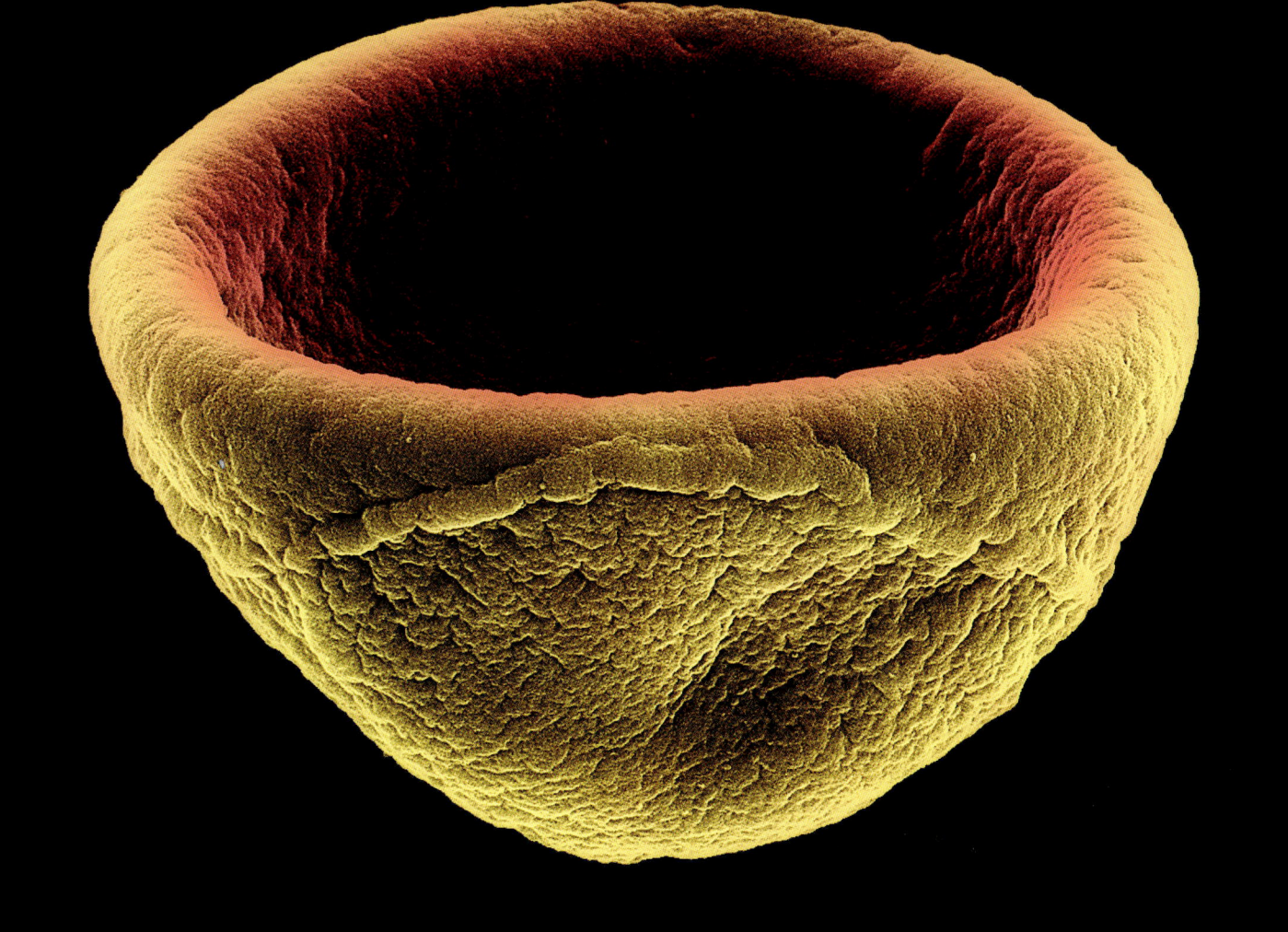

Larix decidua – Lärche (Pinaceae) – Pollenkorn, dehydriert und schüsselförmig eingefallen [REM x 1500]

LINKE SEITE *Larix decidua* – Lärche (Pinaceae) – männliche Zapfen (unten und Mitte) und weiblicher Zapfen (rechts)

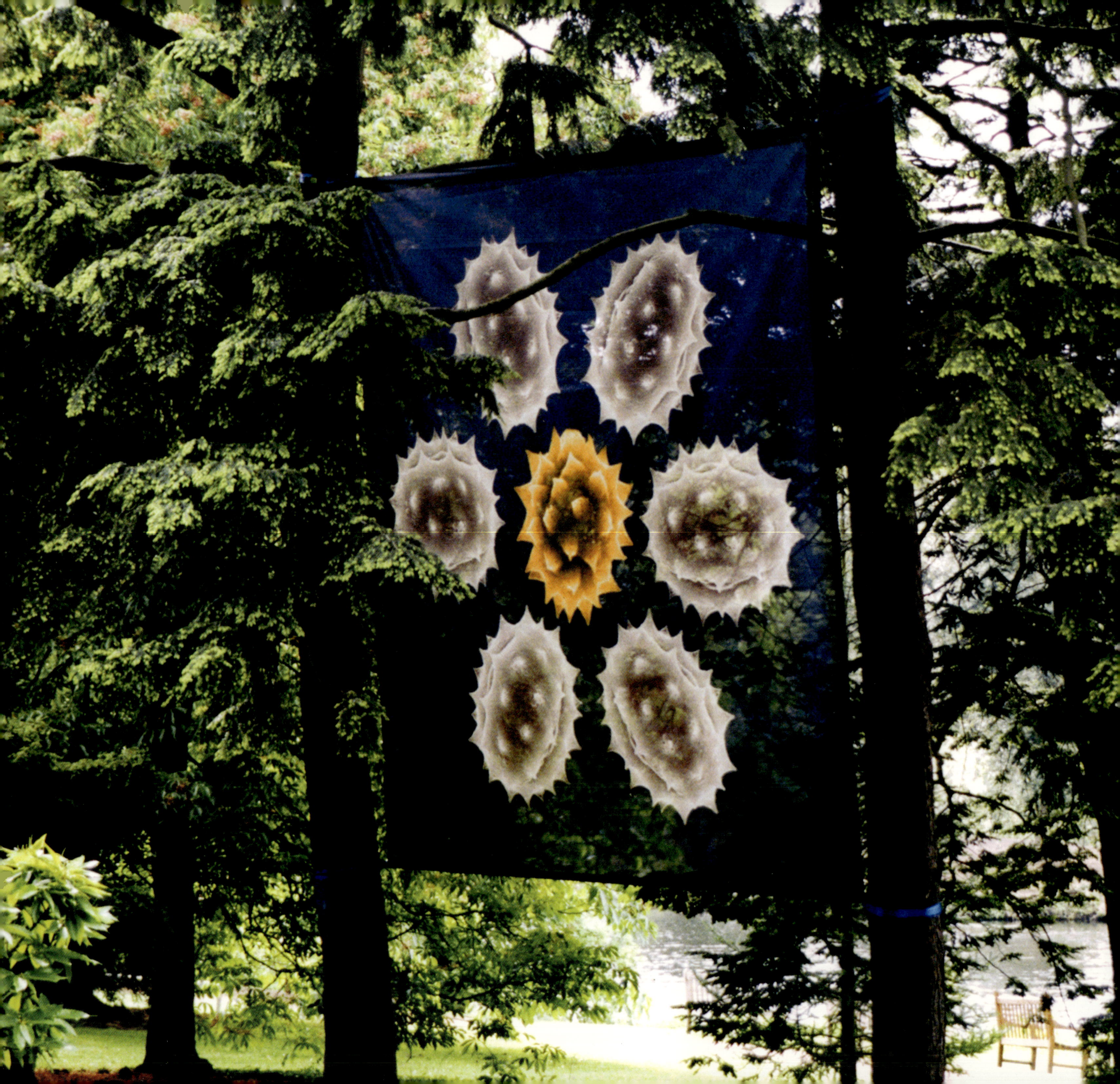

NACHWORT

ROB KESSELER

Der Außenstehende stellt sich das Ergebnis der Zusammenarbeit eines Künstlers und einer Wissenschaftlerin vielleicht wie die fantastische Summe beider Disziplinen vor, wodurch unrealistische Erwartungen an wunderbare Resultate geweckt werden. In Wirklichkeit sind die Ergebnisse eines solchen Projekts, wie der Pollen selbst, so subtil, unterschiedlich und verstreut, wie man es sich vielleicht nicht vorgestellt hätte. Außerdem neigen die Leute zur Ansicht, dass alle Vorteile einer solchen Zusammenarbeit dem Künstler zugute kämen, und fragen sich, was eigentlich der Wissenschaftler davon habe. Der Künstler Joseph Beuys sagte einmal, jeder Mensch sei ein Künstler. Beuys glaubte, dass jede Persönlichkeit über schöpferisches Potenzial verfügt und die Kunst eine harmonische Vereinigung des Menschen mit der Natur ermöglicht. Der Wissenschaftler tut gut daran, uns an unser wissenschaftliches Potenzial zu erinnern, das ebenfalls in uns steckt.

Dieses Buch ist aus einer echten Zusammenarbeit entstanden, einer gleichberechtigten Partnerschaft am Schnittpunkt zweier Disziplinen. Was Sie darin sehen, ist das Konzentrat mehrerer Jahre Sammel-, Präparier- und Forschungsarbeit am pflanzlichen Material, aber auch das Ergebnis vieler Diskussionen, ausgelöst durch unsere unterschiedlichen Sichtweisen, mit denen wir an die Auswahl und Beschreibung des Materials herangingen. Die Unterschiedlichkeit der Methoden und Konventionen, die in der Kunst oder der Wissenschaft herrschen, galt es anzuerkennen, manchmal aber auch zu hinterfragen.

Die jeweils einander gegenübergestellten Bilder von Pollen und Blüten im letzten Kapitel verdeutlichen vielleicht am besten die Unterschiede unserer Ansätze. Der Wissenschaftler wird immer das perfekteste Exemplar aus einer Probe als Muster auswählen, um die größtmögliche und vollständigste Menge an Informationen bereitzustellen. Man könnte behaupten, dass Künstler eigentlich dasselbe tun, dass aber ihre Auswahl von anderen Zielen bestimmt wird. Ich verwende oft Pollenproben von frischen Blüten, die nach der Trocknung direkt unter das Mikroskop gelegt werden, wo sich die Pollenkörner dann in den verschiedensten Zuständen von aufgeweicht bis aufgelöst oder zerbrochen zeigen – »natürliche« Skulpturen im allerkleinsten Maßstab. In jedem einzelnen Fall habe ich die Pollenkörner so ausgesucht, dass sie ihre Ursprungsblüte widerspiegeln. Die Farbe, manchmal unnatürlich verstärkt, soll helfen, die Aufmerksamkeit auf die Form oder die funktionalen Aspekte des Pollenkorns zu lenken. Sie kann sich auf die natürliche Farbe des Pollens oder auf die Farbe der Ursprungsblüte beziehen oder ganz willkürlich aus ästhetischen Gründen gewählt worden sein. Ich habe versucht, Bilder zu schaffen, die Wissenschaft und Symbolismus vereinen und in denen sich die Komplexität künstlerischer Pflanzendarstellungen zu ergreifenden visuellen Aussagen verdichtet, zu vergleichbaren Formkunstwerken, denen es gelingt, sich in unser Gedächtnis einzubrennen.

Fliegender Pollen: Eines aus einer Reihe von Transparenten, die für »Go Wild« entworfen wurden, ein Festival der Artenvielfalt, das im Sommer 2003 in Kew Gardens stattfand. Jedes der Transparente, die jeweils stark vergrößerte Pollenkörner darstellten, wurde zwischen Bäumen in bewaldeten Bereichen der Gärten angebracht, und zwar in der Nähe des ursprünglichen Ortes, wo der Pollen von einheimischen Wildblumen gewonnen worden war. Das grobe Gewebe der Transparente wirkte als feiner Filter für Partikel in der Luft – in diesem Fall für Pollenkörner.

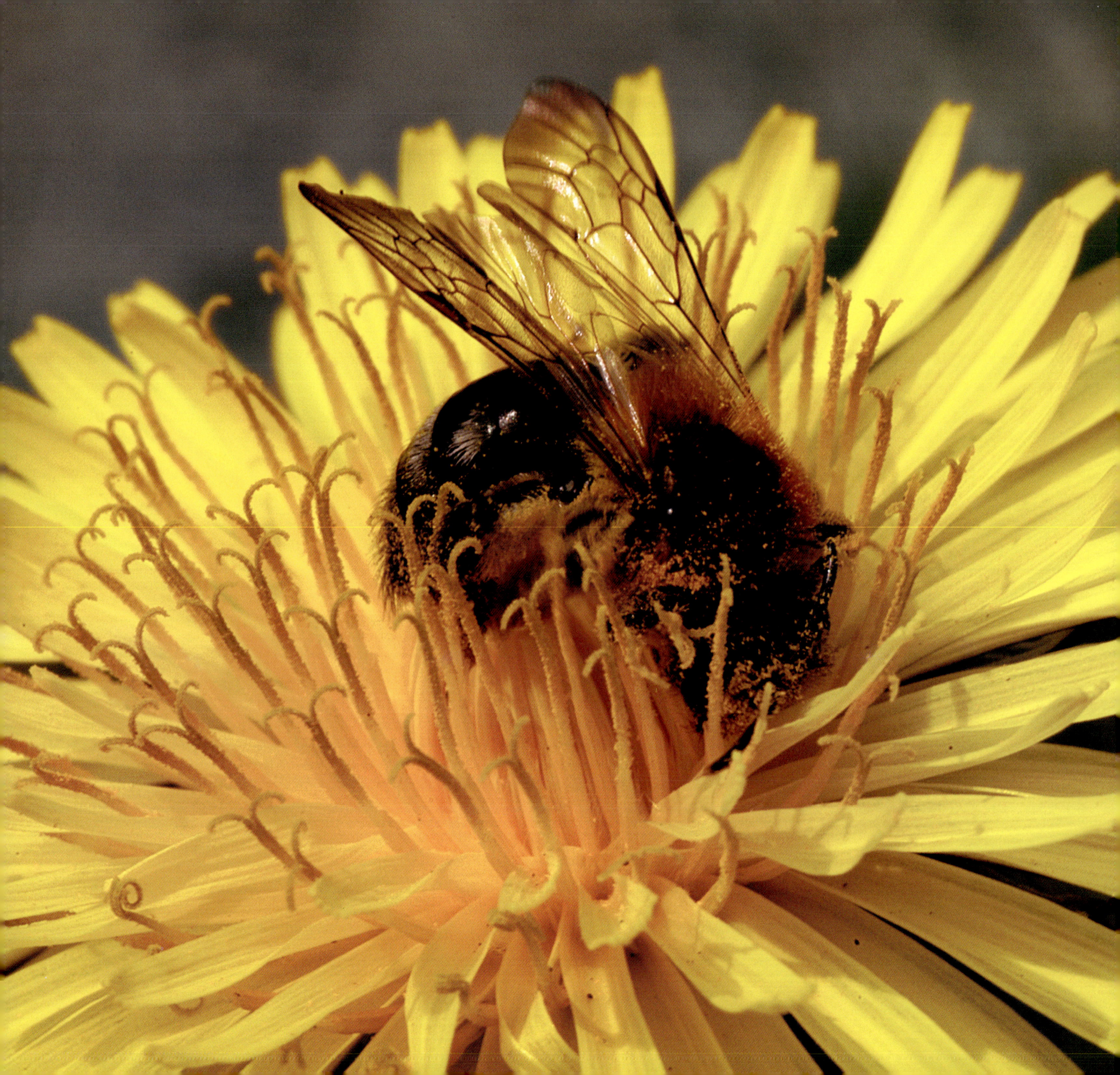

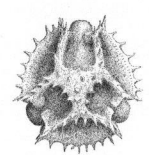

ANHANG

Apis mellifera – Honigbiene (Ordnung Hymenoptera) – auf einer Blüte von *Taraxacum officinale* – Löwenzahn (Compositae). Gut sichtbar sind die Pistille mit ihren verzweigten Stigmen, die aus einem Ring miteinander verwachsener Stamina herausragen. Die Stigmenzweige, die mit Pollen bedeckt sind, biegen sich während der Reifung zurück. Auffällig ist auch die Menge an Pollen auf Körper und Beinen der Biene.

GLOSSAR

Acetolyse – Ein in den 1930er Jahren vom Begründer der modernen vergleichenden Pollenmorphologie, Gunnar Erdtman, entwickeltes Standardverfahren, um das Pollenkorn vom Zellinhalt, der → Intine und allen äußeren Lipidschichten zu säubern (Erdtman, 1936). Unter dem Lichtmikroskop sind dann die morphologischen Details der Pollenexine deutlich erkennbar, ähnlich wie bei fossilen Pollenkörnern, bei denen ebenfalls nur die Pollenexine erhalten ist. Die Acetolyselösung wird aus neun Zehnteln Essigsäureanhydrid und einem Zehntel Schwefelsäure hergestellt. Die Pollenkörner werden in Reagenzgläser mit der Lösung gegeben und bei 100 °C entweder im Heißwasserbad oder unter einer Trockenheizung ein bis zehn Minuten lang erhitzt, je nach der Widerstandsfähigkeit der → Exine. Der Prozess sollte nur unter Laborbedingungen und unter einer Ablufthaube durchgeführt werden.

Allergische Reaktion – Eine anfällige Person wird einem Allergen (Allergie auslösender Stoff) ausgesetzt. Der Körper reagiert darauf zunächst mit der Produktion von Immunglobulin E (Ig E) in den Antikörper bildenden Zellen des Lymphgewebes. Das Immunglobulin E zirkuliert mit dem Serum im Blut, wo es sich mittels eines sogenannten Fc-Rezeptors an bestimmte Epithel- und Schleimhautzellen (basophile Granulozyten und Mastzellen) bindet und dort bis zu mehreren Wochen verbleibt. Die Immunglobulin-E-Moleküle sind sehr viel kleiner als die Mastzellen; jede Mastzelle kann bis zu 100 000 Ig-E-Moleküle auf ihrer Oberfläche aufnehmen. Jedes Ig-E-Molekül verfügt über zwei Bindestellen mit einem Identifikator für das zu ihm passende Allergen. Es befindet sich mit der Mastzellmembran durch das Glykoprotein der Membran, an das es sich angehängt hat, in Verbindung. Kommt die anfällige Person wieder mit dem Allergen in Kontakt, bindet es sich an jeweils zwei benachbarte Ig-E-Moleküle auf der Oberfläche der Mastzelle. Die Bindungswechselwirkung löst einen schnellen Ausstoß von Gewebsmediatoren (pharmakologisch aktiven Substanzen, die von der Mastzelle freigesetzt werden, darunter Histamine und Enzyme) aus, die wiederum die allergische Reaktion bewirken.

Androeceum – Gesamtheit der männlichen Fortpflanzungsorgane, also der → Stamina, innerhalb einer Blüte (→ Gynoeceum)

Angiospermen (Bedecktsamer) – Klasse der → Samenpflanzen, bei denen die → Samen in einen Fruchtknoten oder einzelne → Karpelle eingeschlossen sind. Dazu gehören ein- und mehrjährige Kräuter, Zwiebelpflanzen und Sträucher ebenso wie große Bäume. Die Angiospermen unterscheiden sich von anderen Pflanzen auch durch die doppelte Befruchtung. Nach früherer Systematik wurden sie in zwei Hauptgruppen unterteilt, die → Monokotylen (Einkeimblättrige) und die → Dikotylen (Zweikeimblättrige). (→ Gymnospermen)

Anthere (Staubbeutel) – Obererer Teil des → Stamens, der gewöhnlich aus zwei → Theken mit je zwei → Pollensäcken besteht, in denen der Pollen gebildet wird (→ Filament)

Anthocyane – Rote bis blaue Blütenfarbstoffe, Gruppe von → Glykosiden, die durch die Anbindung von Zuckern und anderen Reststoffen aus einem Anthocyanidin (gewöhnlich Pelargonidin, Delphinidin oder Cyanidin) gebildet werden

Apertur (Keimöffnung) – Öffnung in der → Exine eines Pollenkorns, durch die der → Pollenschlauch hindurchwachsen kann

Aphidina (Blattläuse) – Kleine Insekten in der Ordnung Hemiptera (Schnabelkerfe), die über stechende Mundwerkzeuge verfügen, mit denen sie Saft aus Pflanzen und Tieren saugen. Der Körper ist gewöhnlich birnenförmig mit kleinem Kopf und gewölbtem Hinterleib; die Farben sind vorwiegend grün und braun. Flügel, falls vorhanden, sind meist transparent und membranartig. Allerdings treten innerhalb einer Art oft verschieden gestaltete Individuen auf (Polymorphismus), und bei den meisten Spezies existieren auch flügellose Formen. Einige Arten der Aphidina, die Überfamilie der Schildläuse (Coccoidea), in der die Weibchen oft flügel- und beinlos sind, sondern den klebrigen → Honigtau ab, der, wenn das enthaltene Wasser verdunstet ist, zu einer zuckrigen Pollenexine erstarrt.

Äquatorialansicht – Dies ist ein verwirrendes Thema für Anfänger, weil es hier auf die jeweilige Form der → Tetrade ankommt, in der Pollenkörner heranreifen. Typischerweise ist bei der Äquatorialansicht von Pollenkörnern mit einer länglichen → Apertur, bei der das Pollenkorn entweder von seiner langen oder kurzen Achse aus betrachtet wird, die Keimöffnung nur teilweise sichtbar, während bei Pollenkörnern mit drei länglichen Aperturen wie etwa jenen der Christrosen (Helleboren) oder der Zaubernuss (Hamamelis) in Äquatorialansicht eine oder zwei der Öffnungen vollständig sichtbar sind. (→ Polarität, Polaransicht; s.a. Erdtman 1943, 1952 oder 1969)

Bestäubung – Vorgang der Übertragung von Pollenkörnern aus der → Anthere einer → Samenpflanze auf das → Stigma einer Pflanze derselben Spezies, was normalerweise einen Bestäuber erfordert – ein Tier, Wind oder Wasser

Bienenbrot – Komprimierte Mischung aus → Nektar und Pollen, die den Bienen als Futter für ihre Larven dient

Bienenwachs – Das Wachs, aus dem Bienenwaben bestehen. Es wird von den Arbeitsbienen in kleinen Flocken aus besonderen Drüsen zwischen den Segmenten an ihrem Unterleib ausgeschieden. (→ Waben)

Bractee (Hoch- oder Deckblatt) – Ein blattartiges Gebilde, das die → Infloreszenz abstützt (→ Spatha)

Calyx (Blütenkelch) – Gesamtheit der → Sepalen einer Blüte

Carotinoide – Gelbe, orange oder rote fettlösliche Blütenfarbstoffe, die als Hilfspigmente für die Photosynthese in allen Zellen vorkommen, die Photosynthese betreiben. Sie finden sich auch in anderen Organen, zum Beispiel in den Wurzeln, → Petalen und Pollenkörnern.

Chalaza (Knospengrund) – Basis, d. h. die Unterseite der → Samenanlage, von der die → Integumente und der → Funiculus ausgehen. Sie ist vom → Nucellus nicht klar zu unterscheiden.

Chromatin – Stoff, aus dem die → Chromosomen bestehen, Fadengerüst aus Proteinen und DNA

Chromosomen – Aus → Chromatin bestehende, stäbchenförmige Gebilde in → eukaryotischen Zellen, Träger der genetischen Information. Während der Zellkernteilung (→ Mitose) kondensieren sie und werden unter dem Lichtmikroskop erkennbar. (→ Nucleus)

Corbiculae (Pollenkörbchen) – Steife Haare (Kämme) am hintersten Beinpaar der Körbchensammler (Hummeln, stachellose Bienen und Honigbienen), in denen der Pollen gesammelt und zusammengepresst wird (→ Pollenpaket)

Corolla (Blütenkrone) – Die Gesamtheit der → Petalen einer Blüte

Corollenröhre (Blütenkronenröhre) – Diese Röhre entsteht, wenn die Ränder der einzelnen → Petalen vollständig oder teilweise miteinander verwachsen. Bei einigen Spezies kann diese Röhre sehr lang und/oder eng sein.

Dikotylen (Zweikeimblättrige) – Neben den → Monokotylen (Einkeimblättrige) eine der beiden Hauptgruppen der → Angiospermen. Sie sind so benannt, weil ihre keimenden Embryonen (→ Samen) gewöhnlich zwei Keimblätter (→ Kotyledone) aufweisen. Weitere Unterscheidungsmerkmale sind die meist vier- oder fünfzähligen oder aus Vierer- bzw. Fünfereinheiten bestehenden Blüten, ringförmige Gefäßbündel und eine Hauptwurzel, die sich zu einer Pfahlwurzel entwickelt. Zu ihnen gehören Bäume, Sträucher und krautartige Pflanzen.

diözisch (zweihäusig) – Separate männliche und weibliche Pflanzen aufweisend. Bedeutung im Altgriechischen »in getrennten Häusern lebend« (→ monözisch)

diploid (zweikernig) – zwei Chromosomensätze aufweisend (→ Chromosomen, haploid, triploid)

Eizelle – Die → haploide weibliche Zelle, die von der haploiden männlichen → generativen Zelle befruchtet wird, um eine → diploide → Zygote zu bilden

Elektronenmikroskop – Ein Mikroskop, in dem ein Strahl paralleler Elektronen aus einer Elektronenkanone anstatt des Lichts benutzt wird, um das Untersuchungsobjekt zu betrachten. Magnetische Linsen bündeln den Elektronenstrahl. Es gibt zwei Arten von Elektronenmikroskopen. Die erste ist das Rasterelektronenmikroskop, in dem Elektronen von der Oberfläche des Objekts zurückgeworfen und in einem Elektronendetektor gesammelt werden. Das so erzeugte Bild erscheint dreidimensional. Die zweite Art ist das Transmissionselektronenmikroskop, bei dem die Elektronen eine ultradünne (einige → Nanometer dicke) Scheibe des Objekts durchdringen. Moderne Elektronenmikroskope erreichen eine mehr als 100 000-fache Vergrößerung, bei nichtbiologischen Materialien liegt sie noch höher. (→ Lichtmikroskop)

Embryosack – Der weibliche → Gametophyt der → Samenpflanzen. Große ovale Zelle im → Nucellus der → Samenanlage, in der die Befruchtung des Eis und die Entwicklung des Embryos stattfinden

Endosperm – Nährgewebe in den → Samen der meisten Blütenpflanzen, nicht aber der anderen → Samenpflanzen. Es handelt sich um ein kompaktes → triploides Gewebe ohne interzelluläre Zwischenräume, in dem Stärke, Hemizellulosen, Proteine, Öle und Fette gespeichert werden.

Eukaryoten / eukaryotisch – Organismen, deren Zellen einen → Nucleus und eine Zellmembran besitzen (→ Chromosomen)

Exine – Die äußerst widerstandfähige, aus → Sporopollenin gebildete Außenhaut eines Pollenkorns

Exospor – Die äußere, gewöhnlich säureresistente Schicht der Sporenhülle; entspricht der → Exine der Pollenkörner. Die innere Schicht heißt Endospor. Eine weitere Schicht, das Perispor, findet sich bei manchen Gruppen von Farnen. Sie befindet sich außerhalb des Exospors, ist aber normalerweise nicht säure- und oxidationsresistent.

Familie – Pflanzen werden, wie andere Lebewesen auch, hierarchisch klassifiziert. Für die Blütenpflanzen sind die wichtigsten Gruppen: Ordnungen, Familien, Gattungen, Arten (Spezies). (→ Taxonomie)

Filament (Staubfaden) – Fadenförmiger Stiel des → Stamens, der an seiner Spitze die → Anthere trägt

Flavone – Gelbe Pflanzenfarbstoffe, die zur Gruppe der → Flavonoide gehören (→ Anthocyane)

Flavonoide – Eine Gruppe von wasserlöslichen Pflanzenfarbstoffen, die eine wichtige Rolle im Stoffwechsel vieler → Angiospermen spielen. Dazu gehören die → Anthocyane, → Flavone, Flavanone, Flavonole u. a.

Funiculus (Nabelstrang) – Der Strang, der bei den → Angiospermen die → Samenanlage und später den → Samen mit der → Plazenta oder der Wand des → Ovars verbindet. Er dient als Verankerung und enthält Gefäße zur Versorgung von Ovar und Samen.

Galle – Eine abnormale lokale Schwellung bei Pflanzen, die durch Parasiten wie Bakterien, Pilze, Fadenwürmer, Insekten oder Milben hervorgerufen wird

Gamet / Gametophyt (Geschlechtszelle, Keimzelle) – Sexuelle, d. h. → haploide Generation im Generationswechsel. Eine in der Regel haploide Zelle oder ein haploider Zellkern, der zum Zweck der Fortpflanzung mit einem Gameten des anderen Geschlechts zu einer → diploiden → Zygote verschmilzt.

Gelée royale – Eine Nährsubstanz, die von den Ammenbienen für Königinnenlarven produziert wird

generative Zelle – Einkernige, männliche Fortpflanzungszelle, in der Regel → haploid, die sich in zwei männliche → Gameten aufteilt, von denen einer mit der weiblichen → Eizelle zu einer → diploiden → Zygote und der andere mit den → Polkernen im → Embryosack zum → triploiden → Endosperm-Nährgewebe verschmilzt

Glykoside – Zuckerähnliche Pflanzeninhaltsstoffe, die aus der Reaktion von Pyranosezucker mit einem Nicht-Zucker-Molekül namens Aglykon entstehen

Gondwana – Der aus Südamerika, Afrika, Australien, Indien und der Antarktis bestehende südliche der beiden Großkontinente, aus denen sich am Ende des Erdaltertums der Superkontinent Pangäa gebildet hatte, der im Jura wieder zerfiel (→ Laurasia)

Gymnospermen (Nacktsamer) – → Samenpflanzen, die sich von den → Angiospermen dadurch unterscheiden, dass sie freiliegende, nicht in ein → Karpell eingeschlossene → Samen ausbilden und keine doppelte Befruchtung vollziehen. Zu den Gymnospermen gehören die Araukaria, Koniferen, Cycadea, Ephedra, Ginkgo, Gnetacea und die Welwitschia.

Gynoeceum – Gesamtheit der weiblichen Fortpflanzungsorgane der Blüte, bestehend aus einem oder mehreren → Karpellen, von denen jedes → Stigma, → Stylus und → Ovar umfasst. Ist nur ein Pistill vorhanden, ist Gynoeceum gleichbedeutend mit → Karpell und synkarpem Gynoeceum.

haploid (einkernig) – Einen einzigen Chromosomensatz aufweisend (→ Chromosomen, diploid, triploid)

Herbarium – Eine Sammlung gepresster und getrockneter Pflanzen, die katalogisiert und in einer vor Feuchtigkeit und Schädlingen geschützten Umgebung für wissenschaftliche Studien systematisch geordnet gelagert werden. Das Herbarium der Royal Botanic Gardens in Kew ist mit über acht Millionen Präparaten eines der größten der Welt.

hermaphroditisch – Zwittrig, bezogen auf ein Lebewesen, das sowohl männliche wie weibliche → Gameten aufweist

Honigtau – Klebrige Ausscheidung bestimmter Blattläuse (→ Aphidina), die sich, wenn das enthaltene Wasser verdunstet, zu zuckrigen Klumpen verfestigt

Infloreszenz (Blütenstand) – Teil einer Blütenpflanze, auf dem die Einzelblüten angeordnet sind. Die Blüten können eng zusammenstehen (wie beim Gänseblümchen) oder lose gruppiert sein (wie beim Flieder).

Inkompatibilität – Sterilität. Bei Blütenpflanzen das Scheitern der Befruchtung und nachfolgenden Keimung nach der → Bestäubung

Integument – Schützende Hülle, die von der → Chalaza ausgehend den ganzen → Nucellus mit Ausnahme der → Mikropyle umschließt

Isoflavone – Isomere der → Flavone, bei denen die B-Gruppe des Flavonoidkerns am dritten anstatt am zweiten Kohlenstoffatom der zentralen C3-Gruppe hängt. Sie sind besonders in der Familie der Erbsen (Leguminosae) häufig.

Karpell (Fruchtblatt) – Teil der Blüte, der die → Samenanlage trägt und einschließt. Ein einzelnes Karpell entspricht einem → Pistill oder einem apokarpen → Gynoeceum. Eine Gruppe von Karpellen wird als synkarpes Gynoeceum bezeichnet.

Kolben (Spadix) – Eine besondere Form der → Infloreszenz, bei der die Blüten traubenartig auf einer dicken, fleischigen Achse angeordnet sind, wobei oft ein unfruchtbarer Teil über die Infloreszenz hinausreicht

Kotyledone (Keimblatt) – Das erste Blatt beziehungsweise die ersten Blätter eines Embryos bei → Samenpflanzen

Labellum – Das gewöhnlich vergrößerte untere → Petalum einer Orchideenblüte

Laurasia – Der nördliche der beiden Großkontinente, aus denen sich am Ende des Erdaltertums der Superkontinent Pangäa bildete (→ Gondwana)

Lichtmikroskop – Ein Mikroskop, in dem durch gläserne Linsen Licht auf das Untersuchungsobjekt gelenkt wird. Die Vergrößerung bewegt sich zwischen dem 100- und 1500-Fachen. (→ Elektronenmikroskop)

Meiose (Reduktionsteilung) – Zwei aufeinander folgende Zellteilungen, bei denen aus einer → diploiden Zelle vier → haploide hervorgehen (→ Mitose, Zygote)

Mikrometer (µm) – Ein millionstel Meter bzw. ein tausendstel Millimeter (→ Nanometer)

Mikropyle – Die kleine Öffnung an der Spitze der → Samenanlage zwischen den → Integumenten. Der → Pollenschlauch dringt gewöhnlich durch die Mikropyle in den → Nucellus ein. Manchmal bleibt die Mikropyle im Samenkorn als kleine Pore erhalten, durch die vor und während des Auskeimens Wasser aufgenommen wird.

Mitose (Äquationsteilung) – Zellkernteilung, bei der sich eine Zelle in zwei Tochterzellen teilt, von denen jede einen → Nucleus mit der gleichen Anzahl von → Chromosomen enthält und dasselbe Erbgut wie die Mutterzelle aufweist (→ Meiose)

Monokotylen (Einkeimblättrige) – Neben den → Dikotylen (Zweikeimblättrige) eine der beiden Hauptgruppen der → Angiospermen. Die keimenden Embryos (→ Samen) weisen bei diesen Pflanzen gewöhnlich nur ein Keimblatt (→ Kotyledone) auf. Andere Unterscheidungsmerkmale sind die meist dreizähligen oder aus Dreiereinheiten bestehenden Blüten, verteilte Gefäßbündel und ein faseriges Wurzelsystem. Zu ihnen gehören die Lilien- und Orchideengewächse, Gräser und Palmen. (→ Dikotylen)

monözisch (einhäusig) – Sowohl männliche als auch weibliche (doch jeweils eingeschlechtige) Blüten auf einer Pflanze aufweisend. Bedeutung im Altgriechischen »in einem Haus lebend« (→ diözisch)

Morphologie – Das Studium der Form, besonders der äußeren Strukturen. Die Einführung des Begriffs wird Johann Wolfgang von Goethe sowie dem deutschen Anatomen Karl Friedrich Burdach zugeschrieben. Goethe hat in der Botanik und anderen Naturwissenschaften wichtige Beiträge geleistet. (Siehe auch Bibliografie)

Nanometer (nm) – Ein milliardstel Meter, ein tausendstel → Mikrometer

Nektar – Zuckrige Lösung, die von den → Nektarien in Blüten durch Insekten oder Vögel bestäubter Pflanzen ausgeschieden wird. Er fungiert als Lockmittel und Belohnung.

Nektarien (Saftdrüsen) – Drüsengewebe, das → Nektar ausscheidet, gewöhnlich an der Basis der Blüte oder (wie bei der Akelei) des Sporns liegend, um Bestäuber anzulocken

Nucellus – Das Innere der → Samenanlage, das den → Embryosack enthält und von ein oder zwei → Integumenten umgeben ist

Nucleus (Zellkern) – Teil der → eukaryotischen Zelle, der das genetische Material enthält (→ Chromosomen)

Organelle – Von einer Membran umschlossener Bereich in einer Zelle, der einer spezifischen Aufgabe dient

Ovar (Fruchtknoten) – Der bauchige untere Bereich eines → Pistills oder → Karpells, der die → Samenanlage enthält

Parthenogenese (Jungfernzeugung) – Entwicklung eines Embryos aus einer unbefruchteten → Eizelle. Sie kann sowohl bei Pflanzen wie bei Tieren auftreten und → haploid oder → diploid sein. Bei der haploiden Parthenogenese (zum Beispiel bei den Drohnen der Honigbiene, *Apis mellifera)* werden die Eier auf gewöhnliche Weise durch → Meiose gebildet und sind daher haploid. Aus ihnen entwickeln sich neue Individuen, die ebenfalls haploid sind – es handelt sich hier also um geklonte Individuen. Bei der diploiden Parthenogenese werden die Eier anstatt durch Meiose durch → Mitose produziert. Daraus hervorgehende Individuen sind diploid. Dies kommt beispielsweise in bestimmten Stadien des Lebenszyklus der Blattläuse (→ Aphidina) vor. Es handelt sich dabei um eine schnelle und effiziente Methode der Vermehrung, die ohne männliche Geschlechtspartner auskommt.

Petalum (Blüten- oder Kronblatt) – Einzelner Bestandteil der → Corolla

Pistill (Stempel) – Das aus mehreren → Karpellen mit je einem → Ovar, einem → Stylus und einem → Stigma bestehende synkarpe → Gynoeceum

Plazenta – Der Teil der Ovarwand, der die → Samenanlage trägt

Polaransicht – Dies ist ein verwirrendes Thema für Anfänger, weil es hier auf die jeweilige Form der → Tetrade ankommt, in der Pollenkörner heranreifen. Typischerweise ist bei Pollenkörnern mit einer länglichen → Apertur in der Polaransicht entweder die Keimöffnung ganz sichtbar (etwa bei Lilien) oder vollständig unsichtbar. Bei Pollenkörnern mit drei länglichen Aperturen, wie bei der Christrose *(Hellebore)* oder Zaubernuss *(Hamamelis)*, sind in der Polaransicht alle drei Öffnungen nur teilweise und in radialsymmetrischer Anordnung sichtbar. (→ Äquatorialansicht, Polarität; vgl. auch Erdtman 1943, 1952 oder 1969)

Polarität – Bezieht sich auf die Anordnung der vier Pollenkörner während des Tetradenstadiums. Es gibt zwei Pole, den distalen und den proximalen. Der proximale Pol ist der Mittelpunkt der Seite, an der die vier Pollenkörner jeweils mit ihren Geschwistern in der → Tetrade zusammenhängen. Der distale Pol ist entsprechend der Mittelpunkt der abgewandten Seite. Die → Aperturen (Keimöffnungen) entwickeln sich gewöhnlich, bevor sich die reifen Pollenkörner aus der Tetrade lösen. Die Anordnung und Lage der Aperturen folgt bei jedem Pollenkorn einem genetisch vorbestimmten Muster, das auf die Anordnung und Lage der Aperturen in den anderen drei Pollenkörnern während des Tetradenstadiums abgestimmt ist. Unter dem → Licht- oder Rasterelektronenmikroskop sehen die Pollenkörner der meisten Blütenpflanzen wegen der uneinheitlichen Verteilung der Aperturen aus verschiedenen Blickwinkeln unterschiedlich aus, obwohl es auch Ausnahmen wie die vielporigen Pollenkörner gibt. Gunnar Erdtman war es, der 1943 das Pollenkorn mit einem Globus verglich, um beschreiben zu können, aus welcher Sichtachse, ausgehend von den Aperturen, es betracht wird. (→ Äquatorialansicht, Polaransicht; vgl. auch Erdtman 1943, 1952 oder 1969)

Polkerne – Die beiden → Nuclei in der → Samenanlage, mit denen einer der beiden männlichen generativen Nuclei verschmilzt, um das → triploide → Endosperm-Nährgewebe zu bilden (→ Eizelle, generative Zelle, vegetative Zelle)

Pollenkitt – Pollenklebstoff, der hauptsächlich aus gesättigten und ungesättigten Lipiden (fettähnliche Substanzen), → Carotinoiden, Proteinen und bestimmten Polysacchariden besteht. Er findet sich bei allen bis jetzt untersuchten → Angiospermen, scheint aber den Bryophyten (Moose), Pteridophyten (Farne) und → Gymnospermen zu fehlen. Er hat verschiedene Funktionen: Proteine in den Hohlräumen der → Exine zu fixieren; die Pollenkörner in oder an den → Antheren zu halten, bis sie von Bestäubern fortgetragen werden; Pollenkörner zusammenzukleben, so dass sie das → Stigma einer anderen Pflanze als größere Pakete erreichen; an Insektenkörpern, Vogelschnäbeln und so weiter anzuhaften; übermäßigen Wasserverlust im Polleninneren zu verhindern; dem Pollen Farbe zu geben sowie Bestäuber mit seiner öligen Konsistenz und seinem Duft anzulocken.

Pollenpaket – Der von Bienen gesammelte und in besonderen Pollenkörbchen an den Hinterbeinen (→ Corbiculae) für den Rücktransport in den Stock und die Weiterverarbeitung zu → Bienenbrot zusammengepresste Pollen

Pollensack – Eines der Fächer einer → Anthere, in denen der Pollen gebildet wird. Bei den → Angiospermen enthält jede Anthere zwei → Theken mit jeweils zwei Pollensäcken.

Pollenschlauch – Der aus dem keimenden Pollenkorn wachsende Schlauch, durch den die männlichen → Gameten zum → Embryosack gelangen (→ Nucleus)

Pollinarium – Die → Pollinien mit ihren Anhangteilen, wozu ein Caudiculum (Stielchen) und ein Viscidium (Klebscheibe) gehören können. Bei den meisten Orchideen und bei vielen Spezies der Asclepiadazeen wird das Pollinarium als Ganzes vom Bestäuber entfernt und zu einer anderen Blüte transportiert.

Pollinium – Pollenpaket, in dem der ganze Inhalt einer → Theke zusammenklebt, um während der Bestäubung als Einheit transportiert zu werden (→ Pollinarium, Polyade, Tetrade)

Polyade – Gruppen von mehr als vier Pollenkörnern, die auch im Reifestadium zusammenhängen und als Einheit verbreitet werden (→ Pollinium, Tetrade)

Proboscis – Rüsselförmiger Körperteil zur Nahrungsaufnahme zum Beispiel bei Elefanten; Saugorgan oder verlängerter Teil des Kieferapparats bei einigen Insekten

Receptaculum (Blütenboden) – Der ausladende Bereich am oberen Ende des Blütenstiels (Pedunculum), der die Blütenteile trägt. Er ist normalerweise konvex, kann aber auch abgeflacht oder konkav werden.

Samen – Organ der → Samenpflanzen (→ Angiospermen und → Gymnospermen), das sich aus der befruchteten → Samenanlage entwickelt und das alle genetischen Informationen für die Bildung einer neuen → diploiden Pflanze enthält

Samenanlage (Ovulum) – Das weibliche Fortpflanzungsorgan der → Samenpflanzen (→ Angiospermen und → Gymnospermen), aus dem sich nach der Befruchtung der → Eizelle der → Samen entwickelt

Samenpflanzen (Spermatophyten) – → Samen produzierende Pflanzen, → Angiospermen und → Gymnospermen

Sepalum (Kelchblatt) – Einzelner Bestandteil des → Calyx

somatische Zelle – Nichtreproduktive Körperzelle, das heißt jede Zelle außer Pollen, Sporen, → Gameten und ihren Vorläufern (→ diploid)

Spatha (Blütenscheide) – Kesselförmige → Bractee, die einen → Kolben umhüllt

Sporophyt – → Diploide Generation bei Pflanzen mit Generationswechsel. Der aus einer diploiden → Zygote hervorgegangene Sporophyt bildet → haploide Sporen aus, aus denen die Gametophyten-Generation hervorgeht. (→ Gametophyt)

sporophytisch – → Haploide Sporen oder Pollenkörner bildend (→ diploid)

Sporopollenin – Das Material, aus dem bei den meisten Blütenpflanzen die zähe äußere Pollenwand gebildet wird. Es besteht aus Kohlenstoff, Wasserstoff und Sauerstoff in einem ungefähren Verhältnis von 4:6:1. Neuere Forschungen haben außerdem Fettsäuren und aromatische Karbonsäuren als Bestandteile ermittelt. Während die Bestandteile anscheinend bei allen Pflanzengruppen dieselben sind, ist das Verhältnis der Komponenten zueinander unterschiedlich. Es wurde vermutet, dass Sporopollenin ein Biomakromolekül mit zufälligen Verknüpfungen und ohne sich wiederholende großräumige Strukturen sei und dass das dieses Material so widerstandsfähig gegen Enzymangriffe sowie viele chemische Zersetzungsmethoden mache. Wenn das zutrifft, würde es die außerordentliche Widerstandsfähigkeit der → Exine erklären.

Stamen (Staubblatt) – Die Stamina sind das männliche, Pollen produzierende Organ einer Blütenpflanze, kollektiv als → Androeceum bezeichnet.

Stigma (Narbe) – Der Teil des → Pistills, der Pollen aufnimmt, meist an der Spitze des → Stylus gelegen (→ Karpell)

Stylus (Griffel) – Zum → Pistill gehörender verlängerter Teil des → Ovars, der das → Stigma trägt (→ Karpell)

Styluskanal (Griffelkanal) – Kanal im → Stylus, der das → Stigma mit dem → Ovar verbindet. Der → Pollenschlauch wächst durch den Styluskanal nach unten in den → Embryosack. Allerdings haben nicht alle Styli einen Kanal; bei manchen Spezies durchdringt der Pollenschlauch das Gewebe des Stylus.

symbiotisch – In einer engen Beziehung mit einem anderen Organismus lebend, die von gegenseitigem Nutzen für beide Beteiligten ist. In einem weiteren Sinne bezeichnet der Begriff auch Beziehungen, die einem der Beteiligten schaden, wie etwa den Parasitismus, oder nur einem Beteiligten nutzen (Kommensalismus), wie bei epiphytischen (auf anderen Pflanzen wachsenden) Orchideen.

Taxonomie (Systematik) – Teilgebiet der Biologie, das sich mit der Klassifikation bzw. Einordnung von Lebewesen in systematische Kategorien befasst (→ Familie)

Tetrade – Gruppe von vier Pollenkörnern oder Sporen, die entweder nur während des Entwicklungsstadiums oder auch bei der Freisetzung zusammenhängen. Es gibt verschiedene Typen von Pollentetraden. Am häufigsten sind die tetragonalen und tetrahedralen. (→ Pollinium, Polyade)

Theke – Die → Anthere setzt sich aus einem Mittelteil, dem Konnektiv, und zwei seitlich daran festgemachten Theken zusammen. Jede Theke besteht aus zwei → Pollensäcken.

triploid (dreikernig) – Einen dreifachen Chromosomensatz aufweisend (→ Chromosomen, diploid, Endosperm, haploid)

vegetative Zelle (Pollenschlauchzelle) – Die größte der zwei oder drei Zellen im jungen Pollenkorn. Ihre Funktion ist noch nicht genau erforscht, es wird aber vermutet, dass sie mit dem Wachstum und der Entwicklung des → Pollenschlauchs zu tun hat. (→ generative Zelle)

Viszinfäden – Klebfäden aus → Sporopollenin, die Pollenkörner miteinander verbinden

Wabe – Komplex sechseckiger Wachszellen, der von den Arbeitsbienen zur Aufbewahrung von Bienenlarven, → Nektar (Honig) oder Pollen angelegt wird

zygomorph – Monosymmetrisch, d. h. nur eine Symmetrieachse aufweisend (zum Beispiel Lippenblütler), im Unterscheid zu den radialsymmetrischen Blüten

Zygote – Zelle, die durch Verschmelzung zweier → Gameten entsteht, bevor die → Mitose oder → Meiose einsetzt

Zytoplasma – Zellinhalt ohne den Zellkern

BIBLIOGRAFIE

POLLEN UND BOTANIK

Bailey, J. (Hrsg.): *The Penguin Dictionary of Plant Sciences.* Zweite Auflage (komplett überarbeitet). London: Penguin Books 1999.
Blunt, W.: *The Compleat Naturalist: a Life of Linnaeus.* London: Collins 1971.
Camus, J. M., Jermy, A. C. und Thomas, B. A.: *A World of Ferns.* London: Natural History Museum Publications 1991.
Church, A. H.: *Types of Floral Mechanism. Part I Types I–XII (Jan. to April).* Oxford at the Clarendon Press 1908.
Crane, E.: *The Archaeology of Beekeeping.* London: Duckworth 1983.
Cresti, M., Blackmore, S. und Went, J. L. van: *Atlas of Sexual Reproduction in Flowering Plants.* Wien und New York: Springer-Verlag 1991.
Dafni, A., Hesse, M., Pacini, E. (Hrgs.): *Pollen and Pollination.* Wien und New York: Springer-Verlag 2000.
Desmond, R.: *Kew, the History of the Royal Botanic Gardens.* Harvill 1995.
Erdtman, G.: *An Introduction to Pollen Analysis.* Waltham, Mass.: Chronica botanica Company 1943, 1954.
Erdtman, G.: *Pollen Morphology and Plant Taxonomy. Angiosperms.* Stockholm: Almqvist & Wiksell 1952.
Erdtman, G.: *Handbook of Palynology: An Introduction to the Study of Pollen Grains and Spores.* Kopenhagen: Munksgaard 1969.
Faegri, K., Pijl, L. van der: *The Principles of Pollination Ecology.* Dritte überarbeitete Auflage. Oxford, New York, Paris: Pergamon Press 1979.
Fritzsche, J.: *Ueber den Pollen.* St. Petersburg: Akademie der Wissenschaften 1837.
Goodman, L.: *Form and Function in the Honey Bee.* Cardiff: International Bee Research Association 2003.
Grew, N.: *The Anatomy of Flowers, Prosecuted With the Bare Eye, And the Microscope.* London: W. Rawlins 1682.
Heywood, V. H. (Hrsg.): *Flowering Plants of the World.* Oxford, London, Melbourne: Oxford University Press 1978.
Hodges, D.: *The Pollen Loads of the Honey Bee.* London: Bee Research Association 1952.
Hooke, R.: *Micrographia: or Some Physiological Descriptions of Minute Bodies Made by Magnifying Glasses. With Observations and Enquiries Thereupon.* London: printed by Jo. Martyn, and Ja. Allestry, Printers to the Royal Society 1665.
Jardine, L.: *The Curious Life of Robert Hooke.* London: Harper Collins 2004.
Jeffrey, C.: *Biological Nomenclature.* Dritte Auflage. Systematics Association, Edward Arnold 1989.
Kerner von Marilaun, A. und Oliver, F. W.: *The Natural History of Plants.* Vol. II.; London: The Gresham Publishing Company 1903.
Kirk, W.: *A Colour Guide to the Pollen Loads of the Honey Bee.* Cardiff: International Bee Research Association 1994.
Knox, R. B.: *Pollen and Allergy.* Institute of Biology, Studies in Biology No. 107., Edward Arnold 1979.
Lawrence, G. H. M.: *An Introduction to Plant Taxonomy.* New York: The Macmillan Company 1955.
Lewis, D.: *Sexual Incompatibility in Plants.* Institute of Biology, Studies in Biology No. 110., Edward Arnold 1979.
Linnaeus, C.: *Systema Naturae.* Leyden: 1735. (Faksimile, Stockholm 1960).
Linnaeus, C.: *Sponsalia Plantarum.* Linnaeus President. Stockholm: Dissertation von Johan Gustav Wahlbom 1746-1747.
Linnaeus, C.: *Philosophia Botanica.* Stockholm: 1750-1751.
Melzer, W.: *Beekeeping: a Complete Owner's Manual.* New York: Barrons Educational Series Inc. 1989.
Moore, P. D., Webb, J. A., Collinson, M. E.: *An Illustrated Guide to Pollen Analysis.* Oxford, New York: Blackwell Scientific Publications Ltd. 1991.
Mueller, B.: *Goethe's Botanical Writings.* Honolulu, Hawaii: University of Hawaii Press 1952.
Nilsson, S. und Praglowski, J. (Hrsg.): *Erdtman's Handbook of Palynology.* 2. Auflage. Kopenhagen: Munksgaard 1992. [Überarbeitete Ausgabe von Erdtmans Handbuch von 1969]
Proctor, M., Yeo, P.: *The Pollination of Flowers.* London: The New Naturalist Series, Collins 1973.
Proctor, M., Yeo, P., Lack, A.: *The Natural History of Pollination.* London: The New Naturalist Series, Harper Collins 1996.
Punt, W., Blackmore, S., Nilsson, S., Le Thomas, A.: *Glossary of Pollen and Spore Terminology.* Utrecht: LPP Foundation 1994; [siehe auch unter: www.bio.uu.nl/~palaeo/glossary/].
Sawyer, R.: *Pollen Identification for Beekeepers.* Cardiff: University College Press 1981.
Stanley, R. G., Linskens, H. F.: *Pollen: Biologie, Biochemie, Gewinnung und Verwendung.* Berlin, Heidelberg, New York: Springer-Verlag 1974.
Stearn, W. T.: *Botanical Latin.* Vierte Auflage. Devon: David & Charles 1992.
Wodehouse, R. P.: *Pollen Grains – their Structure, Identification and Significance in Science and Medicine.* New York und London: McGraw-Hill Book Company, Inc. 1935.

KUNST

Adam, H. C.: *Karl Blossfeldt.* München: Prestel Verlag 1999.
Arnold, K: *Science and Art: Symbiosis or Just Good Friends?* London: Welcome Trust News Supplement 2002.
Asherby, J.: *Mapplethorpe, Pistils.* London: Jonathan Cape 1996.
Bataille, G. und Mattenklott, G.: *Karl Blossfeldt, Urformen der Kunst.* München: Schirmer Kunstbücher 1999.
Becher, B. und Becher H.: *Gas Tanks,* Cambridge: MIT Press 1993.
Benke, B.: *O'Keefe.* Köln: Taschen Verlag 2000.
Blunt, W.: *The Art of Botanical Illustration.* London: New Naturalist Series, Collins 1950.
Bouquert, C.: *Laure Albin Guillot.* Paris: Marval 1996.
Cragg, A.: *Anthony Cragg, Material, Objekt, Form.* Ostfildern: Hatje Cantz Verlag 1998.
Darwin, E.: *The Botanic Garden, A Poem in Two Parts with Philosophical Notes.* London: J. Nichols 1791.
Davies, P. H.: *Photographing Flowers and Plants.* London: Collins & Brown 2002.
Dresser, C. (1876): *Studies in Design.* London: Studio Editions 1988.
Durant, S.: *Christopher Dresser.* London: Academy Editions 1993.
Ede, S.: *Strange and Charmed – Science and the Contemporary Visual Arts.* London: Calouste Gulbenkian Foundation 2000.
Ewing, W.: *Flora Photographica.* London: Thames & Hudson 1991.
Frankel, F.: *Envisioning Science, the Design and Craft of the Science Image.* Cambridge: MIT Press 2002.
Gamwell, L.: *Exploring the Invisible, Art Science and the Spiritual.* Princeton: Princeton University Press 2002.
Gothein, Marie: *William Wordsworth. Sein Leben, seine Werke, seine Zeitgenossen.* Bd. II., Halle/Saale: Niemeyer 1893.
Haeckel, E. (1904): *Kunstformen der Natur.* München: Neuauflage, Prestel Verlag 1998.
Herzog, H.: *The Art of the Flower.* Zürich: Edition Stemmle AG 1996.
Hewison, R.: *John Ruskin, the Argument of the Eye.* London: Thames & Hudson 1976.
Jones, O. (1856): *The Grammar of Ornament.* London: Studio Editions 1988.
Kemp, M.: *Visualizations, the Nature Book of Art and Science.* Oxford: Oxford University Press 2000.
Kesseler, R.: *Pollinate.* Cumbria: Grizedale Arts and The Wordsworth Trust 2001.
Mabberley, D.: *Arthur Harry Church, the Anatomy of Flowers.* London: Merrell 2000.
Moore, A. und Garibaldi, C.: *Flower Power, the Meaning of Flowers in Art.* London: Philip Wilson 2003.
Publius Vergilius Maro: *Georgica/Vom Landbau.* Lateinisch/Deutsch. Übers. u. hg. v. Otto Schönberger. Stuttgart: Reclam 1994.
Rugoff, R. und Corrin, L.: *The Greenhouse Effect.* London: Catalogue Serpentine Gallery 2000.
Segal, S.: *Flowers and Nature, Netherlandish Flower Painting of Four Centuries.* Amstelveen: Hijnk International 1990.
Stafford, B. M.: *Artful Science, Enlightenment, Entertainment and the Eclipse of the Visual Image.* Cambridge: MIT Press 1994.
Stafford, B. M.: *Good Looking, Essays on the Virtue of Images.* Cambridge: MIT Press 1996.
Thomas, A.: *The Beauty of Another Order, Photography in Science.* New Haven: Yale University Press 1997.
Walter Lack, H.: *Garden of Eden.* Köln: Taschen Verlag 2001.
Wilde, A. und J.: *Karl Blossfeldt, Working Collages.* Cambridge: MIT Press 2001.
Woof, P. und Harley, M. M.: *The Wordsworths and the Daffodils.* Cumbria: Wordsworth Trust 2002.

VERZEICHNIS DER ABGEBILDETEN PFLANZEN

Pflanzenfamilie	Lateinischer Name und Namengeber	Deutscher Name
Acanthaceae	*Macrorungia pubinervia* C. B. Clarke	*182*
Aceraceae	*Acer pseudoplatanus* L.	Bergahorn, *252, 253*
Amaryllidaceae	*Narcissus* cv. – Division 1. Trumpet	Narzisse, *230–233*
Amaryllidaceae	*Nerine bowdenii* W. Watson	Nerine, *2–3, 216–217*
Amaryllidaceae	*Pancratium maritimum* L.	Dünen-Trichternarzisse, *88*
Aquifoliaceae	*Ilex aquifolium* L.	Stechpalme, *84–85, 222–223*
Araceae	*Zantedeschia* cv.	Kalla, *128*
Arecaceae/Palmae	*Chamaedora elegans* Mart.	Mexikanische Bergpalme, *83*
Arecaceae/Palmae	*Nenga gajah* J. Dransf.	Pinangpalme, *178*
Arecaceae/Palmae	*Nypa fruticans* Wurmb.	Mangrovenpalme, *66–67*
Arecaceae/Palmae	*Trachycarpus fortunei* (W. J. Hooker) H. Wendl.	Chinesische Hanfpalme, *82–83*
Asclepiadaceae	*Gomphocarpus physocarpus* E. May	*129*
Asphodelaceae	*Asphodelus microcarpus* Reichb.	Affodill, Griechenland *218*
Asteraceae/Compositae	*Achillea millefolium* L.	Gewöhnliche Schafgarbe, *52*
Asteraceae/Compositae	*Barnadesia berberoides* Sch. Bip.	*177*
Asteraceae/Compositae	*Bellis perennis* L.	Gänseblümchen, *124, 204–205*
Asteraceae/Compositae	*Catananche caerulea* L.	Amorpfeil, *174–175*
Asteraceae/Compositae	*Cirsium rivulare* Link ssp. *atropurpureum*	Unterart der Bach-Kratzdistel, *210–211, 234–235*
Asteraceae/Compositae	*Echinops bannaticus* Rochel ex Schrad.	Banater Kugeldistel, *14*
Asteraceae/Compositae	*Hieracium pilosella* L.	Kleines Habichtskraut, *242–245*
Asteraceae/Compositae	*Taraxacum officinale* Weber	Löwenzahn, *258*
Asteraceae/Compositae	*Tussilago farfara* L.	Huflattich, *220–221*
Basellaceae	*Basella alba* L.	Indischer Spinat, *212, 213*
Betulaceae	*Alnus glutinosa* (L.) Gaertner	Schwarz-Erle, *94–96*
Bombacaceae	*Adansonia digitata* L.	Afrikanischer Affenbrotbaum, *52, 226*
Boraginaceae	*Echium vulgare* L.	Gewöhnlicher Natternkopf, *107*
Boraginaceae	*Symphytum officinale* L.	Gewöhnlicher Beinwell *64–65*
Brassicaceae/Cruciferae	*Lunaria annua* L.	Einjähriges Silberblatt, *144*
Buxaceae	*Sarcococca confusa* Sealy	Fleischbeere, *246–247*
Caryophyllaceae	*Silene dioica* (L.) Clairv.	Rote Lichtnelke, *224–225*
Caryophyllaceae	*Silene nutans* L.	Nickendes Leimkraut, *190–191*
Commelinaceae	*Tripogandra grandiflora* (Donn. Sm.) Woodson,	*137*
Convolvulaceae	*Convolvulus arvensis* L.	Acker-Winde, *196–197*
Corylaceae	*Corylus avellana* L.	Haselnuss, *97*
Cucurbitaceae	*Cucurbita pepo* L.	Gemüse-Kürbis, *76–77, 86–87, 138*
Dipsacaceae	*Morina longifolia* Wall. ex DC.	Duft-Steppendistel, *52, 163, 198*
Dipsacaceae	*Morina persica* L.	Kardengewächs, *162*
Ericaceae	*Rhododendron arboreum* Sm. var. *limbatum* [sic]	Rhododendron, *152*
Ericaceae	*Rhododendron* 'Naomi Glow'	Rhododendron, *130–131*
Ericaceae	*Rhododendron* cv.	Rhododendron, *30–31, 153*
Euphorbiaceae	*Euphorbia amygdaloides* L.	Mandelblättrige Wolfsmilch, *208–209*
Fabaceae	*Acacia riceana* Hensl.	Rices-Akazie, *41*
Fabaceae	*Albizia julibrissin* Durazz. forma *alba*	Seidenakazie, *40*
Fabaceae/Leguminosae	*Cercis siliquastrum* L.	Gewöhnlicher Judasbaum, *136*
Fabaceae/Leguminosae	*Lathyrus odoratus* L.	Duft-Wicke, *172*
Fabaceae/Leguminosae	*Onobrychis viciifolia* Scop.	Futter-Esparsette, *150*
Gentianaceae	*Eustoma grandiflorum* (Rafin.) Shinners	Großblütiger Prärieenzian, *188–189*
Geraniaceae	*Geranium nodosum* L.	Knotiger Storchschnabel, *169*
Hamamelidaceae	*Hamamelis mollis* Oliver ex Forb. & Hemsl.	Zaubernuss, *56–59, 140*
Hemerocallidaceae	*Hemerocallis* cv.	Taglilie, *72*
Hippocastanaceae	*Aesculus hippocastanum* L.	Rosskastanie, *214–215* und Titel
Iridaceae	*Iris decora*	Iris des Typs 'Juno', *233*
Iridaceae	*Iris* cv.	Iris Typ 'Pacific Coast', *232*
Lamiaceae/Labiatae	*Becium grandiflorum* (Lamarck) Pichi-Semolli var. *urundinense* (Robyns & Lebrun) Sebald	Basilikum-Verwandter, *1*
Lamiaceae/Labiatae	*Hemizygia transvaalensis* (Schlect.) Ashby,	*184*
Lamiaceae/Labiatae	*Lamium orvala* L.	Großblütige Taubnessel, *4–5, 120–121*
Lamiaceae/Labiatae	*Leonurus cardiaca* L.	Echtes Herzgespann, *38*
Lamiaceae/Labiatae	*Ocimum kilimandscharicum* Guerke	Basilikum-Verwandter, *80*
Lamiaceae/Labiatae	*Syncolostemon rotundifolius* Benth.,	*180*
Liliaceae	*Lilium tigrinum* Ker-Gawl.	Tigerlilie, *73*
Liliaceae	*Lilium* cv.	Lilie, *20–22, 26, 134*
Liliaceae	*Tulipa armena* Boiss.	Tulpe, *43*
Liliaceae	*Tulipa kaufmanniana* Regel	Tulpe, *46*
Liliaceae	*Tulipa violacea* Boiss. et Buhse	Tulpe, *45*
Liliaceae	*Tulipa vvedenskyi* Z. Botsch.	Tulpe, *47*
Liliaceae	*Tulipa* cv.	Tulpe, *42, 154–155*
Magnoliaceae	*Liriodendron tulipifera* L.	Tulpenbaum, *6–7, 264*
Magnoliaceae	*Magnolia x soulangeana* hort.	Magnolie, *55*
Magnoliaceae	*Magnolia* cylindrica E.H. Wilson	Magnolie, *54*
Malvaceae	*Abutilon pictum* Walp.	*70–71*
Malvaceae	*Abutilon* cv. 'Cynthia Pike'	*50*
Malvaceae	*Alcea rosea* L.	Chinesische Stockrose, *158*
Malvaceae	*Malva sylvestris* L.	Wilde Malve, *52, 111, 159*
Malvaceae	*Pavonia spinifex* (L.) Cav.	*78–79*
Malvaceae	*Pavonia urens* Cav.	*75*
Moraceae	*Ficus carica* L.	Feige, *122–123*
Nartheciaceae	*Narthecium ossifragum* (L.) Hudson	Beinbrech, *219*
Nyctaginaceae	*Mirabilis jalapa* L.	Wunderblume, *34–36, 168*
Nymphaeaceae	*Nuphar lutea*	Gelbe Teichrose, *226*
Nymphaeaceae	*Nymphaea* cv.	Seerose, *228–229*
Onagraceae	*Epilobium angustifolium* L.	Schmalblättriges Weidenröschen, *132–133*
Onagraceae	*Fuchsia* cv.	Fuchsie, *28–29*
Orchidaceae	*Calanthe aristulifera* Rchb. f.	*116–117*
Orchidaceae	*Dactylorhiza fuchsii* (Druce) Soó	Fuchs' Knabenkraut, *106*
Orchidaceae	*Ophrys sphegodes* Mill.	Gewöhnliche Spinnen-Ragwurz, *114–115, 118–119*
Papaveraceae	*Meconopsis cambrica* (L.) Vig.	Wald-Scheinmohn, *10*
Papaveraceae	*Meconopsis grandis* Prain	Großer Scheinmohn, *186–187*
Papaveraceae	*Papaver orientale* L.	Türkischer Mohn, *39*
Passifloraceae	*Passiflora caerulea* L.	Passionsblume, *156–157, 161, 165*
Passifloraceae	*Passiflora quadrangularis* L.	Passionsblume, *164*
Passifloraceae	*Passiflora* sp.	Passionsblume, *160*
Pinaceae	*Larix decidua* Miller	Ärche, *254–255*
Pinaceae	*Pinus nigra* J. F. Arnold	Korsische Kiefer, *176*
Pinaceae	*Pinus tabuliformis* Carrière	Chinesische Rotkiefer, *105, 250*
Pinaceae	*Pseudotsuga menziesii* (Mirb.) Franco	Douglasie, *251*
Plantaginaceae	*Plantago lanceolata* L.	Spitzwegerich, *200–203*
Poaceae/Gramineae	*Phleum pratense* L.	Wiesen-Lieschgras, *69*
Poaceae/Gramineae	*Poa trivialis* L.	Gewöhnliches Rispengras, *68*
Podocarpaceae	*Pherosphaera fitzgeraldii* (F. Meull.) Hook f.	*176*
Polemoniaceae	*Cobaea scandens* Cav.	Glockenrebe, *18*
Polygalea	*Polygala vulgaris* L.	Gewöhnliches Kreuzblümchen, *236–237*
Primulaceae	*Primula veris* L.	Schlüsselblume, *194, 206–207*
Primulaceae	*Primula* 'Polyanthus-Gruppe', ein Komplex von Gartenhybriden, zu denen man *P. elatior*, *P. veris*, *P. vulgaris* und die europäische rotblütige *P. juliae* rechnet	Polyanthus, *98, 100–103*
Proteaceae	*Banksia ashbyi* E. G. Baker	Banksia, *192–193*
Proteaceae	*Hakea ruscifolia* Labill.	*176*
Proteaceae	*Persoonia mollis*	Silberbaumgewächs, *146*
Proteaceae	*Xylomelum angustifolium* Kipp. ex Meisn.	*176*
Ranunculaceae	*Anemone pavonina* Lam.	*240*
Ranunculaceae	*Helleborus orientalis* Cars. ex Nym.	Christrose, *60–63, 241*
Ranunculaceae	*Ranunculus acris* L.	Scharfer Hahnenfuß, *24*
Ranunculaceae	*Ranunculus ficaria* L.	Gewöhnliches Scharbockskraut, *248–249*
Rhamnaceae	*Ceanothus* cv.	*113*
Rosaceae	*Prunus dulcis* (Miller) D. Webb	Mandel, *142–143*
Saliaceae	*Salix caprea* L.	Sal-Weide, *90, 92–93*
Umbelliferae	*Heracleum sphondylium* L.	Wiesen-Bärenklau, *125–127*
Violaceae	*Viola odorata* L.	Märzveilchen, *238–239*

Danksagung

Dieses Buch wäre ohne die Hilfe und die Unterstützung vieler Menschen nicht möglich gewesen. Wir danken unserem Verleger Andreas Papadakis für seine Hilfe bei der schwierigen Aufgabe, Wissenschaft und Kunst in einem derart wichtigen Buch, das beiden Gebieten dienen will, zu vereinen, sowie Alexandra Papadakis für ihr Designkonzept, das den hohen Anforderungen gerecht wird. Besonders möchten wir NESTA (dem National Endowment for Science, Technology and Art) für die großzügige finanzielle Unterstützung und Beratung während des ganzen Projektes danken, insbesondere für Rob Kesselers Stipendium in Kew. Außerdem danken wir Peter Crane, dem Direktor der Royal Botanic Gardens in Kew, dass er einem Künstler Zutritt zu den Laboren gewährt hat. Wir sind vielen Institutsangehörigen in Kew verpflichtet, die uns ihre Zeit und ihr Wissen großzügig zur Verfügung gestellt haben. Sie beantworteten unsere zahlreichen Fragen und unterstützten und förderten dieses Projekt. Besonders seien genannt: Simon Owens (Leiter des Herbariums), Mike Bennett (Leiter des Jodrell-Labors), Paula Rudall (Leiterin der Mikromorphologie), David Cooke (Pflanzenhaus der gemäßigten Klimazonen), Tom Cope (Herbarium), Hannah Rogers und Ali Cuthbert (Pressestelle), Gina Fullerlove (Veröffentlichungen), Laura Giuffrida (Leiterin Ausstellungen und Führungen, HPE), Tony Kirkham (Leiter Arboretum und Gartenbauberatung), Paola Magris, Marilyn Ward, Sam Cox und James Kay (Grafische Sammlungen). Bei NESTA möchten wir besonders Alex Barclay, Joe Meaney und Sara Macnee danken. Von der Central St Martin's School of Art & Design gilt unser besonderer Dank Jonathan Barratt (Dekan der School of Graphics and Industrial Design), Kathryn Hearn (Kursleiterin Keramikdesign) und Stuart Evans (Senior Lecturer im Bereich Forschung). Von all den anderen Menschen, deren Unterstützung uns dabei half, dieses Projekt zu Ende zu bringen, danken wir besonders Stephen Blackmore (Verantwortlicher Leiter des Botanischen Gartens, Edinburgh), Basil und Anette Harley (Harley Books), Robert Hewison, Paul Holt (Senior Project Manager, Samphire Hoe), Martin Kemp (Universität Oxford), Kathy Meek, María Suárez-Cervera (Universität Barcelona), Adam Sutherland (Direktor, Grizedale Arts), Robert Woof (Direktor, Wordsworth Trust), Tim Green (BBC) und Roger Huyton (BBC). Zum Schluss geht ein besonderes Dankeschön an Agalis Manessi und Marco Kesseler für ihre endlose Geduld und Ermutigung.

Rob Kesseler und Madeline Harley

Bibliografische Information Der Deutschen Nationalbibliothek
Die Deutsche Nationalbibliothek verzeichnet diese Publikation in der Deutschen Nationalbibliografie; detaillierte bibliografische Daten sind im Internet unter http://dnb.d-nb.de abrufbar.

Titel der Originalausgabe: *Pollen. The Hidden Sexuality of Flowers*
Erschienen bei Papadakis Publisher, London 2004
Copyright © 2004–2006 Rob Kesseler, Madeline Harley und Papadakis Publisher

Deutsche Erstausgabe
Copyright © 2008 von dem Knesebeck GmbH & Co. Verlags KG, München
Ein Unternehmen der La Martinière Groupe

Gestaltung: Alexandra Papadakis
Umschlaggestaltung: Gudrun Bürgin
Satz: satz & repro Grieb, München
Druck: C & C, Hongkong
Printed in China

ISBN 978-3-89660-570-2

Alle Rechte, insbesondere das Recht der Vervielfältigung und Verbreitung, vorbehalten. Kein Teil des Werkes darf in irgendeiner Form (durch Fotokopie, Mikrofilm oder ein anderes Verfahren) ohne schriftliche Genehmigung des Verlages reproduziert oder unter Verwendung elektronischer Systeme verarbeitet, vervielfältigt oder verbreitet werden.

www.knesebeck-verlag.de

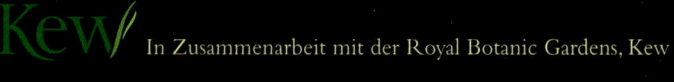

In Zusammenarbeit mit der Royal Botanic Gardens, Kew

Bildnachweis

Royal Botanic Gardens, Kew, Natural History Museum Library, National Museum of Photography, Film & Television/Science & Society Picture Library, Anthony Cragg mit Genehmigung von The Lisson Gallery, Universität Jena; McGraw Hill, Alexandra Papadakis, Claire Waring, Almqvist & Wiksell

Wir bedanken uns für die freundlichen Genehmigungen zum Abdruck der Bilder. Wir haben im Rahmen des Möglichen und Sinnvollen versucht, alle Rechteinhaber ausfindig zu machen und zu kontaktieren. Eventuelle Fehler oder Versäumnisse sind Versehen und werden in künftigen Auflagen behoben werden.

Die Royal Botanic Gardens in Kew

Die Königlichen Botanischen Gärten in Kew sind nicht nur eine weltweit bekannte wissenschaftliche Institution, sondern auch eine der touristischen Hauptattraktionen Londons. Jedes Jahr wird dieses 132 Hektar große Weltkulturerbe von etwa einer Million Menschen besucht. Es besteht aus eindrucksvollen Gärten, sechs Gewächshäusern, einem See, Teichen, einer viktorianischen Gemäldegalerie und einem Museum. Hinter seinen Kulissen beherbergt es eine international bedeutende Lebendpflanzensammlung sowie ein Herbarium von Weltklasse und betreibt internationale Forschungsprogramme zur biologischen Vielfalt und Erhaltung von Pflanzen, deren Ergebnisse weltweit verbreitet werden. Jedes Jahr zählen etwa 150 000 Kinder zu den Besuchern von Kew, und Gartenbaustudenten können auf der renommierten Schule vor Ort ihren Abschluss machen. Auch trägt Kew die Verantwortung für das meistbesuchte Anwesen des National Trust, den Wakehurst Place in Sussex, wo das Millennium Seed Bank Project, ein globales Netzwerk zur dauerhaften Erhaltung von Pflanzensamen, entwickelt wurde.

Liriodendron tulipifera – Tulpenbaum (Magnoliaceae) – tulpenförmige hermaphrodite Blüte